MY BEST

毎日の勉強と定期テスト対策に

For Everyday Studies and Exam Prep for High School Students

よくわかる高校世界史探究

Advanced World History

監修

鶴間和幸

Gakken

　いま世界で起きているできごとを理解するためには，現代にいたる世界史への理解が不可欠です。「世界史探究」は，単に年代や用語を暗記するだけでなく，出来事の意味や，出来事が互いに与える影響，現代とのつながりを理解し，今日までの世界史の流れをとらえることがポイントになる科目です。

　また「世界史探究」は，世界史に関して図版や資料を読み解き，調査してまとめる力，そして自ら疑問を持って考え，それを説明したり議論したりする力を身につけることが求められる科目でもあります。

　本書は，参考書を用いた自学自習でもこのようなポイントを身につけられるよう，以下のような方針で制作されています。

・新学習指導要領にしたがって作成し，どの教科書にも適応できるように配慮してあります。

・カラーの図版や地図を交えながら，世界史の知識事項をビジュアルでも理解できるようにしています。

・特にまとめて理解しておきたい流れやテーマは，コラムで記載しています。各ページで学習を進め，コラムを読むことで，混乱しやすい知識も整理することができます。

・各講冒頭の この講の着眼点 で示した疑問が，各講最後の この講のまとめ で解決されるように，流れを理解しやすい構成にしています。

・ KEY WORD 　 KEY PERSON 　 PLUS α 　では，用語だけでは理解しにくい重要事項について，さらにくわしい説明をまとめています。

　世界史における過去の課題を理解し，考察することから，現在の世界が抱えるさまざまな課題の解決につながる何かを得られるはずです。本書がその助けになれば幸いです。

Gakken 編集部

本書の使い方

1 学校の授業の理解に役立ち，基礎をしっかり学べる参考書

本書は，高校の授業の理解に役立つ参考書です。
授業の予習や復習に使うと，授業を理解するのに役立ちます。

2 図や表や写真が豊富で，見やすく，わかりやすい

カラーの図や表や写真を豊富に使うことで，学習する内容のイメージがつかみやすく，また，図中に解説を入れることでポイントがさらによくわかります。

3 や色字や**太字**で要点や重要用語がよくわかる

で「覚えておきたいポイント」，「歴史の流れや背景」がわかります。色のついた文字や，太字になっている文章は特に注目して学習しましょう。

4 章末の**定期テスト対策問題**でしっかり確認

章末にある「定期テスト対策問題」にチャレンジすることで，重要用語を再確認し，学習内容の理解度を知ることができます。

5 やで探究的な学習をサポート

各講の導入は先生と生徒の対話コーナーを設けています。絵画や写真などの資料を参照し，多面的・多角的な考察を通じて，理解を深めながら学習を進めることができます。

> 農耕が中心の社会になると，どのような変化が起こると思う？

> う～ん。農作業は，集団でまとまって行う必要があるように思います。

CONTENTS もくじ

よくわかる

高校の勉強
ガイド

受験に向けて
何をしたらいい?

勉強の不安, どうしたら解決する!?

> **高3は超多忙！**
> **高2のうちから勉強しておくことが大事。**

　高2になると，**文系・理系クラスに分かれる**学校が多く，より現実的に志望校を考えるようになってきます。そして，高3になると，一気に受験モードに。

　大学入試の一般選抜試験は，早い大学では高3の1月から始まるので，**高3では勉強できる期間は実質的に9か月程度しかありません。**おまけに，たくさんの模試を受けたり，志望校の過去問を解いたりなどの時間も必要です。高2のうちから，計画的に基礎をかためていきましょう！

> **志望校や入試制度に関する情報を早めに知ることも重要！**

　受験に向けて，たくさんの大学の中から志望校や志望学部を選ぶ必要があります。また，近年は推薦・総合型選抜など入試制度も多様化しています。

　これらを早いうちに知ることで，大学や学部，入試制度に合わせた効率的な対策をすることができます。推薦・総合型選抜入試をめざす場合，部活動や課外活動にも注力する必要がありますね。各大学のホームページやオープンキャンパスを活用して，勉強の合間に情報を少しずつ集めていきましょう！

受験までのスケジュール

※3学期制の学校の一例です。くわしくは自分の学校のスケジュールを調べるようにしましょう。

高2	4月	●文系・理系クラスに分かれる ●進路ガイダンス
	5月	●一学期中間テスト
	7月	●一学期期末テスト ●夏休み ●三者面談
	8月	●オープンキャンパス
	9月	●科目選択
	10月	●二学期中間テスト
	11月	●進路希望調査
	12月	●二学期期末テスト ●冬休み
	2月	●部活動引退（部活動によっては高3の夏頃まで継続）
	3月	●学年末テスト ●春休み
高3	5月	●一学期中間テスト ●三者面談
	6月	●総合型・学校推薦型選抜募集要項配布開始
	7月	●一学期期末テスト ●夏休み ●評定平均確定
	8月	●オープンキャンパス
	9月	●総合型選抜出願開始
	10月	●大学入学共通テスト出願 ●二学期中間テスト
	11月	●模試ラッシュ ●学校推薦型選抜出願・選考開始
	12月	●二学期期末テスト ●冬休み
	1月	●私立大学一般選抜出願 ●大学入学共通テスト ●国公立大学二次試験出願
	2月	●私立大学一般選抜試験 ●国公立大学二次試験（前期日程）
	3月	●卒業 ●国公立大学二次試験（後期日程）

受験に向けて基礎をかためなきゃ

やることがたくさんだな

基礎ができていないと，高3になってからキツイ！

　高2までで学ぶのは，**受験の「土台」になるもの。基礎の部分に苦手分野が残ったままだと，高3の秋以降に本格的な演習を始めたとたんに，ゆきづまってしまうことが多い**です。特に，英語・数学・国語の主要教科に関しては，基礎からの積み上げが大事なので，不安を残さないようにしましょう。

　また，文系か理系か，国公立か私立か，さらにはめざす大学や学部によって，受験に必要な科目は変わってきます。**いざ進路選択をする際に，自分の志望校や志望学部の選択肢をせばめないため**，勉強しない科目のないようにしておきましょう。

暗記科目は，高2までで習う範囲からも受験で出題される！

　社会や理科などのうち**暗記要素の多い科目は，受験で扱う範囲が広いため，高3の入試ギリギリの時期までかけてようやく全範囲を習い終わる**ような学校も少なくありません。受験直前の焦りやつまずきを防ぐためにも，高2のうちから，習った範囲は受験でも出題されることを意識して，マスターしておきましょう。

増えつつある, 学校推薦型や総合型選抜

《国公立大学の入学者選抜状況 》

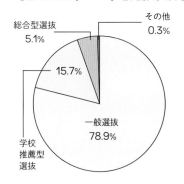

《私立大学の入学者選抜状況 》

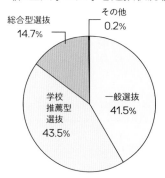

文部科学省「令和3年度国公私立大学入学者選抜実施状況」より

> 私立大学では入学者の50％以上！　国公立大でも増加中。

　大学に入る方法として，一般選抜以外に近年増加傾向にあるのが，**学校推薦型選抜** **(旧・推薦入試)** や**総合型選抜 (旧・AO入試)** です。

　学校推薦型選抜は，出身高校長の推薦を受けて出願できる入試で，大きく分けて，「公募制」と「指定校制 (※私立大学と一部の公立大学のみ)」があります。推薦基準には，学校の成績 (高校1年から高校3年1学期までの成績の状況を5段階で評定) が重視されるケースが多く，スポーツや文化活動の実績などが条件になることもあります。

　総合型選抜は，大学の求める学生像にマッチする人物を選抜する入試です。書類選考や面接，小論文などが課されるのが一般的です。

> 高1・高2の成績が重要。毎回の定期テストでしっかり点を取ろう！

　学校推薦型選抜，総合型選抜のどちらにおいても，学力検査や小論文など，**学力を測るための審査**が必須となっており，大学入学共通テストを課す大学も増えています。また，**高1・高2の成績も大きな判断基準になるため，毎回の定期テストや授業への積極的な取り組みを大事にしましょう。**

Q

勉強習慣がうまくつくれない！
どうしたらいい？

A

まずは，小さな目標から始めてみよう！

　勉強は毎日の積み重ねが大切です。勉強を習慣化させて毎日こつこつ勉強することが成績アップの近道ですが，実践するのは大変ですよね。

　勉強習慣をつくるには，毎日やることをリスト化して管理する，勉強時間を記録して可視化する，などさまざまな方法があります。おすすめは，小さな目標から始めることです。例えば，「5分間机に向かう」，「1問だけ問題を解く」のように，**毎日無理なく達成できる目標からスタートし，徐々に目標を大きくしていく**ことで，達成感を得ながら勉強習慣を身につけることができます。

Q

今日の授業，よくわからなかったけど，
先生に今さら聞けない…どうしよう!?

A

参考書を活用して，わからなかったところは
その日のうちに解決しよう。

　先生に質問する機会を逃してしまうと，「まあ今度でいいか…」とそのままにしてしまいがちですよね。

　ところが，高校の勉強は基本的に「積み上げ式」です。**「新しい学習」には「それまでの学習」の理解が前提となっている**場合が多く，ちょうどレンガのブロックを積み重ねていくように，「知識」を段々と積み上げていくようなイメージなのです。そのため，わからないことをそのままにしておくと，欠けたところにはレンガを積み上げられないのと同じで，次第に授業の内容が難しく感じられるようになってしまいます。

　そこで役立つのが参考書です。参考書を先生代わりに活用し，わからなかった内容は，その日のうちに解決する習慣をつけておくようにしましょう。

テスト直前にあわてたくない！
いい方法はある!?

試験日から逆算した「学習計画」を練ろう。

　定期テストはテスト範囲の授業内容を正確に理解しているかを問うテストですから，よい点を取るには全範囲をまんべんなく学習していることが重要です。すなわち，試験日までに授業内容の復習と問題演習を全範囲終わらせる必要があるのです。

　そのためにも，毎回「試験日から逆算した学習計画」を練るようにしましょう。事前に計画を練ることで，いつまでに何をやらなければいけないかが明確になるため，テスト直前にあわてることもなくなりますよ。

部活で忙しいけど，成績はキープしたい！効率的な勉強法ってある？

A

通学時間などのスキマ時間を効果的に使おう。

　部活で忙しい人にとって，勉強と部活を両立するのはとても大変なことです。部活に相当な体力を使いますし，何より勉強時間を捻出するのが難しくなるため，意識的に勉強時間を確保するような「工夫」が求められます。

　具体的な工夫の例として，通学時間などのスキマ時間を有効に使うことをおすすめします。実はスキマ時間のような「限られた時間」は，集中力が求められる暗記の作業の精度を上げるには最適です。スキマ時間を「効率のよい勉強時間」に変えて，部活との両立を実現しましょう。

世界史探究 の勉強のコツ Q&A

 Q

世界史探究の効率のよい勉強の仕方は?

A

まずは流れをつかもう!

はじめは, 世界史全体のおおまかな流れを頭に入れることがおすすめです。まずは, 太字の部分を中心に時代の概要を俯瞰してみましょう。流れや用語のインプットができたら, 「定期テスト」「入試」など用途に合わせた問題集に取り組んでアウトプットし, 知識を定着させましょう。

 Q

何度読んでも忘れてしまう…。

A

因果関係を意識しながら読もう!

解説を読んでもなかなか頭に入ってこないという人は, 「ある出来事がどうしておこったか」「その出来事によって何が変わったか」という因果関係に注目しながら解説を読んでみましょう。本書の各項目の「着眼点」「この講のまとめ」もぜひ活用してください。

 Q

どうやったら用語を覚えられる?

A

セットで覚えてみよう!

なかなか覚えられない用語は, セットにして整理して覚えるのがおすすめです。例えば文化史なら, 時代を超えて作品や作家をまとめ直すと変遷がわかりやすくなります。本書では特に重要な項目をPOINTの囲みにまとめていますので, 暗記に役立ててください。

第 **1** 部 **諸地域世界の形成**

第 **1** 章 **世界各地の古代文明**

1 人類の起源

🔍 この講の着眼点

　約46億年の地球の歴史の中では，人類は新しい存在である。二足歩行により石器などの道具を使用するようになった人類は，言語や火を使用し始めただけではなく，死者を埋葬し，想像力を用いて洞穴絵画などを製作した。私たちの祖先となる人類の進化の過程を見ていこう。

ラスコーにある洞穴壁画に描かれているのは動物ですね。

実在しないような想像上のものを描いた壁画も発見されているよ。

▲ラスコーの洞穴絵画

1 人類の出現

　人類は，約700万年前にアフリカで誕生した。

2 人類の特徴

　人類が他の動物とちがう点は，二足で直立歩行し，解放された手で道具を製作することである。また，言語・火を使用する点も特徴である。

3 人類の進化

Ⓐ **猿人**　人類の先祖。約700万年前にアフリカで出現した。直立歩行し，簡単な**打製石器**（礫石器）を使用した。例**サヘラントロプス**，**アウストラロピテクス**など（アフリカで発見）。

Ⓑ **原人**　約240万年前にアフリカで出現し，各地に分散した。改良された打製石器（ハンドアックスなど）を使用し，簡単なことばを話し，火を使い，狩猟・採集生活を行った。例**ジャワ原人**（ジャワ島で発見），**北京原人**（北京郊外の周口店で発見）。

⊕ PLUS α

人類の誕生までの地球の歴史

宇宙の誕生（ビッグバン）
　　　　　　…約137億年前
地球の誕生……約46億年前
生命の誕生……約40億年前
魚類の誕生（古生代）
　　　　　　…約5億年前
恐竜の全盛期……約1億年前
人類の誕生……約700万年前

C **旧人**　約60万年前に出現した。**死者の埋葬**の風習が見られる。打製石器（剝片石器）を使用し，氷期に適応した生活を行った。囲**ネアンデルタール人**（ドイツで発見）。

D **新人**　約20万年前，アフリカに出現し，各地に広がる。現在の人類と同じ種の人類である。囲**クロマニョン人**（南フランスで発見），**周口店上洞人**（北京郊外の周口店で発見），**グリマルディ人**（イタリアで発見）。打製石器（剝片石器）を精巧化させ，槍，銛などの骨角器で生活をゆたかにした。

　また，**女性裸像**，**洞穴絵画**，**竪穴住居**，**呪術**などが見られた。洞穴絵画としては**アルタミラ**（スペイン）と**ラスコー**（フランス）のものが有名で，狩猟の成功を願って描かれたと見られる。

4 狩猟・採集の生活

A **旧石器時代**　猿人の誕生以降，今から1万年ほど前までつづく時代。人類は，打製石器，火，言語を使用し，洞穴に住み，いくつかの家族が集まった**群**（ホルド）を作っていた。

B **中石器時代**　約1万年前に氷期が終わり地球は温暖化した。このため，氷河が後退し，小動物が多くなり，矢じりに細石器をつけた弓矢が普及した。

🧑‍🏫 POINT

人類の出現
☑ 人類…約700万年前に出現した。
☑ **猿人　→　原人　→　旧人　→　新人**　の順に出現。

🔍 この講のまとめ

人類はいつどこで誕生し，どのような進化をたどったのだろうか？

☑ 人類は，約700万年前にアフリカで誕生した。

☑ 猿人は二足で直立歩行し，簡単な打製石器を使用した。

☑ 原人は簡単なことば・火を使用し，旧人は死者を埋葬した。

☑ 現在の人類と同じ種である新人は洞穴絵画を残した。

2 | 農耕・牧畜の開始

🔍 この講の着眼点

獲得する生活から生産する生活への変化が最初に見られたのは，西アジアの「肥沃な三日月地帯」である。生産力が上がるにつれて，社会はどのように変化していっただろうか。

農耕が中心の社会になると，どのような変化が起こると思う？

う〜ん。農作業は，集団でまとまって行う必要があるように思います。

1 農耕・牧畜の開始

約9000年前，西アジアの「肥沃な三日月地帯」の外縁の丘陵地帯で，麦の栽培とヤギ・羊・牛の飼育が始まった。最古の農耕・牧畜遺跡には北イラクのジャルモやパレスチナのイェリコがある。初期の農業は乾地農法（自然の雨にたよる），略奪農法（肥料を使わない）だったため，土地がやせると居住地を移動した。

2 新石器文化の特徴

農耕・牧畜が始まると新しい文化が現れた。例えば，石斧や石臼などの磨製石器が製作され，開墾や生活に使われた。また，穀物の貯蔵などに土器が作られ，彩色された彩文土器も製作された。

そして定住のための住居や衣服に用いる織物が作られた。また，血縁でつながった氏族が農村社会を作った。

3 新石器文化の波及

西アジアで始まった農耕・牧畜を基礎とする新石器文化は，アジア・ヨーロッパ・アフリカの各地に広がった。各地域では独自の農作物の生産も始まった。

4 灌漑農業

メソポタミアでは，**ティグリス・ユーフラテス川**の下流平地部に人々が移住し，洪水を制御しながら農業を行う灌漑農業が行われるようになった。このことにより，収穫量が格段に増え，前3500年頃から人口が急増し，大規模な村落が出現した。また，余剰生産物が発生し，私有財産の観念が生まれ，**貧富の差**が生まれた。

5 灌漑農業の影響

共同作業の必要から，いくつかの氏族が結合した部族が形成された。作業を指揮する階層も生まれた。また余剰生産物などを記録する必要から**文字が発明**された。

金属器(青銅器)が発明されると，征服戦争もさかんになり，戦士・神官などの支配する階級と，平民や奴隷(戦争捕虜)などの支配される階級が生まれた。

6 四大文明(前3000年頃〜)

都市・文字・金属器(青銅器)・階級をもつ古代文明のうち，メソポタミア文明，エジプト文明，インダス文明，中国文明を四大文明という。やや遅れて，アメリカ大陸にも独自に文明が形成された。

7 人種・語族・民族

新石器時代以降，人類は環境に適応して特徴的な形質を示すようになった。その例に肌の色や頭の形，目や髪の色などの身体的特徴がある。これにより人類をおおむね白色人種(コーカソイド)・黄色人種(モンゴロイド)・黒色人種(ネグロイド)などの人種に分ける分類法もみられるが，科学的根拠がないとされている。また同一の起源から派生したと考えられる，同系統の言語を話すグループを語族という。そして言語・習慣・宗教などの文化を共有し，共通の帰属意識によって結ばれた集団を民族という。

⊕ PLUS α

古代史の主な語族

インド=ヨーロッパ語族…
英語・フランス語・ヒンディー語

アフロ=アジア語族…セム語派(アラビア語など)，エジプト語派

POINT

農耕・牧畜の開始から文明の成立へ

☑ **農耕・牧畜**の開始→文字などの文明の誕生。

☑ 約9000年前…西アジアで農耕・牧畜開始。

☑ 前3000年頃…都市や文字，金属器，階級を特徴とする文明が成立。

🔍 **この講のまとめ**

農耕・牧畜の開始で，社会はどのように変化したのだろうか？

☑ 約9000年前に「肥沃な三日月地帯」で農耕・牧畜が始まった。

☑ 灌漑農業により生産力が上がり，前3500年頃から人口が増加した。

☑ 余剰生産物の発生により，私有財産の観念が生まれ，貧富の差が生まれた。

3 | 古代オリエント世界のはじまり

🔍 この講の着眼点

世界で最も早く文明が誕生し，世界各地の文明の起源となった「太陽が昇るところ」にあたるオリエントはどのような場所だろうか？

 古代の都市国家ではどのような人が統治者になったのでしょうか。

国家にとって最も大切なことは何かということがヒントになるよ。

1 オリエントの風土

A オリエントの由来　オリエントとは，**「太陽の昇るところ」**を意味するラテン語からできたことばで，古代ローマ人によりイタリアから見て**「東方」**の地を指すのに用いられた。

▲オリエントの風景

B オリエントの位置　歴史用語としては，今日「中東」とよばれる地方を指し，おおよそ東はイラン，西はエジプト，小アジア，南はアラビア半島，北はカフカス山脈に囲まれた地域をいう。

C オリエントの気候・風土　小アジアやイラン高原，アラビア半島，エジプトなどでは雨が少なく高温となり，砂漠，草原，岩山となっている地域が多い。これらの地域では，長らく，羊やラクダを飼育する遊牧生活と天水による乾地農業，麦やナツメヤシを栽培する**オアシス農業**が営まれてきた。

D オリエントの文明　**ティグリス川・ユーフラテス川**，**ナイル川**の沖積平野で，季節的な氾濫を利用した灌漑農業が営まれるようになり，前3500年頃から人口が急増し，やがて高度な文明が発達した。

2 オリエントの諸地域と民族

A メソポタミア地域　メソポタミアは，「川の間の地域」を意味し，ほぼ現在のイラクにあたる。水源地帯の雪どけによって毎年定期的に増水するので，

灌漑によって高い農業生産が維持され，都市文明が栄えた。水分蒸発による耕地の塩化や，増水期の大洪水などの自然災害も多く，また開放的な地形のため，周辺から**セム語系**や**インド＝ヨーロッパ語系**の遊牧民が侵入を繰り返した。

B **エジプト**　エジプトは，周囲を砂漠と海で囲まれているため，外敵の侵入をうけにくかった。またナイル川は水量が多く流域の傾斜も比較的大きいため土地の塩化もすすまず，**エジプト語系**の民族が長期にわたって高度な文明を築いた。

▲古代オリエント世界

C **シリア・パレスチナ**　シリア・パレスチナ地方は，海と砂漠にはさまれた地域で，アジア・アフリカ・ヨーロッパの３大陸を結ぶ十字路にセム語系の民族が陸・海の交易で活躍。

3 オリエントの政治文化

A **神権政治**　大河を利用した治水・灌漑のために王は神または神の代理者としての権威によって統治する**神権政治**を行った。そのため**神官**の権威は大変高かった。

B **実用的な文化**　王が支配するための実用的な知識・技術・文化が発達したが，合理的・学問的な態度は生まれなかった。

POINT

オリエント文明とその発展
☑ ティグリス川・ユーフラテス川流域を中心とする**メソポタミア**や，ナイル川流域の**エジプト**で文明が花開いた。
☑ 大河を利用した灌漑→**神権政治**が出現→実用的な文化が発達。

この講のまとめ

世界各地の文明の起源となったオリエントとはどのような場所だろうか？
☑ 高温・乾燥で，雨が少なかった。
☑ 遊牧や，季節的な氾濫を利用した灌漑農業が営まれた。
☑ 治水を司る王が，神または神の代理者として神権政治を行った。

4 | シュメールと都市国家

この講の着眼点

　シュメール人の文化は，その後に続く古代オリエントの民族だけでなく，現代社会に影響を与えているものも多い。シュメール人の都市国家や文化はどのようなものだろうか？

世界最古の物語『ギルガメシュ叙事詩』はシュメール人によって作られたといわれているよ。

のちに成立する『旧約聖書』のノアの方舟伝説にもシュメール人の文化の影響が見られますね。

1 シュメール人の都市国家

A 成立　前 3500 年頃，メソポタミア南部で灌漑農業がすすみ，人口が増加。神殿を中心とした大村落が成立し，**青銅器**も普及した。

B 都市国家の発展　前 3000 年頃，神官，戦士，職人，商人などが増え，大村落が都市に発展した。この文明を築いたのは，民族系統不明の**シュメール人**で，**ウル，ウルク，ラガシュ**などの都市国家を作った。各都市は，たがいに覇権を争った。

C 都市国家の社会　各都市は，周囲を城壁で囲み，中心部に**ジッグラト（聖塔）**をもつ神殿をおいた。王は最高の神官で，神の名のもとに神権政治を行い，ほかの都市との戦争や交易も神の名のもとに行われた。

2 シュメール人の文化

A 信仰　各都市の守護神や自然神をまつる多神教が成立し，壮大な神殿や王墓がつくられた。

B 文字　シュメール人によって発明された**楔形文字**は，民族系統の異なる

KEY WORD

シュメール

シュメールとは，アッカド人が名づけた異称。外見や言語は周囲のセム語系民族とは異なっていたものと考えられる。

セム語系やインド゠ヨーロッパ語系の間でも使用された。

C 諸学問 農作業の時期を知る必要から**天文学・暦法**, **六十進法**_{KEY WORD}にもとづく時間や方位の観念が発達し, **七曜制**, **太陰暦**_{KEY WORD}などが使用され, **閏年**の設置などが行われた。

D 法律整備 都市国家を統治する必要から**シュメール法**が生み出され, のちの**ハンムラビ法典**に集大成された。

E 文学 文学としては, 『**ギルガメシュ叙事詩**』が作られ, のちの『**旧約聖書**』の「**ノアの洪水伝説**」などにも取り入れられた。

⊕ PLUS α

楔形文字の解読
イギリス人ローリンソンが, 19世紀にベヒストゥーン碑文をもとに解読。

■ KEY WORD

六十進法
1分は60秒, 1時間は60分といった観念が今も伝わっている。

■ KEY WORD

太陰暦
月の満ち欠けにもとづいて作られた暦。中国やイスラーム圏で普及した。

▲シュメール人の都市国家ウルのジッグラト(聖塔)

 POINT

シュメール人
☑ 都市国家…**ウル**, **ウルク**, **ラガシュ**など。周囲を城壁で囲む。
☑ シュメール人の文化…多神教, **楔形文字**, **六十進法**, 天文学・暦法。

🔍 **この講のまとめ**

シュメール人の都市国家や文化は, どのようなものであったのだろうか?
☑ 前3000年頃, シュメール人の都市国家がウル, ウルクなどに成立した。
☑ ジッグラトをもつ神殿が築かれ, 神の名のもとに神権政治が行われた。
☑ 天文学が発達し, 六十進法, 七曜制, 太陰暦などが使用された。
☑ 楔形文字が発明され, あとに続く他の民族にも長く使用された。

5 | メソポタミアの諸王朝

この講の着眼点

シュメール人の都市国家のあとにメソポタミアから小アジアにかけて成立したセム語系やインド゠ヨーロッパ語系の諸王朝には，どのようなものがあったのだろうか。

古代にも馬で引く戦車のようなものがあったのですね。

ヒッタイト王国は，戦車と鉄製武器で強大になったといわれているよ。

▲ヒッタイトの戦車

1 アッカド人

前3千年紀，アラビア方面からセム語系の**アッカド人**がメソポタミア中部に移動・定着した。

前24世紀頃，**サルゴン1世**がメソポタミアの都市国家群の統一に成功。シリアなどへの遠征を繰り返したが，約1世紀後に山岳民の侵入で滅んだ。また，前2100年頃，**ウル第3王朝**のもとで**シュメール文明**が復興した。

2 バビロン第1王朝（古バビロニア王国）

A 成立 前2000年頃，シリア方面からセム語系の**アムル人**がメソポタミアに侵入。前19世紀にバビロンを都とする**バビロン第1王朝**（古バビロニア王国）を建設した。

B 最盛期 前18世紀の第6代**ハンムラビ王**は全メソポタミアを統一した。ハンムラビ王は運河の大工事を行い，治

▲前18世紀頃のバビロン第1王朝
（古バビロニア王国）

27

水・灌漑をすすめる一方，**シュメール法典**を集大成した<ハンムラビ法典>を制定して，国内の多民族の統一支配につとめた。

C **滅亡**　バビロン第1王朝は，前16世紀に，小アジアから侵入した<ヒッタイト人>に滅ぼされ，その後，イラン方面から侵入した<カッシート人>（民族系統不明）に支配された。

3 ヒッタイト人

A **台頭**　前17世紀，インド＝ヨーロッパ語系のヒッタイト人が，小アジアのアナトリア高原に<ヒッタイト王国>を建国し（都は**ハットゥシャ**，現在の**ボアズキョイ**，トルコ語で「峡谷の城」），前16世紀にはバビロン第1王朝を滅ぼした。

B **最盛期**　前14世紀頃が最盛期。シリアに進出してエジプト新王国の<ラメス（ラメセス）2世>と<カデシュの戦い>を戦った。

C **ヒッタイトの軍事力**　ヒッタイトは軍事的に強大化した。これは<馬>と<戦車>に加えて，<鉄製武器>を使用したことによる。

KEY WORD

カデシュの戦い

前13世紀頃の戦い。後に結ばれた国境策定の平和条約は，確認できる世界最古のものといわれている。

4 前15〜前11世紀のオリエント

バビロン第1王朝が滅んだあと，小アジアにヒッタイト王国，メソポタミア南部には<カッシート王国>（バビロン第3王朝），メソポタミア北部には<ミタンニ王国>，エジプトには新王国が並立する複雑な政治状況が生まれた。前12世紀になると，地中海沿岸に「<海の民>」が襲来し，<ヒッタイト王国>は滅亡。エジプト新王国も衰退した。ヒッタイト王国の滅亡後は，周辺諸民族に製鉄技術が伝わり，前1000年頃にはオリエント全体に**鉄器時代**が到来した。

KEY WORD

海の民

前13世紀末から前12世紀初めにかけて地中海沿岸東部地域を席巻した，混成移民集団の総称。

▲前15〜前12世紀頃のオリエント

28

POINT

メソポタミアの諸王朝

☑ **シュメール人→アッカド人→バビロン第1王朝と興亡。**

☑ バビロン第1王朝滅亡後…ヒッタイト王国・カッシート王国・ミタンニ
　王国・エジプト新王国が並立。

🔍 **この講のまとめ**

シュメール人の都市国家のあとには，メソポタミアにはどのような王朝が
成立したのだろうか？

☑ 前24世紀頃，セム語系のアッカド人がメソポタミアを統一した。

☑ 前19世紀，セム語系のアムル人がバビロン第1王朝を建てた。

☑ 前17世紀に小アジアに成立したヒッタイト人の王国では，鉄製武器が
　使用された。

☑ バビロン第1王朝滅亡後は，小アジア，メソポタミア北部，メソポタミ
　ア南部，エジプトにそれぞれ別の勢力が並立した。

☑ 前12世紀に地中海沿岸に「海の民」が襲来すると，ヒッタイト王国は滅
　亡した。

6 | エジプト文明と統一王朝

🔍 この講の着眼点

　閉鎖的な地形のために平和で安定していた古代エジプトの王国を豊かにしたのは，定期的なナイル川の氾濫であった。その恩恵は，肥沃な大地をもたらす灌漑農業だけではない。ナイル川あってこそ生まれたといえる，古代エジプトの統治と文化について整理してみよう。

◀死者の書

上図の「死者の書」には一体どのようなことが描かれていたのですか？

死者は死と復活の神オシリスの審判を受けると信じられていて，これはその審判の場面だよ。

1 風土

　ナイル川は，水源地エチオピア高原での季節的な降水によって7～10月に増水し，水が引いたあとには肥沃土が残り，灌漑農業が容易であった。ヘロドトスが「**エジプトはナイルのたまもの**」といったように，ナイル川はエジプト文明に繁栄をもたらした。

Ⓐ **農業の開始**　アフロ゠アジア語族エジプト語派のエジプト人は**ノモス**（村落）とよばれる集落を形成した。やがて大規模な治水・灌漑工事の指揮者として絶大な力をもつようになった権力者が，統一国家を作るようになった（前3000頃）。

⊕ PLUS α

ナイル川の増水
エジプト人は，夏至の頃，おおいぬ座のシリウスが日の出直前に東の空に昇る7月半ばに，ナイル川の氾濫が始まることを知っていた。

B **神権政治** 王は**ファラオ**とよばれ，太陽神ラーの子として神格化され，人々を支配した。開放的な**メソポタミア**の地形に比べて，エジプトは海や砂漠に囲まれて閉鎖的な土地のため，外敵が侵入しづらく，比較的平和で安定していた。

2 古王国（前27〜前22世紀）

上エジプト（南部）と下エジプト（北部）統合後の第3〜6王朝（ピラミッド時代）がこれにあたる。都はナイル川下流の**メンフィス**。第4王朝期には，三大ピラミッドが**ギザ**に造営され，**クフ王**のものが有名。ピラミッドは，**太陽神ラー**の子であるファラオの強大な権力を象徴している。

▲ギザのピラミッド

3 中王国（前21〜前18世紀）

第11王朝がエジプトを再統一してナイル川中流域の**テーベ**に都をおいた。第12王朝末期に，シリア方面から馬と戦車をもって侵入してきた遊牧民**ヒクソス**がナイル川下流を支配した。

4 新王国（前16〜前11世紀）

ヒクソスを追放した第18王朝がエジプトを再統一。**トトメス3世**は，大規模な外国遠征を行い，エジプトの版図は最大となった。**アメンホテプ4世**（イクナートン）は都を**テーベ**から**テル=エル=アマルナ**に移し，従来の多神教に対して一神教を強制する宗教改革を断行した。この革新的な時代には，**アマルナ美術**とよばれる写実的・開放的な美術様式がおこった。その後，**ラメス（ラメセス）2世**がヒッタイト王国と戦い（**カデシュの戦い**），エジプトを隆盛させたが，**「海の民」**の攻撃（前12世紀）で衰退した。

新王国時代終了後，**アッシリア**の侵入（前7世紀），4王国分立時代を経て，**アケメネス朝**に征服され，エジプトはその属州となった（前525）。

▼エジプト古代史の時代区分

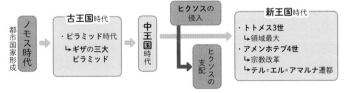

5 文化

A **宗教・死生観**　霊魂(れいこん)の不滅(ふめつ)と**オシリス神**が支配する死後の世界を信じ，
ミイラや「**死者の書**」を作り墓におさめた。

B **エジプト文字**　象形文字である**神聖文字**(しんせい)
（**ヒエログリフ**）ができた。それを簡略化した**神官文字**，さらに簡略化した**民用文字**（デモティック）
も生まれ，**パピルス**とよばれる紙に記された。ナポレオンのエジプト遠征中の 1799 年に発見された**ロゼッタ゠ストーン**をもとにして，フランスの
シャンポリオンが 1822 年に神聖文字を解読した。

ヒエログリフ

デモティック

ギリシア文字

▲ロゼッタ゠ストーン

C **数学・土木技術**　ナイル川が定期的に氾濫
することから太陽暦（1 年＝12 か月＝365 日）が作られた。また，ピラミッドなど
の建設や，ナイル川氾濫後の土地復元のために発達した**測地術**は，ギリシアの
幾何学(きかがく)の起源となった。ほかに**十進法**が用いられた。

👨‍🏫 POINT

古代エジプト王朝の変遷と文化
☑ 王朝の変遷…**古王国**　都はメンフィス，ギザの三大ピラミッド。
　　　　　　　中王国　都はテーベ，末期にヒクソスの侵入。
　　　　　　　新王国　アメンホテプ 4 世（イクナートン）の宗教改革。
☑ 文化…霊魂の不滅と死後の世界を信じ，**死者の書**を制作。
　　　　太陽暦や測地術，神聖文字（ヒエログリフ）の使用。

🔍 この講のまとめ

古代エジプトの統治と文化はどのようなものであったのだろうか？
☑ 定期的に氾濫するナイル川のもたらす肥沃土で，灌漑農業が容易。
☑ ファラオとよばれる王が神として人々を支配した。
☑ 古王国ではナイル川下流域にピラミッドが多く造営された。
☑ 新王国では遠征が行われ，支配領土が拡大した。
☑ 新王国のアメンホテプ 4 世の時代には，写実的・開放的なアマルナ美術
　がおこった。

7 │ 古代地中海・西アジアのネットワーク

🔍 **この講の着眼点**

　古代文明の二大拠点メソポタミアとエジプトを結ぶため，シリア・パレスチナには多様な民族が興亡した。異なる民族の交流は，東地中海にどのような文明を生んだのだろうか？

シリアやパレスチナは現在でも民族間の争いがみられる地域ですね。

古代から，この地域は異なる地域を結ぶ交易の要所だったんだ。

1 地中海東岸の諸民族

　地中海東岸のシリア・パレスチナは，メソポタミアと地中海，紅海，エジプトを結ぶ結節点であるため，交易や文化の交流が盛んに行われた。「**海の民**」がヒッタイトを衰退させると，**フェニキア人，アラム人，ヘブライ人**などのセム語系の諸民族が活躍した。

2 フェニキア人

　前12世紀から，地中海沿岸に**シドン**や**ティルス**などの都市国家を建設し，船材に**レバノン杉**(腐食に強いマツ科針葉樹で，レバノン国旗でも知られている)を使用して地中海貿易にのりだした。前9世紀には，地中海沿岸の要地に**カルタゴ**を建設し，大西洋やインド洋にも航海した。アケメネス朝でも，フェニキア人の交易活動は保護された。**カナーン人**の使用した**表音文字**を線文字化したフェニキア文字は，海上交易を通じて**ギリシア人**に伝わり**アルファベット**の起源となった。

3 アラム人

　前12世紀頃，アラビアからシリア地方に移り，**ダマスクス**を中心にラクダによる隊商を組織し，内陸貿易で栄えた。その交易活動によって，**アラム語**は全

オリエントの国際商業語として広まり，アケメネス朝でも公用語になった。フェニキア文字から作られた**アラム文字**はのちに東方の中央アジアにも伝わって，ソグド文字，ウイグル文字などに影響を与えた。

4 ヘブライ人

A ヘブライ人国家の建設　ヘブライ人は前18世紀，ユーフラテス川上流で遊牧生活をしていたが，**カナーン**（現在のパレスチナ）に定住した（前1500頃）。彼らの一部はエジプトに移住したが，エジプト新王国のファラオから迫害を受けたため，**モーセ**に率いられてエジプトを脱出（**出エジプト**，前13世紀）。カナーンの地に帰って同胞（どうほう）と合流した。その後王国を建て，**イェルサレム**を都とした（前1000頃）。

B イスラエル王国の繁栄　この王国は**ダヴィデ**と**ソロモン**両王のもとで繁栄したが，ソロモン王の死後，北の**イスラエル王国**と南の**ユダ王国**に分裂した（前922頃）。イスラエル王国はセム語系の**アッシリア**という国に滅ぼされ（前722），ユダ王国は**新バビロニア**の**ネブカドネザル2世**によって併合された（前586［前587］）。

C バビロン捕囚（ほしゅう）時代　ネブカドネザル2世はユダ王国を滅ぼし，多くのヘブライ人をバビロンへ強制移住させて土木事業などに使役した（**バビロン捕囚**，前586〜前538）。しかしのちに，ヘブライ人は新バビロニアを滅ぼしたアケメネス朝の**キュロス2世**に解放された。

D 預言者（よげんしゃ）の出現とユダヤ教の成立　たび重なる苦難の中で**預言者**が多数現れ，唯一神（ゆいいっしん）**ヤハウェ**（ヤーヴェ）への信仰が守られた。バビロン捕囚後にイェルサレムには神殿が再興され，**ユダヤ教**が生まれた。ユダヤ教は，『**旧約聖書**』を教典とし，**ヤハウェ信仰**，ヘブライ人だけが救われるという**選民思想（せんみん）**をもち，**メシア（救世主）（きゅうせいしゅ）**を待ち望むもの。ローマの支配に対して反乱を起こしたユダヤ人は故地を追われ，20世紀のイスラエル建国まで離散（ディアスポラ）を余儀なくされた。

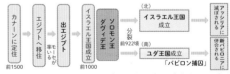

▲ヘブライ人国家の成立とその変遷

POINT

地中海東岸のセム語系諸民族

☑ フェニキア人…地中海貿易，フェニキア人の作ったフェニキア文字は

アルファベットの起源に。

☑ アラム人…**アラム文字**作成，アラム語は中央アジアに普及。

☑ ヘブライ人…一神教の**ユダヤ教**成立，**キリスト教**に影響。

🔍 **この講のまとめ**

セム語系諸民族は，東地中海にどのような文明を生んだのだろうか？

☑ フェニキア人が海上交易で用いた文字はアルファベットの元になった。

☑ 内陸貿易で栄えたアラム人の文字は東方の文字の多くに影響を与えた。

☑ ヘブライ人の移住と苦難の歴史によってユダヤ教が生まれた。

8 | エーゲ文明

ギリシアの古代文明は，多数の島と入り組んだ海岸線，地中海性気候を特徴とするエーゲ海からはじまった。どんな特徴がみられるだろうか？

▲クレタ文明のクノッソス宮殿

▲ミケーネ文明の獅子門

 左はクレタ文明のクノッソス宮殿，右はミケーネ文明の獅子門だね。

同じエーゲ文明なのに，ずいぶん雰囲気が違っていますね。

1 自然と風土

エーゲ海は多島海で海岸線は入り組み，良港に恵まれ，エジプトやシリアとの海上交易に便利である。また，陸地は山がちで平地が少なく，地中海性気候を利用して，穀物よりも**オリーブ**，**ブドウ**などの**果樹栽培**や**牧畜**が行われる。

2 クレタ（ミノス）文明とミケーネ文明

オリエント文明の影響をうけて，前2000〜前1200年頃地中海東部におこった青銅器文明。前半を**クレタ**

	クレタ（ミノス）文明	ミケーネ文明
時 期	前2000頃〜前1400頃	前1600頃〜前1200頃
中心地	クレタ島のクノッソス	ミケーネ，ティリンスなど
特 徴	海洋的，平和的な文明。王が君臨する青銅器文明。石造の豪華なクノッソス宮殿などが代表的建造物。	戦闘的，力感的な青銅器文明。巨石を用いた城塞。ミケーネの城塞の獅子門などが有名。官僚制と貢納組織をもつ。
文 字	線文字A（未解読）	線文字B（イギリスのヴェントリスらが解読）
発掘者	**エヴァンズ**（英）	**シュリーマン**（独）
滅 亡	ギリシア人の一派（アカイア人）の侵入などで滅亡。	気候変動や「海の民」の侵入など，複数の原因により滅亡。

▲クレタ文明とミケーネ文明

（ミノス）文明，後半を**ミケーネ文明**という。

　開放的なクレタ文明の象徴であるクノッソス宮殿は城壁をもたなかった。一方，ミケーネ文明は石造りの獅子門に代表される戦闘的な文明である。

 POINT

エーゲ文明
- ☑ クレタ文明…**開放的**な文明。
- ☑ ミケーネ文明…**戦闘的**な文明。
  - →いずれも青銅器文明。

3 トロイア文明（前2600頃～前1200頃）

　小アジアのトロイアで栄える。前12世紀頃南下してきたアカイア人に滅ぼされた。トロイア文明の発掘者も**シュリーマン**である。トロイアの木馬で知られるトロイア戦争は，**ホメロス**の作品である叙事詩『**イリアス**』『**オデュッセイア**』に描かれている。

 KEY PERSON

シュリーマン
[1822～90]

19世紀ドイツの考古学者。幼少期からホメロスの詩を愛読し，発掘を夢見ていた。トロイア・ミケーネの遺跡を発掘し，両文明の実在を証明した。

 POINT

トロイア文明
- ☑ 小アジアに栄えた。シュリーマンが発掘，トロイア戦争。

🔍 **この講のまとめ**

エーゲ海の古代文明にはそれぞれどのような特徴があるのだろうか？
- ☑ クレタ文明は城壁のないクノッソス宮殿に代表される開放的な文明。
- ☑ ミケーネ文明は獅子門に代表される戦闘的な文明。
- ☑ トロイア文明はホメロスの詩にも登場し，シュリーマンが発掘した。

9 | 古代オリエント世界の統一

🔍 この講の着眼点

　古代オリエントを初めて統一したアッシリアは，苛酷(か こく)な統治によって世界帝国としては短命に終わり，滅亡後には４つの王国が分立した。アッシリアの統治の特徴について見ていこう。

これは金属でできた貨幣ですか？

そうだよ。貨幣が最初に鋳造(ちゅうぞう)されたのは，アッシリア滅亡後に小アジアに栄えたリディアだといわれているよ。

▲リディアの金属貨幣

1 アッシリア

　最初にオリエントを統一したのは，セム語系のアッシリアであった。

🅐 アッシリアの成立　前２千年紀初め頃，ティグリス川上流におこったアッシリアは，前15世紀にミタンニ王国に服属。やがて自立し，前９世紀から周囲に領土を広げ，前７世紀前半にエジプトを征服して全オリエントの統一に初めて成功。ニネヴェに都をおく最初の「世界帝国」となった。鉄器を使用し，戦車と騎兵隊を組織した武断的な軍事国家であった。

🅑 アッシリアによる統治　王は，国内を州に分け，**駅伝制**(えきでんせい)を設け，各地に**総督**(そうとく)を派遣して統治と徴税(ちょうぜい)を行った。しかし，強制移住や重税など，武力を背景とする苛酷な統治が民衆の反抗をまねき，前612年に滅びた。「世界帝国」としては短命だったが，初のオリエント統一によってオリエントの一体化に貢献した。最盛期の王アッシュルバニパルは，ニネヴェに世界最古の図書館を建て，文化を保護した。

2 4王国分立時代

　アッシリアが滅んだあと，4つの国が
オリエントに分立した。

▲アッシリアの領域(前7世紀頃)

A　メディア　インド゠ヨーロッパ語
系の国でイラン地方に建国された。

B　新バビロニア(カルデア)　セ
ム語系の国で，バビロンを都として，メ
ソポタミアに建国。最盛期の**ネブカド
ネザル2世**はユダ王国を滅ぼし，**バ
ビロン捕囚**を行った(前586)。4王国の
うち最も優勢。

▲4王国時代のオリエント

C　エジプト　第26王朝(サイス朝)
時代。ギリシア人やフェニキア人と交易。

D　リディア　インド゠ヨーロッパ語系の国。世界最古の鋳造貨幣を使用。ギ
リシア諸都市と交易。

POINT

アッシリア

☑ オリエントを初めて統一。

☑ 重税と圧政で支配したため短期で滅亡。

　　→4王国の分立…**メディア，新バビロニア，エジプト，リディア。**

この講のまとめ

古代オリエントを最初に統一したアッシリアの統治の特徴とは？

☑ 国内を州に分け，各地に総督を派遣して統治や徴税を行わせた。

☑ 強制移住や重税など，武力を背景とする苛酷な統治を行う。

10 | インドの古代文明

🔍 **この講の着眼点**

　現代のインドにも影響を与えるカースト制度は，古代インド文明のバラモン教にその起源を持つ。南アジアの多くの地域の文化の起源ともなった古代インドの社会の変化を見ていこう。

> 日本でなじみがある仏教も前500年頃にインドで誕生したのですね。

> 仏教は，その当時すでに存在していたバラモン教への対抗として生まれたんだ。

1 インドの風土

　乾燥した北西部に対し，湿潤な北東部の平原では稲作を中心とする農業がおこなわれ，南部のデカン高原とともにモンスーンの影響を受けてきた。広大な平原が広がる北部では，インダス川やガンジス川流域を中心に古くから文明が栄えた。西北部のアフガニスタンとの境界にあたる峠道は，多くの民族がインドに侵入する経路であり，中央アジアや西アジアとの文化交流の交通路にもなった。

2 インダス文明

A　誕生と展開　前2600年頃，**インダス川**を中心とする広い地域に都市文明がおこった。これを**インダス文明**という。インダス文明は**ドラヴィダ系**と思われる人々による**青銅器文明**であったが，前1800年頃までに衰退した。

B　代表的遺跡　インダス川下流域のシンド地方にある**モエンジョ゠ダーロ**と，中流域のパンジャーブ地方にある**ハラッパー**が代表的である。整えられた街路に沿って穀物倉庫や大浴場・排水溝などが整然と配置され，家屋は焼き煉瓦で造られて

⊕ **PLUS α**

インダス文明の滅亡
かつてはアーリヤ人に破壊されたとする説もあったが，現在は否定されている。洪水や河川の流路変更，交易活動の不振などの説があるが，衰亡の原因は定かではない。

▲モエンジョ゠ダーロ

いた。すぐれた都市計画による文明で，専制王の権威を示す神殿や王墓などの大建築物は発見されていない。

C　文化と生活　彩文土器や青銅器が使用された。また，**印章**には牛などの動物や一種の象形文字である**インダス文字**が刻まれているが，数も少ないために未解読である。出土品から**メソポタミア文明**との交流もうかがえる。菩提樹や水を神聖視し，後代のインド文明の重要な要素となった。

POINT

インダス文明
- ☑ **モエンジョ゠ダーロ**と**ハラッパー**などに見られる，都市計画にもとづく文明。
- ☑ **インダス文字**は未解読。

3　アーリヤ人の進出

A　民族の移動　中央アジアの牧畜民であるインド゠ヨーロッパ語系の**アーリヤ人**は，前2000年頃から南下し，移動を始めた。馬に引かせた戦車を駆使して先住民を征服した彼らは，前1500年頃にはカイバル峠を経てパンジャーブ地方に移住した。

B　生活　血縁関係にもとづく部族を生活単位として，部族長（ラージャン）のもとで村落に住み，農耕や牧畜を行った。**牛**を神聖視した彼らの風習は今日までつづいている。また，火や雷などの自然神を崇拝し，供物と賛歌を捧げた。このような賛歌と儀礼を記したものを**ヴェーダ**という。ヴェーダに精通した**バラモン**が祭式を独占して，社会全般の指導者としての地位を占めるようになった。

▲アーリヤ人の進出

KEY WORD

ヴェーダ

本来は「知識」を意味する語。最古の『リグ゠ヴェーダ』の主要な部分は，前1200〜前1000年頃に作られた。

4 バラモン教とカースト制度

A 社会の変化 アーリヤ人は前1000年頃からガンジス川流域へと進出した。**鉄製の農具**が使われるようになると, この地の農業生産力は飛躍的に向上した。

B 社会制度 安定した農耕社会が形成される間にバラモンを中心に社会の階級化・固定化が生じ, 4つの身分を区別する**ヴァルナ制**が成立した。主にバラモン（司祭）・クシャトリヤ（武士）・ヴァイシャ（農民・牧畜民・商人）・シュードラ（隷属民）の4つからなる。

このヴァルナ制が多数の**ジャーティ**と一体化することで**カースト制度**が成立し, 現在にいたるまでインド社会を長く規定している。

C バラモン教 前10世紀以降, 司祭者としてのバラモンの力が強くなり, 聖典と祭式万能を特徴とする**バラモン教**が誕生した。ヴェーダに絶対的な権威をおく多神教で, 特定の開祖はいない。バラモンが祭祀を独占し, 自己の権威を高めるために儀礼を複雑にしたため, しだいに形式的な祭式至上主義に陥り, 社会の発展のさまたげとなった。

5 新しい宗教

A 背景 農業生産力の向上は, 商工業の発達と政治的統合を促し, 次々と都市国家が成立した。この都市国家の中では, クシャトリヤやヴァイシャ階級の実力が高まった。こうした状況の中, バラモン教への不満から前5世紀頃に成立したのが**ジャイナ教**と**仏教**である。

Ⓑ ジャイナ教と仏教

宗教名	開　祖	教　義	信　者
ジャイナ教	クシャトリヤ出身のヴァルダマーナ(尊称マハーヴィーラ)	バラモンの権威を否定し，人間は苦行によって救済されると主張。不殺生主義を徹底し，厳しい戒律(五戒：不殺生・不妄語・不盗・不淫・不所有)を定めた。	ヴァイシャ階級(特に商人)に支持される。
仏教	クシャトリヤ出身の　ガウタマ゠シッダールタ ⒦ KEY PERSON (尊称ブッダ)	人間は平等であるとしてヴァルナ制を否定。無常観に立ち，極端な苦行を否定して八正道の実践による輪廻からの解脱をめざす。	クシャトリヤやヴァイシャ階級に支持される。

▲ジャイナ教と仏教

🧑 KEY PERSON

ガウタマ゠シッダールタ

生没年は前563年頃～前483年頃など諸説ある。尊称はブッダ(仏陀)・釈迦牟尼(しゃかむに)。シャカ族の王子で，29歳で出家。35歳のとき，ブッダガヤの菩提樹の下で悟りを開いた。

Ⓒ ウパニシャッド哲学　バラモン教内部からも祭式至上主義に対する反省が生まれた。それが内面の思索を重視する**ウパニシャッド哲学**である。ウパニシャッド哲学は，宇宙を創造し支配する力である**ブラフマン**(梵(ぼん))と，自我の根源である**アートマン**(我(が))とを究極的に一致させること(**梵我一如**(ぼんがいちにょ))により，精神の自由(輪廻(りんね)からの解脱(げだつ))が得られると説いた。

👨‍🏫 **POINT**

アーリヤ人の進出とインド社会の変化
- ☑ **アーリヤ人**が南下し，移住。部族社会→都市国家。
- ☑ **ヴァルナ制**とジャーティ(カースト)集団の結合→**カースト制**の成立。
- ☑ **バラモン教**への反発→**ジャイナ教・仏教**の成立。

🔍 **この講のまとめ**

南アジアの文化の起源となった古代インド社会の変化を整理しよう。
- ☑ インダス文明はすぐれた都市計画が見られ，専制的な王はいなかった。
- ☑ 前1500年頃インドに進出したアーリヤ人の中で，司祭階級であるバラモンが力を持ち，のちにバラモン教が成立した。
- ☑ 前5世紀頃，都市国家の成立の中で，バラモン教への不満から仏教やジャイナ教が成立した。

11 | 中国文明の誕生

　古代中国王朝の原型となる中国文明はどのような特徴を持っていただろうか？

 古代中国の文明といえば，黄河流域の農耕文明ですよね。

実は同じ頃に長江流域にも高度な稲作文化が成立していたんだよ。

1 中国の文明と農耕

　前 5000 ～前 3000 年頃，黄河高原一帯に広がる黄土地帯（こうど）で，中国人の祖先にあたる原シナ人により中国最古の農耕文化がおこった。

2 仰韶文化（ぎょうしょう）（ヤンシャオ）

　この農耕文化は，代表的遺跡の名をとって仰韶文化とよばれる。使用された彩陶とよばれる土器の名称から彩陶文化（さいとう）と名づけられることもある。

▲彩陶（彩文土器）

3 仰韶文化の特徴

　原シナ人はアワ・キビなどの雑穀を栽培し，豚や犬を飼いながら，竪穴式住居で生活していたと考えられる。

⊕ PLUS α

長江流域の文明
華北に彩陶文化があった頃，長江下流域にも高度な稲作文化が成立していた。浙江省の河姆渡遺跡（かぼと）はその代表である。

4 竜山文化
ロンシャン

　前3千年紀になると，黄河中・下流域を中心に竜山文化(黒陶文化)が現われた。三足土器(鬲・鼎)の形状をもつ灰陶は，殷の青銅器文化に影響を与えたと考えられる。

5 邑の発展
ゆう

　この時代には農耕技術も大いに発展して，人口も増加したため，各地に邑とよばれる土壁で囲まれた集落が出現し，やがてこれらが中国古代の**都市国家**に発展していった。

POINT

中国文明の特徴
- ☑ 中国文明…仰韶文化＝彩陶文化，竜山文化＝黒陶文化。
- ☑ 農耕技術の発達→人口の増加，邑とよばれる集落の出現→小国家の成立。

この講のまとめ

中国文明の特徴は？
- ☑ 前5000〜前3000年頃，黄河流域に彩陶を特徴とする農耕文化が栄えた。
- ☑ 同じ頃，長江流域にも高度な稲作文化が存在していた。
- ☑ 前3千年紀から，黄河中・下流域を中心に精巧な黒陶が作られた。
- ☑ 各地にできた邑はその規模を拡大し，都市国家に発展していく。

12 | 殷王朝の成立

中国最古の王朝では，どのような統治が行われていたのだろうか？

漢字の原型となる文字は殷の時代にできたのですね。

国の重要なことを決定する占いに用いられていたよ。

1 殷墟の発掘

現在確認されている中国最古の王朝は殷である（伝説上は夏王朝だが未確定）。殷後期の都**大邑商**の遺跡である**殷墟**から発見され**亀甲・獣骨**に記された文字は**甲骨文字**とよばれ，文字の解読とともに，殷王朝の実在が確認された。

当時の黄河

殷
殷墟　竜山
現在の黄河
渭水
仰韶

---- 当時の海岸線

▲殷代の中国

2 殷の社会と文化

前1600年頃に成立した殷は，黄河中下流域に点在する邑の連合の盟主として君臨し，殷王は重要な国事を占いにより決定していたという。このとき使用された文字が甲骨文字である。殷では**祭政一致**の**神権政治**が行われていたため，神々をまつる道具として**青銅器**が鋳造され，高度な**青銅器文化**が栄えた。

POINT

殷の文化と政治

☑ 殷墟から**甲骨文字**が出土。漢字の起源。

☑ 神権政治…祭政一致，占いによって政治を行う。**青銅器文化**が栄える。

中国最古の王朝殷ではどのような統治が行われていたのだろうか？

☑ 殷では神権政治が行われ，祭祀に用いる甲骨文字や青銅器が発達した。

13 | 周王朝の成立

🔍 この講の着眼点

殷に続いて成立した周であったが，統治方法には大きな違いがあった。
周の統治とはどのようなものであっただろうか？

周ではしだいに各地の諸侯が有力になり春秋・戦国時代になりますよね。

どうやら，周の統治方法がその状況を招いたようだよ。

1 周王朝の成立

　殷は前 11 世紀，西方の渭水盆地におこった周により滅ぼされた。周王朝は渭水流域の鎬京に都を定め，一族・功臣や各地の有力者に封土を与えて世襲の諸侯とし，**貢納**と**軍役**の義務を負わせて，周王に忠誠を誓わせた。

当時の黄河

犬戎

殷墟

現在の黄河

渭水

鎬京

洛邑

氏

長江

周

---- 当時の海岸線

▲周の時代の領域

2 周の封建制度

　周王と諸侯は，**血縁関係**をもとに，周王室を本家，諸侯を分家とする主従関係で結ばれていた。この統治体制を**封建制度**という。このような主従関係は周王と諸侯の関係のみならず，彼らに仕えた**卿・大夫・士**とよばれる世襲の家臣団との関係も同様であった。

3 宗族と宗法

　封建制度を支えたのは，支配者階級が構成した**宗族**という父系の氏族集団と，その規範である**宗法**であった。また，被支配者の農民も，血縁関係

⊕ PLUS α

周公旦

周王朝を創始した武王の弟で，兄を補佐して殷を討った。武王の死後は幼少の成王を補佐し，周王朝の基礎を築いたといわれる。旦は諸侯として魯に封ぜられたが，自身は中央政府に留まり，子の伯禽が魯の国の初代君主となった。のちに魯で生まれた孔子は旦を理想の政治家・聖人として尊敬し，旦が作り上げた政治を理想とした。

をもとにした村落共同体を作っていた。

POINT

周の封建制度
☑ 血縁関係が中心…**宗族**と**宗法**。
☑ 周王や諸侯のもとには **卿・大夫・士**とよばれる家臣団が仕えた。

4 周の東遷

　周王朝の成立から数世代が経過し，周王室と諸侯の血縁関係も希薄になると，やがて封建制度が崩れ始め，周辺異民族もしばしば中国に侵入するようになった。
　西方の異民族**犬戎**によって都の**鎬京**が占領されると，前770年，周王室は東方の**洛邑**に都を遷した（周王室の内紛が遷都の原因とする説もある）。これ以降を**東周**とよび，これ以前を**西周**とよぶことがある。この事件以後，周王の権威は著しく衰え，それにかわって有力諸侯の発言力が強くなった。

POINT

周の東遷
☑ 犬戎によって**鎬京**が占領→**洛邑**（東周）に遷都。

🔍 **この講のまとめ**

周の統治方法は，神権政治の殷とどのように異なっていたのだろうか？
☑ 周では血縁関係に基づく封建制度がとられ，世襲の諸侯が各地を治めた。
☑ 周の封建制度を支えたのは，宗族とその規範である宗法であった。
☑ 世代を経て王室と諸侯の血縁関係が希薄になると，封建制度が崩れ始めた。

14 | 春秋・戦国時代

この講の着眼点

　封建制の揺らぎによって周王朝の影響力が衰え，各地の諸侯から有力な覇者が現れた。前5世紀の終わりには封建制は完全に崩壊し，実力本位の戦国時代となる。西方の秦が統一するまでの5世紀間の間に中国で見られた政治的・社会的変化を分析してみよう。

春秋・戦国時代は戦いが多かったのに，社会や経済が発展したのはなぜですか？

各地の有力者は富国強兵のために，軍事だけではなく経済や学問も重視したからだよ。

1 春秋時代（前770〜前403）

　東周成立後，一部の有力諸侯は**尊王攘夷**を旗印に掲げ，周王の権威を巧みに利用しながら，天下に君臨しようとした。この時代を**春秋時代**という。この時代に活躍した斉の桓公・晋の文公などの**覇者**は，**春秋の五覇**とよばれた。

> ⊕ PLUS α
>
> **春秋と戦国の由来**
> 春秋の名は孔子が編纂したと伝えられる魯国の年代記『春秋』に，戦国の名は漢代の書物『戦国策』に由来する。

2 戦国時代（前403〜前221）

　有力国の**晋**がその家臣によって奪われ，**韓・魏・趙**の3国に分裂すると，前403年に周王はこの3国を諸侯として認めた。封建制度の崩壊を意味するこの事件以降，弱小国の併合や，**下剋上**が各地で横行し，実力本位の**戦国時代**となった。

　周王室の支配地は小国なみに縮小し，有力諸侯は自ら「**王**」の称号を用いた。その間，諸侯国も，斉・楚・秦・燕・韓・魏・趙の七つの有力な国にしぼられていった。これらを**戦国の七雄**という。やがて，この中から政治改革に成功した秦が有力になっていった。

▲戦国時代の中国（戦国の七雄）

3 農村社会の変化

　春秋・戦国時代の有力諸侯が**富国強兵**策を実施した影響は農村にも現れた。**鉄製農具**と**牛耕**の普及は，土地の開墾と治水事業を容易にし，**農業生産力**の向上につながった。また，それが**余剰生産物**を生み出し，さらに商工業の発展を促した。有力諸侯は経済を発展させるため，国内で**青銅貨幣**を流通させた。

4 諸子百家の時代

　春秋・戦国時代に富国強兵策を実施した国々では，有能な人材を登用したため，多くの学者が輩出された。**儒家・道家・法家・墨家**などの諸学派が説いた思想は，政治思想から人生哲学にいたるさまざまな分野にわたる。中国文化史の中でも特筆される，この時代に活躍した思想家や学派を総称して**諸子百家**とよぶ。

儒　家	孔子…家族道徳の実践から仁の実現をめざす。周代の礼にもとづく理想国家を説いた。孔子と弟子の言行録が『論語』。 孟子…性善説を主張し，徳治主義にもとづく王道政治を説く。その思想をまとめたのが『孟子』。 荀子…性悪説を主張し，法家思想に影響を与えた。弟子に韓非・李斯がいる。その思想をまとめたものが『荀子』。
道　家	老子…礼や道徳を人為としてしりぞけ，無為自然を主張。実在は不詳とされる。その思想をまとめたものが『老子』。 荘子…道家の思想を老荘思想として確立。その思想をまとめたものが『荘子』。
法　家	商鞅…秦の孝公に仕え，改革を断行し，秦を強国に導く。 韓非…荀子の弟子で，法と刑罰による社会秩序の確立を説いた。主著『韓非子』。 李斯…韓非の同門で，のち始皇帝に仕え，秦の中央集権体制を確立。焚書・坑儒を行った。
墨　家	墨子…無差別な愛（兼愛）を説いて儒家の思想を批判。また，庶民の立場にたち，相互扶助（交利）と戦争を否定（非攻）した。
陰陽家	鄒衍…自然現象や社会現象を木・火・土・金・水の5要素（五行）によって説明しようとする陰陽五行説を唱えた。
縦横家	蘇秦…6国が戦国の七雄のうち最強の秦に縦に同盟して対抗する外交策（合従策）を説いた。 張儀…6国が個別に最強の秦と横に同盟する外交策（連衡策）を説いた。
兵　家	孫子…兵法理論を説いたが，国家経営などについても言及した。
名　家	公孫竜…「白馬は馬にあらず」というような詭弁を用いて，論理学の重要性を説いた。
農　家	許行…農民の立場から農業の重要性を説いた。

▲春秋・戦国時代に活躍した諸子百家

POINT

春秋・戦国時代

☑ 春秋時代…有力諸侯から「**春秋の五覇**」が現れる。

☑ 戦国時代…「**戦国の七雄**」が並び立ち，王の称号を用いる。

☑ 諸子百家…**儒家・道家・法家・墨家**など。

🔍 **この講のまとめ**

春秋・戦国時代に見られた，政治や社会の変化を整理しよう。

☑ **春秋時代にあった周王の権威は衰え，戦国時代は下剋上になった。**

☑ **有力諸侯の富国強兵策により，鉄製農具と牛耕で生産力が向上した。**

☑ **余剰生産物の発生で商工業が発展し，青銅貨幣の流通が見られた。**

☑ **各国で有能な人材が求められたため，諸子百家が活躍した。**

中国史と故事成語(こじせいご)

　現在，私たちが日常的に使っている故事成語は，その出典を見ると中国の歴史書や哲学書であることが少なくない。

　故事成語は，現代文や小論文の課題文の中にもたびたび登場する。その言葉が生まれてくる背景となった歴史を知ることによって，より理解は深まるだろう。中国史の学習とあわせれば，まさに「一挙両得(いっきょりょうとく)」といえよう。

　例えば，「臥薪嘗胆(がしんしょうたん)」という言葉が生まれたのは春秋時代の末期。長江(ちょうこう)下流の呉(ご)と越(えつ)の国が争っていたとき，呉王闔閭(こうりょ)は越王勾践(こうせん)に敗れ，息子の夫差(ふさ)に仇をとるよういい残して死んだ。勾践への復讐(ふくしゅう)を誓った夫差は，毎晩薪(たきぎ)の上に寝て，父の仇を討つ決意が揺(ゆ)るがないようにした。やがて国力を蓄えた夫差は，ついに勾践を会稽山(かいけいざん)で包囲して降伏させた。戦いに敗れた勾践は夫差に命乞(いのち ご)いをし，帰国を許されたが，今度は勾践が夫差に対して復讐を誓った。会稽山での敗北（「会稽の恥(はじ)」という成語もある）を忘れないため，勾践は自分の部屋に苦い肝をつるし，毎日それを嘗(な)めて復讐心を奮(ふる)い立たせたという。やがて，呉と戦う好機が到来し，勾践の軍は宿敵の夫差を滅ぼしたのである。「目標を達するために苦労して努力する」ことを意味するこの故事は，前漢の歴史家司馬遷(しばせん)の『史記』に書かれている。

　このように，有名な故事成語を自分で調べてみると歴史と国語の力もつくだろう。

▲長江の流れ

15 | 南北アメリカ文明

南北アメリカに存在した文明は，15世紀にヨーロッパ人が進出するまで独自の発展を遂げた。南北アメリカの古代文明は，地域ごとにどのような特徴があったのだろうか？

他地域との交流が少なかったので南北アメリカの古代文明は独自の発展をしたのですね。

そう。だからこそ，ヨーロッパ人の進出はこの地域を大きく変えてしまったんだ。

1 北米の先住民文化

氷期にベーリング海峡を渡った人々は，やがてアメリカ大陸全土に広がり，独自の文化を形成していった。コロンブスに「発見」されるまで，ヨーロッパの人々に知られることのなかったアメリカ大陸は，ヨーロッパ人によって「新大陸」とよばれ，そこに住む先住民はインディアンやインディオとよばれた。当時の北米地域には，狩猟・採集を営む先住民が部族ごとに散らばって生活していた。

2 中南米の先住民文化

一方，メキシコ高原からユカタン半島を経て，アンデス山脈にいたる中南米の地域には，トウモロコシ栽培を主とするいくつかの農耕文明が発達した。これらの文明に共通することは，次の①〜⑤にまとめられる。

① トウモロコシ・ジャガイモを主とする灌漑農業が発達。

② 青銅器文明の段階で，金・銀は用いられたが，鉄器は知られていなかった。

③ 太陽信仰を中心とする神権政治が行われていた。

⊕ PLUS α

アメリカ大陸原産作物
アメリカ大陸原産の農作物には，トウモロコシやジャガイモのほかにピーマンやトウガラシ，ココアなどがある。これらの農作物は，16世紀以降，ヨーロッパを経由して世界各地に広まった。

④リャマ・アルパカなどを飼育したが，馬・牛・ラクダなどの大型の家畜は存在
　しなかった。

⑤車両はなかったが，高度な石造建築技術をもっていた。

3 マヤ文明（前10〜後16世紀頃）

　メキシコ高原周辺では，かなり早くからマヤ文明
に先行するいくつかの農耕文明がおこり，メキシコ
湾周辺に**オルメカ文明**（前1200頃まで）が発展
した。また，メキシコ高原にはピラミッド状の神殿
をもつ**テオティワカン文明**（前1世紀〜後6世紀）が
あった。この文明に続いてメキシコ高原には**トルテ
カ文明**（10〜12世紀）がおこったが，同じ頃ユカタ
ン半島には**マヤ文明**が存在していた。身分制社
会の中で権力を握る神官たちは，高度な学問を発展
させて**ゼロの概念**を発見し，**絵文字**（**マヤ文字**）
を使って**二十進法**による計算を行っていた。ま
た，天文学も大いに発達し，精密な**太陽暦**を使用
していた。

▲マヤ文明のピラミッド

▲大航海時代前の中南米大陸

4 アステカ文明（14世紀〜1521）

　12世紀頃，青銅器文明の段階にあった**アステ
カ族**は**メキシコ高原**に進出し，14世紀には**テノチティトラン**（現在のメ
キシコシティの一部）を都に**アステカ王国**（アステカ文明）を建設した。神殿
やピラミッドなどの建築物は精巧で，**アステカ文字**を用いて太陽暦を作り，神官
による**神権政治**が行われた。

5 インカ文明（15世紀半ば〜1533）

　ペルー北部では前1000年頃に**チャビン文化**が発展した。

　その後1200年頃，青銅器文明の段階にあったケチュア族（インカ族）が勢力
を強め，アンデス山中の**クスコ**を都として15世紀に**インカ帝国**を建国し，
アンデス山脈に沿って，大領土を支配した。インカの人々は**太陽神**を崇拝し，

皇帝は太陽の化身と考えられた。石造建築の技術の高さは驚くほどで，神殿や宮殿のみならず，道路も舗装されていた。文字をもたなかったが，**キープ**（結縄）とよばれる，縄の結び方で意味や数量を表した。

▲インカ文明の遺跡，マチュ゠ピチュ

6 スペイン人の侵入

　1492年にコロンブスが「新大陸」を「発見」すると，16世紀以降，スペインとポルトガル両国による征服活動が始まった。特に中南米の征服活動に積極的だったのがスペインで，**コルテス**は1521年にアステカ王国の都**テノチティトラン**を占領し，これを滅ぼした。また，**ピサロ**も1533年にインカ帝国の都**クスコ**を占領し，**インカ帝国**最後の皇帝アタワルパを捕えて，これを滅ぼした。スペインは「新大陸」の征服地に**エンコミエンダ制**を導入し，かつて輝かしい文明を築いた先住民は事実上入植者の奴隷に転落した。新大陸を開発したスペインは，大量の**銀**を本国に持ち帰り，ヨーロッパの**価格革命**の一因となった。

🔖 KEY WORD

エンコミエンダ制

スペインが「新大陸」で採用した土地制度で，入植者に征服地の土地の管理や先住民の統治を任せた。そのため，先住民は入植者に酷使された上，ヨーロッパ人のもたらした伝染病などによって人口が激減した。

👆 POINT

中南米の古代文明
- ☑ 中米…**オルメカ文明**（前1200年頃），**マヤ文明**（前10〜後16世紀頃，ユカタン半島），**アステカ文明**（14〜16世紀頃，メキシコ高原）。
- ☑ 南米…**チャビン文化**（前1000年頃）。**インカ帝国**（15世紀半ば〜1533）。

🔍 この講のまとめ

南北アメリカの古代文明の特徴を地域ごとに整理しよう。
- ☑ メキシコ高原のマヤ文明では，絵文字や優れた天文学の発達が見られた。
- ☑ メキシコ高原のアステカ文明では，ピラミッドや太陽暦が見られた。
- ☑ アンデス地方のインカ文明に文字はなく，キープが用いられた。

深める column　諸子百家と中国思想

春秋・戦国時代に登場した諸子百家の思想は，その後の中国における政治思想や倫理観の基盤となり，中でも儒学は漢代以降の諸王朝で正統な学問として発展した。

■儒家の思想

儒家の祖である孔子の思想は，のちに弟子たちが編集した孔子とその弟子の言行録『論語』にまとめられている。孔子が生きた時代は春秋時代の末期にあたり，各地の有力諸侯が周王室の権威を無視して競い合う時代であった。孔子は乱れた社会を救うには，各人が仁の思想をもつことが重要であると説いた。

仁とは「人を愛すること」という意味だが，孔子は人間の愛情を血縁者と他人とに区別し，親・兄弟に対する愛情を孝悌，他人に対する愛情を忠恕ということばで表現した。そして，仁を表現する方法として礼の必要性を説いている。

孔子は，秩序が乱れた世にあって，各人が仁，すなわち思いやりの心をもてば，やがて社会は平和になると考え，血縁関係を中心とする社会秩序が形成された周王朝草創期を理想とした。彼の思想は中国古来の伝統的社会秩序を守ろうとする保守的な内容であったため，長期安定政権である漢王朝の時代に国家の正式な学問として取り入れられ，漢王朝以降，支配者の学問・思想として発展していった。なお，儒家を代表する思想家の中には，**性善説**を説いた**孟子**や**性悪説**を説いた荀子などがいる。

■道家の思想

道家の道は"みち"の意味ではなく，道とよばれる超自然的存在を意味する。道家の始祖といわれる老子（実在不確定）は，この道が宇宙のすべてを支配しており，人間も社会もすべて道にしたがって自然のままにあるのがよいと考えた。そして，乱世の退廃と無秩序は人為にその原因があるとし，儒家の説く道徳や法家のいう法律を作為的であるとして批判した。乱れた世を平和な社会にするには，一切の人為をなくし，無為自然の態度をとることが大切だと説いた。この考え方は荘子によって大成されたため，道家の思想を一般に老荘思想とよぶ。

■墨家の思想

墨家の始祖である墨子は，無差別平等の愛がこの世を救うと考え，孔子の説く仁が親・兄弟・他人を区別する差別愛であるとして批判した。彼のいう無差別平等の愛は兼愛とよばれるが，兼愛を破壊するものこそ戦争であるとし，非攻とよばれる独自の反戦論を展開した。その結果，墨子の思想は，富国強兵策を採用して天下統一を狙う諸侯たちには受け入れられなかった。

■法家の思想

法家は法律をもってすれば社会はよく治まると考えた学派である。紀元前4世紀，秦の孝公に仕えた商鞅は，富国強兵策を説いて法律を徹底させ，民衆に対しては厳罰主義で臨んだため，秦は七雄の中で一躍強国になった。これ以来，秦は国家の経営には法が最も重要であると考えるようになった。やがて，李斯が秦国の廷尉・丞相として徹底的な改革を推しすすめ，天下統一に成功。しかし厳罰主義は結果として民衆の反感を買い，秦が短命で滅ぶ原因となった。なお，この法家思想を理論的に体系づけたのは，荀子の門下生の韓非である。

■その他の学派

中国には古くから，自然現象や社会現象を陰陽二元論で説明しようとする考え方があった。この考え方の上に立ち，天地万物は木・火・土・金・水の5要素の動きによって変化するという陰陽五行説が鄒衍により大成された。この学派を陰陽家といい，五行説はその後も中国人の伝統的思考様式の一つになった。

春秋・戦国時代という時勢を反映して，兵家とよばれる学派も登場した。孫子や呉子の説いた兵法理論は実戦でも役立ったが，国家経営の戦略を練る上でも示唆に富む内容であった。また，兵家とは別に，外交による国家経営の戦略を提唱する学派もあった。これが縦横家である。

戦国時代の末期には，戦国の七雄のうち秦が強大となり，圧倒的な国力をもつようになった。この時代の政治情勢を国別にまとめた記録は，のちに『戦国策』という書物として編集された。

定期テスト対策問題[1]

解答は p494

1 次の文章を読み，空欄に適切な語句を補充しなさい。

猿人は約700万年前にアフリカで出現したとされ，アフリカで発見されたサヘラントロプスや[㋐]が猿人に属する。約240万年前には原人が出現した。ジャワ原人や，周口店(しゅうこうてん)で発見された[㋑]原人の骨の発見から，原人はアフリカから各地に分散したとされる。約60万年前には，ドイツで発見された[㋒]人に代表される旧人が出現した。旧人には埋葬の習慣が見られる。

2 次の問いの答えとして適切なものを選択肢から答えなさい。

[よく出る] (1) シュメール人の文化に関するものとして適切でないものを選びなさい。

㋐楔形(くさびがた)文字　㋑駅伝制　㋒六十進法　㋓七曜制

(2) バビロン第1王朝(古バビロニア王国)を建てた民族として適切なものを選びなさい。

㋐シュメール人　㋑カッシート人　㋒アムル人　㋓アッカド人

[発展] (3) 前12世紀に襲来してヒッタイトを衰退させた勢力として適切なものを選びなさい。

㋐エジプト新王国　㋑アッシリア　㋒フルリ人　㋓海の民

[発展] (4) フェニキア人の拠点として適切でないものを選びなさい。

㋐ダマスクス　㋑カルタゴ　㋒シドン　㋓ティルス

3 次の文章を読み，後の問いに答えなさい。

ティグリス川上流におこったアッシリアは，前15世紀に[㋐]王国に服属したあと独立し，次第に領土を拡大して前7世紀に全オリエントの統一に初めて成功した。最盛期の王[㋑]は，首都の[㋒]に世界最古の図書館を建て文化を保護したことで有名である。①前7世紀の末期にアッシリアが滅ぶと，オリエントには4つの王国が分立した。新バビロニア(カルデア)の[㋓]は，[㋔]王国を前586年に併合し，②多くのヘブライ人をバビロンに強制移住させた。新バビロニアを滅ぼしたアケメネス朝の[㋕]がこれを解放すると，ヘブライ人はイェルサレムに神殿を再興して③ユダヤ教を成立させた。

(1) 文章中の空欄[㋐]～[㋕]に当てはまる語句を答えなさい。

(2) 下線部①に関して，アッシリアが滅亡した理由を説明しなさい。

(3) 下線部②に関して，この事件は何とよばれるか。

(4) 下線部③に関して，ユダヤ教の特徴として適切でないものを選びなさい。

㋐『旧約聖書』を経典とした。　㋑多神教であった。
㋒選民(せんみん)思想をもっていた。　㋓メシア(救世主(きゅうせいしゅ))を待ち望んでいた。

[4] 次の文の空欄に適切な語句を補充しなさい。

[よく出る] (1) インダス文明の代表的な遺跡には，インダス川下流域シンド地方の[㋐]や，中流域のパンジャーブ地方の[㋑]などがある。

(2) 中央アジアの牧畜民であるインド=ヨーロッパ語系の[㋐]人は自然神を崇拝し，自然への賛歌と儀礼を記録した。これは[㋑]とよばれる。

(3) 儀礼に精通したバラモンを中心として4つの身分を区別する[㋐]制が，多数のジャーティと一体化して[㋑]制度が成立した。

(4) 前6～5世紀頃，祭式至上主義に陥ったバラモン教への対抗として，[㋐]が創始した仏教や[㋑]が創始したジャイナ教が生まれた。

[発展] (5) バラモン教内部から祭式至上主義に対する反省が生まれ，その一つが内面の思索を重視した[　　]である。

[5] 次の文章を読み，空欄に適切な語句を補充しなさい。

殷墟から発見された多数の亀甲(きっこう)や獣骨(じゅうこつ)に記されていた[㋐]文字は，殷王(いんおう)が行う占いの記録に用いられていた。殷では神権政治が行われていたため，神々をまつる道具として[㋑]が使用された。前11世紀に殷を滅ぼした周(しゅう)では，王室と諸侯が血縁関係に基づく主従関係で結ばれた統治体制である[㋒]が採られていた。この血縁関係が希薄になると，周王室の権威は揺らぎはじめ，前770年には都が渭水(いすい)流域の[㋓]から東方の[㋔]に遷都された。これ以降の時代は春秋(しゅんじゅう)時代と呼ばれ，一部の有力諸侯が[㋕]を旗印に掲げ，天下に君臨しようとした。前5世紀末には下剋上(げこくじょう)が各地で横行する実力本位の戦国時代になり，有力諸侯は「王」の称号を用いるようになった。この時代に有力であった戦国の七雄の王たちは，有能な人材を積極的に登用し富国強兵につとめたが，中でも[㋖]家の商鞅(しょうおう)を登用した秦が次第に強大化した。

[6] 次の問いの答えとして適切なものを選択肢から答えなさい。

(1) マヤ文明の特徴として適切でないものを選びなさい。

㋐ゼロの概念を発見した。　㋑二十進法による計算を行っていた。

㋒絵文字を使用した。　㋓精密な太陰暦(たいいんれき)を作った。

[よく出る] (2) アステカ王国の都として適切なものを選びなさい。

㋐テノチティトラン　㋑クスコ　㋒チャビン　㋓チチェン=イツァ

[発展] (3) インカ帝国の説明として適切なものを選びなさい。

㋐ユカタン半島周辺の都市を中心とした帝国であった。

㋑キープ(結縄(けつじょう))とよばれる縄(なわ)の結び方で意味や数量を表した。

㋒1521年にスペイン人征服者のコルテスによって滅ぼされた。

㋓馬・牛・ラクダなどの大型の家畜を飼育する生活が営まれた。

第  章 中央ユーラシアと東アジアの諸王朝

1 | 中央ユーラシアと遊牧民族

🔍 この講の着眼点

中央ユーラシアの遊牧民族の社会の特徴はどのようなものだろう？

中央ユーラシアでは古くから遊牧生活が営まれていたんだ。

定期的に移動しながら，どのように国家を形成していたのでしょうか？

1 遊牧社会の特色

　東はモンゴル高原から西はカスピ海にいたる中央ユーラシアの世界は，天山山脈の北に広大な草原地帯が広がっている。紀元前より，この草原地帯では多くの遊牧民族が興亡の歴史を繰り返してきた。

　彼らは乾燥した気候の中で，水と牧草を求めて定期的に移動しながら牧畜を営んでおり，衣食住のほとんどを羊・ヤギ・牛・馬などの家畜に依存する生活を送っていた。彼らは日常的に**オアシス**を訪れ，そこで農耕を営む人々との間で毛皮や肉・乳製品と農産物の交換を行ったが，ときには強大な武力を背景に農耕社会を襲うこともあった。その軍事力の背景になったのが，**部族制**を中心とする社会構造と機動力をもつ**騎馬の戦術**であった。血縁関係をもとにした騎馬集団は離合集散を繰り返しながら，ひとたび有能な指導者が現れると，短期間に大遊牧国家を作り上げ，しばしば農耕社会に侵入した。

KEY WORD

天山山脈

タリム盆地の北側にある山脈。この山脈の北と南を通るシルク＝ロードは，それぞれ天山北路，天山南路とよばれる。

🔍 この講のまとめ

中央ユーラシアの遊牧民族の社会の特徴とは？

☑ 家畜とともに移動する生活をしながら，オアシス都市での交易で農産物を獲得した。

☑ 部族制と騎馬の戦術で強大な国家を形成する民族もいた。

2 | 遊牧民族の歴史

遊牧民族は周辺の農耕社会にたびたび侵入しながら興亡を繰り返し，ときには政権を奪うこともあった。中央ユーラシアの遊牧国家の興亡に注目してみよう。

> 敦煌は中国史にも登場する有名なオアシス都市ですね。

> 遊牧民族にとって，手に入りにくい資源を獲得する要所だったんだ。

▲砂漠の中のオアシス（敦煌）

1 最初の遊牧国家

世界史における最初の遊牧国家は，前7世紀から前3世紀頃にかけて南ロシアの草原地帯で活動した**スキタイ**であった。ペルシアやギリシアの影響を受けたスキタイは，独特の動物のデザインを特色とする**金属器文化**を作り上げ，武具や馬具などの装飾品にその文様を施した。スキタイの騎馬文化はモンゴル高原の**匈奴**（きょうど），天山山脈方面で活動したトルコ系の**烏孫**（うそん），甘粛方面で活動した**月氏**（げっし）に影響を与えた。

Ⓑ KEY WORD

▲スキタイの櫛飾り

2 匈奴の全盛期

トルコ系ともモンゴル系ともいわれる**匈奴**は，スキタイの影響を受け，前4世紀にはモンゴル高原を中心に活動を始めた。彼らは**単于**（ぜんう）とよばれる王を中心に結束して強大な遊牧国家を作り上げ，戦国時代の**秦・趙・燕**（しん・ちょう・えん）に侵入を繰り返したため，中国の国々は長城を建設して防備を固めた。**秦**の**始皇帝**（しこうてい）は将軍**蒙恬**（もうてん）

に命じて匈奴を討伐させ，**万里の長城**を修築して匈奴の侵入を防ごうとした。やがて前3世紀末に**冒頓単于**が現れると，彼は**月氏**を破り，西域のオアシス都市を支配下に組み入れた。

3 匈奴の衰退

前漢第7代の**武帝**の時代になると，**張騫**をはじめ，**衛青・霍去病**や**李広利**らの活躍によって，匈奴の勢力を西域から後退させることに成功した。その結果，匈奴は内陸交易の利権を失って国力が衰え，さらに単于の地位をめぐる内紛が起こって，前1世紀半ば頃には東西に分裂した。**西匈奴**は漢と**東匈奴**によって滅亡したが，やがて東匈奴が強力になり，再び漢の領土に侵入し始めた。しかし，1世紀半ばには，この東匈奴も内紛から南北に分裂し，**北匈奴**は**後漢**の攻撃を受けて西方へ逃れた。この一部の子孫が**フン族**となってヨーロッパに侵入し，**ゲルマン人の大移動**(376〜)を引き起こしたともいわれている。一方，後漢に服属した**南匈奴**は，中国西北部のオルドス地方に移住したが，のちの魏晋南北朝時代には**永嘉の乱**(311〜316)を起こし，**西晋**を滅ぼした。

POINT

匈奴の分裂
☑ 東・西→南・北の順 (**北匈奴**は**フン族**になったといわれる)。

4 モンゴル高原の動き

2世紀半ば，匈奴にかわってモンゴル高原を支配したのは，モンゴル系またはトルコ系といわれる**鮮卑族**であった。3世紀に南下を始めた鮮卑族は，**五胡十六国時代**(304〜439)の386年には**拓跋氏**のもとで**北魏**を建国して勢力をのばし，5世紀前半に華北を統一した。しかし，漢化政策の影響で，都を平城から**洛陽**に遷すと，急速に漢民族社会に同化していった。5世紀から6世紀にかけて，鮮卑族にかわってモンゴル高原の新たな支配者になったのがモンゴル系の**柔然**である。柔然は，東西交易の中心であるタリム盆地一帯を支配し，鮮卑族の北魏と対立したが，6世紀半ばにトルコ系の**突厥**によって滅ぼされた。

5 遊牧民族とオアシス都市国家

　天山山脈と崑崙山脈に囲まれたタリム盆地には**タクラマカン砂漠**が広がり，そこに点在するオアシスでは，地下水などを利用して集約的な農業が営まれていた。オアシス都市はちょうどタリム盆地を取り囲むように点在し，西域の玄関口となった**敦煌**，**仏図澄**や**鳩摩羅什**などの高僧を輩出した**クチャ（亀茲）**，貴重な玉が採取される**ホータン（于闐）**などの都市は，古くから隊商交易の拠点であった。このオアシス都市をつなぐ商業ルートが**シルク゠ロード（絹の道）**である。

🔍 **この講のまとめ**

中央ユーラシアの遊牧国家の興亡の様子は？

☑ 世界史最初の遊牧国家は前 7 世紀頃に成立したスキタイであった。

☑ スキタイの影響を受けた匈奴や烏孫などの諸民族が中央ユーラシアに興亡した。

3 | 秦の統一

中国史で最初に皇帝の称号を採用した秦であったが，統一からわずか15年で滅亡した。秦が長期の王朝とならなかったのはなぜだろうか？

これは有名な始皇帝陵ですね。兵馬俑は全て同じ方向を向いています。

秦は西方から強大化したから，東方進出を表す東向きの像が多いんだ。

1 秦の天下統一

戦国の七雄の中で西方に位置する**秦**では，すでに前4世紀半ば，**孝公**に仕えた法家の**商鞅**が中央集権化をめざす国政改革に着手していた。戦国時代末期に最強国となった秦は，ほかの6国を圧倒する国力をもつようになった。

---- 当時の海岸線

▲秦の領域

2 秦王政

前3世紀後半に登場した秦王の政は，法家の**李斯**を登用して富国強兵策を徹底し，前221年に中国の統一に成功した。この秦王政こそ，**始皇帝**（在位前221～前210）とよばれた人物である。

3 秦の統一政策

戦国時代に秦・楚など，一部の国では**郡県制**とよばれる中央集権体制がとられていた。これは中央から官吏を派遣し，国王の支配が領域全体に徹底される統治方法で，従来の封建制度にかわる新しい支配体制であった。

▲秦の統治機構

　始皇帝は天下を統一すると，全国を36郡（のち48郡）に分け，さらにそれをいくつかの県に分割し，中央からそれぞれに官吏を派遣して全国を一律に支配しようとした。

　春秋・戦国時代を通じ，地域によって異なっていた貨幣・度量衡・文字なども統一され，貨幣は半両銭（銅銭）に，文字は小篆に統一された。また，全国の富豪を都の咸陽に強制移住させ，民間の武器を没収した。さらに，丞相（宰相）李斯の進言を取り入れ，焚書・坑儒とよばれる思想統制を行った。
KEY WORD

4　秦の対外政策

　当時，中国の北方には**スキタイ**の文化に影響を受けた騎馬民族の**匈奴**が勢力を拡大しており，しばしば華北の平原地帯に侵入を繰り返していた。

　戦国の七雄であった**燕**や**趙**は，匈奴の侵入を防ぐために長城を築いていたが，始皇帝は北辺の防備を固めるため，この長城を修築した（**万里の長城**）。始皇帝は守りを固めるだけでなく，将軍蒙恬を派遣して匈奴を討伐させている。また，南方でも，現在の広東省に**南海郡**など3郡を設置し，ベトナム北部にまで秦の領域を拡大した。

©K.Tsuruma

現存の長城の多くは明代に修築されたもので，始皇帝時代の長城はそれよりもさらに北にあった。写真は秦代に築かれたもの。
▲万里の長城

5　秦の滅亡

　秦は法家思想にもとづく厳格な政治を行ったことで人民の反発をまねき，始皇帝の死の翌年，**陳勝・呉広の乱**が勃発した。これは中国史上最初の大規模な民衆反乱で，この混乱の中から各地に秦王朝打倒を叫ぶ反乱が続発した。その中でも特に有力であったのが，楚の遺臣**項羽**の反乱軍であった。しかし，項羽は，農民出身である**劉邦**の巧みな戦

略によって追いつめられ，**垓下の戦い**で敗北した。

 POINT

秦
- ☑ 秦の統一…秦王政による統一→**始皇帝**として即位。
- ☑ 秦の諸制度…**郡県制**，貨幣・度量衡・文字の統一，**焚書・坑儒**。
- ☑ 秦の対外政策…**匈奴討伐。万里の長城**修築，**南海郡**の設置。
- ☑ 秦の滅亡…**法家思想**にもとづく厳格な政治への反発→**陳勝・呉広の乱**で滅亡。

🔍 **この講のまとめ**

秦が長期の王朝とならなかった理由は何だろう？
- ☑ 法家の改革によって強大化した秦は前221年に中国を統一したものの，厳格な政治が人民の反発をまねいたため。

中国の革命思想
　中国では王朝の交替を革命とよぶ。中国の古典によれば，天（神を指し，天帝とよぶ）が有徳の者を天子として指名し，天からこの世界の統治を委ねられた天子が天帝の代理として，道徳にもとづいた政治（礼政一致）を行うことが理想とされた。革命とは「（天の）命が革まる」ことで，天命によってこの世界の統治権が別の有徳者の家系（王朝）に移ることを意味した。すなわち，王朝の交替は支配者の家系が替わること（易姓）であり，王位を譲る平和的な交替（禅譲）と，武力による交替（放伐）の2種類があった。
　このような王朝交替を説明した考え方は易姓革命思想とよばれ，いずれも新しい王朝の成立を正当化するものであったため，その後の歴代王朝にも利用された。夏・殷・周の王朝交替は放伐だったが，あくまでも禅譲が理想とされ，宋までの各王朝の創始者は実質的に帝位を奪い取った場合でも，史書には禅譲で帝位についたと記録させている。なお，宋以降は異民族間で王朝が交代したため，禅譲は行われなくなった。

4 | 前漢の成立と隆盛期

🔍 この講の着眼点

　短命に終わった秦に対し，前漢は約 200 年間続いた。長期王朝となった前漢の統治体制を分析してみよう。

 前漢の支配領域を地図で見てみると，ずいぶん広域なのがわかります。

武帝の時代には国力を背景に東西南北に領土を拡大したんだ。

1 前漢の成立

　秦末の混乱を収拾した劉邦は，前 202 年に漢王朝を建国し，高祖として即位した。彼は，秦が短命で滅んだ原因をよく見極め，穏やかな統治政策を掲げて，民心の安定につとめた。

2 前漢の郡国制

　前漢では，都の長安を中心とした皇帝直轄地には郡県制を採用する一方，全国各地に一族や功臣を諸侯として任じ，封建制を復活させた。郡県制と封建制を併用したこの統治方式を郡国制とよぶ。

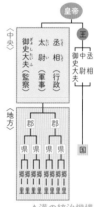

▲漢の統治機構

3 前漢と後漢

　漢王朝は前 202 年に始まったが，後 8 年にいったん滅亡し，後 25 年に復興して，最終的には 220 年に滅亡した。したがって，建国から後 8 年までの漢王朝を前漢，復興した後 25 年から 220 年までの漢王朝を後漢とよんで区別する。

4 呉楚七国の乱の前夜

　高祖は晩年，諸侯である建国の功臣たちをつぎつぎと処罰し，諸侯国のほとんどを劉氏一族でかためた。また，高祖のあとを継いだ歴代皇帝も，たびたび諸侯の勢力を削減しようとし，やがてこれが劉氏一族の内紛へと発展した。

5 呉楚七国の乱とその結果

　前漢第6代景帝の時代に，呉・楚など劉氏一族の七諸侯が皇帝に対して反旗をひるがえした。これが前154年に起こった呉楚七国の乱である。この乱を平定した漢王朝は，諸侯の権力を大幅に削減し，実質的に郡県制へと移行した。

6 武帝の時代

　漢王朝は，呉楚七国の乱を経て，前2世紀半ばには前漢第7代武帝のもとで中央集権体制が確立した。彼が即位した頃の漢王朝は，国家財政も大変ゆたかで，国力が最も充実した時期であった。前漢成立の直後，高祖劉邦が匈奴の冒頓単于と戦ったが敗走し，屈辱的な講和を結んでいる。それ以来，漢は匈奴に対して和親策を採用してきたが，武帝は充実した国力を背景に匈奴を討伐する計画を立てた。

7 張騫の西域派遣

　武帝の時代，中国の西部にいた月氏は匈奴に追われ，中央アジアのアム川上流域（バクトラ地方）に移動して，大月氏とよばれる国を建国していた。漢は匈奴を挟撃する計画を立て，大月氏と同盟を結ぶため，張騫を使者として派遣した。張騫は匈奴に捕われながらも脱走して大月氏にいたったが，大月氏に漢と同盟する意思はなく，計画は失敗に終わった。

⊕PLUS α

衛青・霍去病

前漢の将軍。霍去病は衛青の甥。張騫が匈奴に捕えられている間，霍去病が挙兵し匈奴に打撃を与えていた。

　当時，中国の人々は西方の内陸アジアを漠然と西域とよんでいたが，13年間におよぶ張騫の旅行は，武帝のもとに西域のくわしい情報をもたらし，漢が西域に進出するきっかけを作った。この情報を基に，武帝は李広利をシル川上流域の大宛（フェルガナ）に遠征させ，汗血馬といわれる良馬を多く獲得した。

8 前漢の領域

当時, タクラマカン砂漠(タリム盆地)には, 30か国を超えるオアシス都市国家が点在しており, 東西交易の拠点として発展していた。これら西域諸国の様子が張騫によってもたらされると, 武帝は西域への玄関口である河西回廊のオアシス地帯に敦煌郡など4郡を設置した。

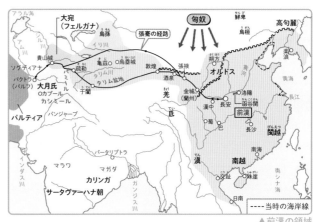

▲前漢の領域

また南方では, 広東・広西からベトナム北部を支配していた南越を滅ぼし(前111), そこに南海郡など南海9郡を設置している。さらに, 武帝は朝鮮半島にも勢力をのばし, 衛満が建国した衛氏朝鮮を滅ぼすと(前108), そこに楽浪郡など4郡を設置した。

9 武帝の内政

長期にわたる大規模な遠征事業は, 漢の領土を大いに拡大したが, その一方で国家財政に深刻な悪影響を与えた。武帝の晩年, 財政難に陥った漢王朝は財政再建のため, さまざまな政策を実施している。それが均輸法・平準法, 塩・鉄・酒の専売などである。これらの諸政策は, それまで大きな利益をあげていた大商人による商業活動を規制し, 国家自らが商業活動を行うことによって国庫の増収をはかるものであったが, 財政難を解決するにはいたらなかった。

⑩ 前漢の衰退

A 豪族の台頭　漢代における支配層の中心は，**豪族**とよばれる大土地所有者たちである。彼らは地域の有力者として治安維持や徴税を行って，政府に協力していた。武帝の死後，漢王朝の権威が揺らぎ始めると，豪族は広大な土地と多くの奴婢（奴は男子の奴隷，婢は女子の奴隷）を支配して，地方の政治を動かすようになった。豪族による土地兼併がつづいたため，前漢末の哀帝は大土地所有の制限を目的とする**限田策**を発布したが，豪族たちの反対により，実施されずに終わった。

B 外戚の台頭　武帝時代のあと，中央政界へ進出した有力豪族の中には派閥を作って権力争いをする者が現れ，中には**外戚**（皇帝の母方または妻方の一族）として権力を振るう者も現れた。やがて元帝の皇后王氏の一族は外戚として政治の実権をにぎり，**王莽**が前漢を滅ぼした。

 **POINT**

前漢

☑ **劉邦**（漢の高祖）が建国，首都は**長安**。

☑ **郡国制**を採用→呉楚七国の乱以降，**武帝**の時代には実質**郡県制**に。

☑ 戦争…**匈奴**討伐，**大宛**（フェルガナ）遠征，南方遠征→**南海郡**など9郡を設置，**衛氏朝鮮**を滅ぼす→**楽浪郡**など4郡を設置。

☑ 外交…西域へ**張騫**を派遣→西方世界の情報を得る。
　　　　　→河西回廊に**敦煌郡**など4郡を設置。

☑ 内政…財政難に苦しむ→**均輸法・平準法**，塩・鉄・酒の専売など。

☑ 前漢の滅亡…有力豪族の台頭→外戚の**王莽**が実権掌握。

🔍 **この講のまとめ**

長期王朝となった前漢では，どのような統治がおこなわれたのだろうか？

☑ 当初は郡国制だったが，呉楚七国の乱の結果，実質的な郡県制に移行した。

☑ 武帝の時代から匈奴や周辺地域に対して強硬策をとり，領土を拡大した。

☑ 外征は財政を圧迫。しだいに豪族が台頭し，外戚が政権を奪取した。

5 | 新と後漢

🔍 この講の着眼点

　後漢の時代は，他地域との交流が盛んに行われた一方で，内政は地方豪族の存在や宦官と官僚の政争に大きく影響を受けた。三国時代に続くことになる後漢の内政と外交を整理しよう。

志賀島で発見された有名な金印には，「漢委奴国王」と刻まれています。

『後漢書』東夷伝の記述から，この金印を授けたのは後漢の光武帝劉秀とされているよ。

1 王莽と新王朝

　後8年，外戚の王莽が幼少の皇帝を毒殺し，前漢を滅ぼして新という王朝を建国した。しかし，周代を理想とした王莽の政治は反発をまねき，山東地方で赤眉の乱が勃発。各地の豪族も一斉に挙兵して，その混乱の中で新は滅亡した。このとき，都の長安を攻略した赤眉の反乱軍を平定して，中国を再統一したのが漢王室の子孫と称した劉秀であった。

POINT

新
☑ 王莽が建国→王莽の政治に反発→赤眉の乱。

2 後漢の成立

　地方豪族の支持を受けた劉秀は洛陽を都として帝位につき，漢王朝を再興した。これが後漢の光武帝である。25年に成立した後漢は，220年に滅亡するまで200年ほど中国を支配したが，前半の100年間は比較的安定した時代であった。

3 西域経営の復活

　前漢の武帝の死後，前59年には西域の統治機関である**西域都護府**が設置され，その長官である西域都護がタクラマカン砂漠に広がるオアシス国家の統治や**シルク＝ロード**の交易保護などにあたっていた。しかし，その後，前漢末の政治的混乱や新の成立により，西域経営は中断していた。

　A **後漢の西域進出**　後漢の政治が安定期に入ると，再び西域への関心が高まり，1世紀後半には**班超**が**西域都護**に任ぜられ，タクラマカン砂漠以西の50余国を服属させた。

　B **甘英の西域派遣**　班超は西方の大国ローマ帝国（大秦国）に関心をもち，部下の**甘英**を派遣した。甘英はパルティア（安息）を経て，地中海沿岸のシリア周辺（条支国）に到達したが，その先の航海が困難であることを知り，そこから引き返したといわれている。

⊕ PLUS α

班固・班超・班昭

　班固は後漢時代の歴史学者で，長い歳月をかけて前漢の歴史をまとめた『漢書』を著した。後漢時代の勇猛果敢な武将として有名な西域都護である班超はその弟である。班超が匈奴の部隊と遭遇した際に残した，「虎穴に入らずんば虎児を得ず」という故事は有名である。なお，班固・班超の妹の班昭は『漢書』に加筆しており，兄・弟・妹の三人が歴史に名を残した。

4 後漢とローマ帝国

　166年には**大秦王安敦**（五賢帝の一人**マルクス＝アウレリウス＝アントニヌス**のこととされる）の使者と称する者が，ベトナム中部の**日南郡**に到着した。こうして漢は，シルク＝ロードと海の道を通じて西方のローマ帝国とつながったのである。

5 後漢の衰退と滅亡

　後漢は建国以来，豪族の連合政権としての性格をもっていたため，2世紀に入るとその弊害が目立ち始めた。有力豪族の出身であり，中央政界で権力をにぎる官僚が派閥を形成し権力闘争を繰り返したのである。

▲シルク＝ロード

A **党錮の禁**　外戚・有力豪族だけでなく，皇帝の側近として重用された**宦官**も政治に介入し，しばしばその専横ぶりが官僚の反発をまねいた。大秦王安敦の使者がベトナムにやってきたころ，都の洛陽では宦官による儒学派官僚弾圧事件が起こった。この事件を**党錮の禁**(166，169)という。

B **黄巾の乱**　宮廷内の権力闘争は政治の混乱をまねき，農民は悲惨な生活を強いられた。やがて**張角**が組織した**太平道**という宗教結社が，184年に貧しい農民たちを巻き込んで**黄巾の乱**を起こすと，反乱はまたたく間に華北一帯へ広がった。

C **衰退と滅亡**　各地の豪族の協力を得て黄巾の乱は鎮圧されたが，反乱の鎮圧に功績を残した豪族らはしだいに自立するようになり，群雄が割拠する動乱の時代になった。その中で強力な勢力に成長したのが**曹操**であった。220年，後漢は曹操の子**曹丕**(**魏**の建国者・文帝)によって滅ぼされた。

> 👨‍🏫 **POINT**
>
> **後漢**
> - ☑ **劉秀**(光武帝)が建国，首都は**洛陽**。
> - ☑ 西域経営の復活…**班超**が西域都護，**甘英**の西方派遣。
> - ☑ 内政…豪族の力が強く党派ごとに争う，**宦官**の政治介入。
> - ☑ 滅亡…**黄巾の乱**で衰退，**魏**の**曹丕**により滅亡。

6 儒学の発展と**訓詁学**の発達

　漢代は，中国古代の文化が集大成された時代でもある。前漢の武帝時代には，儒学者**董仲舒**の意見が採用され，これ以後儒学が官学となり，主要文献である『易経』『詩経』『書経』『礼記』『春秋』の**五経**を教授する**五経博士**が設置された。

　五経は難解であったため，字句解釈を中心とする**訓詁学**がさかんになった。中国最初の字典の『**説文解字**』などがこの例にあたる。この訓詁学は後漢を通じて発展し，後漢末には，**馬融**とその弟子で訓詁学を大成した**鄭玄**が出た。

7 郷挙里選

儒学の発展とともに官吏登用制度も整えられ，前漢の武帝以来，地方長官に官吏候補者を推薦させる**郷挙里選**が実施された。後漢時代には，これにより地方豪族が中央政界に進出するようになった。

8 史学の発展

前漢・後漢を通じて史学も発展した。武帝時代の**司馬遷**は，宮刑（去勢される刑罰）を受けながらも**紀伝体** という著述方式で『**史記**』を著し，後世における歴史書の模範を作った。後漢の**班固**が著した『**漢書**』もこの形式で書かれている。

KEY WORD

紀伝体

紀伝体は，帝王の業績である「本紀」と，個人の業績である「列伝」を中心に記述する歴史書の形式である。一方，年代順に歴史を記述する形式を編年体という。

9 文字と製紙法の改良

学問の発達は，文字やそれを記録する道具の改良を促した。例えば文字は，秦で使用された篆書が実用化され，**隷書**が広く用いられるようになり，さらに**草書・楷書・行書**に発展した。また文字の記録は，戦国時代以来，**木簡・竹簡**や**帛**（絹布）で行われていたが，後漢の時代に宦官の**蔡倫**が製紙法の改良に成功した。

10 漢代の民間信仰

支配者層の間には儒学が流行する一方で，民衆の間には神仙思想を説いたり，病気治療などを行う宗教結社がいくつもあった。後漢末に**張角**が組織した**太平道**や張陵が組織した**五斗米道（天師道）**などは，道教教団の源流となった。

> **POINT**
>
> **漢代の文化**
> ☑ 儒学が官学となり，**五経博士**が置かれる→**訓詁学**が発展。
> ☑ 史学の発展…**司馬遷**『**史記**』，製紙法の改良…**蔡倫**。

🔍 **この講のまとめ**

後漢における内政と対外関係を整理しよう。

☑ 宦官と官僚が対立し，内政は混乱。衰退の一因となる。

☑ 周辺地域だけでなく，西域諸国やローマ帝国との交流に積極的だった。

6 | 魏晋南北朝時代

この講の着眼点

　黄巾の乱を経て三国時代に突入した中国では，活発となった周辺の諸民族を含め，多くの国々が興亡する。そんな魏晋南北朝時代には，どのような制度や文化が生み出されたのだろうか？

多くの王朝が興亡する複雑な時代ですが，仏教文化や芸術も盛んですね。

戦乱や周辺民族の侵入は，政治だけでなく，社会や文化にも刺激を与えたんだ。

1 三国時代

　黄巾の乱による混乱は地方長官や豪族の自立を促し，反乱鎮圧で功績をあげた官僚の一人**曹操**は，後漢の宮廷内で大きな権力をにぎった。後漢の皇帝を擁立した曹操は中国の再統一をめざしたが，**赤壁の戦い**(208)で**劉備**と**孫権**の連合軍に敗れ，天下三分の形勢となる。

▲三国時代の中国

やがて 220 年に，曹操の子**曹丕**(文帝)が後漢を滅ぼし，**洛陽**を都に**魏**を建国した。これに対して，四川に拠る**劉備**は**成都**を都に**蜀**を，江南を支配する**孫権**は建業を都に**呉**を建国し，**三国時代**となった。

2 晋(西晋)の天下統一

　三国はそれぞれ富国強兵をはかる一方，その周辺地域に領域を拡大したが，そのうち最も強大であった魏は華北一帯を支配し，しばしば南下を試みた。

　蜀では，劉備につづいて軍師の諸葛亮(孔明)が亡くなると，急速に国力が衰え，やがて魏に滅ぼされた(263)。しかし，その後，265 年に魏は臣下の**司馬炎**に帝位を奪われ，司馬炎(**武帝**)は洛陽を都に**晋(西晋)**を建国した。その晋は 280 年，

江南の**呉**を滅ぼし，後漢滅亡以来，60年ぶりに中国を統一した。

3 晋（西晋）の崩壊

晋は，各地の豪族勢力を抑えるため，一族を全国に封じたが，司馬炎（武帝）が死ぬと，一族諸王による**八王の乱**が起こった（290〜306）。

八王の乱にかかわった諸王は中国辺境の異民族を兵力として動員したが，混乱に乗じて**匈奴**が晋の都の洛陽を占領し，晋は一時滅亡に追い込まれた。これを**永嘉の乱**とよぶ。

その混乱の中で，晋の王族である**司馬睿**は一族と重臣を率いて南の**建康**（もとの建業，現在の**南京**）に逃れ，江南を中心に晋王朝を復興した（317）。そのため，これ以降を**東晋**とよび，洛陽に都のあった時代を**西晋**とよんで区別している。

4 五胡十六国時代

永嘉の乱を契機に，華北に侵入していた周辺異民族は一斉に自立し，それぞれ政権を樹立した。華北に侵入した異民族は北方系の**匈奴**，匈奴の別種である**羯**，**鮮卑**，チベット系の**氐**と**羌**で，これらを総称して**五胡**とよんだ。

華北では，4世紀初頭から5世紀前半にかけて，五胡を中心に16もの政権が興亡したため，華北におけるこの動乱期を**五胡十六国時代**（304〜439）とよぶ。その後，戦乱のつづく華北の地では，4世紀後半に氐族の建てた**前秦**が一時強大となり，その王**苻堅**が南下して**東晋**に侵入したが，**淝水の戦い**で敗北し（383），衰退していった。

> 👨‍🏫 **POINT**
>
> 三国時代
> ☑ **魏・呉・蜀**→晋（西晋）によって統一される→晋も**八王の乱**で混乱→
> 周辺異民族が華北に侵入し，**五胡十六国時代**へ。

5 北魏の華北統一

華北で氐族の前秦にかわって強力となったのが，鮮卑族**拓跋氏**の建てた**北魏**であった。北魏の**太武帝**は439年に華北を統一して，五胡十六国時代の混

乱に終止符を打ち，5世紀後半の**孝文帝**のときに全盛期をむかえた。

　孝文帝時代には**均田制**とよばれる土地制度が整備され，村落組織として**三長制**が施行された。孝文帝は親政開始後に，都を**平城**（現在の大同）から**洛陽**に遷し，鮮卑族固有の文化を禁止する一方で，服装や言語を中国風にする**漢化政策**を積極的にすすめた。モンゴル高原では**柔然**が強大となり，北魏はしばしば柔然の侵略に苦しめられた。

6 南北朝時代

　江南では東晋の武将**劉裕**が東晋を倒して**宋**を建国した（420）。439年，華北が北魏によって統一されると，華北と江南にはそれぞれ別の王朝が並び立つことになる。**隋**が6世紀末に中国を統一するまでの時代を**南北朝時代**とよぶ。

▲南北朝時代の中国

7 北朝のうごき

　華北を統一した北魏では，全盛期の孝文帝時代に漢化政策が実施されたが，この政策は北魏王朝支配層の内部に対立を生じさせ，北魏は6世紀前半に**東魏**と**西魏**に分裂した。

　やがて6世紀半ばには，東魏・西魏とも家臣に国を奪われ，東魏は**北斉**に，西魏は**北周**へと政権が交替した。6世紀後半になると北斉は北周に倒され，その北周も外戚の**楊堅**（隋の**文帝**）により滅ぼされた。

⊕PLUS α

王朝整理のポイント
魏晋南北朝時代を理解するには，王朝興亡の流れを北朝系と南朝系に分けて理解することが大切。のちの隋・唐が北朝系から発展したことも知っておこう。

8 南朝のうごき

　江南に東晋が成立した頃，華北の豪族や農民は戦乱を避けて南方に移り住んだ。そのため，江南地方は豪族による土地開発がすすみ，大土地所有も進展した。東晋滅亡後，**宋・斉・梁・陳**と王朝が交替したが，いずれも皇帝権力は弱く不安定だった。その一方で，有力豪族の一部は門閥貴族化して権勢を振るった。また，三国時代の呉以来，建業・建康を都に六つの王朝が興亡したため，これらを

総称して六朝とよんでいる。

9 魏晋南北朝時代の社会

漢代以来，地方政治を動かしていた豪族の一部は，郷挙里選とよばれる官吏登用法によって中央政界へ進出するようになった。

三国時代の魏で，曹丕（文帝）が新たな官吏登用法として九品中正（九品官人法）を始めると，豪族の門閥貴族化が一挙にすすんだ。西晋時代に身分が固定化し，貴族とよばれる階層が誕生すると，「上品に寒門なく下品に勢族なし」ということばも生まれた。九品中正は江南の各王朝にも受け継がれ，貴族たちは政府の上級官職を独占するようになった。

10 魏晋南北朝時代の諸制度

後漢末，豪族による土地の買い占めと戦乱による土地の荒廃は著しく，農民たちは故郷を捨て流民化した。国家財政を支えるのは農民の税収であったため，この時代の各王朝はいずれも，豪族の大土地所有を抑制し，農民に安定した生活を保障することを国家政策の重要課題として掲げた。

魏では税収確保のため屯田制が採用された。さらに，西晋では武帝が，豪族による大土地所有をおさえるため占田法・課田法を実施し，戸別に税を徴収する戸調式とよばれる税制を採用した。また，東晋以降の江南の諸王朝では，北方からの移住民が租税を納めず，豪族の支配下に組み込まれていたため，北方からの移住民を一般の戸籍に編入する土断法を制定して税収の確保をはかったが，あまり効果はなかった。

> **🔑 KEY WORD**
>
> **屯田制**
>
> 漢代から辺境地帯の軍人が屯田を行っていたが，魏ではそれに加え，国内の荒廃地を国有地として一般農民に耕作させた。

> **🔑 KEY WORD**
>
> **占田法・課田法**
>
> 占田法は土地所有の限度を定め，課田法は農民に一定の土地を支給して耕作させ，それに応じた租税を納めさせるもの。詳細は不明だが，北魏の均田制の先駆と考えられている。

これに対し，北魏では孝文帝時代に公地公民の原則にたち，農民に等しく土地を貸与し，税を徴収する均田制を定めた（485）。これは五胡の侵入以来，荒廃した農地と流民を国家の支配下に組み入れ，税収を確保するというものであったが，妻・奴婢・耕牛まで給田対象とすることで，豪族に対する妥協がはかられている。

　北魏の**三長制**は，この均田制を円滑に施行（しこう）するために整備された村落制度であった。また西魏では，均田農民に兵役を課す**府兵制**（ふへいせい）が実施された。北魏の均田制や西魏の府兵制は，次の隋唐時代（ずいとう）にも受け継がれていくことになった。

POINT

南朝と北朝
- ☑ 南朝…豪族や農民は南方へ→建康（建業）を都に六朝（りくちょう）が興亡する。
- ☑ 北朝…北魏→**東魏**と**西魏**に分裂→東魏から**北斉**，西魏から**北周**へ→隋。
　　　　豪族抑制の土地制度は，占田法・課田法→**均田制**へと発展。

11　清談（せいだん）の流行と仏教・道教（どうきょう）の発展

　魏晋南北朝の動乱期には，従来までの社会道徳に縛られない，自由な雰囲気をもつ新しい文化が生まれた。

　魏・晋の時代には，老荘思想にもとづく世俗を超越した哲学論議である**清談**が知識人の間に流行し，阮籍（げんせき）・嵆康（けいこう）など**竹林の七賢**（ちくりんのしちけん）とよばれる人々が出た。

　さらに，五胡十六国時代から北魏にかけて，仏教・道教が発展した。仏教は漢代に西域から伝えられたが，北朝では庶民に広がり，南朝では貴族を中心に広まった。西域の**クチャ**（亀茲）（きじ）出身の**仏図澄**（ブドチンガ）や**鳩摩羅什**（クマーラジーヴァ）は4～5世紀の中国に入り，華北での布教や仏典の漢訳を行った。また，6世紀にインド僧**達磨**（**ダルマ**）が**禅宗**（ぜんしゅう）を伝えたとされる。

　これに対し，4世紀末～5世紀初めにかけて東晋の僧**法顕**（ほっけん）がグプタ朝治下のインドに渡り，帰国後，その旅行記である『**仏国記**』（ぶっこくき）を著した。仏教の流行にともない，華北では各地に**石窟寺院**（せっくつじいん）がつくられ，西域の玄関口である**敦煌**（とんこう）をはじめ，北魏時代には洛陽遷都前の都である平城（へいじょう）近郊の**雲崗**（うんこう）や洛陽近郊の**竜門**（りゅうもん）に造営された。仏像にはインドの**ガンダーラ美術**や**グプタ美術**の影響が見られる。

　こうした仏教の発展に刺激され，中国古来の民間信仰に老荘思想や神仙（しんせん）思想を取り入れた**道教**も成立した。5世紀に**新天師道**を開いた**寇謙之**（こうけんし）は，北魏の**太武帝**（たいぶてい）に取り入って仏教を弾圧させたが，これ以降，道教は儒教・仏教と並ぶ中国の代表的な宗教になっていった。

⊕PLUS α

三武一宗の法難（さんぶいっそう）
北魏の太武帝，北周の武帝，唐の武宗，後周の世宗が行った仏教弾圧。中国ではしばしば仏教弾圧（廃仏）事件が起こった。

12 六朝文化

　華北では実学が発展し，地理書『水経注』や最古の農業書である『斉民要術』などが書かれた。一方，皇帝の権力が弱かった江南では，**六朝文化**とよばれる華やかな貴族文化が栄えた。詩の分野では「**帰去来辞**」『**桃花源記**』を書いた東晋の**陶淵明**(陶潜)や宋の**謝霊運**が活躍した。散文では対句を用いた華麗典雅な文体の**四六駢儷体**が流行し，梁の**昭明太子**が古来の名文を集めた『**文選**』を編纂した。また，絵画が芸術として確立され，**画聖**といわれる東晋の**顧愷之**が「**女史箴図**」を描いた。書道も芸術として完成され，**書聖**といわれた東晋の**王羲之**が「**蘭亭序**」を書いた。

POINT

六朝文化
☑ 昭明太子『文選』，顧愷之「女史箴図」，王羲之「蘭亭序」など。

この講のまとめ

魏晋南北朝時代には，どのような制度や文化が生み出されたのだろうか？
☑ その後の王朝に継承される均田制の基礎は北魏でつくられた。
☑ 仏教・儒教に加えて，道教も生まれた。
☑ 江南では，洗練された貴族文化が生み出された。

⊕ **PLUS α**

『三国志』の邪馬台国
邪馬台国の卑弥呼に関する記述で有名な『魏志』倭人伝は，西晋の陳寿が著した『三国志』に含まれるものである。

7 | 隋の中国統一と唐の成立

🔍 この講の着眼点

隋は中央集権的な律令国家の礎を作り，のちにこれを唐が完成させた。隋の建設した大運河も，その後続く中国の諸王朝に大きな恩恵をもたらした。隋・唐の中央集権化の歩みを見ていこう。

 隋の建設した大運河はどのようなことに利用されたのでしょうか。

江南と華北の交通路というだけでなく，高句麗遠征にも利用されたんだ。

1 隋の中国統一

北周の外戚楊堅(文帝)は，581年に隋を建国し，大興城(長安)に都を定めた。さらに，589年には南朝の陳を滅ぼして，およそ370年におよぶ魏晋南北朝の混乱を収拾した。

貴族勢力を抑え，中央集権体制を目指した隋の文帝は，北魏に始まる均田制を取り入れ，税制として租庸調制を確立した。また，西魏で始まった兵農一致を原則とする府兵制を採用して軍備の拡張につとめた。均田制・租庸調制・府兵制はいずれも北朝系の制度であった。

その一方で，貴族による上級官職独占を防ぎ広く人材を確保するため，従来の九品中正を廃止し，学科試験による官吏登用制度である科挙を実施した。隋の文帝が整えたこれらの制度は，のちの唐王朝にも受け継がれることとなり，清末まで1300年間にわたって行われた。

⊕ PLUS α

均田制の変遷

隋代の丁男(18～59歳の男子)には露田と永業田が支給されたが，耕牛への給田はなく，煬帝のとき，妻および奴婢への給田が廃止され，唐では基本的に男子にのみ給田され((※)ただし，夫と死別したり離別したりした寡婦には支給あり)。

🔑 KEY WORD

府兵制

均田制で国家から土地を支給されている均田農民から徴兵する制度で，そのときは租庸調を免じた。

時代	口分田		桑田 （永業田）	奴婢	耕牛	官人永業田 職 分 田
	丁男	妻				
北魏	○	○	○	○	○	×
隋	○	△	○	△	×	○
唐	○	×（※）	○	×	×	○

（※）ただし夫と死別したり離別したりした寡婦には支給あり

▲均田制の比較（○…支給あり，×…支給なし，△…途中で廃止）

2 隋の滅亡

　文帝のあとを継いだ**煬帝**は，政治・軍事の中心である華北と，東晋以来開発がすすみ経済力をつけた江南を結ぶため**大運河**を完成させたが，このことは民衆に過重な負担を強いることになった。

　また，煬帝は外征にも力を注いだが，3回にわたる**高句麗遠征**に失敗すると，豪族や貴族の反抗に加え，各地の民衆も反乱を起こし，隋は統一から30年足らずで滅亡した。

POINT

隋
☑ **楊堅**が国家体制を作る→**煬帝**の代になり**大運河建設**と**高句麗遠征**の出費がもとで滅亡。

3 唐の成立

　隋滅亡後の混乱の中から頭角を現したのが隋の軍閥**李淵**で，618年，**長安**を都に唐を建国した。

　唐王朝は**高祖**李淵と2代目**太宗（李世民）**の時代に国内統一が完成すると，隋の諸制度を受け継いで，律令体制（**律・令・格・式**という法体系）を完成させた。中央には最高機関として**中書省・門下省・尚書省の三省**を設け，尚書省のもとには**六部**を置いて（**三省六部**）政務を担当させ，官吏を監察する機関として**御史台**も設置した。

KEY WORD

三省六部

中書省（皇帝の詔勅の立案・起草を行う機関）・門下省（詔勅を審議する機関）・尚書省（六部を統括し，詔勅を執行する機関）を総称して三省という。また，尚書省の下で政務を実際に担当した，吏部（官吏の選任事務）・戸部（戸籍・財政事務）・礼部（教育・祭祀事務など）・兵部（軍事）・刑部（司法）・工部（土木事業）の6機関を六部という。

　また，地方行政は，全国を 10 の道に分け（のち 15 道），道のもとに州，州の下に県を置いて（**州県制**），中央集権体制をととのえた。官吏登用法は隋の科挙制を継承したが，現実には蔭位の制などで貴族の子弟が優遇され，貴族制は温存された。

4 唐の農民支配

　唐王朝は基本的に隋の諸制度を継承したが，部分的に改正したところもあった。例えば均田制では，丁男に対する**口分田・永業田**の支給はあったが，寡婦を除いて女子は給田対象から除外されていた。

　その一方で，貴族には**官人永業田**（官爵に応じて授与）や**職分田**（官職に応じて授与）が支給され，大土地所有が認められた。均田農民は**租庸調制**にもとづき一律定額の課税がなされ，中央政府の課す庸とは別に，地方官庁が課した年間 40 日（または 50 日）の労役である雑徭が課せられた。

　また，全国に 600 を超える折衝府が置かれ，兵農一致のもとに農民を徴兵する**府兵制**も実施された。

POINT

唐
- ☑ **李淵**が建国，都は**長安**。
- ☑ 2 代目**太宗**（**李世民**）が国内統一を完成。
- ☑ 唐の律令体制…**三省六部・御史台**を基に完成された。

🔍 この講のまとめ

隋・唐における中央集権体制は，どのようにして完成したのだろうか？
- ☑ **隋では北朝系の均田制，租庸調制，府兵制に基礎が置かれた。**
- ☑ **隋から始まった科挙は宋代に確立し，清末まで続いた。**
- ☑ **唐では隋の諸制度が引き継がれて発展し，律令国家体制が完成された。**

8 | 唐の発展

🔍 この講の着眼点

諸民族の自治を認めながら広大な領域を支配した唐の都は，国際交流の拠点として繁栄した。一方で，領土の拡大とともに支配は困難になり，各地の有力軍人は王朝から自立するようになっていく。

この陶器は，唐代につくられた唐三彩ですね。ラクダに乗っているのは商人でしょうか？

ソグド人商人と言われているよ。国際交流が豊かな唐代らしく，西域の文化の影響がみられるね。

▲唐三彩

1 唐の対外発展

唐は第2代太宗(李世民)の時代に，律令国家として内政が充実し，さらにはモンゴル高原の東突厥とチベットの吐蕃を服属させるなど，貞観の治とよばれる繁栄期をむかえた。

つづく第3代高宗の治世には，朝鮮半島にあった百済(660)と高句麗(668)を滅ぼして平壌に安東都護府を設置し，中央アジアの西突厥を討伐して西域のオアシス都市もその領域に組み込んだ。ここにいたって唐王朝は空前の大領土を形成し，その征服地には6つの都護府を置いて，羈縻政策とよばれる巧みな方法で異民族を支配した。

こうして，唐王朝のもとにはアジア各国からの朝貢使節が往来し，唐を盟主と仰ぐ東アジア独特の国際秩序である冊封体制が完成した。

▲唐の最大領域

■ 都護府

🔑 KEY WORD

羈縻政策
唐は中央から都護を派遣して異民族の動きを監視する一方で，その族長に地位を与え自治を許す間接統治を行った。

2 武韋の禍

　第３代高宗の死後，子の**中宗**と**睿宗**が帝位についたが，高宗の皇后であった武氏が政治の実権をにぎり，唐王朝を廃して周を建国した（690）。中国史上唯一の女帝となったこの人物が**則天武后**で，この政変は**武周革命**とよばれる。武后没後，子の中宗が復位したが，中宗の皇后である**韋后**が中宗を毒殺し（710），政権を掌握しようとしたが失敗した。このとき韋后一派を倒したのが，睿宗の息子である，のちの**玄宗**であった。この二人が政治に介入した一連の出来事を否定的に評価して「**武韋の禍**」という。

> **KEY PERSON**
>
> ### 則天武后
> [在位690〜705]
> 則天武后は仏教を保護する一方，科挙官僚を抜擢して門閥貴族中心の政治を変えようとした。

3 開元の治

　「**武韋の禍**」を収拾した玄宗は，国内政治の再建につとめ，**開元の治**とよばれる善政を行った。この時期，都の長安は人口 100 万人を数えて再び繁栄期をむかえ，詩人の**李白・杜甫**などが活躍する，唐文化の華が咲き誇る時代であった。しかし，玄宗治世の後半から，唐は内政・外交とも困難な時代をむかえることとなる。唐周辺の異民族が，しばしば辺境から侵入するようになったため，都護府のみで対応することは不可能であると考えた唐王朝は，玄宗が即位する２年前（710）から**節度使**を配置していた。玄宗の時代に 10 節度使が置かれたが，節度使は軍隊を私兵化したばかりでなく，任地の民政や財政の実権をにぎり自立化する傾向があった。

4 安史の乱

　玄宗は治世の晩年，**楊貴妃**を溺愛し，政治が乱れ始めた。やがて華北の３節度使を兼任していたソグド系武将の**安禄山**は，楊貴妃の一族と対立し，755 年唐王朝に反旗をひるがえした。安禄山は洛陽・長安を占領して，玄宗を四川に逃走させたが暗殺された。この反乱は，安禄山の死後も部下の**史思明**が継承したため，**安史の乱**といわれている。８年間つづいた反乱は，反乱軍の内部分裂と**ウイグル**（回紇）の支援により鎮圧された。しかし，この反乱は唐王朝の無力さを露呈させ，内地にも兵・政・財の３権をにぎる**節度使**が置かれ，**藩鎮**（地方軍閥）として中央政府から半ば独立する傾向を強めた。

5 律令体制の崩壊と唐の滅亡

　安史の乱の前後より，唐の律令体制はくずれ始め
ていた。農村部では**均田制**が崩壊し，貴族・官僚・
豪商などによる土地の兼併がすすみ，**荘園制**が発
展した。その過程で，均田農民は**佃戸**とよばれる
小作人に転落していった。均田制の崩壊は同時に**租
庸調制**の崩壊をまねいた。また，府兵制も749年に
廃止され，**募兵制**へと切り替わった。さらに藩鎮
の自立化は国庫収入を激減させたため，**徳宗**治世
の780年，宰相**楊炎**は**両税法**を献策し，土地の
私有を前提とする税制へと変化していった。唐王朝は財政危機をしのぐため，8
世紀半ばに**塩の専売制**を始めたが，9世紀後半になると塩の密売商人らが民衆反
乱を起こすようになった。まず王仙芝が反乱を起こすと，875年これに呼応して
黄巣の乱が起き，反乱は全国へと拡大した。やがて，黄巣の部下の**朱全忠**が
唐側に寝返って黄巣の乱は鎮圧されるが，その後，節度使となった朱全忠が唐の
皇帝に禅譲を迫って帝位を奪い，唐を滅ぼして**後梁**を建国した(907)。

6 唐代における社会と経済

　魏晋南北朝以来，開発のすすんだ江南では，耕地面積の増加により生産力が上
昇していった。**茶**や**綿花**の栽培が始まったのはこの頃で，絹織物・漆器・陶器(**唐
三彩**)などの手工業も発展した。唐代の都市における商業はさまざまな制約を
受けており，**市**とよばれる特別な商業区域でのみ営業が許されていた。しかし，
農業生産力の上昇は余剰生産物を生み出し，**草市**とよばれる自由市場が都市の
城壁外に発達した。商品の流通が活発になると，唐代後半には**飛銭**とよばれる
送金手形が発行された。当時，外国の商人が唐を訪れ中国の物産を買い求めたが，
陸上交易では主にイラン系**ソグド人**が活躍し，海上交易では**大食(ター
ジー)**とよばれるムスリム商人(イスラーム商人)が数多く来航した。8世紀前
半には，広州に**市舶司**とよばれる海上交易の監督機関が設置された。

7 唐の文化

　唐文化には貴族的性格と国際的性格という2つの特色がある。この時代，南北

朝以来の貴族文化が成熟期をむかえ，詩・書・絵画などの分野で歴史に名を残す多くの作家が輩出された。とりわけ詩は科挙で重視されたこともあり，唐代の文学を代表するジャンルにまで発展し「**唐詩**」とよばれるようになった。また，**ソグド人**をはじめ，ムスリム商人やアジア各国からの朝貢使節・留学生の往来は，中国にさまざまな地域の文物をもたらし，都の長安や広州・揚州などの港町は国際色豊かな雰囲気をもった。唐文化の国際性を示すものに，西方から伝えられた外来宗教がある。**祆教（ゾロアスター教）**，**摩尼教（マニ教）**，**景教（ネストリウス派キリスト教）**は三夷教とよばれ，広州には**回教（清真教，イスラーム教）**の礼拝堂が建てられたという。それに対して仏教も隆盛を極め，唐代初期には『**大唐西域記**』を著した**玄奘（三蔵法師）**や，『**南海寄帰内法伝**』を著した**義浄**らが教理研究のためインドを訪れた。なお，**禅宗**や**浄土宗**が流行し始めたのはこの時代で，のちの宋代になってから民間へ広まっていった。

　また，玄宗時代の751年に，高仙芝将軍率いる唐軍が**タラス河畔の戦い**で**アッバース朝**軍に敗れた際，捕虜の中に紙漉職人がいたことから，**製紙法**が西方世界に伝わったともいわれている。

⊕ PLUS α

玄奘・義浄の渡印ルート
玄奘は往復とも陸路を，義浄は往復とも海路を用いた。義浄の旅行記『南海寄帰内法伝』はスマトラのシュリーヴィジャヤ（室利仏逝）で記述された。

©M.Isogai

▲タラス河畔

唐詩	盛唐	李白（詩仙），杜甫（詩聖），王維（山水画も有名）
	中唐	白居易（白楽天）…「長恨歌」（玄宗と楊貴妃の悲恋をうたう）
散文	中唐	韓愈，柳宗元…四六駢儷体を批判し，**古文（漢代）の復興**を提唱
絵画	初唐	閻立本…人物画
	盛唐	呉道玄…玄宗に仕えた宮廷画家，仏画・人物画・山水画など 李思訓…皇族で玄宗に仕える，山水画
書道	初唐	褚遂良…虞世南・欧陽詢とあわせて初唐三大書家
	盛唐	顔真卿…政治家でもあり，安史の乱では義勇軍を率いて戦う
儒学	初唐	孔穎達…**太宗**の命で五経の注釈書『五経正義』を編纂

※初唐，中唐，盛唐は唐代の文学史上の時代区分　　　　　　　　　　　　　　　▲唐の文化

POINT

唐の発展と社会変化

☑ 唐の発展…第３代**高宗**の治世→唐王朝は大領土を形成，６つの**都護府**設置。

☑ 唐の制度変化…均田制→荘園制，租庸調制→**両税法**，府兵制→**募兵制**へと変化。

☑ 唐王朝の流れ…**武韋の禍→開元の治→安史の乱→黄巣の乱→唐の滅亡**。

この講のまとめ

広大な領土を支配下においた唐の対外支配の変遷を整理しよう。

☑ **初期は諸民族に自治を認める羈縻（きび）政策を基礎に置いた。**

☑ **のちに周辺の異民族の侵入が増加したため，節度使を配置。**

☑ **安史の乱頃から均田制が揺らぐなど律令体制がくずれ，また，節度使の台頭を招いたことで，滅亡へ。**

9 │ 周辺諸国の動き

この講の着眼点

　東アジアの国際秩序の基礎は中国の皇帝を中心とした冊封体制にある。東アジア独自の冊封体制とはどのようなもので，どんな影響を与えただろうか？

この体制の中で行われた朝貢貿易は中国の皇帝に朝貢することで贈り物を得られるという仕組みですね。

周辺諸国は中国の文化から大きく影響を受けたんだ。

1 冊封体制と朝貢貿易

　東アジアでは，中国の皇帝が周辺諸国の支配者に中国の官爵を与えて君臣関係を結び，彼らの統治を認める形の国際秩序が形成されたが，これを，**冊封体制**とよぶ。冊封体制のもとにある諸国の支配者には，貢物と使節の派遣が義務づけられたが，中国の皇帝からはそれを上回る下賜品が与えられるという一種の交換が行われた。この貿易形態を**朝貢貿易**とよぶ。そのため，**宗主国**の中国に対し，冊封体制下にある国々を**朝貢国**とよぶ場合がある。

2 唐と周辺諸国

　唐王朝が実施した**羈縻政策**や朝貢貿易の進展などにより，周辺地域には漢字・律令体制・仏教・儒教などを共通要素とする東アジア文化圏が形成された。前漢の王昭君(匈奴)や，唐の文成公主(吐蕃に降嫁)のように，周辺民族との関係維持のために他民族の王に嫁ぐ宮女や皇女もいた。

突厥 （とっけつ）	トルコ系遊牧国家。柔然を倒して建国。6世紀後半，**東西に分裂**し，東突厥は一時唐に服属。のち強勢となったが，8世紀半ば**ウイグル**に滅ぼされる。アラム文字またはソグド文字を母体とする突厥文字を使用（**北方民族最古の文字でオルホン碑文**は有名）。
ウイグル （回紇） （かいこつ）	トルコ系遊牧国家。東突厥の支配から独立し，モンゴル高原を支配。安史の乱では唐を援助。9世紀に**キルギス**の侵入を受け滅亡。**マニ教**を信仰したが，西域方面へ移動したのちイスラーム教を受容。ソグド文字を母体とする**ウイグル文字**を使用。
新羅 （しんら）	唐と結んで百済・高句麗を滅ぼしたのち，唐の勢力を排除して**朝鮮最初の統一国家**をつくる(676)。唐の**律令体制・仏教文化**を受容。都の慶州には仏教文化が栄え，仏国寺が建立された。骨品制とよばれる氏族的身分制度により社会が停滞化。のち高麗により滅ぶ(935)。
渤海 （ぼっかい）	**高句麗滅亡**(668)のちの，**靺鞨人**の**大祚栄**が高句麗の遺民と靺鞨人を統合して中国東北部に建国(698)。建国当初は**震国**といった。唐の律令体制などを導入し，日本とも交流があった。のち契丹により滅亡(926)。
日本	**遣隋使・遣唐使**により隋・唐の律令体制・仏教文化を受容。大化の改新以後，律令国家体制を確立。7世紀には，唐文化を輸入した**白鳳文化**が栄え，さらに平城京では貴族的な天平文化が花開いた。なお，百済滅亡に際しては，百済に援軍を派遣し，白村江の戦いで唐・新羅の連合軍に大敗(663)。
吐蕃 （とばん）	7世紀初め，ソンツェン＝ガンポがチベットに建国。都はラサ。当初は唐と親交を結ぶが，**安史の乱**後，長安を占領。唐とインド両文化の摂取につとめ，インド文字から**チベット文字**を作る。チベットの民間信仰（**ボン教**）と仏教が融合し，チベット仏教（ラマ教）が成立。
南詔 （なんしょう）	**チベット＝ビルマ系**民族が中国南西部の**雲南**に建国。唐と吐蕃の抗争の間で国を保つ。唐文化を受容し，**漢字を公用文字**とする。10世紀初め，漢人宰相に国を奪われ滅ぶ。

▲中国の周辺諸国の動向

🔍 この講のまとめ

東アジアにおける独自の秩序である冊封体制とはどのようなもので，どんな影響を与えただろうか？

☑ 中国の皇帝と周辺地域との君臣関係に基づき，周辺諸国は朝貢貿易で多くの下賜品を得る。

☑ 文字，政治体制，宗教など，周辺諸国は中国の王朝に影響を受けた。

10 | 東アジア世界の成立と発展

この講の着眼点

朝鮮半島と日本は，中国の王朝に政治的・文化的影響を受けながら独自の国家を形成していった。朝鮮半島と日本の動きを中国王朝との関わりとともに整理しよう。

朝鮮半島の王朝は中国王朝の侵入を受けながら政治や文化において影響を受けていたのですね。

日本もまた，朝鮮半島との交流を通して，中国の文化を積極的に取り入れて国家形成の手本としていたよ。

1 朝鮮半島と中国

朝鮮の古代には，**古朝鮮**とよばれる**箕子朝鮮**と**衛氏朝鮮**という2つの王朝が成立し，これらの王朝は，いずれも中国人亡命者が建国したとされる。前2世紀初頭，**衛満**が箕子朝鮮を倒して衛氏朝鮮（前190頃～前108）を建国した。彼は**王険城**（現在の平壌）に都を置き，一時は遼東にまで勢力をのばしたが，前108年に**前漢の武帝**によって征服された。武帝は平壌付近に**楽浪郡**，玄菟郡・臨屯郡・真番郡など**朝鮮4郡**を設置して，朝鮮を直接支配した。

▲前2世紀頃の朝鮮半島

2 高句麗と韓族

前1世紀頃になると，**ツングース系**貊族の一派が中国東北地方南部に**高句麗**を建国した。丸都城に都を置いた高句麗はしだいに国力をのばし，313年には楽浪郡を滅ぼし朝鮮北部へ進出した。この間，韓族の小国家が分立していた半島南部では，南西部に**馬韓**，その東側に

▲2世紀頃の朝鮮半島

弁韓，南東部に辰韓が成立していった。**三韓**とよばれるこれらの国は，4世紀半ば以降に統一がすすみ，馬韓は**百済**（4世紀半ば〜660），辰韓は**新羅**（4世紀半ば〜935）へと発展していった。また，弁韓は小国連合の**加羅**（**加耶**，4世紀後半〜562）へと発展したが，新羅に滅ぼされた。高句麗・百済・新羅が並立した時代を，朝鮮史では**三国時代**という。

▲5世紀頃の朝鮮半島

3 高句麗の発展

　高句麗は4世紀から6世紀にかけて全盛時をむかえ，4世紀後半から5世紀初めに活躍した**広開土王（好太王）**のもとで，満州から朝鮮半島にいたる大領土に成長し，次の長寿王は都を**平壌**に遷した。広開土王の業績や日本との関係は，現在の吉林省にある広開土王碑に残されている。

4 高句麗の滅亡

　589年，**隋**が中国を統一すると，隋は遼東の支配をめぐって高句麗と対立した。隋の皇帝**煬帝**は3度にわたる**高句麗遠征**を行ったが，いずれも失敗し，これが隋滅亡の原因となった。しかし，隋のあとを継いだ唐は，まず新羅と同盟を結び，高句麗を征服する前に**百済**を滅ぼした（660）。百済滅亡に際し，日本の**中大兄皇子**は朝鮮に百済救援の水軍を派遣したが，**白村江の戦い**（663）で，唐・新羅連合軍に大敗した。やがて百済を滅ぼした唐と新羅は，668年に**高句麗**を滅ぼすことに成功した。その後，靺鞨人の**大祚栄**は高句麗の遺民や靺鞨人を率いて，中国東北部に**渤海**を建国した（698）。「海東の盛国」ともよばれた渤海は，唐の律令体制などを導入し，平安時代の日本とも交流があった。

5 新羅の統一と繁栄

　百済と高句麗が滅亡したあとも，唐の勢力は半島にとどまり，平壌に**安東都護府**を置いて朝鮮半島を直接支配しようとした。しかし，新羅は676年に安東都護府を遼東方面に撤退させることに成功し，ここに新羅による朝鮮半島統一が実現した。その後，新羅は唐の律令体制をはじめ，仏教文化を受け入れ，都の**慶州（金城）**郊外には**仏国寺**などの寺院が建立された。新羅には**骨品制**とよ

ばれる氏族的身分制度が存在し，これが社会の発展を停滞させ，やがて935年に<ruby>高麗<rt>こうらい</rt></ruby>によって滅ぼされた。

6 高麗の成立

　武将の<ruby>王建<rt></rt></ruby>は半島中部の<ruby>開城<rt>かいじょう</rt></ruby>を都に高麗(918〜1392)を建国し，936年には朝鮮半島を統一した。初期の高麗は，五代や宋などの中国諸王朝から政治制度や文物を取り入れ，仏教文化を保護して繁栄したが，11世紀以降は，<ruby>契丹族<rt>きったんぞく</rt></ruby>の<ruby>遼<rt>りょう</rt></ruby>と<ruby>女真族<rt>じょしんぞく</rt></ruby>の<ruby>金<rt></rt></ruby>の侵入を受けた。また，国内では<ruby>両班<rt>ヤンバン</rt></ruby>とよばれる

文武の特権官僚層が現れ，武班が文班を圧倒して政権を握り，政治は大いに乱れた。さらに13世紀に入ると，高麗はたびたび<ruby>モンゴル帝国<rt></rt></ruby>の侵入を受け，同世紀半ばにはモンゴルの属国となった。

7 高麗文化

　文化面から見ると，高麗文化は特筆すべきものが多い。仏教文化の隆盛によって木版印刷で『<ruby>高麗<rt>こうらい</rt></ruby><ruby>版大蔵経<rt>ばんだいぞうきょう</rt></ruby>』が刊行され，13世紀には世界最古の<ruby>金属活字<rt>きんぞくかつじ</rt></ruby>が作られた。さらに窯業の分野でも青<ruby>磁<rt>じ</rt></ruby>の製法が発達し，<ruby>高麗青磁<rt>こうらいせい</rt></ruby>として世界的な名品の数々が作られた。

▲仏国寺

KEY WORD

両班

高麗と次の李氏朝鮮の時代に朝鮮社会を支配した特権身分層を指し，文班と武班の家柄をいう。中央においては官職・官位を世襲し，官僚となって権勢を振るう一方，地方社会でも封建的土地所有者として君臨した。

⊕ PLUS α

高麗とモンゴルの侵入

1259年に高麗王がモンゴル軍に降伏したのちも，済州島などを拠点に三別抄という武人集団が抵抗を続けた。また，『高麗版大蔵経』の2回の刊行のうち，1回目はモンゴルによる兵火ですべて焼失。2回目はモンゴル軍撃退と鎮護国家を祈念して刊行された。現在，約8万1000枚の板木が保存されている。

📖 POINT

朝鮮半島と周辺
- ☑ **箕子朝鮮，衛氏朝鮮**という2つの王朝
  →前108年に前漢の武帝により征服→**楽浪郡**など4郡設置。
- ☑ **高句麗**の台頭→朝鮮半島南部で**馬韓，弁韓，辰韓**(三韓)が成立
  →のちに**百済，加羅，新羅**に→7世紀に**新羅**が統一→10世紀に
  高麗成立。

8 日本の古代国家

中国の文献の中に，倭の国に関する記述が最初に登場するのは『漢書』地理志である。また『後漢書』東夷伝には倭の国が後漢の光武帝に朝貢した記録があり，57年に倭の奴国の使節が**光武帝**より「**漢委奴国王**」の印綬を授かったことも証明されている。その後は，『**魏志**』倭人伝の中に３世紀頃の倭の国の様子が記載されており，邪馬台国の卑弥呼が朝貢したとある。また，南朝時代の『**宋書**』倭国伝にも倭の五王について書かれているが，くわしいことはわかっていない。

9 日本と隋・唐との交流

７世紀初頭に**聖徳太子**が**小野妹子**を遣隋使として隋に派遣して以来，日本は隋・唐の律令体制を取り入れようとした。**大化の改新**(645)以降，日本では中国の律令体制を導入し，天皇中心の政治を実現する動きが強まり，701年には**大宝律令**が制定された。また，遣唐使の派遣によって流入した唐の文化は，**白鳳文化**や**天平文化**に大きな影響を与えた。しかし，平安時代の中期に唐が衰退し，**遣唐使**派遣が中止された(894)。ののち，日本では**国風文化**の全盛期をむかえることになった。

POINT

日本と大陸の交流

☑ 『漢書』地理志に倭の国の記述，『魏志』倭人伝に**卑弥呼**の時代の記述。

☑ 聖徳太子が遣隋使を派遣→遣唐使の派遣（白鳳文化，天平文化に影響）。

☑ 唐の衰退→９世紀末に遣唐使中止→国風文化が全盛となる。

🔍 この講のまとめ

朝鮮半島と日本は，どのように国家を形成してきたのだろうか？

☑ 朝鮮半島は中国の侵攻を受けながら，政治的・社会的影響を受けた。

☑ 日本は，中国の政治制度や文化を取り入れた。

☑ 両国は，中国の影響を受けつつ，文化や制度を発展させてきた。

11 | トルコ系民族の台頭

🔍 この講の着眼点

中央ユーラシアの遊牧国家の中で，隋や唐ととくに関係が深かったのが突厥やウイグルといったトルコ系民族である。中国王朝との関係に注意しながら，突厥とウイグルの歴史の特徴を整理しよう。

これは19世紀末に発見されたオルホン碑文ですね。遊牧民であった突厥が，独自の文字をもって記録を残していたということになります。

突厥文字はアラム文字から生まれたソグド文字を基に成立したといわれているよ。

▲オルホン碑文

1 トルコ系民族

Ⓐ **突厥の動き**　6世紀半ば頃，柔然を倒してモンゴル高原を支配したのがトルコ系の**突厥**である。**ササン朝**と結んで中央アジアの遊牧民族**エフタル**(トルコ系またはイラン系)を滅ぼした突厥は，モンゴル高原から西トルキスタンにいたる大遊牧国家を建設し，**アラム文字**またはソグド文字を改良して，北方遊牧民族最古の文字である**突厥文字**を作った。突厥文字は19世紀末に発見されたオルホン碑文(冒頭の写真)に残されており，解読されている。6世紀末，中国で隋が建国された頃東西に分裂し，モンゴル高原を支配した**東突厥**は太宗(李世民)の治世下の唐に服属。一時復興したが，8世紀半ばには**ウイグル**に滅ぼされた。一方，中央アジアを支配した西突厥も内紛を繰り返し，分裂のすえに衰退していった。

Ⓑ **ウイグルの動き**　8世紀半ば，突厥にかわってモンゴル高原を支配したのは，同じトルコ系の**ウイグル**(回紇)であった。ウイグル人は**マニ教**を受け入れ，**ソグド文字**を学んで**ウイグル文字**を作成した。唐に**安史の乱**(755〜763)が起きると，反乱鎮圧のため唐王朝を援助したが，その後は唐の内政に

も干渉した。イラン系の**ソグド人**と協力し，モンゴル高原から中央アジアにいたるオアシス都市を支配して繁栄したが，9世紀半ばにトルコ系の**キルギス**によって滅ぼされた。

　ウイグル滅亡後，中央ユーラシアではトルコ系遊牧集団の西進が活発化した。彼らが建てた**カラハン朝**(10世紀半ば〜12世紀半ば)は，イスラーム教を受容した。こうしてトルコ系民族の活動の中心がモンゴル高原から中央アジアへ移ることにより，中央アジアの大部分を**トルキスタン**とよぶようになった。この頃，東トルキスタンにはウイグル人，西トルキスタンにはソグド人が活動していた。

POINT

モンゴル高原支配者
☑ **突厥**や**ウイグル**が台頭し，唐と関わりがあった。

🔍 この講のまとめ

隋や唐と関係が深いトルコ系民族の突厥・ウイグルの特徴とは？
☑ 6世紀以降大帝国を築いた突厥は，北方遊牧民族最古の文字を作った。
☑ ウイグルはマニ教を受け入れ，ソグド人とともにオアシス都市を支配。

定期テスト対策問題②

解答は p.494

1 次の文の空欄に適切な語句を補充しなさい。

(1) 法家の ⟨ア⟩ を登用して前221年に中国の統一に成功した始皇帝は, ⟨ア⟩ の進言を取り入れ, ⟨イ⟩ とよばれる思想統制を行った。

(2) 前7世紀から前3世紀にかけて南ロシアの草原地帯で活動した ⟨ア⟩ の騎馬文化に影響を受けたモンゴル高原の匈奴は, ⟨イ⟩ とよばれる王を中心に結束し, 強大な遊牧国家を作り上げた。

(3) 秦の厳格な政治は人民の反発をまねき, 始皇帝の死後 ⟨ア⟩ が勃発した。その混乱の中で台頭した項羽は ⟨イ⟩ の巧みな戦略に追いつめられ, 垓下の戦いで敗北した。

よく出る (4) 初期の前漢では, 長安を中心とした皇帝直轄地には ⟨ア⟩ 制を採用する一方で, 各地では封建制をとる ⟨イ⟩ 制とよばれる統治方式を採用した。

発展 (5) 前漢第6代 ⟨ア⟩ の時代に, 劉氏一族の七諸侯が ⟨イ⟩ とよばれる反乱を起こした。

2 次の文章を読み, 後の問いに答えなさい。

前漢の成立直後に高祖劉邦が匈奴の ⟨ア⟩ に敗れて以来, 漢では匈奴に対して和親策がとられていたが, 第7代の ⟨イ⟩ は, 積極的な匈奴の討伐に乗り出した。具体的には, ⟨ウ⟩ を大月氏に派遣して匈奴の挟撃を計画したり, 李広利をシル川上流域の ⟨エ⟩ に遠征させて汗血馬を獲得したりした。これにより西域に進出するきっかけが作られ, 玄関口には敦煌郡など4郡がおかれた。南方では ⟨オ⟩ を滅ぼし南海9郡を, 朝鮮半島では ⟨カ⟩ を滅ぼし楽浪郡など4郡をおいた。また, ⟨イ⟩ の時代には, 儒学者の ⟨キ⟩ の進言により①儒学が官学化された。一方で, 長期にわたる大規模な遠征は国家財政を圧迫したため, ②財政再建のためのさまざまな政策を実施することになった。

(1) 文章中の空欄 ⟨ア⟩ ～ ⟨キ⟩ に当てはまる語句を答えなさい。

(2) 下線部①に関して, これにともなって設置された役職を何というか。

発展 (3) 下線部②に関して, 漢で実施された政策として適当でないものを選びなさい。
⟨ア⟩ 均輸法の実施　⟨イ⟩ 平準法の実施　⟨ウ⟩ 塩・鉄・酒の専売　⟨エ⟩ 占田法の実施

3 後漢時代の中国に関して, 次の問いに答えなさい。

(1) 幼少の皇帝を毒殺し, 前漢を滅ぼして新を建国した人物は誰か。

(2) 班超がローマ帝国に派遣した, シリア周辺まで到達した部下は誰か。

よく出る (3) ベトナム中部の日南郡に到達した使者を派遣したローマ帝国の皇帝は誰か。

(4) 後漢末に起きた, 宦官による儒学派官僚弾圧事件を何というか。

よく出る (5) 『史記』や『漢書』で採用されている著述方式を何というか。

4 次の文の空欄に適切な語句を補充しなさい。

[よく出る] (1) 有力豪族の曹操の子である[㋐](文帝)は，後漢を滅ぼし，[㋑]を都に魏を建国した。

(2) 魏の建国に対して，劉備は四川の[㋐]を都に蜀を，江南を支配する孫権は建業を都に[㋑]を建国した。

[発展] (3) 魏の臣下の[㋐]が帝位を奪って建国した晋(西晋)は，全国に封じた一族の諸王が起こした[㋑]の乱を平定するため，異民族を動員した。

[発展] (4) 侵入した匈奴によって晋の都洛陽が占領されると，晋の王族の[㋐]は南の[㋑](もとの建業，現在の南京)に都をおいた。

(5) 五胡十六国時代に華北で勢力を拡大した匈奴，羯，鮮卑，氐，羌のうち，[㋐]は強大化し，北魏を建てた。北魏の[㋑]帝は前439年に華北を統一した。

5 次の問いの答えとして適切なものを選択肢から答えなさい。

[よく出る] (1) 北魏の孝文帝の時代に整備された土地制度として適切なものを選びなさい。

㋐限田策　㋑占田法・課田法　㋒土断法　㋓均田制

[発展] (2) 北魏の孝文帝の時代の政策として適切でないものを選びなさい。

㋐平城から洛陽へ遷都した。　㋑鮮卑族固有の文化を禁止した。

㋒仏教を弾圧し道教を保護した。　㋓村落組織として三長制を整備した。

(3) 魏の時代に採用された官吏登用法として適切なものを選びなさい。

㋐郷挙里選　㋑九品中正　㋒科挙　㋓骨品制

(4) グプタ朝時代のインドに渡った東晋の僧として適切なものを選びなさい。

㋐法顕　㋑玄奘　㋒義浄　㋓仏図澄

(5) 東晋時代に活躍した「蘭亭序」の作者として適切なものを選びなさい。

㋐謝霊運　㋑王羲之　㋒陶淵明(陶潜)　㋓顧愷之

6 次の文章を読み，後の問いに答えなさい。

6世紀に中国を統一した隋は，江南と都の大興城を結ぶ[㋐]の建設による民衆への過重な負担や，[㋑]への遠征に失敗したことから反乱をまねき，統一から30年足らずで滅亡した。618年に唐が建国されると，第2代太宗[㋒]は東突厥と吐蕃を服属させ，第3代高宗は朝鮮半島の[㋓]や[㋑]を滅ぼして領土を拡大した。均田制と租庸調制が崩壊すると，府兵制は[㋔]制へ切り替えられ，周辺との境界の警備を任された節度使が力をつけた。8世紀後半には<u>両税法</u>を採用，財政危機に対して塩の専売制も始めていたが，王仙芝の反乱をきっかけに[㋕]の乱がおこり，これを契機として，唐は滅亡へと向かった。

(1) 文章中の空欄[㋐]～[㋕]に当てはまる語句を答えなさい。

[発展] (2) 下線部に関して，両税法の内容について説明しなさい。

MY BEST

Advanced World History

第 **3** 章

南アジアの統一国家と東南アジア世界の成立

1 | インド統一国家の変遷

　古代インドの統一国家の成立の背景には，バラモン教の権威やカースト制を否定する形で成立した仏教の寄与があった。古代インドの国家統一において仏教が果たした役割に注目しよう。

 これは東京国立美術館所蔵の仏像です。ブッダが造形されるようになるのはいつ頃からなのでしょうか。

 ヘレニズム文化の影響を受けて，1世紀ごろから造られ始めたそうだよ。

▲ガンダーラ美術の仏像

1 古代統一国家の成立

A ガンジス川流域の王国　前6世紀頃になると，北インドではいくつかの国々が対立するようになり，やがてガンジス川流域にコーサラ国と**マガダ国**が台頭した。その後，前5世紀になるとマガダ国はコーサラ国を併合して，ガンジス川流域の大部分を支配した。

B マウリヤ朝（前317頃〜前180頃）
前4世紀，ギリシア（マケドニア）の**アレクサンドロス大王**が西北インドに侵攻した。その撤退後の混乱に乗じて，**チャンドラグプタ王**がマガダ国の**ナンダ朝**を倒し，**マウリヤ朝**を開いた。彼は**パータリプトラ**を首都として，東はガンジス川流域の諸国を平定し，西はインダス川流域のギリシア（マケドニア）勢力を一掃して領土を拡大した。

▲マウリヤ朝の最大領域

C 最盛期　前3世紀半ばに在位した第3代**アショーカ王**は，インド南端をのぞく全インドを統一し，仏教を保護した。**ダルマ（法）**にもとづく政治を
🔖 KEY WORD

理想とした精神は勅令の形で，領内各地に設けた磨崖碑や石柱碑に刻まれた。

D 仏教の隆盛 アショーカ王は多くのストゥーパ(仏塔)を建立し，仏典の結集(第3回)を援助したと伝えられる。諸外国にも仏教の伝道者を派遣し，王子マヒンダが派遣されたというスリランカ(セイロン島)への布教は特に成功した。

2 クシャーナ朝と仏教の革新

A マウリヤ朝の崩壊 アショーカ王の死後，マウリヤ朝の統一はくずれ，バクトリアのギリシア人やイラン系遊牧民のサカ族，西アジアの**パルティア**などが相次いで西北インドに侵入した。

B クシャーナ朝の成立 大月氏に属していたイラン系のクシャーナ族は，１世紀に独立して**クシャーナ朝**を建て，西北インドに侵入した。**プルシャプラ**に都を置いたこの王朝は，２世紀頃の**カニシカ王**の治世に最盛期をむかえ，中央アジアからガンジス川中流域までを支配した。彼も厚く仏教を信じ，仏典の結集(第4回)が行われたと伝えられている。

C 仏教の革新 この頃の仏教の特徴は，自己の救済(解脱)を目的とする従来の仏教とは異なり，衆生の救済を主眼とする**菩薩信仰**にある。この新しい仏教を**大乗仏教**という。２〜３世紀頃の**ナーガールジュナ(竜樹)**は，大乗仏教の理論を確立した学者として知られる。

宗教名	内　容	伝播した地域
大乗仏教	自分も含め，衆生が皆で救われようとする。	主に中国・朝鮮・日本に広がり，北伝仏教ともよばれる。
上座部仏教(小乗仏教)	自分が悟ってから衆生を救おうとする。	スリランカや東南アジアに広がり，南伝仏教ともよばれる。

▲大乗仏教と上座部仏教(小乗仏教)

KEY WORD

ダルマ(法)
人々が守るべき規範のこと。古代インドでは道徳や正義，宗教，法律など広い意味に用いられた。

KEY WORD

ストゥーパ(仏塔)
ブッダの遺骨(仏舎利)を納めた塔。

KEY WORD

大乗仏教と菩薩信仰
菩薩とは本来，ブッダになりたいとの誓願をたてた修行中の者をいう。大乗仏教では衆生救済のために修行する者とされた。初期仏教が出家者中心であったのに対して，大乗仏教は在家の生活も認め，慈悲の実践を説いた。その世界観は諸民族の混在する西北インドで大いに支持された。上座部仏教の別名である小乗とは「小さい乗りもの」という意味で，大乗仏教側からの蔑称だった。

KEY PERSON

ナーガールジュナ(竜樹)
自己だけの悟り(解脱)ではなく，衆生の救いを説く。『中論』を著して大乗仏教の理論を確立した。

D ガンダーラ美術　従来，仏教徒はブッダを造形化することはなかった。しかし，大乗仏教の成立とヘレニズム文化の影響を受けて，プルシャプラを中心とするガンダーラ地方で仏像が作られるようになった。ギリシア彫刻の神像と共通性が見られるこの仏教美術は**ガンダーラ美術**とよばれ，大乗仏教とともにシルク゠ロードを通り，中央アジア・中国・朝鮮・日本に伝わった。

3 サータヴァーハナ朝

　南インドでは，前1世紀頃ドラヴィダ系の**サータヴァーハナ朝**(アーンドラ朝)がデカン高原一帯を支配した。都はプラティシュターナにおかれる。この王国は，ローマ帝国や東南アジア諸国と季節風を利用した**海上貿易**を行って繁栄した。特にローマへは香辛料や木綿・象牙(ぞうげ)が輸出され，陶器・ガラス・金貨が輸入された。

▲クシャーナ朝とサータヴァーハナ朝

POINT

マウリヤ朝とクシャーナ朝
- ☑ **マウリヤ朝**…**アショーカ王**のときに最盛期。仏教を保護して**ダルマ**による統治。
- ☑ **クシャーナ朝**…**カニシカ王**のときに最盛期。**大乗仏教**が普及し，**ガンダーラ美術**が成立。

この講のまとめ

古代インドの国家統一において，仏教はどのような役割を果たしたのだろうか？
- ☑ **仏教は保護されただけではなく，統治の理念として用いられた。**

2 | インド古典文化の成立

🔍 この講の着眼点

グプタ朝の時代には，ヘレニズムの影響を受けた仏教文化から，ヒンドゥー教の成立にともなって純インド的文化が見られるようになった。インドの古典文化には，どのようなものがあるのだろうか？

 これはシヴァ神の踊る像だよ。ヒンドゥー教の中でも特に人気の神なんだ。足元の小人は無知を象徴しているよ。

 ヒンドゥー教は多神教なので他にもたくさん神がいますよね。独特な信仰はいつ誕生したのでしょうか？

▲シヴァ神の踊る像

1 グプタ朝の成立

A グプタ朝の成立　クシャーナ朝は3世紀になると，**ササン朝**に圧迫されて衰えた。4世紀に入り，ガンジス川中流域に勢力を確立した**チャンドラグプタ1世**は**グプタ朝**を開き，都を**パータリプトラ**に置いて北インドを統一した。

B 最盛期　第3代**チャンドラグプタ2世**のときに領域が最大となった。この頃訪印した東晋の僧**法顕**が著した『**仏国記**』には，当時の繁栄の様子が描かれている。

▲グプタ朝

👤 KEY PERSON

法顕（ほっけん）

東晋の僧。399年に長安を出発。当時60歳過ぎだった。陸路でインド・スリランカにおもむき，412年に海路で帰国。

2 ヒンドゥー教

この時代には，**ヒンドゥー教**が広く民衆の間で信仰された。ヒンドゥー教はバラモン教と民間信仰が融合し，仏教の影響も加わって自然にできた宗教で，開祖も特定の教義や聖典もない。儀礼をとり行ったのはバラモンで，**シヴァ神**や

103

ヴィシュヌ神などが崇拝された。また，『マヌ法典』が完成したのもこの頃である。

3 インドの古典文化

A 文学 グプタ朝時代はインド古典文化の黄金期で，**サンスクリット文学**が栄えた。戯曲『シャクンタラー』の作者として有名な**カーリダーサ**が多くの傑作を残し，『**マハーバーラタ**』と『**ラーマーヤナ**』という二大叙事詩が現在の形に完成したのもこの頃である。

B 自然科学 医学・数学・天文学・暦法の発達も著しく，特に**十進法**と**ゼロの概念**は，のちのイスラーム自然科学を大いに発展させただけでなく，ヨーロッパ近代科学にも影響を与えた。

C グプタ様式 民衆の宗教としての仏教はしだいに衰えたが，仏教教義の研究はグプタ朝の時代に全盛期をむかえ，**ナーランダー僧院**がその中心であった。この頃のナーランダー僧院には，約1万人の留学生がいたという。仏教美術も頂点に達し，純インド的な**グプタ様式**として完成した。**アジャンター石窟寺院**や**エローラ石窟寺院**にその姿が見られる 。

4 ヴァルダナ朝の成立

A 国内の混乱 グプタ朝は5世紀後半には地方勢力が台頭して，国内が混乱した。さらに中央アジアの遊牧民族エフタルの侵攻を受けて衰退し，6世紀半ばに滅んだ。

B 古代北インド最後の統一王朝 606年に**ハルシャ王（戒日王）**が**ヴァルダナ朝**をおこして北インドの大部分を統一した。彼は中国の唐と使節を交換する一方で，国内の文芸や学術を保護して，ヒンドゥー文化の育成につとめた。また，仏教を信仰して，その保護につとめた。唐僧の**玄奘（三蔵法師）**がインドを訪れてナーランダー僧院で仏教を研究したのもこの頃である。ハル

シャ王の手厚いもてなしをうけた彼は，著書『大唐西域記』に当時のヴァルダナ朝の繁栄の様子を記した。都はカナウジにあった。

C **ヴァルダナ朝の終末** ハルシャ王の死後，ヴァルダナ朝は急速に衰退して崩壊し，北インドは分裂状態に。ヴァルダナ朝が盛衰した7世紀の様子は唐僧の義浄がシュリーヴィジャヤにて記した『南海寄帰内法伝』に残している。

5 ラージプート時代

8世紀から北インドでは，ラージプート（「王子」を意味するカースト集団）を称する勢力の支配する王国が乱立したことから，この時代を**ラージプート時代**という。そうした状況は，13世紀にイスラーム教徒によるデリー＝スルタン朝が誕生するまでつづいた。

6 南インドの諸王朝

ドラヴィダ系の人々が住む南インド地域では，独自の世界が成立した。9世紀以降に強大となった半島南部の**チョーラ朝**は，東南アジアのシュリーヴィジャヤに軍事遠征を行ったり，宋に使節を派遣するなど活発な動きを見せた。冒頭のシヴァ神の像は，11世紀頃にチョーラ朝で製作されたものである。

👓 **POINT**

グプタ朝とヴァルダナ朝

☑ **グプタ朝**は**チャンドラグプタ2世**のもとで最大領域に。**ヒンドゥー教**が普及する中，仏教はナーランダー僧院での教義研究が中心に。

☑ グプタ朝崩壊後は**ヴァルダナ朝**が成立。**ハルシャ王**（戒日王）の死後，北インドは分裂状況に。

🔍 **この講のまとめ**

インドの古典文化には，どのようなものがあるのだろうか？

☑ グプタ朝時代，バラモン教が民間信仰と結びつく。

☑ サンスクリット文学が生まれ，戯曲や叙事詩の傑作が生まれた。

☑ ナーランダー僧院は仏教を学ぶ多くの留学生を迎えた。

3 | 東南アジア世界の成立と発展

この講の着眼点

東南アジア世界は，さまざまな文明の影響と多様な地形，気候によって形成された。東南アジア古代文化の特色をその歴史から分析しよう。

カンボジアのアンコール゠ワットは，ヒンドゥー教寺院として造営され，のちに仏教寺院となったんだ。

南アジアと東アジアの両者の影響を受けながらも独自に発展した東南アジア世界を象徴する世界遺産ですね。

1 東南アジア古代文化の特色

現在のベトナム・ラオス・カンボジアのある半島をインドシナ半島とよぶが，この地域は文字通りインド文化とシナ（中国）文化が交錯した場所であった。

例えば，ドンソン文化とよばれる，前4世紀頃からベトナム北部で発展した**青銅器・鉄器文化**は，中国文化の影響で発展したことが明らかである。また1世紀末，現在のメコン川下流域に成立した東南アジア最古の国家**扶南（プノム）**は，インド文化の影響を受けていたことが知られている。また，扶南の外港と推定されるオケオの遺跡からはローマの金貨が発見されており，当時の東南アジア諸地域における交易圏の広さを物語る。東南アジアに成立した諸王朝の多くは，インド文化の影響のもと，**仏教**や**ヒンドゥー教**，**サンスクリット語**などを受け入れたが，ベトナム北部は地理的な関係で中国文化の影響が強かった。

2 カンボジア

1世紀末，メコン川の下流域に東南アジア最古の国家である**扶南（プノム）**が建国されたが，6世紀に入るとメコン川中流域に**クメール（カンボジア）**人の**真臘（カンボジア）**がおこり，やがて扶南を滅ぼした。カンボジアは一時分裂したが，9世紀に再統一され，**アンコール**に都を置いたことから**アンコール朝**(802頃～1432)とよばれている。ヒンドゥー文化の影響を受けたア

ンコール朝では，9世紀末から都城**アンコール゠トム**の建設が始まった。また，12世紀頃にはスールヤヴァルマン2世のもとで壮大なヒンドゥー寺院の**アンコール゠ワット**が造営されて繁栄したが，14世紀後半になるとタイに成立した**アユタヤ朝**の侵入で国力を消耗し，衰退していった。

▲真臘

▲アンコール朝

 POINT

カンボジア
☑ 1世紀末に**扶南**→6世紀に**真臘**（**カンボジア**）→9世紀に**アンコール朝**。

3 ベトナム

　ベトナム北部は，**秦**の**始皇帝**に続き，**前漢**の**武帝**の時代にも中国の支配を受けた。武帝はここに**交趾郡・日南郡**など9郡を設置したが，ベトナムの民衆はしばしば中国の支配に対する抵抗を試みた。その後も，唐王朝は現在のハノイに**安南都護府**を置いてベトナム北部を支配したが，11世紀にはハノイを都とするベトナム初の長期王朝である**李朝**（1009～1225）の**大越（ダイベト）国**が成立した。李朝は中国の諸制度を導入して国家体制を整えるとともに，たびたびベトナム南部の**チャンパー**に侵入した。しかし13世紀前半，李朝は外戚の陳氏に国を奪われ，**陳朝**（1225～1400）に取ってかわられた。3度にわたる**元**の侵入を撃退した陳朝のもとでは，仏教文化が栄え，中国の諸制度が導入されて国家は大いに繁栄した。この時代に，漢字を基にしたベトナムの文字，**字喃（チュノム）**が作られている。一方，ベトナム中部では，2世紀末に**チャム人**がチャンパー（2世紀末～17世紀）

⊕ PLUS α

後漢とベトナム
現在のユエ付近の日南郡は，166年に大秦王安敦（ローマ帝国のマルクス゠アウレリウス゠アントニヌスといわれる）の使者がやってきたことでも有名。現在のハノイ付近の交趾郡では，光武帝の時代の1世紀半ばにチュン（徴）姉妹による反乱が起こり，一時独立したこともある。

を建国し，東南アジア・西アジアと中国を結ぶ海上交易の中継地として発展した。中国の史書では，チャンパーはさまざまな名称で記載されており，漢代から唐代初期にかけて林邑，唐代中期には環王，唐代末期以降は占城といわれた。

POINT

ベトナム
☑ 中国の支配と影響→11世紀に李朝の大越（ダイベト）国成立
　　→13世紀に陳朝成立。

4 タイ

　7世紀頃，モン人による**ドヴァーラヴァティー**がチャオプラヤ（メナム）川下流域に成立し，**上座部仏教**を受け入れて繁栄した。やがて，モンゴルの侵入を契機に雲南周辺にいたタイ人が南下して，13世紀半ばにチャオプラヤ川中流域のスコータイに最初のタイ人国家である**スコータイ朝**（13〜15世紀）を建国した。スコータイ朝のもとでは上座部仏教が栄え，13世紀後半に出たラームカムヘーン王のときに全盛

▲13世紀の東南アジア

期をむかえて，マレー半島にまで勢力をのばした。しかし，その後は国威が振るわず，チャオプラヤ川中流域におこった**アユタヤ朝**に併合された。

POINT

タイ
☑ 7世紀にドヴァーラヴァティー→13世紀に**スコータイ朝**。

5 ビルマ（ミャンマー）

　9世紀まで，イラワディ川の下流域には，仏教を受け入れた**ピュー**（驃）人の国があった。このピューがしばしば**南詔**の攻撃を受けて衰退すると，11世紀には，ビルマ最初の統一王朝である**パガン朝**（1044〜1299）が成立した。パガン朝は

上座部仏教を受け入れ，**ビルマ文字**を作成したが，13 世紀末に元の侵入を受け
滅亡した。

 POINT

ビルマ
☑ 9 世紀頃までピュー→11 世紀に**パガン朝**成立。

6 インドネシア

　7 世紀半ば，スマトラ島のパレンバンを中心に**シュリーヴィジャヤ**(7〜
8 世紀)が成立し，**大乗仏教（だいじょう）**を受け入れた。7 世紀に唐僧の**義浄（ぎじょう）**がここに滞
在して『**南海寄帰内法伝（なんかいききないほうでん）**』を著したことは有名である。マラッカ海峡を支配し
たシュリーヴィジャヤ王国は，海上貿易の利権を握って発展し，中国の史書には，
室利仏逝（しつりぶっせい）という名で紹介されている。これを引き継いだ**三仏斉（さんぶつせい）**(10〜14 世紀)
が 10 世紀に全盛期をむかえた。一方，ジャワ島中部には，8 世紀半ば**シャイ
レンドラ朝**(8〜9 世紀頃)があった。この王朝では大乗仏教が栄え，有名な
仏教遺跡**ボロブドゥール**が造営されている。のちに，ジャワ島東部に成立し
た**ヒンドゥー教国**である**マジャパヒト王国**(1293〜1520 頃)が，14 世
紀にインドネシアのほぼ全域を影響下においた。

 POINT

インドネシア
☑ 7 世紀に**シュリーヴィジャヤ**(大乗仏教)→10 世紀に**三仏斉**
　→14 世紀に**マジャパヒト王国**(ヒンドゥー教)が繁栄。

🔍 **この講のまとめ**

東南アジア古代文化の特色はどのようなものだろうか？
☑ **古くから中国の文化とインドの文化の両者の影響を受けて発展した。**

定期テスト対策問題[3]

解答は p.494

1 次の文章を読み，後の問いに答えなさい。

[㋐]王はアレクサンドロス大王がインドから撤退した後に起こった混乱に乗じて，マガダ国のナンダ朝を倒し，マウリヤ朝を開いた。第3代の[㋑]王は南端をのぞく全インドを統一し，仏教を保護した。また1世紀にイラン系のクシャーナ朝がインドに侵入し，2世紀の[㋒]王の時代に最盛期をむかえた。3世紀にクシャーナ朝がササン朝に圧迫されて衰退すると，4世紀にチャンドラグプタ1世によってグプタ朝が建てられた。チャンドラグプタ2世の時代の繁栄の様子は，[㋓]の『仏国記(ぶっこくき)』に描かれている。グプタ朝が6世紀半ばに滅ぶと，7世紀初めに[㋔]王(戒日王)によってヴァルダナ朝が開かれた。この時代には唐僧の[㋕](三蔵法師)がインドを訪れ,『大唐西域記』を残している。

(1) 文章中の空欄[㋐]～[㋕]に当てはまる語句を答えなさい。

[発展] (2) 文章中の王朝のうち，都がパータリプトラにおかれた王朝として適切なものをすべて選びなさい。

㋐マウリヤ朝　㋑クシャーナ朝　㋒グプタ朝　㋓ヴァルダナ朝

2 古代インドの文化に関して，次の問いに答えなさい。

[よく出る] (1) 2～3世紀頃に，大乗仏教の理論を確立した学者は誰か。

(2) クシャーナ朝代に大乗仏教の成立とヘレニズム文化の影響を受けた，ギリシア彫刻の神像と共通性が見られる仏教美術を何というか。

[よく出る] (3) サンスクリット文学の二大叙事詩(じょじし)とよばれる作品をそれぞれ何というか。

3 次の問いの答えとして適切なものを選択肢から答えなさい。

[よく出る] (1) 現在のメコン川下流域に成立した東南アジア最古の国家を何というか。

㋐扶南(ふなん)　㋑真臘(しんろう)　㋒林邑(りんゆう)　㋓占城(せんじょう)

(2) スールヤヴァルマン2世によって建設されたヒンドゥー寺院を何というか。

㋐アンコール=ワット　㋑ボロブドゥール

㋒アンコール=トム　㋓ナーランダー僧院

(3) 13世紀半ばにチャオプラヤ川中流域に成立した最初のタイ人国家を何というか。

㋐アユタヤ朝　㋑スコータイ朝　㋒パガン朝　㋓シャイレンドラ朝

(4) 7世紀にシュリーヴィジャヤで義浄(ぎじょう)が著した作品を何というか。

㋐『南海寄帰内法伝(なんかいききないほうでん)』　㋑『中論』

㋒『仏国記(ぶっこくき)』　㋓『大唐西域記』

第 **4** 章　西アジアと古代地中海世界の展開

1 | アケメネス朝の興亡

オリエントを再統一したアケメネス朝は，広大な領域を支配し大帝国を成立させた。アケメネス朝の統治方法をアッシリアと比較しながらみていこう。

> ベヒストゥーン碑文には，支配地の諸民族から貢納を受ける皇帝の姿や楔形文字が刻まれているよ。

> さまざまな民族がいたにもかかわらず，広大な領域を統治することができたのはなぜなのでしょうか。

▲ベヒストゥーン碑文

1 アケメネス朝（ペルシア帝国）(前550〜前330)

A オリエントの再統一 イン

王の道は主なルートを掲載

▲アケメネス朝の最大領域

ド＝ヨーロッパ語系のペルシア(イラン)人は，**メディア**の支配下にあったが，**キュロス2世**がメディアを滅ぼして自立(前550)。さらに，リディア・新バビロニアを征服し，ユダヤ人をバビロン捕囚から解放した。次の**カンビュセス2世**がエジプトを征服して(前525)，全オリエントを再び統一した。**ダレイオス(ダリウス)1世**(在位前522〜前486)の時代には最盛期をむかえ，東はインダス川，西はエーゲ海北岸に至る大帝国となった。

B 国内統治 ダレイオス1世は，全国を約20の**州(サトラピー)**に分け，各州に**サトラップ**(知事)とこれを監視する「**王の目・王の耳**」を派遣した。また**王の道**と駅伝制を整備し，金・銀貨を鋳造して税制を整える一方，フェニキア人の海上交易やアラム人の陸上交易を保護した。また，ユダヤ人を解放したことなど異民族に寛大な統治を行った。これは，圧政でもって多民族統治を行った，アッシリアの失敗に学んだものである。

C **ギリシアとの戦い**　ダレイオス１世とクセルクセス１世による**ギリシア遠征（ペルシア戦争）**は成功しなかったが，前330年に**アレクサンドロス大王**の遠征軍に滅ぼされるまでアケメネス朝の支配は続いた。

D **文化・宗教**　**ペルシア語**，**アラム語**などを公用語とし，**楔形文字**（くさびがた）を表音化した**ペルシア文字**を使用した。また，ゾロアスター教（拝火教（はいか））を奨励した。冒頭の写真にあるベヒストゥーン碑文にはこの教えに登場する善神アフラ＝マズダの姿がみられる。ローリンソンが楔形文字の解読に用いたことでも有名。

🔑 KEY WORD

ゾロアスター教

世界を善神アフラ＝マズダと悪神アンラ＝マンユ（アーリマン）の対立ととらえる，古代ペルシアの宗教。前７世紀頃ゾロアスターがひらいたとされる。教典は『アヴェスター』。中国で祆教（けん）とよばれるほか，その特徴から拝火教とも呼ばれる。

👨‍🏫 POINT

アケメネス朝
☑ 異民族に寛大な統治を行った。
☑ 各州に**サトラップ**（知事），「**王の目・王の耳**」をおく。

🔍 この講のまとめ

前６世紀半ばに成立したイラン人の帝国アケメネス朝の統治方法とは？
☑ **アッシリアとは対照的**に，異民族に対して寛容な政治を行う。
☑ フェニキア人の海上交易やアラム人の陸上交易を保護するなど，帝国内での交易を推奨。

2 | 古代イラン地域の諸王朝

🔍 この講の着眼点

古代イラン地域では，アレクサンドロス大王によってアケメネス朝が滅ぼされた後も，諸国家が興亡した。遠く離れた東アジアにもその影響がみられるイラン諸国家の政治と文化を見ていこう。

 この頃のアジア文化には，どことなく異国の雰囲気を感じます。

 シルクロードを経由して東アジアにもイランの文化が伝わってきたことを象徴するものだね。

1 セレウコス朝（前312〜前64）

Ａ **成立**　アレクサンドロス大王の死後におこったディアドコイ（後継者）の争いののち，アレクサンドロスの帝国のアジア部分を支配した。シリアのヘレニズム国家（ギリシア系国家の意）である。

Ｂ **衰退**　前3世紀半ばに，アム川上流でギリシア人が**バクトリア**を建てて自立。また，遊牧イラン人も**パルティア**（安息）を建て自立したため，領土が縮小した。首都は初めティグリス河畔の**セレウキア**，のちに古代シリアの**アンティオキア**へ遷都。

2 パルティア（アルサケス朝）（前248頃〜後224）

Ａ **独立**　イラン系遊牧民のパルティア人が，セレウコス朝より独立。

Ｂ **発展**　ミトラダテス1世（前2世紀半ば）が旧セレウコス朝領の大部分を征服。**クテシフォン**を造営。またミトラダテス2世は「絹の道（シルク゠ロード）」

▲パルティアの領域

の西半分をおさえて中継貿易で繁栄した。中国の絹をローマに輸出。中国名は「安息」。中国の漢と同時期に繁栄し，約400年間つづいた。

C **ローマとの抗争**　セレウコス朝の滅亡後は，ローマ帝国と国境を接して争い，衰退した。

D **滅亡**　イラン系農耕民が独立してできた**ササン朝**に滅ぼされた（後224）。

E **文化**　初期は**ギリシア系ヘレニズム文化**が中心。またアケメネス朝以来の**ゾロアスター教**の影響でイラン文明を復興し，ササン朝に伝えた。

👨‍🏫 **POINT**

パルティア
☑ イラン系遊牧民が建国，初めギリシア系ヘレニズム文化，のちにイラン文明を復興。

---

3 **ササン朝**（224〜651）

A **建国**　イラン高原とペルシア湾にはさまれたペルシス地方のイラン系農耕民がパルティアから独立。**アルデシール1世**が国家を統一した。

B **発展**　**シャープール1世**（3世紀半ば）の時代に西はシリアに遠征し，ロー

▲ササン朝の領域

マ皇帝**ウァレリアヌス**を捕え，東は**クシャーナ朝**の領土の大半を奪って衰退に追い込んだ。**ホスロー1世**（在位531〜579）のときに西では**ユスティニアヌス帝代**の**ビザンツ（東ローマ）帝国**と戦い，東では突厥と同盟して**エフタル**を滅ぼした。また「**絹の道（シルク＝ロード）**」の西半分をおさえ，中継貿易で繁栄した。

C **滅亡**　**ニハーヴァンドの戦い**（642）でイスラームに敗れ，まもなく征服された。

115

4 イラン文明

A 国際性ゆたかな文明 伝統的なイラン文明に，ギリシア・インド・中国などの東西文明が融合した。

B ササン朝様式 銀器・銅器・ガラス器・織物などの美術工芸は，各地に影響を与えた。

C 宗教 ササン朝の国教はゾロアスター教，教典は『**アヴェスター**』。**仏教**，**キリスト教**を融合した**マニ教**が創始されたが，のちに弾圧された。

KEY WORD

マニ教

マニ(216年頃〜277)がササン朝統治下の3世紀に創始した。西方ではローマ帝国の北アフリカ，東方では中央アジアから唐代の中国にも伝わった。キリスト教の教父アウグスティヌスも青年期にマニ教の影響を受けたことを『告白録』に記している。

5 東西の貿易路

絹の道（シルク゠ロード）に沿って，西は東ローマ，東は中央アジア，中国と通交し，日本の飛鳥・天平文化にも影響を与えた。

POINT

ササン朝
- ☑ イラン系農耕民が建国し，**ゾロアスター教**を国教とする。
- ☑ 絹の道（シルク゠ロード）に沿って，東西の文化に影響を及ぼす。

この講のまとめ

アケメネス朝以後のイラン諸国家にはどんなものがあるのだろうか？
- ☑ ギリシア系のセレウコス朝からイラン系遊牧民のパルティアが独立。
- ☑ パルティアからイラン系農耕民のササン朝が独立，広域を支配。
  国教はゾロアスター教。マニ教も創始されるが，のちに弾圧。

3 | ポリスの成立とアテネの民主政

🔍 この講の着眼点

エーゲ文明が「海の民」の登場とともに衰退したあと，ギリシア世界にはどのような文明が成立しただろうか？

古代ギリシアを代表するポリス，アテネの民主政は，ペルシア戦争を経て完成にいたったといわれますね。

戦争への参加という義務を果たすことで，市民の間に政治に参加することへの要求が高まったんだ。

1 暗黒時代（前12〜前8世紀）

ミケーネ文明が崩壊し，**線文字B**は使用されなくなった。また前1200年頃には鉄器を使用するドーリア人が南下し，その後400年ほど混乱の時代がつづく。こうした混乱の中でギリシア人は方言のちがいから**アカイア人**，**アイオリス人**，**イオニア人**，**ドーリア人**などに分かれていった。

前8世紀頃の方言区分による各種族の居住地
▒ アカイア人　▒ アイオリス人　▒ イオニア人
▒ ドーリア人　■ 北西ギリシア人

▲ギリシア人の南下と居住地

2 ポリスの成立

前8世紀頃になると有力者が村々を統合したり，重要な土地に住民を移住させたりした。こうした**集住（シノイキスモス）**によって**ポリス（都市国家）**が形成されていった。

3 ポリスの性格

🅰 **ポリス（都市国家）** 独立の政治単位で，その面積は小さく，ギリシア内には1000以上のポリスが分立して，統一国家は形成されなかった。

🅑 同胞意識　ギリシア人は自らを**ヘレネス**，異民族を**バルバロイ**とよんで区別した。ポリス同士の対立は多かったが，**デルフォイ（デルフィ）**の神託（しんたく）を尊重し，**オリンピア**での祭典（競技会）に参加するなど同胞意識ももっていた。

🅒 **ポリスの政治**　神殿のある**アクロポリス（城山）**を中心に行われ，そのふもとには**アゴラ（広場）**があった。ポリスは中心都市とその周囲の村落から形成されていた。市民には貴族と平民の区別があり，いずれも奴隷を所有したが，貴族はより多くの**クレーロス（持ち分地）**を所有し，軍事や政治を主導した。

POINT

ポリスの形成
☑ **集住（シノイキスモス）→アクロポリスとアゴラ。**

4 植民活動

　前8世紀半ば頃から，人口増加などにより，多くのポリスは地中海や黒海の沿岸に植民市を建設するようになり，貿易や商工業が活発になった。

　前7世紀に小アジアの**リディア**で貨幣が使われるようになり，これがギリシアにも広まると，商工業はさらに発展した。商業の発達により，債務を負う者も出たが，富裕な平民も現れた。工業の発達によって武具が安くなり，平民でも買うことができるようになると，平民は**重装歩兵**（じゅうそうほへい）の密集隊（ファランクス）として戦争に参加した。その結果，彼らは政治的発言力をもち，参政権も要求するようになっていった。

5 スパルタ

🅐 **スパルタの成立**　ドーリア人が先住民を征服してできたポリスを指す。１万人足らずのドーリア人は**スパルティアタイ（完全市民）**であり，少数派である彼らは**ペリオイコイ**（従軍義務のある周辺民）や**ヘイロータイ（ヘロット，**奴隷身分）を支配するため，厳しい軍国主義体制をとり，鎖国政策をとった。

🅑 **スパルタの政治**　スパルタの子供は，厳しいスパルタ教育により軍人として育てられた。こうした独特の軍国主義体制は，スパルタの古い立法家といわ

れる人物の名をとって，**リュクルゴスの国制**といわれる。

POINT

スパルタの特徴
☑ ドーリア人のポリス，**リュクルゴスの国制**。

6 アテネの起源

　イオニア人がアッティカ地方に建てたポリス。守護神は**アテナ女神**。前８世紀頃，**王政**から**貴族政**に移行し，貴族出身の**アルコン**（執政官）が統治した。

7 アテネ民主政の発達

　商工業の発展にともない政治的発言力を強めた平民は貴族に対して参政権を求め，両者は対立したが，しだいに民主化がすすんでいった。

Ａ **ドラコンの立法**　前７世紀後半，**ドラコン**が従来の慣習法を初めて成文化した。法が公開されたことは貴族の横暴を制限するのに役立った。

Ｂ **ソロンの改革（前 594）**　アルコンに選ばれた**ソロン**が，貴族と平民の調停のために行った改革。市民の負った負債の帳消しと債務奴隷の禁止，財産政治などによって調停をめざしたが成功しなかった。

Ｃ **ペイシストラトスの僭主政治**　前 561 年以降，３回にわたって僭主となった**ペイシストラトス**は，平民・農民と結んで武力を背景に貴族をおさえ，**僭主政治**を行った。この政治は**武断政治**ではあったが，彼は貧民に土地を分配し，農民を保護した。

Ｄ **クレイステネスの改革（前 508 頃）**　古来の血縁的な**４部族制**を廃止し，区（デーモス）にもとづく 10 の部族に編成し直して，貴族政の地盤を弱めた。また僭主の出現を防ぐために，**陶片追放（オストラキスモス）**の制度を設けた。これらの改革によって，**民主政治**の基礎は築かれた。

⊕ PLUS α

アテネの民主政の歩み
債務奴隷とは身体を抵当に借りた金の返済ができなくなり奴隷身分となった者を指す。ソロンは市民の奴隷化を防ぐためにこれを禁止した。またソロンは，財産の多さによって市民を４級に分け，階級に応じて参政権を与えた。

🖋 KEY WORD

陶片追放（オストラキスモス）の制度
市民が僭主になる恐れのある者の名を陶片（オストラコン）に書き，投票総数 6000 票以上になったとき，最多得票者を 10 年間国外に追放する制度。

8 ペルシア戦争（前500〜前449）

A 原因 東方の大帝国**アケメネス朝**が前6世紀後半にリディアを倒し、**イオニア植民市**を支配下に入れた。**ミレトス**を中心とするイオニア植民市はアケメネス朝に対して反乱を起こし、これを**アテネ**が支援したため、アケメネス朝のダレイオス1世はギリシア本土へ遠征した。

B 経過 アケメネス朝軍は、ギリシア北部のトラキアに侵入（前492）。ギリシア本土に上陸したアケメネス朝軍を、アテネ軍が**マラトンの戦い**で破る（前490）。一方

▲ペルシア戦争の地図

でペルシア王**クセルクセス1世**は大軍を率いてテルモピレーの戦いに勝ち（前480）、アテネに侵入した。しかし、**テミストクレス**が率いるアテネ艦隊を中心とするギリシア側は、**サラミスの海戦**でアケメネス朝軍を破り（前480）、翌年の**プラタイアの戦い**でギリシアの勝利が決定した。前449年のカリアスの和約で戦争は終結したが、その後もアケメネス朝はポリス間の対立を利用し、外交的にギリシアに介入した。

C 意義 ギリシア人は、東方の専制帝国の遠征からポリスの自由と独立を守った。アテネでは軍艦のこぎ手として活躍した無産市民も参政権を得て、この戦争後に民主政の最盛期をむかえた。

9 アテネの繁栄

ペルシア戦争後、すべての**18歳以上の成年男子市民**が参加する民会（みんかい）が政治の最高機関となり、将軍職などを除いてほとんどの官職は市民の希望者の中から抽選（ちゅうせん）で選ばれた。特に**ペリクレス**が将軍職についてアテネの政治を指導したペリクレス時代（前443〜前429）は、古代民主政の最盛期であった。しかし、それは奴隷制（どれい）の上に立脚した民主政であった。

10 デロス同盟

アテネを中心とする200近いポリスは、ペルシアの再来に備えて**デロス同**

盟（前478頃〜前404）という軍事同盟を結成。これに加盟するポリスは，軍艦・人員または軍資金を負担した。デロス同盟の金庫がデロス島からアテネに移されると，アテネの支配がより強まり，加盟ポリスにアテネ式の民主主義を強要。アテネは同盟の資金を流用して，ペルシア戦争で破壊された町を再建した。ペリクレスの友人の彫刻家フェイディアスによってパルテノン神殿の再建も行われた。

▲アテネの民主政

POINT

アテネ
- ☑ イオニア人のポリス，アッティカ地方に建国，王政から貴族政へ。
- ☑ **アテネの政治**…**ドラコン**の立法→**ソロン**の改革（財産政治）→**ペイシストラトス**の僭主政治→**クレイステネス**の改革（**陶片追放**）。
- ☑ ペルシア戦争→将軍**ペリクレス**の指導。

この講のまとめ

暗黒時代を経て，ギリシア世界にはどのような文明が成立したのだろうか？
- ☑ 前8世紀頃から各地にポリスが成立。
- ☑ イオニア人のアテネでは民主政に向けた諸改革が行われる。
- ☑ ペルシア戦争への従軍により無産市民の政治参加が達成され，民主政が完成。
- ☑ アテネの民主政は，奴隷制によって支えられていた。

4 | アレクサンドロスの帝国

この講の着眼点

民主政と強大な海軍力で栄華を極めたアテネはなぜ没落していったのだろうか？　ポリスによるギリシア世界がアレクサンドロス大王によって大帝国の中に組み込まれていく過程を整理しよう。

北方の後進国であったマケドニアが,アテネなどの強大なポリスを次々に征服することができたのはなぜでしょうか。

マケドニアの王フィリッポス2世が, かつてテーベの人質だった頃にその斜方戦陣を学んで,マケドニアの戦術に応用したからだよ。

1 ペロポネソス戦争（前431〜前404）

A　アテネとスパルタの対立　**デロス同盟**を中心とするアテネの繁栄に対して, **スパルタ**は反感をもった。やがてスパルタが率いる**ペロポネソス同盟**とデロス同盟との間で**ペロポネソス戦争**が起こり, ギリシアの諸ポリスはこの2大陣営に分かれて戦った。

B　アテネの衰退　アテネは海軍力では勝っていたが, 疫病の流行で人口の多くが失われ, **ペリクレス**も死亡。戦争は長期化し, アケメネス朝（ペルシア）の援助をうけたペロポネソス同盟が勝利した。

2 ポリスの衰退

ペリクレスの死後, アテネでは**扇動政治家（デマゴーゴス）**のもとで**衆愚政治**に陥り, **民主政**は堕落した。やがてギリシア中部の**テーベ（テーバイ）**が**レウクトラの戦い**（前371年）で**スパルタ**を破って覇権をにぎった。各ポリスは抗争の中で農地が荒れ, 人口も減少。没落市民が増えて重装歩兵が機能しなくなり, 傭兵が一般化した。市民が自らのポリスを自ら守る原則がくずれて市民意識が薄れ, ポリスは内部から衰退していった。

３ マケドニアの台頭

　ペロポネソス戦争後，ギリシアのポリスは衰えていったが，北方の王国**マケドニア**は発展した。特に**フィリッポス（フィリップ）２世**（在位前359〜前336）は金山経営や軍制改革により国力を強化し，前338年の**カイロネイアの戦い**で**テーベ・アテネ連合軍**を破り全ギリシアを統一した。また彼は**コリントス同盟**（ヘラス同盟）をスパルタをのぞく全ポリスの参加で作らせ，実質的に同盟を支配した。

４ アレクサンドロスと東方遠征

　フィリッポス２世の子，**アレクサンドロス（アレクサンダー）大王**（在位前336〜前323）は，マケドニア・ギリシアの連合軍を率い，ギリシアに干渉をつづけるアケメネス朝の討伐のために**東方遠征**（前334〜前324）を行った。遠征中，**イッソスの戦い**（前333），**アルベラ（ガウガメラ）の戦い**（前331）を経て，ダレイオス３世治政下のアケメネス朝を滅ぼし（前330），ギリシア，エジプトからインダス川に達する大帝国を作りあげた。大王は各地に，彼の名をとった都市**アレクサンドリア**を建設し，オリエント風の専制君主として臨んだ。また，ギリシア人を東方に移住させたことで，ギリシア文化が東方に伝わって東西の文化が融合し，**ヘレニズム文化**が生まれた。

左がアレクサンドロス大王，右がアケメネス朝のダレイオス３世。ポンペイの壁画（部分）より。
▲イッソスの戦い

⊕ PLUS α

ヘレニズム時代とコスモポリタニズム

東方遠征から，プトレマイオス朝がローマに滅ぼされる（前30）までの約300年間をヘレニズム時代という。東西の文化の融合がヘレニズム時代の特徴であり，これを促したのがアレクサンドロス大王のコスモポリタニズムであった。アレクサンドロス大王は，兵士をペルシア人女性と結婚させ，自らもダレイオス３世の娘と結婚して東西の融合をはかった。ギリシア語やギリシア文化が各地に広がっていったが，ヘレニズム時代300年間のうちに，経済・文化の中心は東方に移動してギリシア本土の大半は衰えた。

▲アレクサンドロスの東方遠征と帝国の領域

5 帝国の分裂

　アレクサンドロス大王が32歳で熱病により急死すると，配下の部将たちが**ディアドコイ**（後継者）と称して対立し，帝国は**プトレマイオス朝**（プトレマイオス朝エジプト），**セレウコス朝**（セレウコス朝シリア），**アンティゴノス朝**（アンティゴノス朝マケドニア）（この3国はいずれも専制国家）などに分裂した。プトレマイオス朝は3国のうち最も栄え，その首都**アレクサンドリア**はヘレニズム世界の中心地となった。しかし3国ともローマ帝国に滅ぼされた。

▲ヘレニズム時代の3王朝

POINT

ポリスの衰退からヘレニズム時代へ
- ☑ **ペロポネソス戦争**→衆愚政治やポリス間の抗争→マケドニアの台頭→**アレクサンドロス大王**の東方遠征。
- ☑ 大王の死後，帝国分裂→**プトレマイオス朝，セレウコス朝，アンティゴノス朝。**

この講のまとめ

アテネはなぜ没落し，マケドニアはどのように大帝国を築いたのだろうか？
- ☑ ポリス間の覇権をめぐり長期化するペロポネソス戦争の中で，アテネが没落。
- ☑ 北方のマケドニアが軍事力を背景に台頭し，ポリス間の同盟を支配。アケメネス朝撃破のために東方へ遠征，大帝国を築く。

5 | ギリシアとヘレニズムの文化

🔍 **この講の着眼点**

　古代ギリシアの自由で人間中心的な文化は，時を超えて近代のヨーロッパに大きく影響を与えた。ギリシア文化とヘレニズム文化の特徴とはどのようなものか分析してみよう。

古代ギリシアでは，哲学，自然科学，文学や彫刻といった芸術など，洗練された高度な文化が多く生まれていますね。

人間の自由を重んじた社会的背景はもちろんのこと，奴隷制によって市民が得られた余暇の存在も文化の発展に大きく影響したんだ。

1 ギリシア文化の性格

　ギリシア文化はポリスという共同体を基盤とした文化であった。ポリスは人間の自由を重んじたがゆえに明るく，人間中心の現世的な文化であった。ギリシア人の宗教は**オリンポス12神**を中心とした**多神教**であった。そこに登場する神々は喜怒哀楽（きどあい）の人間的な感情をもっていたが，一方で人間の理性を重んじ，合理主義の精神も備えていた。

> 🔑 **KEY WORD**
>
> **オリンポス12神**
> 主神ゼウスやアポロン（太陽神），アフロディテ（美の女神），アレス（軍神）などが有名。ほかに，ヘラ，ポセイドン，デメテル，ヘスティア，アルテミス，アテナ，ヘルメス，ヘファイストスがいる。

2 文学

A 叙事詩（じょじし）　ポリスの形成期，**ホメロス**（前8世紀）は二大叙事詩『**イリアス**』と『**オデュッセイア**』，**ヘシオドス**は（前700頃）『**労働（仕事）と日々**』と『**神統記**（しんとうき）』を著した。

B 叙情詩（じょじょうし）　貴族政から民主政への移行期である前7世紀頃から，人々は個性にめざめ，感情を表現する叙情詩がさかんとなり，女流詩人サッフォーが出た。

C 演劇　民主政の発展期にギリシア文化は最盛期をむかえた。前5世紀のア

テネでは三大悲劇詩人**アイスキュロス**（代表作『アガメムノン』），**ソフォクレス**（代表作『オイディプス王』），**エウリピデス**（代表作『メデイア』）が出た。また喜劇詩人の**アリストファネス**は，ソクラテスを風刺した『雲』やアテネの政治の混乱を鋭く風刺する『女の議会』，ペロポネソス戦争への反戦を主題とした『女の平和』を著した。

3 歴史学

　ヘロドトスは，『**歴史**』でペルシア戦争の歴史を物語風に叙述した。同じ題名の『**歴史**』でも，**トゥキディデス**は，厳密な史料批判からペロポネソス戦争の歴史を記述した。2人はともに歴史記述の祖とよばれた。

4 哲学

Ⓐ **自然哲学**　前6世紀初め頃からミレトスを中心とするイオニア植民市に自然哲学がおこった。万物の根源を，**タレスは水，ピタゴラスは数，ヘラクレイトスは火，デモクリトスは原子**であると説いた。この間，医学の父とよばれる**ヒッポクラテス**は解剖を基礎に科学的分析を行い，医学を発達させた。

Ⓑ **ソフィスト**　自然哲学は自然を対象に合理的考察を行ったが，民主政の発達とともに哲学の対象は人間や社会に移った。民主政のもとで重要となった弁論術を教えたのが**ソフィスト**とよばれる職業教師である。その代表者プロタゴラスは「万物の尺度は人間」ということばを残した。ソフィストは客観的真理の存在を否定し，詭弁術を追求するようになっていった。

Ⓒ **三大哲学者**　ソフィストに対抗して，自己の無知を自覚し，対話を通じて絶対的真理を見出そうとしたのが**ソクラテス**である。ソクラテスは誤解されて刑死したが，弟子の**プラトン**は現象世界の背後に理想的なイデアの世界を考える哲学を展開し，哲学者による政治（**哲人政治**）を理想とした。プラトンの弟子の**アリストテレス**は古代哲学を総合し，分析的な手法で学問の総合的体系を作りあげた。この3人の哲学は，後世に大きな影響を及ぼした。

アリストテレス
[前384〜前322]
プラトンのアカデメイアで学んだあと，マケドニアのフィリッポス2世に招かれて10代のアレクサンドロスの家庭教師となり，政治学・論理学などを教えた。その後アテネに学園リュケイオンを開き，諸学に業績を残したことから「万学の祖」とよばれる。

⑤ 美術

　彫刻で**フェイディアス**や**プラクシテレス**らが活躍した。建築では**ドーリア式**，**イオニア式**，**コリント式**という３つの様式が現れた。

⑥ ヘレニズム文化

Ⓐ **世界市民主義**　ポリス中心的なギリシア文化に対し，ヘレニズム文化はポリスの枠を越えた世界的文化である。自己を世界の一員とみなす**世界市民主義**(コスモポリタニズム)とともに個人主義の風潮が現れ，個人の心の安定を追求する哲学がさかんになった。

Ⓑ **ヘレニズム哲学**　**エピクロス**が始めた**エピクロス派**は，持続的な精神的快楽を最高善とした。**ゼノン**が始めた**ストア派**は，理性によって禁欲することで幸福を追求しようとした。

Ⓒ **ヘレニズム文化の発展**　ギリシア語が共通語(コイネー)として用いられた。アレクサンドリアの**ムセイオン**(王立研究所)を中心に自然科学が栄え，『幾何学原本』で平面幾何学を大成した**エウクレイデス**(ユークリッド)，浮体の原理など数多くの物理学・数学の諸原理を発見した**アルキメデス**，地球を球体と考えて子午線の長さをはかった**エラトステネス**，太陽中心説を唱えた**アリスタルコス**らが出た。美術では「**ミロのヴィーナス**」，「**ラオコーン**」などの作品が有名である。

🔍 **この講のまとめ**

　近代にも影響を与えた，古代ギリシア文化・ヘレニズム文化の特徴とは？

- ☑ ギリシア文化は，ポリスを基盤とした自由で人間中心的な文化だが，理性を重んじた合理主義の一面も。
- ☑ ヘレニズム文化は，世界市民主義が特徴で，自然科学の分野に大きな業績を残した。

6 | ローマの共和政

古代ローマでは共和政がとられたが，その歩みは，アテネの民主政とは違っていた。ローマの政治体制の変遷を考察してみよう。

> ギリシアのポリスと都市国家ローマの成立はほぼ同時期ですね。

> 早いうちから共和政に移行したローマだが，アテネのような民主政にはならなかったんだ。

1 都市国家ローマ

前8世紀にイタリア人の一派のラテン人がティベル河畔（かはん）に建てた都市国家ローマは，民族系統不明の**エトルリア人**の支配をうけたが，前6世紀末にエトルリア人の王を追放して共和政に移行した。

共和政のもとでは**貴族**（パトリキ）が実権をにぎり，貴族から選ばれた2名の**コンスル**（執政官，統領）が任期1年で行政・軍事を担当した。非常時には任期半年のディクタトル（独裁官）が置かれることもあった。また，貴族から300人の議員が終身職として選ばれて，**元老院**を構成し，政治の実権をにぎっていた。

2 身分闘争

貴族中心の政治に対して，中小農民を中心とする**平民**（プレブス）は**身分闘争**を行った。平民は当時，**重装歩兵**として戦闘で貢献するようになったにもかかわらず，参政権などが認められていないことに不満をもっていた。身分闘争によって，以下のような経過で平民の権利が認められていった。

①前494年…貴族と対立した平民がたてこもった**聖山事件**ののち**護民官**（ごみんかん）が設置され，前472年には平民のみで構成される**平民会**も設置された。

②前450年頃…ローマ最古の成文法である**十二表法**が制定され，貴族による慣習法の独占が解消された。

③前367年…**リキニウス・セクスティウス法**を制定。護民官**リキニウス**

と**セクスティウス**が提案。コンスル２人のうち１人は平民から選ぶこと，公有地の占有は１人500ユゲラ（約125ヘクタール）までに制限することが定められる。

④前287年…**ホルテンシウス法**を制定。平民会の決議は**元老院**の承認を経ずに，国法となることが認められる。この法により，平民は貴族と同じ政治上の権利を得て，身分闘争は終わった。しかし，ローマでは貴族と平民上層部が**新貴族**（ノビレス）を形成して政治を動かしていく体制が生まれ，元老院の力が強く，ギリシアのポリスのような徹底した民主政にはならなかった。

3 イタリア半島の統一

都市国家ローマは周辺都市の征服をすすめ，イタリア半島中部のサムニウム人を制圧し，前272年にはギリシアの植民市**タレントゥム**を征服して半島を統一した。征服した諸都市は植民市，自治市，同盟市に分けられ，市民権と義務に差をつける**分割統治**で巧妙に支配された。またローマと支配地の間には，アッピア街道のような軍道がしかれた。

ローマ領
　　前500頃
　　前326頃
　　前281頃
　　前264頃
　　　（ポエニ戦争前）

▲ローマによるイタリア半島の統一

4 ポエニ戦争（前264〜前146）

半島を統一したローマは，地中海貿易で栄えたフェニキア人の植民市**カルタゴ**と，３回にわたる**ポエニ戦争**を行った。

Ⓐ **第１回ポエニ戦争（前264〜前241）** 当時，穀物生産地であるシチリア島の支配をめぐって両者がぶつかり，勝ったローマは**シチリア**を初の**属州**とした。

Ⓑ **第２回ポエニ戦争（前218〜前201）** カルタゴの名将**ハンニバル**は**カンネーの戦い**でローマ軍を破り，ローマは危機に陥ったが，**スキピオ**が率いるローマ軍がカルタゴを攻め，**ザマの戦い**でハンニバルを破った。カルタゴと同盟を結んだマケドニアと戦ったのもこの時期である。

Ⓒ **第３回ポエニ戦争（前149〜前146）** ローマがカルタゴを完全に滅ぼした。ポエニ戦争と並行して，ローマは地中海東部のマケドニア・ギリシアの征服もすすめ，前２世紀半ばに地中海はほぼローマの内海となった。

5 対外発展による社会変動

　対外的な発展により，次のような社会変動がおきた。

①貴族だけでなく，**騎士**(エクイテス)も属州統治などで富を増やした。

②重装歩兵として活躍してきた中小農民は，長期の従軍や戦争による耕地の荒廃，属州からの安価な穀物の流入，奴隷制に立脚した大土地所有制(**ラティフンディア**)の発達などによって没落した。彼らは無産市民となって大都市に流れ，パン(食物)と見せ物(娯楽)を要求した。有権者である彼らにこれらを与えて庇護民とし，票をあやつる政治家もいた。中小農民の没落により市民皆兵の原則はくずれ，ローマの軍事力は弱体化した。

③有力者は没落した農民の土地を集めてラティフンディア(ラティフンディウム)を経営し，利益をあげた。奴隷を労働力としてオリーブやブドウの栽培を行った。

④被征服地の住人はラティフンディアの奴隷となり，**奴隷制**が最盛期となる。

6 内乱の一世紀

A グラックス兄弟の改革(前133，前123・前122)　社会変動による危機に対し，グラックス兄弟はローマ社会の再建のため貴族の大土地所有を制限し，自作農を創出しようとしたが，元老院などの反対により失敗した。

B 平民派と閥族派の対立　市民皆兵の原則がくずれ，**無産市民**を傭兵とする軍隊にかわると，政治家が傭兵を私兵化するようになった。有力者は平民派(民衆派)と閥族派に分かれて対立し，私兵化した軍隊を使って戦争を行ったり，独裁や権力闘争を行うようになった。そのような人物に平民派の**マリウス**と閥族派の**スラ**がいる。平民派は民会を基盤とした人々であり，閥族派は元老院議員の集まりである。

C 同盟市戦争(前91〜前88)　イタリア半島内の同盟市がローマ市民権を求めて反乱を起こし，その結果，イタリアの全自由民に市民権が与えられた。

D スパルタクスの反乱(前73〜前71)　奴隷の反乱もしばしば起こ

⊕PLUS α

ローマが共和政を維持できなかった理由

ギリシア世界との一番の違いは，ローマが広大な領土とそこに住む多様な住民を支配しなければならなかった点である。都市国家ローマが帝国にまで発展したのは，海外領土からの穀物と奴隷の供給に支えられていたからである。しかしこれは同時に，巨大な帝国を統治する一元的な統治者を必要とすることになった。この結果帝政に移行したと考えられる。

り，人々をおびやかした。**剣奴**(けんど)(剣闘士，見せ物として剣で決闘させられた奴隷)であるスパルタクスが起こした反乱には，約 10 万人の奴隷が参加した。

E **第１回三頭政治(前 60 〜前 53)** 閥族派の**ポンペイウス**，平民派の**カエサル**，騎士出身の**クラッスス**の３人が盟約を結び，元老院に対抗して国政を独占した。

F **カエサルの独裁(前 46 〜前 44)** カエサルは**ガリア**(今のフランス)遠征で名をあげ，クラッススが戦死したあと，ポンペイウスを倒して独裁政治を行った。しかし，**ブルートゥス**ら元老院の側につく共和主義者に暗殺された。

G **第２回三頭政治(前 43)** カエサルの養子**オクタウィアヌス**，カエサルの部下である**アントニウスとレピドゥス**の３人が第２回三頭政治を行った。レピドゥスの失脚後，オクタウィアヌスは**アクティウムの海戦**(前 31)でアントニウス・クレオパトラ連合軍を破り，内乱は終わった(前 30)。

▲ローマの領土拡大／共和政ローマ〜アクティウムの海戦まで

> **POINT**
>
> ローマ
> ☑ **護民官**の設置→**十二表法**→**リキニウス・セクスティウス法**
> 　→**ホルテンシウス法**→貴族と平民との**身分闘争**が終結。
> ☑ **属州**…シチリア島，カルタゴ，マケドニア・ギリシアなどを獲得。

この講のまとめ

古代ローマにおける政治体制の「変遷」の過程とは？
☑ エトルリア人の王を追放し共和政になるが，一部の貴族が政治を独占。
☑ 平民が政治参加を求めて闘争するも，徹底した民主政にはならず。
☑ 半島統一後に属州が拡大すると，社会構造が大きく変化。

7 | 帝政ローマ

　大帝国を築いたローマだが，少しずつその支配に動揺がみられるように
なっていく。ローマ帝国が衰退するまでの流れを知ろう。

帝政の成立後は，「パクス＝
ロマーナ（ローマの平和）」と
呼ばれる時代になりますね。
平和ということは，戦争のな
い時代だったのでしょうか？

領土を拡大する遠征はむしろ
盛んだったんだ。ローマの平
和は領土の拡大によって維持
されていたんだ。領土の拡大
にはもちろん，限界があるよ
ね。

1 帝政の成立

　オクタウィアヌスはさまざまな権力を手にし，元老
院から**アウグストゥス**（尊厳者）の称号を贈られて，その
地位は世襲されたので，事実上の**帝政**が始まった（前27）。
オクタウィアヌスはカエサルが独裁で失敗したことをうけ，
プリンケプス（市民の第一人者）と自称し，**元老院**を尊重
して共和政の伝統に立つ**元首政**（プリンキパトゥス）を行っ
た。

▲オクタウィアヌス

2 パクス＝ロマーナ（ローマの平和）

　Ａ **ローマ帝国の繁栄と東方貿易**　アウグストゥス帝から**五賢帝**時代
（ネルウァ帝，トラヤヌス帝，ハドリアヌス帝，アントニヌス＝ピウス帝，**マル
クス＝アウレリウス＝アントニヌス帝**の5人，96 ～ 180）の約200年間は
ローマ帝国の最盛期で，経済活動が活発化した。この時代を**パクス＝ロマー
ナ**（ローマの平和）とよぶ。インドの**サータヴァーハナ朝**（アーンドラ朝）と**季
節風貿易**も行われ，中国の**絹**やインドの**香辛料**がもたらされた。

　Ｂ **ローマ帝国の発展**　**トラヤヌス帝**時代にローマ帝国の領土は最大と

なった，帝政期には現在のロンドン・ウィーンなどにあたる都市が建設された。ローマ風の道路や水道も整備され，都市文化が浸透した。212年には**カラカラ帝**が，ローマ帝国内の全自由民にローマ市民権を与えた。帝国各地には軍団を配置し，周辺の異民族の侵入への備えとした。

▲ローマ帝国の領域

3 帝国の動揺

Ⓐ **軍人皇帝時代(235〜284)**　帝国各地に駐留する軍隊が，将軍を皇帝に立てて抗争した時代をいう。50年間に26人の皇帝が現れ，そのうち大半が殺された。元老院は武力でおさえられた。また，東方の**ササン朝**のシャープール１世に皇帝ウァレリアヌスが捕らえられたり，北方のゲルマン人の侵入が帝国を圧迫した。

Ⓑ **コロナトゥス**　領土の拡大がやむと新たな奴隷の流入も止まり，**ラティフンディア**への新しい奴隷の補給は困難となった。奴隷労働の非能率さも加わり，大土地所有者は，奴隷制から没落農民や解放奴隷を小作人として耕作させる**コロナトゥス**にきりかえていった。こうした小作人を**コロヌス**とよぶ。

4 専制君主政(ドミナトゥス)

Ⓐ **ディオクレティアヌス帝(在位284〜305)**　軍人皇帝の一人であるディオクレティアヌスは，軍人皇帝時代の混乱を収拾し，帝国再建のために専制君主政(ドミナトゥス)を開始した。また，広大な帝国を治めるため，２人の正帝と２人の副帝による**四帝分治制**(四分統治，**テトラルキア**)を行った。

⊕ PLUS α

コロヌスと中世の農奴
コロヌスは人格的自由を認められ，結婚や簡単な農具の保有を許された。しかし移動の自由を制限されるようになり，中世ヨーロッパの農奴の起源となる。

⊕ PLUS α

元首政から専制君主政へ
専制君主政は，皇帝がドミヌス(主人)となって君臨する政治で，オリエントの政治に近い。元老院尊重などの共和政の伝統は無視され，皇帝が権力を一身に集め，皇帝崇拝が強制された。キリスト教徒は皇帝崇拝を拒否し，ディオクレティアヌス帝によって厳しい迫害を受けた。

B **コンスタンティヌス帝（Ⅰ世）（在位306〜337）** 混乱した帝国を再統一し，専制君主政を確立。キリスト教を公認して皇帝権の強化に利用した。また地中海交易の安定のためソリドゥス金貨（ノミスマ）を創設した。**ビザンティウム**に都を移し，**コンスタンティノープル**（現在のイスタンブル）と改名して(330)，コロヌスの移動も禁止して，職業を固定化した。

5 帝国の東西分裂

　375年，西ゴート族がローマ帝国へ向けて移動を開始したのを皮切りにゲルマン諸族が帝国内に移動し，ローマ帝国は混乱した。**テオドシウス帝**の死後の395年，帝国は**東ローマ（ビザンツ）帝国**と**西ローマ帝国**に分裂した。東ローマ帝国は1453年に**オスマン帝国**に滅ぼされるまで1000年以上続いたが，西ローマ帝国は**ゲルマン人の大移動**で衰退し，476年にゲルマン人傭兵隊長**オドアケル**によって滅ぼされた。

ローマ帝国
☑ 政治体制…**元首政**→**専制君主政**。
☑ 最盛期は**アウグストゥス帝**から**五賢帝**までの約200年間
　　→**軍人皇帝時代**を経て**専制君主政**へ移行し，**ディオクレティアヌス帝**が統治。
☑ **コンスタンティヌス帝**がコンスタンティノープルへ遷都。
☑ **テオドシウス帝**没後，東西に分裂。

🔍 この講のまとめ

大帝国ローマの衰退の経緯はどんなものだったのだろうか？
☑ 初期の200年間の領土拡張が$\overset{パクス＝ロマーナ}{ローマの平和}$を支えていたが，軍人皇帝時代には各地に配置された軍隊が抗争した。
☑ 軍人皇帝時代の混乱を収めるため，専制的な支配に。
☑ 広大な領土をまとめるために四帝分治制を行ったが，東西に分裂した。

8 | ローマ文化

この講の着眼点

文化におけるローマの功績は，優れた先人の文明を広域に根付かせたことである。他文化からの影響を受けたローマ文化の特徴をみていこう。

 古代ローマの文化を代表する世界遺産，南フランスのガール水道橋ですね。半円アーチがいかにも古代ローマっぽい感じがしますね。

 実はこの半円アーチの陸橋の技術は，ローマ人が発明したものではないんだ。先住民のエトルリア人から学んだ技術だったといわれているよ。

▲ガール水道橋

1 文学

アウグストゥス帝時代は**ラテン語**で書かれたラテン文学の黄金時代で，ローマ建国の叙事詩『アエネイス』の**ウェルギリウス**のほか，**ホラティウス**，**オウィディウス**などが活躍した。政治家・雄弁家の**キケロ**は『**国家論**』などの代表的なラテン散文を書き，ギリシア思想をローマに伝えた。

2 哲学

実践を重んじる**ストア派哲学**が上流社会に流行した。**セネカ**，**エピクテトス**，五賢帝最後の哲人皇帝で『**自省録**』を著した**マルクス゠アウレリウス゠アントニヌス帝**が有名である。

3 学問

ギリシア人歴史家**ポリビオス**は『**歴史**』，アウグストゥス帝と親交のあった**リウィウス**は『**ローマ建国史**』（『ローマ史』）を著した。**プルタルコス**はギリシア・ローマの英雄（政治家・軍人）を比較して『**対比列伝**』（『英雄伝』）を著した。カエサルの『**ガリア戦記**』，**タキトゥス**の『**ゲルマニア**』は，

古代ゲルマン人研究の重要史料である。ギリシア人地理学者**ストラボン**は『**地理誌**』で各地の様子を記述し，ギリシア人天文学者・数学者の**プトレマイオス**は天動説を説いた。**プリニウス**はそれまでのさまざまな知識を集大成し，百科全書『**博物誌**』にまとめあげた。

4 法律

　ローマ社会の発展とともに，**市民法**から，帝国内のすべての人に適用される**万民法**へと変化していった。6世紀にビザンツ帝国皇帝の**ユスティニアヌス大帝**がトリボニアヌスらにまとめさせた『**ローマ法大全**』は西欧の近代法に影響を与えた。

5 土木・建築ほか

　軍道・水道・橋・劇場・公共浴場・凱旋門など，アーチを用いた巨大な公共建造物が造られた。ローマ古来の神々をまつった**パンテオン**（万神殿），約5万人を収容した円形闘技場の**コロッセウム**，**アッピア街道**，**ガール水道橋**，コンスタンティヌス帝

▲コロッセウム

の凱旋門，**カラカラ浴場**などは有名である。カエサルは，エジプトの太陽暦を修正して**ユリウス暦**を作成。この暦は，16世紀にグレゴリウス暦が完成するまでヨーロッパの多くの地域で使用されたほか，帝政ロシアでは20世紀まで使用されていた。

POINT

ローマ文化
- ☑ ラテン文学・哲学（ストア派哲学）・法律（ローマ法）などが花ひらく。
- ☑ コロッセウム，アッピア街道，ガール水道橋，カラカラ浴場などが有名。

この講のまとめ

ローマの文化はどのような特徴をもっていたのだろうか？
- ☑ 言語・法律・ストア派哲学などの文化が発達した。
- ☑ 軍道・水道・橋など，各地に巨大な公共建造物がつくられた。

9 | キリスト教の成立

この講の着眼点

ヨーロッパ世界を構成する要素として欠かすことのできないキリスト教だが，多神教信仰の影響が強かった初期のローマにおいては異端とされていた。キリスト教はいかにしてローマの国教となったのだろうか？

 イエス゠キリストが活動した時代のパレスチナは，ローマ帝国の属州だったのですね。

 イエス゠キリストの処刑を決めたのは帝国が派遣した総督だった。この頃はまだ，キリスト教がローマにおいて少数派の信仰であったということだね。

1 キリスト教の成立

A 形式化したユダヤ教 ローマの属州のパレスチナでは，ヘブライ人が**ユダヤ教**を信仰していた。前 4（前 7）年頃，この地方に生まれた**イエス**は，ユダヤ教の指導者である祭司やパリサイ派の偽善や排他的な律法主義を批判し，神の絶対的な愛を説いた。

B イエスの教え イエスは，すべての人は神の前に平等であり，神を愛し，自分を愛するように隣人を愛すべきことを説いた。ユダヤ教の指導者層はイエスを政治犯として訴え，ローマ領ユダヤ総督ピラトは彼を十字架にかけて処刑した。

C イエスの復活～キリスト教の布教
イエスが死んでから 3 日目に彼が復活したという信仰が弟子たちの間に生まれ，**ペテロ・パウロ**ら使徒たちは，イエスを**救世主**（ギリシア語でキリスト，アラム語でメシア）と信じて伝道した。パウロは異邦人への伝道を行い，帝国各地に**教会**が生まれ，『**新約聖書**』がまとめられていった。

⊕PLUS α

聖書は
何語で書かれた？
『新約聖書』はギリシア語の共通語（コイネー）で書かれている。一方，ユダヤ教の聖典でもある『旧約聖書』は，主にヘブライ語で書かれている。

2 キリスト教の普及

　キリスト教は皇帝の権威を認めなかったため，ネロ帝の迫害(64)以来，数多くの迫害をうけ，多くの殉教者を出した。それにもかかわらず，ローマ帝国領内でキリスト教徒は地下墓所であるカタコンベなどで信仰をつづけ，奴隷や下層民を中心に増えつづけた。

　A **キリスト教の公認**　ディオクレティアヌス帝による大迫害(303～313)のあと，**コンスタンティヌス帝(1世)** は帝国支配の安定のため，313年の**ミラノ勅令**でキリスト教を公認した。彼はまた，325年の**ニケーア公会議**で，三位一体説のもととなる**アタナシウス派**を正統とし，**アリウス派**を異端とした。この公会議でコンスタンティヌス帝からの信任が厚かったエウセビオスの「皇帝は神の恩寵による」という主張は，近世ヨーロッパの王権神授説につながるものとなった。

⊕ PLUS α

三位一体説と異端
三位一体説は"父なる神・子なるイエス・聖霊"は3つで一体であり，本質的には同一であるという説。カトリックにおける正統とされた。アリウス派は三位一体説を否定し，キリストの人性を主張したため異端とされたが，ゲルマン人の間で信仰された。

　B **キリスト教の教義の正統性**　4世紀後半，ユリアヌス帝(在位361～363)はギリシア世界を理想として，キリスト教をおさえようとしたが成功せず，392年に**テオドシウス帝**が**アタナシウス派キリスト教**を国教として他の宗教を禁じた。なお，アリウス派はゲルマン人に広がった。

　C **教団の組織化・教父の活躍**　この頃**司教・司祭**などの聖職者身分が設けられ，**教父**とよばれる学者たちが教義の確立につとめた。教父**エウセビオス**は教会史家としても重要な仕事を残し，『**神の国**』(『**神国論**』)や『**告白録**』などを著した**アウグスティヌス**は中世に大きな影響を与えた。公会議はその後もしばしば開かれ，431年の**エフェソス公会議**では，キリストの神性を十分認めない**ネストリウス派**が異端とされた。このネストリウス派は唐に伝わって景教とよばれた。

▲キリスト教の発展

POINT

キリスト教

☑ ペテロやパウロが「イエスは救世主（キリスト）である」と伝道。

☑ ローマ皇帝による迫害を経て，313年公認される。

　　→教義の統一がなされ，392年にはローマ帝国の国教に。

☑ **アタナシウス派**→正統とする（325年**ニケーア公会議**）。

☑ **アリウス派**→異端，ゲルマン人社会へ伝播。

☑ **ネストリウス派**→異端，東方へ伝播（中国では景教）。

この講のまとめ

帝国の属州で誕生したキリスト教は，いかにしてローマの国教となったの
だろうか？

☑ 皇帝の権威を認めず度々迫害を受けるも，信者が増え続けた。

☑ 帝国の安定のために信仰が公認され，三位一体説が正統とされた。

深める
column

古代の宗教

　宗教は人類の進化の過程で成立した。紀元前後頃までに成立した古代オリエント，地中海世界，インドの宗教について，その特徴を整理する。

■宗教の誕生

　太古（たいこ）の人類は，自然界に自らを超える力の存在を感じた。落雷などの理解できない自然現象や，意のままにならない力などに直面して，人類は人を超えたものの存在を認識したのである。人はこの超自然の力を畏敬（いけい）し，不可知の存在を理解し，慈悲（じひ）を得ようと礼拝の儀式を定め，日常の生活とは区別して考えるようになった。このようにして宗教が誕生した。

■古代オリエントの宗教

　メソポタミアでは，太陽・月などの天体や，雷・嵐・火などの自然現象など，あらゆる超人的な存在を神として崇拝（すうはい）するようになった。ハンムラビ王の時代には，バビロニアの天地創造の神マルドゥクが神々の首座につき，最高神とされた。古代エジプトでは，自然現象や正義・裁判などの抽象概念をも神として信仰するようになった。照りつける太陽の影響が強かったために，**太陽神ラー**が最高神とされた。これらの地域とは異なり，パレスチナ地方では**ヤハウェ**（ヤーヴェ）を唯一の神とするユダヤ教が成立し，**「バビロン捕囚」**などを経て，より強固な宗教として確立された。そのユダヤ教にも影響を与えたと考えられているのが，紀元前7世紀頃にイランで成立したとされる**ゾロアスター教（拝火教（はいかきょう））**である。

■古代ギリシア・ローマ（地中海世界）の宗教

　古代ギリシアでは，非常に人間的な神々が崇拝された。神は人と同じ姿をもち，嫉妬（しっと）や怒りなどの感情をもつ存在として『イリアス』などに描かれている。古代ギリシアでは都市の守り神が崇拝され，アテネでは知恵の女神アテナを守護神としてまつった。また，正義と雷を司（つかさど）るゼウスを主神とする**オリンポス12神**が信仰

された。古代ローマ時代に入ると，オリンポス12神や古代オリエントの神々が
信仰の対象となる。紀元後に成立した**キリスト教**は，ユダヤ教の形式主義・
律法主義を批判し，神への絶対愛と隣人愛を唱えるイエスによって始められ，の
ちに世界各地へと広がっていった。

■古代インドの宗教

　アーリヤ人が残した**ヴェーダ**からは，天体・天空・大地などの自然の威力
を神としてあがめていたことが読み取れる。ヴェーダを根本聖典として**ヴァルナ**
と密接に結びついた**バラモン教**が誕生したが，紀元前5世紀頃には，**ジャ
イナ教・仏教**がヴァルナを否定することで人々の支持を集めた。その後，仏
教は東南アジア・東アジアへと広まった。一方のバラモン教は，新興のジャイナ
教・仏教に対抗するかのように，民間の信仰を積極的に取り入れ，さらにはジャ
イナ教・仏教をも取り込んで，**ヒンドゥー教**へと発展し，現代でもインドの
人々に信仰されている。

深める column

貨幣の歴史

1 原始貨幣（自然貨幣）

　いつから使われたのか明確ではない。容易に持ち運べ，共通の価値を表すことができる物が用いられた。主な原始貨幣に貝類（中国〔殷・周〕，オセアニア）・石類（オセアニア）・穀物・布（日本）などがある。

2 最古の鋳造貨幣

　紀元前7世紀頃，オリエントとギリシア世界を結ぶリディアで最古の鋳造貨幣が造られた。リディアを滅ぼし，紀元前6世紀にオリエントを統一したアケメネス朝でも発行された。

3 東西交易と貨幣

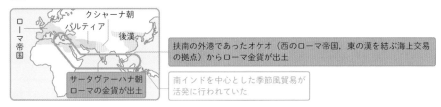

扶南の外港であったオケオ（西のローマ帝国，東の漢を結ぶ海上交易の拠点）からローマ金貨が出土

南インドを中心とした季節風貿易が活発に行われていた

4 中世ヨーロッパ（5〜10世紀頃）における貨幣経済

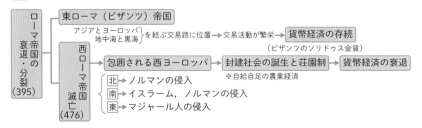

5 西ヨーロッパの貨幣経済の復活（11世紀〜）

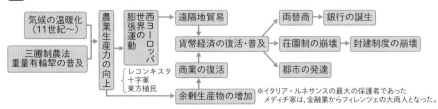

142

6 中国の貨幣史

Ａ **殷・周時代**　子安貝（こやすがい）が原始貨幣（**貝貨**（ばいか））として使われていた。

Ｂ **春秋・戦国時代**　農業技術の発達により貨幣経済が発達（青銅貨幣使用）。

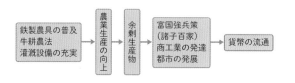

貨幣名	国名
刀銭（とうせん）	斉，燕 など
布銭（ふせん）	韓，魏，趙
蟻鼻銭（ぎびせん）	楚
円銭（環銭）（えんせん）	秦，魏，斉 など

Ｃ **秦の統一**　始皇帝が行政を円滑（えんかつ）にするため，文字・度量衡（どりょうこう）などとともに貨幣（銅銭）を統一した（**半両銭**）。

Ｄ **前漢～隋時代**　前漢の初期には銅銭が大量に鋳造された。前118年，武帝は**五銖銭**（ごしゅせん）とよばれる質の高い銅銭を発行して経済を安定させ，以後，隋の時代までこれが中国王朝の基本貨幣となった。しかし，前漢の後期以降は銅銭不足が問題となって貨幣経済は停滞し，隋の文帝が銅銭で貨幣を統一するまでこの状況がつづいた。

Ｅ **唐代**　唐も銅銭を中心貨幣とし，年代によってさまざまな銅銭が鋳造された。その中で「**開元通宝銭**」が広くアジア各地で流通し，東アジア諸国の貨幣のモデルとなった。唐代後半になると，銅銭の大量輸送が不便かつ困難であったために，**飛銭**という送金手形が生まれた。

Ｆ **宋代**　中国史の中で最も銅銭の鋳造数が多かったのは宋代である。その背景には商業の発達があり，国内での貨幣流通は鋳造数をしのぐ勢いであった。この宋銭（銅銭）は海を渡り，東アジア・東南アジアにも広まっていった（日本中世の出土貨幣の４割近くが北宋の銅銭である）。

　北宋では，四川の成都で民間業者が発行した手形，**交子**（こうし）を政府がひきついで発行した。これは世界最初の法定紙幣であった。民間の手形を南宋政府が紙幣として発行したものが**会子**（かいし）である。

Ｇ **金・元代**　金・元代では，交子に由来する**交鈔**（こうしょう）という紙幣が発行された。モンゴル帝国は銀を基本通貨としたが，元では交鈔を補助通貨として流通させた。

Ｈ **明・清代**　高額取引に利用された銀塊の秤量貨幣，馬蹄銀（ばていぎん）があった。この背景には，明代後半の海禁政策が緩和（かんわ）されたため，日本銀やメキシコ銀が大量に流入したことがある（明代の一条鞭法（いちじょうべんぽう），清代の地丁銀（ちていぎん）とも銀納であることに注目）。

定期テスト対策問題[4]

解答は p.495

1 次の文の空欄に適切な語句を補充しなさい。

(1) 前6世紀の後半にアケメネス朝の王となった[㋐]は，全国を20の州に分け，各州に知事([㋑])を派遣して統治させた。

[発展] (2) アケメネス朝では，[㋐]文字を表音化したペルシア文字が使用されたほか，信仰では[㋑](拝火(はいか)教)を奨励した。

[よく出る] (3) イラン系農耕民によって建国されたササン朝の3世紀の王[　]は，西方ではローマ皇帝ウァレリアヌスを捕え，東方ではクシャーナ朝を圧迫した。

(4) ササン朝の王[　]は，突厥(とっけつ)と同盟を結び，エフタルを滅ぼした。

2 次の文章を読み，後の問いに答えなさい。

平民の政治的発言力が強まると，①アテネでは民主政治の基礎が築かれていった。特に，前5世紀の[㋐]戦争では，無産市民も軍艦のこぎ手として勝利に貢献し，戦争後の[㋑]が将軍職についた頃には，古代民主政が最盛期を迎えた。しかし，[㋑]の死後衆愚政治(しゅうぐせいじ)が横行し，またスパルタとの[㋒]戦争に敗北した。その後，フィリッポス(フィリップ)2世の治世に北方のマケドニアが台頭し，その子である[㋓]大王は大帝国を築いたが，その死後には後継者争いがおこり，②帝国は分裂した。

(1) 文章中の空欄[㋐]～[㋓]に当てはまる語句を答えなさい。

(2) 下線部①に関して，民主化に関連する次の事項を年代順に並べかえなさい。

㋐ソロンの改革　　㋑クレイステネスの改革

㋒ドラコンの立法　　㋓ペイシストラトスの僭主(せんしゅ)政治

[発展] (3) 下線部②に関して，帝国分裂後にエジプトに成立した王朝を答えなさい。

3 次の文章を読み，空欄に適切な語句を答えなさい。

第2回三頭政治を行ったカエサルの養子の[㋐]は，共和政の伝統に立つ[㋑](プリンキパトゥス)を行った。ローマ帝国は[㋒]帝の時代に領土が最大になったが，3世紀ごろには各地の軍隊が将軍を皇帝に立てて抗争する混乱の時代となった。3世紀末に即位したディオクレティアヌス帝は，2人の正帝と2人の副帝による[㋓](テトラルキア)を行った。またコンスタンティヌス帝(1世)が[㋔]によってキリスト教を公認したほか，首都をビザンティウムに移し，[㋕]と改名した。しかし，帝国を一元的に支配することは難しく，395年に[㋖]帝が亡くなると，帝国は東西に分裂した。このうち，西ローマ帝国はゲルマン人傭兵(ようへい)隊長の[㋗]によって滅ぼされた。

Advanced World History

第 **5** 章

イスラーム教の誕生とヨーロッパ世界

1 | イスラーム教の誕生

🔍 この講の着眼点

　イスラーム教が急速に拡大したころ，アラビア半島周辺で激化した大国同士の争いがあった。イスラーム教が誕生したころの様子を整理しよう。

現在，キリスト教に次いで世界で2番目に信者が多いと言われているイスラーム教ですが，誕生は7世紀と，世界宗教の中では比較的新しいですね。

イスラーム教は短期間でその支配領域を拡張したんだ。その教義にはどんなものがあるかも確認してみよう。

1 イスラーム教誕生以前のアラビア半島

　セム語系の**アラブ人**(アラビア人)が遊牧・オアシス農業・商業で生活した。部族社会を構成し，たがいに抗争するなど民族的一体感はなかった。ユダヤ教・キリスト教という**一神教**も浸透していたが，多くは**多神教**を信仰し，偶像崇拝を行っていた。

2 アラビア半島の貿易路

　6世紀以降，ユスティニアヌス帝の**東ローマ帝国**(ビザンツ帝国)とホスロー1世の**ササン朝**の対立が激化し，東西貿易路が麻痺すると，アラビア半島西海岸(ヒジャーズ地方)を経由する貿易路が活発化した。**メッカ**や**ヤスリブ**(のちの**メディナ**)が繁栄するが，貧富の差が拡大し，商業の利益をめぐる抗争も多発してアラブ社会は混乱に陥った。

▲6世紀後半の西アジア

3 イスラーム教の成立

A 預言者ムハンマド(570頃〜632)　ムハンマド(マホメット)はメッカの名門**クライシュ族**のハーシム家に生まれる。幼くして孤児となり，隊商に加わって各地を訪れ，ユダヤ教やキリスト教に触れるとともに，当時のアラブ社会への批判と民衆の救済を意識するようになった。

B アッラーからの啓示　610年頃，唯一神**アッラー**の啓示を受け，自らは神がつかわした最大最後の**預言者**であると自覚し，神の言葉を人々に伝えて**イスラーム教**を創始した。イスラーム教では，アッラーへの「神への絶対的帰依」が教義となった。

4 イスラーム教団のアラブ統一

A ヒジュラ(聖遷)　メッカの大商人層はムハンマドとその教団を迫害。622年，ムハンマドらは北の**メディナ**に移り(**ヒジュラ＝聖遷**)，**イスラーム教徒(ムスリム)**の共同体(**ウンマ**)を創設した。イスラーム暦では，ヒジュラが行われた年である622年を元年としている。

B メッカの征服〜ムハンマドの死　630年，ムハンマドは**メッカ**を征服。**カーバ神殿**の偶像を一掃し，イスラーム教の聖地とする。アラビア半島の大半を統一したのち，シリア遠征の直前にムハンマドは病没(632)。ムハンマドの死後，彼の教えは『**コーラン(クルアーン)**』としてまとめられ，信徒の信仰と生活の規範として現在まで尊重されている。

5 イスラーム教の特色

信徒には**六信五行**が課せられた。

六信	五行
アッラー，天使 聖典(コーラン) 預言者 来世，天命	信仰告白…「アッラーのほかに神はなく，ムハンマドは預言者である」と証言する。 礼拝…1日5回，メッカの方角に向かって祈る。 断食…ラマダーン(断食月)の間，日の出から日没まで飲食をしない。 喜捨(ザカート)…国家が公共福祉税を徴収する。 巡礼(ハッジ)…一生一度，巡礼月にメッカのカーバ神殿を訪れる。

▲イスラーム教の六信五行

イスラーム教
☑ 預言者**ムハンマド**が創始→**ヒジュラ**（聖遷，622）
　→**共同体（ウンマ）**を形成→メッカの征服
　→ムハンマドの死後『**コーラン（クルアーン）**』がまとめられる。
☑ 教義…唯一神**アッラー**に対する絶対的帰依，**六信五行**。

🔍 この講のまとめ

イスラーム教成立時の様子はどのようなものだったのだろうか？

☑ 東ローマ帝国（ビザンツ帝国）とササン朝の対立激化に伴い，ヒジャーズ
　地方が交易で繁栄。メッカやメディナが栄えるも，貧富の差が拡大し，
　商業上の争いが発生。

☑ ムハンマドは隊商で各地を訪れ，ユダヤ教やキリスト教に刺激を受ける。
　アッラーの啓示を受け，イスラーム教を創始した。

2 | イスラーム帝国の成立と分裂

🔍 この講の着眼点

正統カリフ時代とよばれる時代にイスラーム教徒の大拡大運動がすすむ
と，多くの非アラブ人がイスラーム教を信仰するようになった。イスラー
ム世界の拡大は，その支配にどのような変化をもたらしただろうか？

イスラーム教典である『コー
ラン』には，「アッラーの前
の平等」が説かれていますね。

初期の支配層はアラブ人だっ
たため，同じイスラーム教徒
の間にも不平等が存在してい
たんだ。

1 正統カリフ時代 (632～661)

ムハンマドの後継者(カリフ)が有力信徒から選ばれた時代。アブー＝バクル，
ウマル，ウスマーン，アリーの4人の正統カリフの指導下で，イスラーム教徒
(ムスリム)の大拡大運動が続き，広大な政教一致のイスラーム社会が誕生し
た。アラブ＝ムスリム軍は，642年のニハーヴァンドの戦いでササン朝を
破り，ビザンツ帝国からはシリア・エジプトを奪った。アラブ人は征服地に軍営
都市(ミスル)を建設し，支配者として移住。イスラーム教を広め，アラビア語が
公用語となった。

2 ウマイヤ朝 (661～750)

第4代カリフのアリーが暗殺されると，シリア総督のムアーウィヤがカリ
フとなり，ダマスクスを首都とした。以後カリフはその子孫が世襲した。イスラー
ム世界の拡大は続き，東は中央アジア，インダス川まで，西は北アフリカからイ
ベリア半島に上陸したが，トゥール・ポワティエ間の戦い(732)で，フ
ランク王国に進出を阻止された。アラブ人は支配民族としてさまざまな特権を
もったが，非アラブ人はイスラーム教に改宗しても，ハラージュ(地租)や
ジズヤ(人頭税)を負担しなければならなかった。このため，この時代をアラ
ブ帝国時代とよぶ。

3 反ウマイヤ運動

　アラブ人の特権が『**コーラン（クルアーン）**』の「アッラーの前の平等」に反するとした非アラブ人のイスラーム教改宗者（マワーリー），およびアリーの子孫のみをカリフと認めるシーア派が，ムハンマドの叔父の子孫の革命運動に協力。ウマイヤ朝は打倒され（750），アブー＝アルアッバースをカリフとする**アッバース朝**が成立した。

⊕ PLUS α

シーア派・スンナ派

シーアとは「党派」の意。正確には「シーア＝アリー」＝「アリー派」という。全イスラームの 1 割にあたる少数派で，イラン人の多くはシーア派。これに対する多数派をスンナ派（スンニー派）という。スンナとは「慣行・範例」の意。アッバース朝は，革命成功後はシーア派を弾圧した。

4 アッバース朝（750〜1258）

　アッバース朝は**イラン（ペルシア）人**を官僚に登用し，行政の中央集権化をすすめた。イスラーム教徒であればジズヤ（人頭税）が課せられず，土地をもつ場合はアラブ人でもハラージュ（地租）が課せられた。公用語は**アラビア語**。政治は**イスラーム法（シャリーア）**にもとづいて行われ，民族による差別はなくなったので，アッバース朝を「**イスラーム帝国**」とよぶ。

　第 2 代カリフのマンスール（在位 754 〜 775）のとき，ティグリス川西岸に新首都**バグダード**が建設され，9 世紀初めには，人口 100 万人近くの大都市に発展し，唐の長安と並ぶ国際都市となった。

▲バグダードの円形都市

　アッバース朝は，751 年には唐を中央アジアの**タラス河畔の戦い**で破り，『千夜一夜物語』に登場することで有名な第 5 代カリフ，**ハールーン＝アッラシード**（在位 786 〜 809）のとき，最盛期をむかえた。カリフの権威は「信徒たちの長」から「神の代理人」に高まり，ササン朝の神格化された専制君主と同様になった。

5 イスラーム世界の分裂

　アッバース朝の成立後，イスラーム世界の分裂が始まり，独立王朝が出現する。

A **後ウマイヤ朝**（756 〜 1031）　**ウマイヤ朝**の一族がイベリア半島に逃れて建国。10 世紀の**アブド＝アッラフマーン 3 世**の時代（在位 912 〜 961）が最盛期で，カリフを自称（**西カリフ国**）。首都**コルドバ**を中心にイスラーム文化が開花。

B **ファーティマ朝(909〜1171)** チュニジアに建国。エジプトを征服して，首都**カイロ**を建設。多数派のスンナ派に対してシーア派を奉じ，君主はカリフを自称(**中カリフ国**)，**アッバース朝カリフ**の権威に対抗した。地中海・北アフリカの貿易で繁栄。

C **ブワイフ朝(932〜1062)** カスピ海南部のイラン系シーア派軍人が建国。946年にバグダードに入城して，アッバース朝カリフから**大アミール**(大総督)に任じられた。これ以降，イスラーム世界はアラブ人からイラン人・トルコ人などが中心となる時代に入った。

▲10世紀後半のイスラーム世界

POINT

イスラーム帝国の変遷
- ☑ **正統カリフ時代→ウマイヤ朝→アッバース朝**と変遷。
- ☑ ウマイヤ朝…アラブ人が優越(アラブ帝国)。
- ☑ アッバース朝…民族による差別がなくなる(**イスラーム帝国**)。
- ☑ 10世紀には**後ウマイヤ朝**，**ファーティマ朝**，**ブワイフ朝**が並立。

この講のまとめ

イスラーム世界の拡大は，その支配にどのような変化をもたらしたか？
- ☑ **大拡大運動**により，征服された地方にはアラブ人が軍営都市を建設。
- ☑ **ウマイヤ朝**では，非アラブ人改宗者とアラブ人ムスリムが差別された。
- ☑ **アッバース朝**では，民族による差別のない「イスラーム帝国」となった。

3 | ゲルマン人の大移動

🔍 この講の着眼点

地球全体が寒冷化した3〜4世紀は，大帝国の崩壊や民族の大移動などがみられ，地球規模の歴史的転換点となった。その中の1つであるゲルマン人の大移動は，ヨーロッパ世界にどのような変化をもたらしたのだろうか？

ゲルマン人が大移動したのはなぜなのでしょうか。

さまざまな要因が考えられるけれど，他民族にも関係がありそうだね。

1 ヨーロッパの気候と民族の移動

大西洋に近い地方は緯度の割に温暖で湿潤な気候だが，内陸から東部は寒冷であり，アルプス山脈以南は夏に高温で乾燥する地中海性気候となる。北東部ほど寒冷なため，人の移動は北から南，東から西へという傾向が見られる。

2 ゲルマン人の社会

原始ゲルマン社会については，カエサルの『ガリア戦記』やタキトゥスの『ゲルマニア』から知ることができる。バルト海沿岸を原住地とし，数十の部族に分かれて半農半牧の生活をしていた。大移動以前は王または数人の首長が各部族社会を統率していた。最高機関は成年男性自由人（戦士）が参加する**民会**であった。

3 ゲルマン人の大移動

ローマ帝政末期に大部族に統合されていたゲルマン諸部族は，4世紀後半から大移動を開始した。その直接的契機は，寒冷化に伴うアジア系遊牧騎馬民族**フン人**の東ヨーロッパ侵入であったが，人口増加に伴う耕地不足も背景にある。大移動は375年の西ゴート人の南下に始まり，ほかのゲルマン諸部族も刺激されて移動を開始した。その後，大移動は2世紀にわたって続いた。

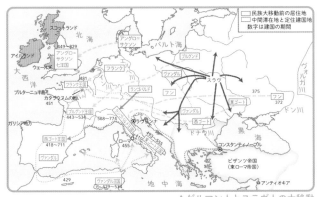

▲ゲルマン人とスラヴ人の大移動

※スラブ人の移動については後述

　大移動にともなってローマ帝国内に進出したゲルマン人は，西ローマ帝国内にも王国を建てた。また，西ローマ帝国の傭兵が５世紀後半に西ローマ帝国を滅ぼした。その後，８世紀までのイタリア半島は東ゴート王国やランゴバルド王国が支配した。

	部族名	移動開始	建国地域	存続期間	滅　亡
東ゲルマン	西ゴート	4世紀末	南仏・イベリア半島	418〜771	ウマイヤ朝に滅ぼされる
	東ゴート	4世紀末	イタリア半島	493〜555	ビザンツ帝国に滅ぼされる
	ブルグンド	4世紀末	ガリア東南部	443〜534	フランク王国に滅ぼされる
	ヴァンダル	4世紀末	北アフリカ	429〜534	ビザンツ帝国に滅ぼされる
	ランゴバルド	6世紀中	北イタリア	568〜774	フランク王国に滅ぼされる
西ゲルマン	フランク	4世紀末	ガリア北部	481〜843	分裂
	アングロ=サクソン	5世紀中	大ブリテン島	449〜1066※	ノルマン人の征服

※ 449〜829 七王国，829〜1066 イングランド王国（ただし 1016〜42 はデーン朝）

▲ゲルマン人の諸部族

451 年 カタラウヌムの戦い	西ヨーロッパに侵入したアッティラ王のフン帝国軍を，西ローマ帝国・西ゴート王国・フランク人の連合軍が倒す。その後，フン帝国は崩壊。
476 年 西ローマ帝国滅亡	ゲルマン人傭兵隊長のオドアケルが西ローマ帝国最後の皇帝アウグストゥルスを廃す。
493 年 東ゴート王国のイタリア支配	フン人の支配から脱出した東ゴートのテオドリック大王がイタリアに移動し，オドアケルの王国を倒して東ゴート王国を建国。

▲大移動後のヨーロッパ

⊕PLUS α

アッティラ王
パンノニア（現ハンガリー）を征服し，東ローマ皇帝から賠償金・貢納金を得た。

西ローマ帝国滅亡後，後ろ楯を失ったローマ教会は弱体化した。イタリア半島を支配した東ゴート人はアリウス派キリスト教を信仰していたので，ローマ教会と対立した。その東ゴート王国をビザンツ皇帝ユスティニアヌスが滅ぼし(555)，ローマ教会はコンスタンティノープル教会に対して劣勢となった。

4 先住民ケルト人

ケルト人は，ゲルマン人に圧迫されて，**アイルランド・スコットランド・ウェールズ・ブルターニュ半島・ガリシア地方**に移動した。現在，これらの地域にはケルト系文化を受け継ぐ人々が多く居住している。

 POINT

ゲルマン人の大移動
☑ 移動前のゲルマン人…王または数人の首長が統率，最高機関は**民会**
　　　　　　　　　　　人口増加・耕地不足から移動へ。
☑ 大移動…**フン人**の進入がきっかけ。
☑ 影響…大移動の混乱の中で西ローマ帝国が滅亡。

🔍 **この講のまとめ**

ゲルマン人の大移動はヨーロッパにどのような変化をもたらしたのだろうか？
☑ 先住民を圧迫，西ローマ帝国も滅亡に追いやられる。
☑ ローマ教会が後ろ盾を失い，コンスタンティノープル教会が優位に。

4 | ビザンツ帝国と東ヨーロッパの繁栄と衰退

この講の着眼点

　ビザンツ帝国（東ローマ帝国）は 6 世紀には地中海を再び支配下におくが，7 世紀以降は 15 世紀の滅亡まで異民族からの圧迫に常に悩まされることとなった。ビザンツ帝国を中心とした東ヨーロッパ世界の歩みを見ていこう。

サン゠ヴィターレ聖堂にある，ビザンツ帝国の最盛期の皇帝ユスティニアヌスのモザイクですね。皇帝の頭上には光輪がみられます。

東ヨーロッパ世界は西ヨーロッパとは異なり，皇帝は政治だけでなく，ギリシア正教会における宗教的な権威ももつ立場にあったんだ。

▲ユスティニアヌスのモザイク

1 ビザンツ帝国

　ローマ帝国は 395 年に分裂し，西ローマ帝国は 476 年に滅亡したが，東ローマ帝国はその後も存続して，西ヨーロッパに対して優位な時代が続いた。ギリシア語が公用語になった 7 世紀以後，東ローマ帝国は，都である**コンスタンティノープル**の旧名**ビザンティウム**にちなんで**ビザンツ帝国**ともよばれる。

2 ユスティニアヌス大帝

　6 世紀になると，**ユスティニアヌス大帝**（I世，在位 527 ～ 565）が最盛期を築き，ヴァンダル王国や東ゴート王国を征服して地中海世界を支配した。また，トリボニアヌスらに命じて『ローマ法大全』の編纂事業を行い，ビザンツ様式のハギア゠ソフィア聖堂の建立，養蚕技術の導入で絹織物産業を根づかせるなど内政面でも功績を残した。

⊕ PLUS α

ニカの反乱

532 年にコンスタンティノープルで起きた反乱。皇帝の重税に対する不満が背景にある。ユスティニアヌス大帝は退位して逃げ出そうとしたが，妻のテオドラが説得し，反乱は鎮圧された。

3 ギリシア正教会

ローマ゠カトリック教会に対する**東方教会**。首長をつとめたのはコンスタンティノープル総主教であるが，その地位はビザンツ皇帝が任免権をもっており，教会は皇帝の支配下にあった。

4 ビザンツ帝国の衰退

ユスティニアヌス大帝の死後，ランゴバルド王国によって，ビザンツ帝国はイタリアの領土を失った。7世紀になると東方からはササン朝・イスラーム勢力からの圧迫，北方からは**スラヴ人**のバルカン半島南下，またブルガリア帝国の建国（トルコ系ブルガール人）などにより，ビザンツ帝国の領土はバルカン半島の一部やアナトリア半島などに縮小した。

7世紀には軍団の司令官が各軍管区を統治する軍管区制（テマ）制を採用したが，11世紀頃から将軍や貴族に領地を与えてその管理をゆだねるプロノイア制に移行した。

5 ビザンツ帝国の滅亡

10世紀以降，ビザンツ帝国は一時勢力を回復したが，11世紀後半にトルコ系イスラーム王朝の**セルジューク朝**が**アナトリア**に侵入し，西ヨーロッパから**十字軍**遠征が開始された。第4回十字軍はコンスタンティノープルを占領してラテン帝国を建国し，ビザンツ帝国は一時，都を奪われた。

1261年に都を回復したが，1453年に**オスマン帝国**に滅ぼされた。

POINT

ビザンツ帝国（東ローマ帝国）
- ☑ 全盛期…**ユスティニアヌス大帝**，地中海世界を支配。
- ☑ 社会制度の変化…軍管区制（テマ制）→プロノイア制。

6 スラヴ人と宗教

カルパティア山脈北方を原住地としていたスラヴ人は，6世紀以降，東ヨーロッパ世界に広がった。ビザンツ皇帝はギリシア正教会の宣教師たちに命じて，スラ

ヴ人にキリスト教を布教させた。スラヴ人への布教の目的で作成されたキリル文字もうまれた。この結果，東スラヴ・南スラヴの諸族の文化は，ギリシア正教の影響が色濃いものとなった。

Ａ　東スラヴ人　現在のロシアに位置するドニエプル川中流域に展開していたスラヴ人を東スラヴ人という。９世紀に**ノルマン人**（ルーシ）がこの地に進出，**ノヴゴロド国**や**キエフ公国**を建てた。やがてこれらのノルマン人は先住民である東スラヴ人と同化していった。

　キエフ公国の全盛期は**ウラディミル１世**（在位 980 頃～ 1015）の時代である。ウラディミル１世はビザンツ皇帝の妹と結婚し，**ギリシア正教を**国教とした（988 あるいは 989）。ウラディミル１世以降もキエフ公国は領土を拡大させ，勢力を誇ったが，農民の農奴化と諸侯の大土地所有がすすみ，公国は分裂状態となった。そうした中，**モンゴル**の侵攻を受け，**バトゥ**建国の**キプチャク＝ハン国**の支配下に入った。以後モンゴル征服下の240 年余りを「タタールのくびき」という。

　15 世紀になると，ロシアの諸公国のうち，**モスクワ大公国**が発展した。大公**イヴァン３世**（在位 1462 ～ 1505）は，ビザンツ帝国最後の皇帝の姪ソフィアと結婚（1472）して**ツァーリ**（皇帝）を自称し，さらにキプチャク＝ハン国の支配から自立した（1480）。

　イヴァン４世（雷帝，在位 1533 ～ 84）は農奴制を強化し，正式にツァーリとなって専制的な支配を確立した。

Ｂ　南スラヴ人　南スラヴ人の最大勢力である**セルビア人**は，バルカン半島に南下するもビザンツ帝国の支配下に入り，**ギリシア正教**に改宗していく。やがて王国を建国し（11 世紀後半），12 世紀後半にはビザンツ帝国からの独立を果たした。しかし 14 世紀末以降はほかの大部分の南スラヴ人とともにオスマン帝国に服属させられた。

　一方，南スラヴ人のうち，**クロアティア人，スロヴェニア人**は，バルカン半島西北部に展開した。しかし９世紀には**フランク王国**の支配下に入り，**カトリック**に改宗していく。

Ｃ　西スラヴ人　**ポーランド人・チェック人・スロヴァキア人**は，

カトリックに改宗してラテン文化の影響を受けた。ポーランド人は10世紀頃に王国を建国し，カジミェシュ3世（大王，在位1333〜70）の時代に勢力を拡大した。14世紀には，ドイツ騎士団に対抗しようとしたリトアニア大公国と連合し，リトアニア=ポーランド王国（ヤゲウォ朝）を成立させた。チェック人は10世紀にベーメン（ボヘミア）王国を建てたが，のちに神聖ローマ帝国の支配下に入った。

D 非スラヴ系民族 東ヨーロッパに侵入した**ブルガール人**と**マジャール人**は，アジア系民族といわれる。ブルガール人は7世紀に**ブルガリア王国**を建てて，しだいにスラヴ化。**ギリシア正教**に改宗したのち，11世紀にビザンツ帝国の支配下に入った。12世紀に再度ブルガリア王国は独立（1187）したが，14世紀にオスマン朝の支配下に入った。マジャール人は，レヒフェルトの戦い（955）で**オットー1世**に敗れたあと，**ハンガリー王国**を建てた。

ラテン系民族の血を引くダキア（現在のルーマニアあたり）人は，14世紀にワラキア公国・モルダヴィア公国を建てたが，15世紀にオスマン帝国に征服された。

POINT

宗派別整理
☑ **ギリシア正教**…**ロシア**（東スラヴ）・**セルビア**（南スラヴ）
　　　　　　　ブルガリア（アジア系）など。
☑ **カトリック**…**クロアティア・スロヴェニア**（南スラヴ）
　　　　　　　ポーランド・ベーメン（西スラヴ）・**ハンガリー**
　　　　　　　（アジア系）。

この講のまとめ

ビザンツ帝国を中心とした東ヨーロッパ世界の特徴とは？
☑ **ビザンツ皇帝**は，**ギリシア正教会（東方教会）**も支配下においた。
☑ **スラヴ人**を中心に，他民族も**ギリシア正教**文化圏に組み入れられた。
☑ **カトリック**に改宗したスラブ人もいた。

5 | フランク王国の発展とローマ=カトリック教会

　大移動したゲルマン人の中で，ガリア北部に建国したフランク人の王国は大いに発展した。この発展は，宗教的権威との結びつきや，統治の方法によって起こったものであった。西ヨーロッパ世界の基礎をつくったフランク人の発展の歩みを見ていこう。

　この絵は，西ヨーロッパ世界にとって非常に重要な場面が描かれた，14世紀の年代記の挿絵だよ。王冠を身につけた人物は誰だと思う？

　アタナシウス派に改宗したフランク王国のクローヴィスだと思います。ゲルマン人とローマ教会の結びつきの背景となった出来事ですよね。

▲クローヴィスの洗礼

1 フランク人の移動と建国

　ガリア北部へのフランク人の移動は，原住地を離れずに膨張（ぼうちょう），発展した。481年に**メロヴィング家**の**クローヴィス**が，小国に分立していた全フランク人を統一して**フランク王国**を建国した。

2 フランク王国の発展

Ⓐ メロヴィング朝（481～751）　多くのゲルマン人はアリウス派を信仰しており，ローマ教会と対立することがしばしばあった。5世紀末，クローヴィス（在位481～511）は**アタナシウス派キリスト教**に改宗し，ローマ教会やローマ系住民と融和（ゆうわ）することで支配を安定させた。その後，534年にブルグンド王国を征服したが，王室内部の権力闘争が続き，8世紀には重臣，特に宮宰（きゅうさい）（マヨル=ドムス，王室の行政や財政を担当した役職）が実権を握った。カロリング家の宮宰**カール=マルテル**は，ピレネー山脈を越えて侵入したイスラーム軍（ウマイヤ朝）を**トゥール・ポワティエ間の戦い**（732）で撃退した。

B **カロリング朝(751 ～ 987)**　カール=マルテルの子**ピピン(3世)**が
ローマ教皇の承認のもとで王位につき，**カロリング朝**が成立した(751)。ピ
ピンはランゴバルド王国を攻撃して獲得し，ラヴェンナ地方を教皇に寄進(**ピピ
ンの寄進**，754，756)，フランク王国とローマ=カトリック教会の提携を強めた。
このとき寄進された領土が，のちの教皇領の起源となった。

3 ローマ=カトリック教会の首位権争い

　キリスト教会の五本山(ローマ・コンスタンティノープル・アンティオキア・イェ
ルサレム・アレクサンドリアの5教会)の中で，ローマ教会とコンスタンティノー
プル教会が首位権を争っていた。西ローマ帝国滅亡以後，ローマ教会は劣勢であっ
たが，教皇グレゴリウス1世(在位590 ～ 604)は聖像を用いたゲルマン諸族への
布教を展開し，ローマ教皇の権威を向上させた。これに対抗し，ビザンツ皇帝レ
オン3世が**聖像禁止令**(726)を発布すると，両教会の対立はますます深まった。

4 カール大帝(シャルルマーニュ)の治世

A **外征**　カール大帝はランゴバルド
王国を征服したのに続き，ザクセン人を
征服。さらには**アヴァール人**(アル
タイ語系遊牧民)を撃退し，後ウマイヤ
朝とも戦い，西ヨーロッパの広大な領域
を支配した。

B **内政**　中央集権的な支配を確立す
るために全国を州に分け，有力豪族を州
長官の**伯**に任命，これを派遣した巡察
使に監督させた。

▲カール大帝の外征

また，各地に司教を配置して教会組織を整備した。さらに，ア
ルクインらの学者を宮廷に招き，学問を奨励した(**カロリング=ルネサン
ス**)。アルファベットの小文字が発明されたのはこの時期である。
C **カールの戴冠**　800年のクリスマスの日，**教皇レオ3世**が西ローマ皇
帝の帝冠をカール大帝に与えた。

戴冠を行ったローマ教皇のねらい

ビザンツ帝国との対抗→教皇権優位の確認

戴冠の歴史的意義

政治・社会的意義…西ローマ帝国の復興・西ヨーロッパの安定

文化的意義…ローマ以後の古典文化＋ゲルマン人＋キリスト教

　　　　　　→西ヨーロッパの中世文化

宗教的意義…ローマ教会がビザンツ帝国への従属から独立

　　　　　　→キリスト教世界の二分化

5 フランク王国の分裂

　カール大帝の子ルートヴィヒ 1 世の死後，相続争いが起こり，フランク王国は，**ヴェルダン条約**(843)・**メルセン条約**(870)で言語境界線に沿って以下の 3 つに分裂した。そのそれぞれがドイツ・フランス・イタリアの起源となる。

A 東フランク王国（ドイツ） カロリング朝断絶後，選挙王制となった。936 年に即位した**オットー 1 世**は，スラヴ人や，マジャール人を撃退。さらに北イタリアに進出してローマ教皇を援助した。教皇ヨハネス 12 世は西ローマ皇帝の帝冠をオットー 1 世に与えた（**オットーの戴冠**，962）。これにより**神聖ローマ帝国**（この名称は 13 世紀頃から）が成立した。

B 西フランク王国（フランス） カロリング王朝断絶後，パリ伯の**ユーグ゠カペー**が王位に就き，**カペー朝**が成立した。当初のカペー朝は王権が弱く，パリ周辺などを領有していただけで，フランスは大諸侯が分立する状態が続いた。

⊕ PLUS α

イスラーム世界との関係

ベルギーの歴史学者アンリ゠ピレンヌ（1862〜1935）は，「フランク王国が発展しつつある時代にイスラーム勢力が地中海に進出し，西ヨーロッパの交易が衰退する中で農業に重心をおいた中世ヨーロッパ世界が生まれた」と主張している。「ムハンマドなくしてシャルルマーニュ（カール大帝）なし」はピレンヌの言葉である。

⊕ PLUS α

神聖ローマ帝国の様子

ドイツ王が皇帝位を兼任したが，歴代皇帝はイタリア政策に熱心なため，ドイツ国内諸侯の自立傾向が続いた。皇帝の地位は，15 世紀半ば以降，事実上ハプスブルク家が世襲した。

▲ヴェルダン条約(843年)

▲メルセン条約(870年)

C イタリア カロリング朝断絶後，イスラーム勢力の侵入や神聖ローマ皇帝の**イタリア政策**，さらにヴァイキングの侵入などで混乱が続いた。各地の諸侯が分立し，中部にはローマ教皇領，北部にはヴェネツィア・ジェノヴァなどの都市国家が独立して分裂状態が続いた。

POINT

フランク王国の発展と分裂
☑ フランク王国はローマ＝カトリック教会と提携するなど，発展。
☑ ヴェルダン条約・メルセン条約→フランク王国の分裂。
☑ オットーの戴冠→神聖ローマ帝国(ドイツ王＝神聖ローマ皇帝)の成立。

この講のまとめ

フランク王国はどのように発展していったのだろうか？
☑ クローヴィスがアタナシウス派に改宗し，ローマ教会と融和。
☑ イスラーム勢力を撃退するなど，発展。

6 | ノルマン人の活動

この講の着眼点

　地球が比較的温暖な気候となった8〜10世紀には，優れた航海術をもつノルマン人の活動が活発になった。中世以降のヨーロッパで存在感を増す王国も多く建国したノルマン人の活動を整理しよう。

▲バイユーの刺繍画

これはノルマン人のイングランド征服を題材にしたバイユーの刺繍画だね。全長70mもあるので，ここにあるのは一部だよ。

特徴的な船や，騎馬兵のほか，盾を重ねた歩兵の集団も見られますね。戦っているのはどこの国なのでしょうか？

1 ノルマン人の進出と活動

　西ヨーロッパは8〜10世紀にかけて，**ノルマン人**など異民族の侵入が続いた。ノルマン人とはスカンディナヴィア半島やユトランド半島など北ヨーロッパを原住地とするゲルマン人の一派である。人口増加・土地不足・部族間対立を背景として，ヴァイキング船を用いてヨーロッパ各地に進出した。

▲ノルマン人の進出

A **北フランス・イングランド** 首長ロロの率いる一派が北フランスに侵入し，911年に*ノルマンディー公国*を建国した。さらに，1066年に*ノルマンディー公ウィリアム*がイングランドを征服し，*ノルマン朝*が成立した。

5〜9世紀	アングロ=サクソンが建てた七王国(ヘプターキー)
829	ウェセックス王**エグバート**(在位802(829)〜839)が七王国を統一
9世紀末	デーン人の侵入→**アルフレッド大王**(在位871〜899)の活躍
1016	デーン人のクヌート(カヌート，在位1016〜35)が征服…**デーン朝**成立
1042	アングロ=サクソン王国復活…エドワード(在位1042〜66)が即位
1066	ノルマン征服(ノルマン=コンクェスト)…ノルマン朝成立

▲ノルマン征服までのイングランド

B **地中海** ノルマンディー公国の騎士が地中海に進出，イスラーム軍の攻撃を撃退して南イタリアを占領した。さらに，シチリア島を占領し，ローマ教皇に承認されて**両シチリア王国**(ノルマン=シチリア王国)(1130〜1282)を建国した。建国者はルッジェーロ2世(在位1130〜54)。

C **ロシアと北ヨーロッパ** 9世紀後半にルーシ(ロシアの語源)のリューリクが**ノヴゴロド国**を建国した。リューリクの死後，さらに南下して**キエフ公国**(9〜13世紀)が建国され，ウラディミル1世(在位980頃〜1015)の時代に全盛期をむかえた。また，**デンマーク王国**(8世紀頃)，**ノルウェー王国**(9世紀末頃)，スウェーデン王国(10世紀頃)の北欧3国が建国された。北方のノルマン人の中には，アイスランドやグリーンランドに移住し，北アメリカへ渡航した者もいた。

🔍 この講のまとめ

ノルマン人の活動にはどんなものがあったのだろうか？
- ☑ ヴァイキング船を用いてヨーロッパ各地へ進出。
- ☑ 北フランス，イングランド，南イタリア，ロシア，北ヨーロッパに建国。
- ☑ アイスランドやグリーンランドに移住，北アメリカ大陸に渡った者もいた。

7 | 封建社会の成立

中世ヨーロッパを構成する要素の一つが封建制である。この制度の下で，土地を封じられた者はその土地で農民を支配する領主となったが，ローマ＝カトリック教会もまた国王や貴族から寄進を受ける大領主であった。このような構造は，教会にどのような結果をもたらしたのだろうか？

封建制というと，古代中国の周王朝や，日本の武家政権でも見られますが，中世ヨーロッパの封建制も同じものと考えてよいのでしょうか？

同じ封建制といっても，その特徴は地域や時代ごとに大きく異なるから注意しよう。中世ヨーロッパの封建制ならではの特徴があるんだ。

1 封建社会成立の背景

8～11世紀，西ヨーロッパでは異民族（イスラーム勢力やノルマン人など）の侵入が続き，商業が衰退して農業中心の自給自足的な現物経済へと移行した。この社会不安の中で，弱者が強者に保護を求める傾向が強まった。各地の有力者（領主）は城や砦を築いて各自の所領を自衛しつつ農民を支配し，さらに地方領主は近隣の有力者に自分の土地を預けて保護を求めた。

2 封建制度（フューダリズム）

中世ヨーロッパにおける封建制度は，ローマの**恩貸地制度**とゲルマンの**従士制**に由来する。主君と家臣の封建的主従関係は封土の授受を通じて成立し，家臣は主君に忠誠を誓って軍事的奉仕の義務を負った。この関係は個別の契約関係であったが，しだいに世襲化し，家臣は封土を私領とみなすようになった。また，主君と家臣の関係は双方が義務を守るという**双務的契約関係**であり，主君が契約

⊕ PLUS α

封建的関係の比較

ヨーロッパの封建制度の主従関係は双務的契約関係であった。これに対し，中国（周代）の封建社会は血縁を基本にしたものであった。また，日本の江戸時代の主従関係は「二君にまみえず」といい，主君に対する臣下の強い忠誠を特徴としていた。

に違反した場合に家臣は服従を拒否することができ，また，複数の主君と契約を結ぶことも可能だった。各領主は**不輸不入権（インムニテート）**をもち，領主裁判権や，課税を拒否する力をもっていた。したがって，征服王朝であったイングランドなどの例外を除き，全体的に極めて地方分権的で，王権は弱かった。

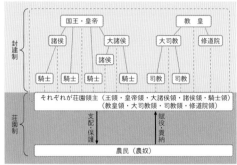
▲封建社会の構造

3 荘園制

王・諸侯・騎士それぞれが農民を支配する領主であり，この領主の所有地を荘園という。荘園では，**三圃制**が行われていた。耕地には領主直営地と農民保有地があり，牧草地・森林・湖沼などは共同利用地（入会地）となっていた。

🔖 **KEY WORD**

三圃制
春耕地・秋耕地・休耕地を3年で一巡する土地利用のこと。

4 教会と社会

ローマ゠カトリック教会は封建社会と一体化して，西ヨーロッパ全体に普遍的な精神的権威を確立した。そして，教会内の組織としてローマ教皇を頂点に，ピラミッド型の**階層制組織（ヒエラルキー）**を形成した。各教会や修道院は，それぞれが領土を所有して封建領主化し，高位聖職者は国王や貴族からの寄進により大領主となった。また，領地を相続できない貴族の子弟が聖職者になるなど，全体的に聖職者の**世俗化**（聖職者の結婚，世俗権力による俗人の聖職者任命，聖職売買など）がすすんだ。

▲教会の階層制組織

5 農民の負担

荘園領主の支配を受けていた農民を**農奴**という。農奴には次のような負担が
あった。

A 経済的負担 **賦役**…週に約2〜3日の領主直営地耕作(労働地代)。

貢納…農民保有地の収穫の一部を領主に納める(生産物地代)。

十分の一税…収穫の十分の一を教会に納める。

その他の税…結婚税, 死亡税, 水車・パン焼きがまの使用料など。

B 経済外的負担 移動・保有地の処分・職業選択の自由などが認められず,
領主裁判権による領主の強力な支配下にあった。

6 修道院運動と教会の改革

6世紀,「祈り, かつ働け」の標語をかかげたベネディクトゥスによってイタリ
アのモンテ=カシノに修道院が創設された。以来, 修道院は西ヨーロッパ各地に
広がっていったが, しだいに世俗化がすすんだ。しかし, 11世紀になるとフラ
ンスの**クリュニー修道院**を中心に, ローマ=カトリック教会の腐敗や堕落に
対する粛正・浄化運動が展開された。修道院にはこのほかに, 托鉢修道会のフラ
ンチェスコ修道会(1209年創設)・ドミニコ修道会(1215年創設)などがある。

7 叙任権闘争

クリュニー修道院の影響を受けた**グレゴリウス7世**(在位1073〜85)が
ローマ教皇に就任すると, 聖職者の妻帯禁止や聖職売買の禁止などの教会改革を
本格的にすすめた。また, 世俗権力者による聖職者任命権(**聖職叙任権**)を禁止した。

8 カノッサの屈辱

ドイツ国王(のち神聖ローマ皇帝)**ハインリヒ4世**(国王在位1056〜1106,
皇帝在位1084〜1106)は, 帝国教会政策にもとづき国内聖職者の任命を行って
いたので改革に反発したが, 教皇に破門されて謝罪した(1077)。この事件を**カ
ノッサの屈辱**という。なお, のちにハインリヒ4世はイタリアに侵入し, グ
レゴリウス7世を追放している(1084)。聖職叙任権をめぐる世俗権力と教皇との
争いは**ヴォルムス協約**(1122)で,「教皇が聖職叙任権をもち, 皇帝は教会・
修道院の領地に関して承認権をもつ」として一応終結した。

9 教皇権の絶頂期

　絶頂期の教皇**インノケンティウス3世**(在位1198〜1216)は，神聖ロー
マ皇帝オットー4世，イギリス王ジョンらを破門し，フランス王フィリップ2世
を臣従させ，第4回十字軍を提唱した。彼は「教皇は太陽，皇帝は月である」とし
て，教皇の権威の優越を説いた。

中世ヨーロッパ封建社会の特徴と教皇権の伸長
- ☑ 特徴…君臣関係は**双務的契約関係**・王権が弱く地方分権的。
- ☑ 教会の世俗化→**クリュニー修道院**・**グレゴリウス7世**の改革
　→**カノッサの屈辱**→教皇権の隆盛(**教皇インノケンティウ
　ス3世**の頃に絶頂期)。

この講のまとめ

中世ヨーロッパの封建制の構造は，ローマ=カトリック教会にどのような
結果をもたらしたのだろうか？
- ☑ **教会も寄進を受ける大領主となった。**
- ☑ **領地を相続できない貴族の子弟が聖職者になるなど，聖職者の世俗化が
　すすんだ。**
- ☑ **11世紀以降，教会の世俗化・腐敗に対して修道院を中心に刷新運動が
　行われた。**

定期テスト対策問題[5]

解答は p.495

1 次の文の空欄に適切な語句を補充しなさい。

[よく出る] (1) メッカで迫害を受けたムハンマドは622年に [　㋐　] へ移り，イスラーム教徒の共同体(ウンマ)を創設した。この移住を [　㋑　] (聖遷《せいせん》)という。

(2) 642年，アラブ=ムスリム軍は [　　　] でササン朝を破った。

(3) ウマイヤ朝では，非アラブ人はイスラーム教に改宗してもハラージュ（地租）や [　　　] (人頭《じんとう》税)を負担しなければならなかった。

(4) アッバース朝での政治は [　㋐　] (シャリーア)にもとづいて行われ，8世紀には新首都 [　㋑　] が建設された。

(5) 10世紀に成立したファーティマ朝は，エジプトを征服して首都カイロを建設し，シーア派を奉じて君主はカリフを名乗った。少し遅れてイランに成立した [　㋐　] 朝もシーア派を奉じ，アッバース朝カリフからは [　㋑　] の称号を受けた。

2 次の問いの答えとして適切なものを選択肢から答えなさい。

(1) イスラーム教における六信として適切でないものを選びなさい。

㋐預言者　㋑イスラーム法　㋒聖典　㋓天命

(2) イスラーム教における五行として適切でないものを選びなさい。

㋐聖戦　㋑巡礼　㋒礼拝　㋓断食

[よく出る] (3) 正統カリフのうち，4代目の人物として適切なものを選びなさい。

㋐アリー　㋑ウスマーン　㋒ウマル　㋓アブー=バクル

[発展] (4) 後ウマイヤ朝の都として適切なものを選びなさい。

㋐ダマスクス　㋑バグダード　㋒コルドバ　㋓カイロ

3 東ヨーロッパ世界に関して，次の問いに答えなさい。

[よく出る] (1) 東ローマ帝国の最盛期をになった6世紀の皇帝は誰か。

(2) ビザンツ皇帝の妹と結婚し，ギリシア正教を国教としたキエフ公は誰か。

(3) ツァーリ(皇帝)を自称し，キプチャク=ハン国から自立したモスクワ大公は誰か。

[発展] (4) 南スラヴ人のうち，セルビア人が受容した宗教は何か。

(5) 非スラヴ系民族のうち，ハンガリー王国を建国した民族を何というか。

4 次の文章を読み，後の問いに答えなさい。

481年にフランク王国を建国したメロヴィング家の[㋐]は，①アタナシウス派キリスト教に改宗をした。その後，王室の権力闘争が続くと，宮宰（きゅうさい）が政治の実権を握るようになり，カロリング家のカール=マルテルは，北アフリカからイベリア半島に上陸したウマイヤ朝を[㋑]の戦いで破るなど活躍した。カール=マルテルの子[㋒]（3世）はローマ教皇の承認のもとで王位につき，ランゴバルド王国を攻撃して得たラヴェンナ地方を教皇に寄進するなど，ローマ=カトリック教会との連携を強めた。8世紀に王位についたカール大帝は，アルタイ語系遊牧民の[㋓]やイスラーム教徒を撃退した功績から，800年に教皇[㋔]から帝冠が与えられた。カール大帝の子の死後，相続争いが激しくなると，843年には[㋕]条約，870年には[㋖]条約がそれぞれ結ばれ，フランク王国は分裂した。東フランクでは10世紀に[㋗]が戴冠（たいかん）したことから神聖ローマ帝国が成立し，西フランクではカロリング家の断絶後に[㋘]朝が成立した。

(1) 文章中の空欄[㋐]～[㋘]に当てはまる語句を答えなさい。

[発展] (2) 下線部①に関して，この改宗の目的について説明しなさい。

5 ノルマン人の活動に関して，次の問いに答えなさい。

(1) 911年，ノルマン人の首長ロロが北フランスに建国した国を何というか。

[よく出る] (2) 1066年，イングランドを征服しノルマン朝を成立させた人物は誰か。

[発展] (3) 9世紀後半にルーシのリューリクによって建国された国を何というか。

6 次の文の空欄に適切な語句を補充しなさい。

[よく出る] (1) 中世ヨーロッパの封建制度は，ローマの[㋐]とゲルマン人の[㋑]に由来し，双務的契約関係を特徴としている。

(2) 11世紀にローマ=カトリック教会の腐敗や堕落に対する粛正（しゅくせい）・浄化運動を展開したフランスの[㋐]修道院の影響を受けた[㋑]は，11世紀の教皇就任後，本格的な教会改革をすすめた。

(3) ドイツ国王（のちの神聖ローマ皇帝）の[㋐]は，国内聖職者の任命をめぐって教皇と対立し破門された。この事件を[㋑]という。

[発展] (4) 聖職叙任権をめぐる世俗権力と教皇との争いは，1122年の[　　]で決着し，聖職叙任権は教皇がもつとされた。

(5) 教皇権の絶頂期は12～13世紀の[　　]の頃であり，この教皇は，対立する世俗権力者を破門したり，第4回十字軍を招集したりするなどし，「教皇は太陽，皇帝は月」という言葉を残した。

第2部　諸地域世界の交流と再編

第 **1** 章　イスラーム世界
の広がりと
イスラーム文化

1 | イスラーム世界の発展

🔍 この講の着眼点

イスラーム教を創始したのはアラブ人だが，その支配領域の拡大とともに他の民族もイスラーム国家を建設していった。いつ，どこの地域に，どの民族が国を建てたのか，その特徴をひとつひとつ整理しよう。

> オスマン帝国やムガル帝国など，世界史に登場するイスラーム国家にはトルコ系のものが多いですよね。

> 優れた騎馬技術をもつトルコ人はアラブ人の王朝で戦力として重宝され，しだいに独自の国家をもつようになったんだ。

1 東方① トルコ人のイスラーム化

A イスラームの侵出 8世紀以降，ウマイヤ朝のもとでイスラーム勢力は**トルキスタン**に進出し，次のアッバース朝のときに**タラス河畔の戦い**(751)で唐軍を破り，その支配地をさらに拡大した。

B イスラーム化 突厥（とっけつ）やウイグルなどのトルコ人はモンゴル高原で遊牧生活をおくっていたが，9世紀以降，中央アジアへ移住。そのすぐれた騎馬戦士としての能力により，アッバース朝カリフは**トルコ系奴隷軍人（マムルーク）**を**親衛隊**に採用。こうしてトルコ人のイスラーム化が始まった。

C イスラーム王朝の成立 イスラーム勢力の拡大とともに，ムスリム商人の活動範囲も広がり，トルコ系民族との接触も頻繁（ひんぱん）になった。やがて，西トルキスタンのブハラを都にアジア初のイラン系イスラーム王朝である**サーマーン朝**(875〜999)が建国されたことにともない，ここに住むトルコ系民族のイスラーム化が急速にすすんだ。10世紀に入ると，トルコ人が中央アジアの東トルキスタンに**カラハン朝**(10世紀半ば〜12世紀半ば頃)を建国し，イスラーム教を受容してタリム盆地にイスラーム教を拡大した。また，サーマーン朝のト

> **KEY WORD**
>
> **トルキスタン**
> 中央アジアのタリム盆地一帯は東トルキスタン（トルコ人の土地），シル川・アム川流域は西トルキスタンとよばれる。

ルコ人奴隷がアフガニスタンで自立し，**ガズナ朝**(977 ～ 1187)を建国した。ガズナ朝はこのあと北インドに侵入し，インドのイスラーム化をすすめる。こうしてイスラーム化したトルコ系民族は，トルキスタンから西アジアの中心部へ移動を続け，のちに**セルジューク朝**や**オスマン帝国**など，有力なトルコ系イスラーム王朝を建国することになった。

2 東方②セルジューク朝(1038～1194)

Ⓐ **成立**　シル川下流域にいたトルコ系遊牧民のセルジューク家の族長**トゥグリル゠ベク**が建国。1055 年，大アミールのいる**ブワイフ朝**を追放してバグダードに入城，アッバース朝カリフから**スルタン**(支配者)の称号を与えられた。

Ⓑ **最盛期**　第 3 代マリク゠シャー(在位 1072 ～ 92)は，名宰相**ニザーム゠アルムルク**の補佐により，セルジューク朝に最盛期をもたらした。セルジューク朝は**スンナ派**を掲げて，シーア派のファーティマ朝と対立。領土をシリア，パレスチナまで広げ，ビザンツ帝国から小アジアを奪ったことで，十字軍のきっかけとなった。

Ⓒ **衰退**　セルジューク朝は，領内都市に**マドラサ**(**学院**)を設置して，スンナ派の神学や法学の普及・統一につとめたが，11 世紀末に王族の争いから分裂，衰退した。

KEY WORD

スルタン

イスラーム世界の唯一の最高指導者であったカリフは宗教的権威を保つのみとなり，スルタンが政治的・軍事的実権を握ることとなった。

⊕ PLUS α

ニザーミーヤ学院

領内の主要都市に建設されたマドラサ(学院)は，これをすすめたイラン人宰相ニザーム゠アルムルクの名にちなんでニザーミーヤ学院とよばれた。

▲ 11 世紀後半のイスラーム世界

❸ 東方③セルジューク朝後

Ⓐ **ホラズム=シャー朝**(1077～1231)　セルジューク朝のトルコ人奴隷がアム川下流のホラズム地方の総督に任ぜられて成立。セルジューク朝からイランを奪い，イラン・中央アジア・アフガニスタンを支配した。ホラズム=シャー朝は**クフナ・ウルゲンチ**を都に東西貿易で栄えたが，モンゴル人の大征服が始まり，1220年の**チンギス=カン(ハン)**(在位1206～27)の攻撃ののち滅亡した。

Ⓑ **西遼(カラキタイ，** 1132～1211**)**　モンゴル系契丹族(きったん)の耶律大石(やりつたいせき)がカラハン朝を倒し，中央アジアに建国した。西遼は中継貿易で栄えたが，チンギス=カンに追われてきたナイマンの王子に王位を奪われ，滅亡した。

❹ 東方④モンゴルの支配

Ⓐ **チャガタイ=ハン国**(1306～1346)　13世紀，チンギス=カンは西征し，ナイマンを滅ぼしてホラズムを倒した。チンギス=カンの次子のチャガタイは，中央アジアに**チャガタイ=ハン国**を建国。トルコ人の影響からイスラーム教を受容した。

Ⓑ **イル=ハン国**(1258～1353)　チンギス=カンの孫**フレグ**は，1258年にバグダードを占領した。これによりアッバース朝は滅亡し，カリフ制度もいったん消滅した。フレグはイラン・イラクを領有し，**イル=ハン国**を建国，シリアの領有をめぐり**マムルーク朝**と争った。第7代の**ガザン=ハン**(在位1295～1304)の時代に**イスラーム教**を国教とし，宰相に『集史』の著者としても有名な**ラシード=アッディーン**を登用。地租を中心とするイスラーム式税制に改め，農村を安定させた。イル=ハン国はイラン=イスラーム文明を保護し，東西貿易で繁栄した。

▲13世紀後半のイスラーム世界

❺ エジプト①アイユーブ朝(1169～1250)

Ⓐ **成立**　シリアのザンギー朝に仕えていたクルド人の**サラディン(サラーフ=アッディーン，**在位1169～93)は主君の命で支援に赴いたファーティマ朝を廃して**アイユーブ朝**を建国，スンナ派信仰を復活させた。

B **十字軍との攻防**　サラディンは十字軍が建国した**イェルサレム王国**からイェルサレムを奪回(1187)。イングランドのリチャード1世と戦って第3回十字軍の侵攻を防ぎ、イスラーム世界の危機を救った英雄として活躍した。

6 エジプト②マムルーク朝(1250～1517)

A **成立**　アイユーブ朝スルタンが大量に購入した、トルコ人奴隷による騎士団である**マムルーク軍団**は、やがてアイユーブ朝を滅ぼし、マムルーク朝を建国した。

B **十字軍の撃退・支配の正当化**　第5代スルタンの**バイバルス**(在位1260～77)は、モンゴル軍のシリア侵攻を退け、十字軍を最終的に撃退した。また、アッバース朝カリフの末裔(まつえい)を新しいカリフとして**カイロ**に擁立(ようりつ)し、メッカ・メディナの両聖都を保護下に入れることによって支配を正当化した。

C **カイロの繁栄**　アイユーブ・マムルークの両王朝期は安定した政治が続き、小麦・大麦・サトウキビが大量に生産され、首都カイロは貿易の拠点としてにぎわった。両王朝の保護下で活躍したムスリム商人のグループは**カーリミー商人**とよばれ、特にマムルーク朝時代はインド洋・地中海の制海権をおさえ、**香辛料貿易**を独占した。ファーティマ朝時代に建設された**アズハル学院**は、この時代にはスンナ派のイスラーム教学問の中心となった。

> **KEY WORD**
>
> **カイロ**
>
> 第6回十字軍は貿易拠点として魅力的なカイロに侵攻した。カーリミー商人はカイロやアレクサンドリアを拠点として、インド商人とイタリア商人を仲介した。のちの大航海時代は、カーリミー商人を介さずアジアと直接貿易を行うことを求めたものだった。

▲現在のカイロのようす

7 西方①ベルベル人の活動

　イベリア半島から北アフリカにかけても、後ウマイヤ朝が滅亡するなどアラブ人は社会の中心から後退(こう)。イスラーム化した**ベルベル人**が**ムラービト朝**(1056～1147)、**ムワッヒド朝**(1130～1269)を建国した。

> **KEY WORD**
>
> **ベルベル人**
>
> 北アフリカの先住民族。ラテン語の「バルバロス(非文明人)」に由来する。

両王朝はモロッコの**マラケシュ**を都とし，イベリア半島でキリスト教諸国の**国土回復運動**(レコンキスタ)と戦いを繰り返した。ムラービト朝は**ガーナ王国**に侵攻し，サハラ以南にイスラーム教を広めた。

8 西方②ナスル朝 (グラナダ王国1232〜1492)

イベリア半島のイスラーム勢力は徐々に南方に追われ，最後の国家となったのが**ナスル朝**である。ナスル朝は1492年にスペイン王国によって滅ぼされた。

イスラーム教徒の一部は北アフリカに移住したが，首都**グラナダ**には，イスラーム文化の最高傑作といわれる**アルハンブラ宮殿**が残された。

▲アルハンブラ宮殿

9 イスラーム社会

各地の都市を中心に運営され，都市は**モスク**(礼拝所)，**マドラサ**(学院)，市場(スーク，バザール)を中心に形成された。これらの宗教・公共施設は支援者や裕福な商人が寄進した信託財産(**ワクフ**)によって建設された。

10 租税の徴収

ウマイヤ朝，アッバース朝の時代には，政府は各地から租税を徴収し，官僚・軍人に**俸給**(アター)を支給した。9世紀以降はカリフの権力が衰え，ブワイフ朝は土地からの**徴税権**(イクター)を各軍人に与えて支配させた。これを**イクター制**といい，セルジューク朝以降西アジアに普及した。

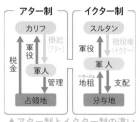

▲アター制とイクター制の違い

POINT

イスラーム世界の広がり

☑ 10世紀以降トルコ人王朝が誕生…**カラハン朝・ガズナ朝→セルジューク朝→ホラズム＝シャー朝**。

☑ モンゴル人の支配…**チャガタイ＝ハン国・イル＝ハン国**。

☑ エジプトのイスラーム王朝…ファーティマ朝→**アイユーブ朝**（クルド人）→**マムルーク朝**（トルコ人）。

☑ イベリア半島のようす

ベルベル人の支配…**ムラービト朝，ムワッヒド朝**。

ナスル朝…グラナダに**アルハンブラ宮殿**。

🔍 **この講のまとめ**

アラブ人以外の民族によって建てられたイスラーム国家のようすは？

☑ すぐれた騎馬技術で奴隷戦士として重宝されたトルコ人がイスラーム化し，王朝を誕生させていった。

☑ モンゴル人のイル＝ハン国はイスラーム教を国教とした。

☑ エジプトでは貿易都市カイロを中心にクルド人やトルコ人の王朝が繁栄。

☑ ベルベル人王朝が北アフリカからイベリア半島にかけて繁栄。

2 ｜ アジア・アフリカのイスラーム化

🔍 この講の着眼点

　　現在，イスラーム教徒の人口が最も多いのは東南アジア，次いで南アジアである。また，アフリカの諸王朝の繁栄はイスラーム商人の活動に支えられたものであった。これらの地域はどのようにイスラーム化したのだろうか？

この王は，世界史の中で最も裕福であった人物と言われています。

マリ王国の14世紀の王，マンサ=ムーサだよ。金を配りながら旅をしたといわれているけれど，彼の目的地はどこだろう？

▲マンサ=ムーサ

1 インドのイスラーム化

Ⓐ **ガズナ朝**(977～1187)　**サーマーン朝**のマムルークであったアルプテギンが，アフガニスタンのガズナを拠点に**ガズナ朝**を建国。**パンジャーブ地方**に侵入し，ヒンドゥー教の寺院を破壊して，戦利品として莫大な富を持ち帰った。

Ⓑ **ゴール朝**(1148頃～1215)　イラン系を自称する部族がアフガニスタンのゴール地方で自立し，**ゴール朝**を建国。インドの**ラージプート軍**(ヒンドゥー教の諸侯や戦士集団)を破ってガンジス川流域まで侵入し，北インドを支配した。

Ⓒ **デリー=スルタン朝**(1206～1526)　ゴール朝のマムルークであった**アイバク**が，任地であったデリーで自立して**奴隷王朝**(1206～90)を建国。以後，**デリー**を都としたイスラーム王朝が5王朝続いた。これを総称して**デリー=スルタン朝**とい

▲インドのイスラーム王国

う。奴隷王朝は，モンゴルの侵入を防いだ。また，**ハルジー朝**はデカン高原・南インドを占領し，デリー＝スルタン朝の最大版図を実現。**地租の金納化**などの経済改革を行った。

D **インドにおけるイスラーム**　イスラーム勢力の進出にもかかわらず，インドの多くでは**ジズヤ**（人頭税）を納めることで**ヒンドゥー教信仰**を認められ，**カースト制度**も維持された。都市住民や身分差別に苦しむ下層民の中には，アッラーの前の人間の平等を説くイスラーム教に改宗する者も出た。イスラームにおける神との直接的接触を求める**スーフィー**（**イスラーム神秘主義者**）の修行と，ヒンドゥー教の神への献身を求める**バクティ**や苦行を通じて神との合体を求める**ヨーガ**とが似ていたことが布教を容易にした。

POINT

> インドのイスラーム化
> ☑ **ガズナ朝**→**ゴール朝**→**デリー＝スルタン朝**。

2 東南アジアのイスラーム化

A **ムスリム**（イスラーム）**商人の進出**　8世紀頃，ムスリム商人は東南アジアに進出。13世紀以降，インドからのイスラーム布教が本格化し，スマトラ島に広がった。

B **イスラーム王国の成立**　マレー半島に成立した**マラッカ王国**（14世紀末〜1511）の王が15世紀初めに**イスラーム**に改宗し，インド，西アジアからイスラーム商船が多数来航した。また，マラッカ王国は明に朝貢することにより，**仏教**国の**アユタヤ朝**や**ヒンドゥー教**国の**マジャパヒト王国**に対抗した。また，**イスラーム教**もマラッカを拠点にジャワ島西部（**バンテン王国**），スマトラ（**アチェ王国**）からフィリピンへ広まった。ジャワ島の**マタラム王国**（1580年代末頃〜1755）

▲東南アジアのイスラーム王国

KEY WORD

マラッカ

マラッカは15世紀の鄭和の遠征によって明に朝貢し，発展した。なお，鄭和自身もイスラーム教徒である。

はマジャパヒト王国滅亡後に成立し、ジャワ島のイスラーム化をすすめた。

⊕ PLUS α

フィリピンのムスリム
フィリピンの人口の5%を占めるイスラーム教徒は南部に多く、モロ人(ムーア人)とよばれている。

POINT

東南アジアのイスラーム化
☑ **マラッカ王国**を拠点に広がる。

3 アフリカのイスラーム化

Ⓐ **クシュ王国**(前920頃~後350頃)　ナイル川上流に成立。一時エジプトを支配したが、アッシリアの攻撃でエジプトを放棄、ナイル川上流に後退した。これ以後**メロエ**に都を置き、製鉄とエジプトとの通商によって栄え、**メロエ文字**(未解読)を用いた。

Ⓑ **アクスム王国**(紀元前後頃~12世紀)　現在のエチオピアのあたりに建国。4世紀には**クシュ王国**を滅ぼした。同じ頃**キリスト教**を受容し、**象牙**や**金**をインドやローマに輸出した。

Ⓒ **ガーナ王国**(7世紀頃~13世紀半ば頃)　西アフリカ(ニジェール川上流)で最古の**黒人王国**として成立。金を産出し、ムスリム商人が塩を持って訪問、金と交換した。11世紀後半にムラービト朝に侵攻されたあと、イスラーム化が急速にすすんだ。

Ⓓ **マリ王国**(1240~1473)　**イスラーム教**国家。14世紀の国王**マンサ゠ムーサ**は、メッカ巡礼に際し、大量の金を奉納し、「黄金のマリ」の名を広めた。

Ⓔ **ソンガイ王国**(1464~1591)　**マリ王国**に続いて建国。15世紀に最盛期をむかえ、交易都市**トンブクトゥ**はイスラームの学問の中心地として栄えた。

▲ 2世紀頃のアフリカ

▲ 11世紀頃のアフリカ

▲ 14世紀頃のアフリカ

F アフリカ東海岸の貿易拠点 アフリカ東海岸には古くからインド洋貿易の拠点があったが，8世紀以降ムスリム商人が進出し，イスラーム化が進んだ。**マリンディ・モンバサ・ザンジバル・キルワ**などが栄えた。ここでは，商業用語として現地の**バントゥー語**にアラビア語が混じった**スワヒリ語**が成立した。

G モノモタパ王国(15〜17世紀) ザンベジ川南部では，**ジンバブエ**を中心に**モノモタパ王国**が栄え，ムスリム商人の関わる貿易により金や象牙(ぞうげ)を輸出していた。

▲ 15〜16世紀頃のアフリカ

👨‍🏫 POINT

アフリカのイスラーム化
☑ ニジェール川上流域に**ガーナ王国→マリ王国→ソンガイ王国**が成立。

🔍 この講のまとめ

現在巨大なイスラーム教徒人口を抱えている地域は，どのようにイスラーム化した？

☑ **インドは，ガズナ朝やゴール朝の成立によりイスラーム化が進んだ。**

☑ **ムスリム商人の海上活動が，東南アジアのイスラーム化を進めた。**

☑ **8世紀以降，アフリカ東海岸はムスリム商人の活動によりイスラーム化が進んだ。**

3 | イスラーム文化

この講の着眼点

　イスラーム文化の功績は，イランやギリシア，インドなどのすぐれた文化を引き継ぎ，発展させ，後世に遺したことである。多様な民族を包摂するイスラーム教ならではの融合文化の特色を見てみよう。

イスラーム文化の中には，「イブン」という名前がつく人物が多く出てきますね。

イブンはアラビア語で「〜の息子」という意味があるんだ。遠く離れた地域でアラビア語の名前がみられるんだね。

1 イスラーム文化の特質

A 世界性・総合性　イスラーム帝国が発展した地域は，古代から多くの文明が栄えた地域であった。それらをイスラーム教とアラビア語によって融合させ，高度に発展させたものがイスラーム文化である。

B 交易による拡大　イスラーム文化は，基本的に都市の文化である。各都市には**軍人**，**商人**，**知識人**（**ウラマー**）が住み，**モスク**（礼拝堂）や学院（**マドラサ**），市場（**スーク**，**バザール**）を中心に都市生活が営まれた。都市を結ぶ交通路も整備され，中国からアフリカまでを往来するムスリム商人によって知識や生産の技術が世界各地に伝播した。

C 近代ヨーロッパへの影響　12 〜 13 世紀にかけ，スペインのトレドやシチリアのパレルモを中心に，アラビア語に翻訳されていたギリシア・ローマの文献がラテン語に翻訳された。スコラ哲学やルネサンスは，これらを基にして開花した。

2 学問と文化の発達

A 固有の学問　イスラーム教に関する**神学・法学**やムハンマドの言行・伝承研究に由来する**歴史学**が中心だった。神学者の**ガザーリー**は神秘主義（スーフィズム）とギリシア哲学を融合し，スンナ派の神学体系を確立した。

B **外来の学問**　イラン・ギリシア・インドなどに起源をもつ自然科学が中心だった。9世紀，**バグダード**に「**知恵の館**(バイト=アルヒクマ)」が建てられ，**ギリシア語文献**が**アラビア語**に翻訳されてから発達した。数学では，インド数字から**十進法**と**ゼロの概念**を取り入れ，**アラビア数字**が作られた。9世紀の**フワーリズミー**は**代数学**と**三角法**を開発した。天文学では，各地に観測所が作られ，**ウマル=ハイヤーム**が正確な**太陽暦**(現在のイラン暦のもととなるジャラリー暦)を作成した。化学は**錬金術**と結びついて発展し，ラテン語に訳されて中世ヨーロッパにも伝播した。哲学では，**イブン=ルシュド**(ラテン名　アヴェロエス)によって**アリストテレス哲学**が研究された。医学では，**イブン=シーナー**(ラテン名　アヴィケンナ)は『**医学典範**』を著した。

3 文学・芸術の発達

A **文学**　イラン文化の影響を受け，散文を中心に発達。諸国の民話を集めた『**千夜一夜物語**』(『**アラビアン=ナイト**』)は16世紀に完成。12世紀の**ウマル=ハイヤーム**の『**ルバイヤート**』は詩の傑作とされる。**イブン=バットゥータ**は，モロッコから中国にいたる世界を旅行して『**三大陸周遊記**』(『**旅行記**』)を著した。

B **芸術**　ミナレット(光塔)をもつ**モスク**などの優美な建築が生まれ，**アラベスク**という**幾何学模様**の表現様式が発達した。イラン人やトルコ人の間には，独特の**細密画**(ミニアチュール)が生まれた。

POINT

イスラーム文化
- ☑ 多様な文化をイスラーム教とアラビア語を核として融合させた文化。
- ☑ 固有の学問…**神学**，**法学**，**歴史学**がある。
- ☑ 外来の学問…ギリシア語文献のアラビア語への翻訳をきっかけに発達。
  →**数学**，**天文学**，**化学**，**哲学**，**医学**。

この講のまとめ

イスラーム文化の功績である文明の「融合」にはどんなものがある？

☑ ガザーリーは神秘主義（スーフィズム）とギリシア哲学を融合し，スンナ派の神学体系を確立。

☑ イラン文化の影響を受けて散文を中心に文学が発達し，『千夜一夜物語』（『アラビアン゠ナイト』）が誕生。

定期テスト対策問題⑥

解答は p.495

1 次の文の空欄に適切な語句を補充しなさい。

(1) すぐれた騎馬戦士としての能力をもつトルコ人奴隷(　　　)は，アッバース朝のカリフなどの親衛隊として採用された。

(2) ブワイフ朝を追放して，バグダードに入城したセルジューク家のトゥグリル＝ベクは，アッバース朝のカリフから　　　(支配者)の称号を与えられた。

[よく出る] (3) フレグが建国したイル＝ハン国では，第7代　　　の時代にイスラーム教が国教とされ，宰相にはラシード＝アッディーンが登用された。

(4) クルド人のサラディン(サラーフ＝アッディーン)は，ファーティマ朝を倒して　　　朝を建国し，スンナ派信仰を復活させるとともに，十字軍の侵攻を防いだ。

[発展] (5) 北アフリカの先住民族であるベルベル人が建国したムラービト朝やムワッヒド朝の都はモロッコの　㋐　におかれ，両王朝はイベリア半島でキリスト教諸国の　㋑　(レコンキスタ)と戦いを繰り返した。

2 次の文章を読み，後の問いに答えなさい。

ウマイヤ朝，アッバース朝の時代には，政府が各地から租税を徴収し，官僚・軍人に俸給(アター)を支給した。9世紀以降，カリフの権力が衰えると，土地からの徴税権を各軍人に与えて支配させた。この制度を　　　制という。この制度は，セルジューク朝以降に西アジアに普及した。

(1) 文章中の空欄に当てはまる語句を答えなさい。

[発展] (2) (1)の制度をはじめて実施したとされる王朝はどこかを答えなさい。

3 次の文章を読み，空欄に適切な語句を補充しなさい。

アフガニスタンを拠点とした　㋐　朝は，パンジャーブ地方からインドに侵入した。その後，12世紀半ばにイラン系を自称する部族がアフガニスタンで建国した　㋑　朝もインドに侵入し，ガンジス川流域までの北インドを支配した。　㋑　朝のマムルークであったアイバクによって建国された　㋒　王朝以降，デリーを都とした王朝が5王朝続いた。このデリー＝スルタン朝のうち，　㋓　朝は広大な地域を支配しただけでなく，地租の金納化などの経済改革をおこなった。

4 次の文章を読み，空欄に適切な語句を補充しなさい。

イスラーム商人が進出した東南アジアでは，13 世紀以降イスラーム布教が本格化した。マレー半島の[　㋐　]は 15 世紀に王がイスラーム教に改宗し，イスラーム商船が多数来航しただけでなく，[　㋑　]に朝貢することで周辺の仏教国に対抗した。イスラーム教は，ジャワ島西部のバンテン王国，スマトラ島のアチェ王国にも広がり，マジャパヒト王国滅亡後に成立した[　㋒　]は，ジャワ島のイスラーム化を進めた。

5 アフリカの王朝に関して，後の問いに答えなさい。

(1) 4 世紀にクシュ王国を滅ぼしてエチオピアに建国された国はどこか。

(2) 西アフリカにおける最古の黒人王国として成立し，ムラービト朝の攻撃を受けたあとイスラーム化が進んだ国はどこか。

(3) 14 世紀にメッカに巡礼したマンサ=ムーサはどこの国の王か。

(4) ソンガイ王国の時代に，交易と学問の中心として栄えた，ニジェール川流域の都市はどこか。

[よく出る] (5) イスラーム商人が進出したアフリカ東海岸で，現地のバントゥー語にアラビア語が混ざって成立した言語は何か。

6 次の問いの答えとして適切なものを選択肢から答えなさい。

(1) イスラーム教における固有の学問の中心として適切でないものを選びなさい。

㋐法学　㋑数学　㋒神学　㋓歴史学

[よく出る] (2) ギリシア語文献のアラビア語翻訳がすすめられた「知恵の館」が建てられた都市として適切なものを選びなさい。

㋐カイロ　㋑ダマスカス　㋒グラナダ　㋓バグダード

(3) 代数学を開発した 9 世紀の数学者として適切なものを選びなさい。

㋐ガザーリー　㋑フワーリズミー

㋒イブン=バットゥータ　㋓ウマル=ハイヤーム

(4) アリストテレス哲学を研究した 12 世紀のイスラーム哲学者として適切なものを選びなさい。

㋐イブン=ルシュド　㋑イブン=バットゥータ　㋒イブン=ハルドゥーン

(5) イスラーム文化で発達した，幾何学模様の表現様式の名称として適切なものを選びなさい。

㋐ミナレット　㋑モスク　㋒ミニアチュール　㋓アラベスク

第 **2** 章　中世ヨーロッパ
世界の発展

1 | 教皇権の絶頂と十字軍

この講の着眼点

十字軍の遠征の背景にあったのは，人口増加・土地不足にともなう西ヨーロッパ世界の膨張であった。十字軍の結果，西ヨーロッパ世界にはどのような変化が起こっただろうか？

十字軍が開始された11世紀，西ヨーロッパはどのような状況にあったのでしょうか。

温暖な気候が続いていたことで人口が増加し，さまざまな形で新しい土地を求める活動が盛んになっていたんだ。聖地奪還というのは建前で，実際は世俗的な欲求に突き動かされた活動だったんだ。

1 十字軍の背景

封建社会が安定した11世紀の西ヨーロッパでは温和な気候が続いた。また三圃制，重量有輪犂などの鉄製農具，水車といった農業技術が進歩して生産力が向上し，人口が増加した。さらに余剰生産物が出始めると，都市と商業が興隆し，交通も発達した。西ヨーロッパ世界の膨張的傾向は，12 ～ 13世紀頃のシトー修道会などに代表される大開墾時代，イベリア半島のレコンキスタ（国土回復運動）や，巡礼の流行などの形で現れたが，そのような状況下において**十字軍**の遠征が行われたのである。

2 十字軍遠征の直接的契機

11世紀にトルコ系イスラーム王朝の**セルジューク朝**がアナトリア（小アジア）に進出し，ビザンツ帝国に迫った。そこで，ビザンツ皇帝（アレクシオス1世コムネノス）はローマ教皇**ウルバヌス2世**に救援を要請した。教皇は**クレルモン宗教会議**(1095)を開催して対イスラーム遠征を提唱し，セルジューク朝に占領された聖地を奪回するため，十字軍の派遣が決定された。なお，第4回以降の遠征経路はすべて海路であった。

正規の十字軍のほかに，民衆（農民）十字軍(1096)，少年十字軍(1212)，南仏の

カタリ派を一掃したアルビ
ジョワ十字軍(1209 〜 29)
などがある。1291 年に最
後の拠点**アッコン**が**マ
ムルーク朝**に占領され，地
中海東岸の十字軍の勢力は
一掃された。

	期間	経過	主な参加者
第1回十字軍	1096 〜 99	イェルサレムを占領し，イェルサレム王国を建国	ロレーヌ公 フランドル伯
第2回十字軍	1147 〜 49	イェルサレム王国の救援に失敗，途中のシリアで帰国	独帝(コンラート3世) 仏王(ルイ7世)
第3回十字軍	1189 〜 92	アイユーブ朝がイェルサレム占領(1187)，十字軍は内紛などで弱体化。英王リチャード1世は単独でサラディンと抗戦，講和して帰国	英王(リチャード1世) 独帝(フリードリヒ1世) 仏王(フィリップ2世)
第4回十字軍	1202 〜 04	ヴェネツィア商人の要求でコンスタンティノープルを占領しラテン帝国を建国	フランドル伯 ヴェネツィア総督
第5回十字軍	1228 〜 29	一時聖地を回復するが再度失う	独帝(フリードリヒ2世)
第6回十字軍	1248 〜 54	エジプトを攻撃し失敗	仏王(ルイ9世)
第7回十字軍	1270	チュニジアを攻撃し失敗	仏王(ルイ9世)

▲十字軍遠征の経過

2 十字軍遠征の影響

A 宗教的影響 遠征
の失敗により宗教的情熱が
冷め，**教皇**の権威が衰えた。

B 政治的影響 従軍の負担や戦死による家系の断絶などで諸侯・騎士が没
落し，**国王**の権力が強まり，中央集権化がすすんだ。

C 経済的影響 地中海経由の東方貿易が発展し，北イタリアの諸都市が繁
栄した。

D 文化的影響 ビザンツ文明やイスラーム文明のもとで蓄積されていたギ
リシア・ローマ文化が伝わり，**イタリア=ルネサンス運動**への刺激となった。

E その他 ドイツ騎士団の東方植民，ヨハネ騎士団のマルタ島領有，テンプ
ル騎士団のキプロス島入植など，宗教騎士団が各地で活動した。

POINT

十字軍
☑ 背景…封建社会の安定・人口増加に伴う西ヨーロッパの膨張的傾向。
☑ 契機…**セルジューク朝**の圧迫→ビザンツ皇帝の救援要請。
　　　　→**クレルモン宗教会議**(教皇**ウルバヌス2世**)
　　　　→十字軍派遣を決定。
☑ 影響…教皇権衰退，諸侯・騎士の没落，王権強化，都市・貿易の発展。

十字軍は西ヨーロッパ世界にどのような変化をもたらしたか？

☑ **教皇の権威が失墜する一方で，国王の権威が高まった。**

☑ **ギリシア・ローマ文化が伝わり，イタリア゠ルネサンス運動への刺激と
なった。**

十字軍の数え方

　十字軍遠征は，第1回，第2回……と数える。「第4回十字軍はコンスタンティノープルにラテン帝国を建てた」や「第7回十字軍が最後の十字軍である」などといわれるが，実はそれぞれの十字軍を第何回と数えるかについて，定説はない。

　高校の教科書では全部で7回までとしているのが普通だが，1217～21年にエジプトを攻撃した十字軍を第5回目として，全部で8回とする数え方も有力な説である。第1回以前に行われた民衆（農民）十字軍は数に入れないが，これを第1回としないのは，あまりにも結果が悲惨だったことによるのかもしれない。少年十字軍もまた，悲惨な結果に終わったものとして有名である。

　では，十字軍の最後をどのように考えればよいのだろうか。教科書や参考書の中には，1291年のアッコン陥落を十字軍の終了と記述しているものがある。この参考書では「最後の拠点アッコンがマムルーク朝に占領され，地中海東岸の十字軍の勢力は一掃された」とし，アッコン陥落を十字軍の終了と明記していない。実は，1291年以降も教皇の公布による十字軍は続けて行われているからである。

　例えば，1396年には，ハンガリー王ジギスムントが率いるドイツ・フランス・イギリス・バルカン諸国連合がオスマン帝国に敗北した戦い（ニコポリスの戦い）があるが，この連合軍は東西双方の教皇が認めた十字軍であり，「ニコポリス十字軍」という。さらに，十字軍をキリスト教世界の聖戦または拡大のための戦いであると考えれば，イベリア半島の国土回復運動（レコンキスタ）も十字軍の一つととらえることができる。レコンキスタはアッコン陥落後も200年間にわたり続いた。その後も「十字軍」という言葉はさまざまな場面で使われ続けた。

　このような事実を知ると，十字軍を第何回と数えることにどのような意味があるのだろうかと考えさせられてしまう。十字軍を第何回と数えることは，歴史を学習・研究する上での便宜上に過ぎないということを認識しておこう。

2 | 中世ヨーロッパ社会の変容

この講の着眼点

十字軍以後，伝統的な権威は揺らぎ，中世ヨーロッパを形づくっていた封建社会は崩壊へと向かった。ヨーロッパ社会の変容はどのようなものだったのだろうか？

中世ヨーロッパの「都市の空気は自由にする」(*Stadtluft macht frei*) とは，どのようなことを意味する言葉なのでしょうか？

中世ヨーロッパには，荘園から都市に逃げ込んだ農奴が1年間都市で過ごせば農奴身分から解放されるという原則があったんだ。中世の都市は独立自治の象徴だったんだね。

1 商業の復活

「商業の復活」は，ベルギーの歴史家ピレンヌ (1862 ～ 1935) の言葉であり，「商業ルネサンス」ともいう。封建社会の安定を背景とした農業生産の発展が余剰生産物を生み出し，定期市などでの交換が活発に行われるようになった。こうして11世紀頃から商業の発展とともに**貨幣経済**が広がり始め，都市の人口も増加し始めた。また，十字軍遠征が開始されると，遠隔地貿易が復活して都市はさらに発展した。

地中海商業圏	港市	ヴェネツィア・ジェノヴァ・ピサ	東方貿易(香辛料・絹織物などを輸入)
	内陸	フィレンツェ・ミラノ (ロンバルディア同盟)	毛織物・金融
北ヨーロッパ商業圏（バルト海・北海）	北ドイツ	リューベック・ハンブルク・ブレーメン(ハンザ同盟)	木材・海産物・毛皮
	フランドル地方	ブリュージュ・ガン・アントウェルペン	毛織物
	イングランド	ロンドン	羊毛をフランドルに輸出
	ロシア	ノヴゴロド・キエフ・モスクワ	イスラーム商人と競合
内陸通商路	フランス	パリ・ボルドー・リヨン・マルセイユ シャンパーニュ地方	地中海商業圏と北ヨーロッパ商業圏を結ぶ
	南ドイツ	アウクスブルク・ニュルンベルク	

▲中世ヨーロッパの主な都市

191

2 中世都市の自治とギルド

　勢力が強くなった都市は，国王や諸侯から特許状を与えられ，**自治権**を獲得して独自の行政・司法組織をもつようになった。自治運営の中心になったのが，**商人ギルド**（同業組合）である。大商人を中心とした商人ギルドは市政を独占したが，やがて手工業者の**同職ギルド**（ツンフト）がこれに対抗するようになった。一連の抵抗運動を**ツンフト闘争**といい，ドイツの都市を中心に展開された。

　ギルドの目的は，良い商品の生産・販売とともに，利益を維持することであったため，規約を作って品質・規格・価格などを統制し，自由な競争を禁じた。このギルド的規制はのちに産業の発展を阻害することになった。

中世自治都市の地域別特徴

イタリア北部・中部→**コムーネ**…周辺をも支配する都市共和国（都市国家）に発展。
ドイツ→**自由都市**（帝国都市）…皇帝直属で諸侯に対抗。
イギリス・フランス→王権と結び王権伸長とともに成長する。

---

3 封建社会の変容

　商業と都市の発展に伴う貨幣経済の浸透は，封建社会を変容させた。領主は直営地を農民に貸与して，生産物と貨幣で地代を納めさせた（地代の**金納化**）。

　14世紀には西ヨーロッパの気候が寒冷化し，凶作や飢饉が続いた。また，黒死病（ペスト）の流行や百年戦争などで農業人口が減少した。その中で農民の身分的拘束が緩和されて，農民の待遇はよくなり，独立自営農民に成長する者も現れた。一方，苦しくなった封建領主の中には農民に対する支配を再強化する者も出てきた。このような動きを**封建反動**という。農民はこれに対して，フランスのジャックリーの乱（1358），イギリスのワット＝タイラーの乱（1381）などに代表される一揆を起こして抵抗した。

KEY WORD

黒死病（ペスト）
ペスト菌は，主にネズミにつくノミなどを媒介として人間に感染する。商業の発展に伴う交通の発達が流行を促進した。

KEY WORD

ワット＝タイラーの乱
ワット＝タイラーの乱では，指導者の一人ジョン＝ボールが「アダムが耕しイヴが紡いだとき，だれが貴族であったか」と言って，身分制度を批判した。

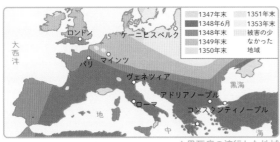

▲黒死病の流行した地域

4 騎士の没落

　封建社会の変容は，中小領主（騎士）を没落させていったが，火砲（火器）による戦術の変化や傭兵の使用はこれをさらに加速させた。一方，商業が発展すると，市民たちは国内市場を統一する中央集権的な権力を望むようになり，国王は彼らと協力して中央集権化をすすめようとした。そして，没落しつつあった諸侯や騎士は，国王の宮廷に仕える廷臣となった。

5 教皇権の衰退

Ⓐ **アナーニ事件**　14世紀初め，フランスのカペー朝の**フィリップ4世**（在位1285〜1314）は，財政難を打開するために聖職者にも課税しようとした。これに強く反対した**教皇ボニファティウス8世**は，フランス王にローマ近郊のアナーニで捕えられて憤死した（**アナーニ事件**，1303）。

Ⓑ **教皇庁の移転と教会大分裂**　1309年，ボルドー大司教が教皇に選出され，教皇庁は南フランスのアヴィニョンに移転した。この後約70年間（1309〜77），教皇庁がアヴィニョンに置かれた。これは「教皇のバビロン捕囚」と呼ばれることがあるが，これはイタリア人からみた呼び方である。その後，ローマに教皇が戻ると，アヴィニョンにも別の教皇がたって対立した。これを**教会大分裂**（**大シスマ**，1378〜1417）という。

Ⓒ **教会批判の高まり**　教会が分裂する中，各地で教会に対する批判的な運動が起こった。イギリスのオックスフォード大学の神学者**ウィクリフ**（1320頃〜84）は，聖書主義の立場から教会を批判し，聖書の英訳を行った。また，彼

に共鳴したベーメンのプラハ大学の神学者**フス**
(1370頃〜1415)も，聖書主義の立場から教会を批
判した。

D **教会大分裂の解決**　神聖ローマ皇帝**ジギ
スムント**(在位1411〜37)は，**コンスタンツ公
会議**(1414〜18)の開催を提唱し，ローマ教皇を
正統として教会大分裂を解決した。この会議でフスは異端として処刑され，それ
に対してベーメンではフス派が反乱を起こした(フス戦争，1419〜36)。

POINT

中世ヨーロッパ社会の変化
☑ 社会の変容…商業の復活→都市の発展→封建社会の変容→騎士の没
　　落・王権伸張。
☑ 教皇権の衰退の流れ…**アナーニ事件**→教皇庁のアヴィニョン移転
　　　　　　　　　　　　→**教会大分裂(大シスマ)→コンスタン
　　　　　　　　　　　　ツ公会議。**

この講のまとめ

十字軍以後の西ヨーロッパ社会はどのように変容したのだろうか？
☑ 商業の発展とともに遠隔地貿易で繁栄した都市が自治権を獲得。
☑ 感染症の流行や戦乱で人口が減少し，農民の待遇が相対的に改善。
☑ 教皇権の衰退とともに，教会のあり方を批判する者も出現。

時計塔がもたらしたもの

　ヨーロッパの都市には時計塔がシンボルとなっているところが多くあるが，こうした時計塔がヨーロッパ各都市に普及したのは14世紀のことである。

　時計塔の出現によって時刻の数え方が変わり，人々の生活も大きく変化した。機械時計が出現する以前のヨーロッパでは，日の出から日没までを昼の時間，日没から日の出までを夜の時間とし，それぞれ12等分したものを1単位の時間として数えていた。これを不定時法という。ヨーロッパは緯度が高く，季節によって日の出や日没の時間が大きく異なる。例えば，パリの夏は午後10時頃でも明るく，冬は午後4時頃になると薄暗くなる。夏と冬では，昼間の時間が10時間も異なる。季節によって1単位の時間が半分になったり倍になったり，そんな時間の中を人々は生きていた。しかし，町に時計塔が現れてから，人々の時間に対する意識は変化し始めた。

　時計の刻む時刻は，季節に関係なく一定である。これを定時法という。時計塔の出現によって，定時法は一般の人々に普及し始め，町の時計塔の刻む時刻による暮らしが始まった。職人が仕事を始める時刻や終わる時刻も時計に従い始めた。それまで職人は，時間に制約されることなく納得がいくまで1つの「作品」を作っていたが，一定時間内に「商品」を作らなければならなくなった。1563年のイギリスの徒弟法では「すべての職人および労働者は，朝は時計の示す5時または5時前に仕事につき，夜は7時と8時の間まで，朝食と午餐のための定められた時間をのぞいて働かねばならない。それに違反した者は，怠惰1時間につき1ペンスを賃金から差し引かれるべし」と規定している。「作品」から「商品」作りへ変化したのに伴い，報酬も「作品」ではなく「労働時間」によって与えられるようになった。

　定時法は一都市からヨーロッパ全体へ，そして世界中へと広がり，現在まで引き継がれている。

3 | ヨーロッパ諸国の動向

中世ヨーロッパはローマ゠カトリック教会という普遍的な権威のもとにおかれていた一方で，中央集権化を進めた王朝と，地方分権の状態を維持した地域の両方が存在した。13世紀以降の各国の動向を整理しよう。

イギリスは13世紀末に，フランスは14世紀初めに，それぞれ身分制議会が成立していますね。

同じ身分制議会といってもその性格はかなり異なっているよ。「王もまた法に従う」という原則をもつイギリスに対して，フランスの三部会は王権を支える層を国内に作り出すためのものだったんだ。

1 イギリスとフランス

13世紀頃から，貴族・聖職者たちと国王との間で，課税などについての対立を調整するために身分制議会が開かれた。特にイギリスでは，13世紀にはすでに王権を制限する法が成立し，現在の議会制度の模範となるしくみが15世紀までに整えられた。

A **イギリス** ノルマン朝（1066〜1154）は征服王朝だったので当初から王権が強かった。ノルマン朝が断絶すると，母親がノルマン朝出身ということでフランスのアンジュー伯がイギリス王ヘンリ2世（在位1154〜89）として即位し，**プランタジネット朝**（1154〜1399）が成立した。ヘンリー2世はイギリスの封建王政の盛期を築いたが，のちのジョン王は自らの失態

1215	大憲章（マグナ゠カルタ）…ジョン王（在位1199〜1216）がフランス王フィリップ2世に敗れて，フランスにおける領土の大半を失った。ジョン王は財政難から諸侯や聖職者に重税を課そうとしたが，貴族たちが反抗して王に大憲章（マグナ゠カルタ）を認めさせた。
1265	シモン゠ド゠モンフォールの議会 **イギリス議会の起源** ジョン王の子ヘンリ3世（在位1216〜72）はマグナ゠カルタを無視して重税を課したので，シモン゠ド゠モンフォールは貴族を結集して反乱を起こし，高位聖職者・大貴族・州代表の騎士と都市の代表者による議会を招集した。
1295	模範議会 エドワード1世（在位1272〜1307）が招集した身分制議会。
1343	上院・下院の二院制…上院（貴族院）は高位聖職者・大貴族，下院（庶民院）は州と都市の代表。下院では地主層のジェントリ（郷紳）が有力な勢力となった。
1414	下院の地位向上…下院は立法において上院と対等の地位を獲得した。

▲イギリス議会の成立過程

で大憲章(マグナ=カルタ)を認めることとなり，ここにイギリス立憲政治の最初の基礎が築かれた。

B　フランス　12世紀後半以降，**カペー朝**の王権が伸張。フィリップ2世(在位1180〜1223)がイギリス王ジョンから大陸のイギリス領の大半を奪った。また，ルイ9世(在位1226〜70)はアルビジョワ派を平定して，南フランスに勢力を拡大した。フィリップ4世(在位1285〜1314)は，フランドルとギエンヌへの出兵に失敗し，聖職者課税をめぐって教皇と対立(のちにアナーニ事件が起こる)。その際，**聖職者・貴族(諸侯)・平民(都市代表)**からなる**三部会**を招集し，その支持を得て王権を強化した。

KEY WORD

マグナ=カルタ

大部分は貴族らの封建的特権の確認であったが，新たな課税には高位聖職者や大貴族の承認が必要であることなども定められていた。

POINT

イギリスとフランスの動向
- ☑ イギリス…**大憲章(マグナ=カルタ)**→**シモン=ド=モンフォール**の議会→**模範議会**。
- ☑ フランス…カペー朝の王権が伸張→**三部会**で王権強化。

2　百年戦争(1339〜1453)

A　原因　フランスの王位継承問題が原因となった。1328年にシャルル4世が死亡してカペー朝が断絶した。それを受けてフィリップ6世(在位1328〜50)が即位し，**ヴァロワ朝**(1328〜1589)が成立すると，母がカペー家出身のイギリス国王**エドワード3世**は王位継承権を主張した。

B　背景　領土・経済問題も背景にあった。**毛織物工業**が盛んな**フランドル地方**はイギリス産羊毛の輸出先だったが，そこにフランスが進出しようとした。また，ワインの産地である**ギエンヌ**の争奪も起こった。

C　経過　1339年に百年戦争が開戦。

前半はイギリス優勢。長弓隊が活躍したクレシーの戦い(1346)，エドワード黒太子が活躍したポワティエの戦い(1356)などでイギリス軍が大勝。またフランス国内では**ブルゴーニュ公**などの親英派が国王と対立した。

中盤はペストが大流行。**ジャックリーの乱**(フランス，1358)や**ワット=タイラー**

の乱(イギリス，1381)などの農民反乱が起こった。

　後半にはフランスの**シャルル7世**(在位1422
〜61)が**オルレアン**をイギリス軍に包囲され，王国
は崩壊寸前となった。1429年，**ジャンヌ＝ダル
ク**率いるフランス軍がオルレアンを解放し，フラ
ンス軍の士気が高揚した。以後，シャルル7世は快
進撃(しんげき)を続け，1453年にフランスが勝利した。イギ
リス軍はカレーをのぞく全フランス領土から撤退(てったい)し，
カレーは1558年にフランスに奪還された。

D 結果 　フランスでは騎士(きし)・諸侯が没落して王
権が伸張した。シャルル7世は財務官**ジャック＝
クール**ら大商人の財力を背景に常備軍を創設。税制の整備や教会支配の強化がす
すめられた。イギリスでも，封建諸侯が没落して王権が伸張した。

KEY PERSON

ジャンヌ＝ダルク
ロレーヌ地方ドンレミ村の
農民の娘。13才の頃に「フラ
ンスを救え」という神のお告
げを受けた。1429年にオル
レアンを解放，百年戦争で危
機的な状況にあったフラン
スを救った。しかし，イギリ
スに捕われて，1431年に
ルーアンで火刑に処された。
百年戦争終了後の1455〜56
年の宗教裁判で復権した。

POINT

百年戦争
☑ 原因…フランスの王位継承問題。
☑ 背景…**フランドル地方**などをめぐる英仏の争い。
☑ 経過…イギリス優勢→**ジャンヌ＝ダルク**登場→フランス勝利。

3 バラ戦争(1455〜85)

　百年戦争後のイギリスで，ランカスター家(赤バラ)とヨーク家(白バラ)の王位
継承をめぐる対立によって，百年戦争後に帰還した騎士・諸侯同士の戦争が起き
た。激しい戦いが繰り広げられ，多くの貴族が没落した。母がランカスター家出
身であったウェールズ家系のヘンリ＝テューダーがヘンリ7世(在位1485〜
1509)として即位し，**テューダー朝**を開いてヨーク家の娘と結婚することで
内乱を終結させた。対立した両家の紋章がバラであったことから，19世紀にこ
の名が付けられた。

4 スペインとポルトガル

イベリア半島では，711年にイスラームのウマイヤ朝が西ゴート王国を征服。その後，コルドバを都として**後ウマイヤ朝**が建てられ，イスラームの支配のもとで，イスラーム教徒・キリスト教徒・ユダヤ教徒が共存する状態が続いていた。これに対して，北部のカトリック教徒は**国土回復運動（レコンキスタ）**の戦いを続け，回復された領土にはカスティリャ王国とアラゴン王国，さらに1143年にカスティリャから独立したポルトガル王国が建てられた。

▲国土回復運動（レコンキスタ）

A **スペイン**　カスティリャ王女**イサベル**とアラゴン王子**フェルナンド**が結婚し，両国は1479年に統合されて**スペイン王国**となった。レコンキスタは1492年に**ナスル朝**の**グラナダ**が陥落して終了した。同年，スペインの援助を受けたコロンブスはアメリカ海域に到達した。

⊕ **PLUS α**

レコンキスタ完了とコロンブスの航海

グラナダ陥落後にコロンブスへの援助が決定し，同年(1492)，コロンブスはアメリカ海域に到達した。

B **ポルトガル**　12世紀にカスティリャから独立。諸侯を抑えて王権を強化したジョアン2世(在位1481～95)は，アフリカ西岸探検をすすめ，インド航路の開拓を準備した。

5 ドイツとイタリア

A **ドイツ**　シチリア王を兼ねたシュタウフェン朝のフリードリヒ2世に代表されるように，皇帝がイタリアの介入を図る**イタリア政策**に没頭したため，ドイツ国内の統治が疎かになり皇帝権が弱体化した。1256年からは実質的に皇帝が不在の状態(**大空位時代**)となったが，1273年，**ハプスブルク家**のルドルフ1世が皇帝に即位して，大空位時代は終わった。

1356年，神聖ローマ皇帝カール4世は**金印勅書**(黄金文書)を発布して，聖俗7人の選帝侯が

KEY WORD

金印勅書

諸侯の特権を中心とした慣行を成文化したもの。皇帝の選出方法を確定すると同時に，選帝侯の地位を安定させる目的があった。

皇帝を選出することを定めた。1438年からは，ハプスブルク家から神聖ローマ皇帝を選出することが慣習となり世襲化したが，皇帝の国内統一はうまくいかず，大小300ほどの領邦が分立する状態が続いた。

　また，エルベ川以東へのドイツ人による**東方植民**がすすみ，ブランデンブルク辺境伯領やドイツ騎士団領などの新しい諸侯領がつくられた。

> **スイスの独立**
>
> 　スイスではハプスブルク家の支配が強まると，それに対抗して1291年に3州同盟（ウリ・シュヴィッツ・ウンターヴァルデン）が結成された。
>
> 　ハプスブルク家のアルブレヒト1世（在位1298〜1308）は3州の独立運動を弾圧したが，抵抗が続き，1316年に3州の自治権が認められた。
>
> 　1499年に事実上の独立を果たし，16世紀初めには13の自治州からなる連邦共和国となった。国際的には1648年のウェストファリア条約で承認された。

B　イタリア　北部では**ヴェネツィア・ジェノヴァ・フィレンツェ**などの有力な都市共和国やミラノ公国（ヴィスコンティ家）などが覇権（はけん）を争った。神聖ローマ皇帝のイタリア政策に対し，皇帝党（ギベリン，貴族・領主が多い）と教皇党（ゲルフ，都市の大商人が多い）が対立した。なお中部はローマ教皇領であり，南部では両シチリア王国が**シチリア王国**と**ナポリ王国**に分裂した。

6　北欧諸国

　北欧では，デンマークの摂政（実質的には王として支配）のマルグレーテの主導で**カルマル同盟**（1397〜1523）が結ばれ，デンマーク・スウェーデン・ノルウェーの3王国が同君連合を結成した（1523年にスウェーデンが独立して離脱）。

⊕PLUS α

両シチリア王国の分裂

1266年にフランスのアンジュー家が王位に就いたが，1282年にシチリアの貴族たちによりアンジュー家に対する反乱（「シチリアの晩鐘」）が起こった。これにより，シチリア王国はアラゴン王家，ナポリ王国はアンジュー家が支配して分裂。1442年にアラゴン王がナポリ王となり両シチリア王国となったが，フランス王のイタリアへの介入が続き，神聖ローマ皇帝との間でイタリア戦争（1494〜1559）が起こった。

POINT

ドイツとイタリアの動向
☑ ドイツ…神聖ローマ皇帝の**イタリア政策**→**大空位時代**→**金印
勅書 (黄金文書)** →領邦分立。
☑ イタリア…北部＝都市共和国，中部＝ローマ教皇領，南部＝両シチリ
ア王国 (シチリア王国とナポリ王国に分裂)。

🔍 **この講のまとめ**

13 世紀以降のヨーロッパ各国の動向はどのようなものか？
☑ **イギリスでは身分制議会が成立し，フランスでは王権が強化された。**
☑ **スペイン・ポルトガルはレコンキスタに成功し，新航路開拓へ。**
☑ **ドイツは皇帝権の弱体化と金印勅書により領邦分立状態に。**
☑ **イタリアは各地域に異なる勢力が分立する状況が続く。**

お皿にのると変化する英単語

　英語では，調理されてお皿にのると変化する単語がある。例えば，豚は pig で豚肉は
pork，羊は sheep で羊肉は mutton，牛は cow (牝牛) や bull (雄牛) で牛肉は beef である。
なぜ，この動物たちの単語は，肉として食べるときに変化するのだろうか。
　イギリス王室のノルマン朝・プランタジネット朝はフランス系の王室であったため，
当然，王室ではフランス語が使われていた。pork・mutton・beef など，お皿にのった
肉はいずれもフランス語起源である。イギリス人は牛や羊を cow とか sheep とよんで
いたが，フランス系の王室や貴族に仕える召使いたちは，フランス系の貴族たちに料
理を出すときにはフランス語を使わなくてはならなかった。この使い分けがもとで，英
語では動物がお皿にのるとフランス語風および名が変わることになった。
　同じようなことが，「歩く」「歌う」という単語でもおこっている。英語で「歩く」は
walk で「行進する」は march，「歌う」は sing で「詠う(聖歌を詠唱する)」は chant。march
と chant はフランス語起源の言葉である。イギリス人は，march を兵士が行進するとき
のような公的な場所を歩くときに，chant を公的な場所で「うたう」場合に使った。
　イギリス王室が英語を使うようになったのは，プランタジネット朝のエドワード I
世(在位 1272 ～ 1307)のときからである。エドワード I 世は模範議会を開催し，ウェー
ルズを征服した王だが，その過程で彼は「イギリス人の王」を自覚し，自ら意識的に英
語を使い始めた。そして，貴族たちにも子弟教育として英語を習わせ始めた。しかし，
pork，march などのフランス語起源の言葉はそのまま残り，今に至っている。

4 | 中世ヨーロッパ文化

　12世紀になると，イスラーム世界でアラビア語に翻訳されていた古代ギリシア・ローマの古典がラテン語に翻訳されるようになり，中世ヨーロッパの文化に大きな影響を与えた。ここでは中世ヨーロッパの文化の特徴をみていこう。

これは14世紀半ばのボローニャ大学での講義の様子だよ。この頃から，授業中に居眠りをする学生がいたとは，親近感がわいてくるね。

イスラームの影響を受けているような服装の人々もみられますね。中世の大学で学んでいたのはどんな人々なのでしょうか？

1 カトリック教会

　中世ヨーロッパはキリスト教の強い影響下にあり，カトリック教会や修道院は生活や文化に強い影響を及ぼした。

　学問は聖職者や修道士を中心に深められたが，**神学**が最高の学問とされ，「哲学は神学の婢（はしため）」といわれたように，哲学や自然科学は神学の下におかれた。学問の世界で使用された言語は**ラテン語**であった。ラテン語は，ヒエロニムスがギリシア語やヘブライ語から翻訳した当時の聖書の言葉であり，識字率の低い一般民衆は学問の世界から遮断されていた。

2 古典文化の復興

A カロリング゠ルネサンス　カロリング゠ルネサンスとはカール大帝時代に行われたラテン語による文芸復興運動のことを指す。神学を中心としており，キリスト教の教義や信仰の学問的な体系化をめざす**スコラ学**がおこった。スコラとは教会付属の学校のことである。スコラ学では普遍（ふへん）的なものの存在

をめぐる普遍論争がおこった。
①KEY WORD

この論争は，『神学大全』を著したトマス＝ア
クィナス(1225頃～74)によって，信仰と理性の
調和というかたちで集大成された。唯名論は，ウィ
リアム＝オブ＝オッカム(1290頃～1349頃)がさらに
発展させたが，異端とされた。

Ⓑ **12世紀ルネサンス** **古代ギリシア・ロー**
マの古典はビザンツ帝国からイスラーム世界に継承
されていたが，12世紀を中心に，スペインのトレドやシチリア島のパレルモで
アラビア語文献が盛んに**ラテン語**に翻訳され，古典文化への関心が高まった。ス
コラ学は**アリストテレス哲学**の影響を受けている。

また，イスラーム科学が流入し，イギリスの**ロジャー＝ベーコン**(1214頃～
94)の，実験と観察を重視した自然科学研究という姿勢に影響を与えた。

3 大学の成立

　大学は，12世紀頃から教員と学生の**ウニ**
ヴェルシタス(ギルド的共同体) の運営のもと
に成立し，主な大学には**神学・法学・医学・**
人文学の4学部があった。人文学部で7自由
学科(リベラルアーツと総称される，文法・
修辞・論理・算術・幾何・天文・音楽の7科
目のこと)を修めた学生のみ，これらの学部
で学ぶことができた。中世最古の大学は11
世紀後半に創設された，法学で有名なイタリ
アの**ボローニャ大学**である。また，医学は
イタリアの**サレルノ大学**，神学は**パリ大学・**
オクスフォード大学が有名である。**ケンブ**
リッジ大学はオクスフォード大学から分か
れてできた。当時の学生は各地の大学を遍
歴して学んだ。

▲中世の大学の分布

ケンブリッジ
オクスフォード
パリ
ボローニャ
サレルノ
大西洋
北海
地中海

◎12世紀までに設立
■13世紀設立
▲14世紀設立
●15世紀以後設立

▲ケンブリッジ大学

4 建築

A 教会 初期はビザンツ様式の影響が強かった。11世紀頃からは半円状アーチ・厚い石壁・小さな窓を特徴とする**ロマネスク様式**，12世紀からは尖塔・広い窓・ステンドグラスを特徴とする**ゴシック様式**の教会が建てられた。

建築様式（時期）	地域	代表的な教会
ビザンツ様式 （4～15世紀）	東欧	ハギア=ソフィア聖堂（ビザンツ） サン=ヴィターレ聖堂（イタリア） サン=マルコ聖堂（イタリア）
ロマネスク様式 （11～12世紀）	西欧	ピサ大聖堂（イタリア） ヴォルムス大聖堂（ドイツ）
ゴシック様式 （12～15世紀）	西欧	アミアン大聖堂・シャルトル大聖堂・ ノートルダム大聖堂（フランス） ケルン大聖堂（ドイツ） カンタベリ大聖堂（イギリス）

▲教会の建築様式

▲サン=マルコ聖堂（イタリア）

▲ピサ大聖堂（イタリア）

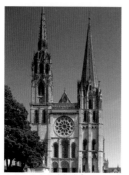
▲シャルトル大聖堂（フランス）

▲シャルトル大聖堂のステンドグラス

B 文学　**口語**(俗語)で表現されたので，**カトリック教会**の影響は小さかった。
騎士の武勲や恋愛をテーマにした**騎士道文学**が，宮廷や広場などで騎士道物
語や恋愛叙情詩を歌って各地を遍歴した吟遊詩人(フランスではトゥルバドゥー
ル，ドイツではミンネジンガーという)によって口承され，やがて文章に綴られた。

> おもな騎士道文学
>
> 『ニーベルンゲンの歌』…ブルグンド族の英雄叙事詩。
> 『ローランの歌』…カール大帝と騎士たちのイベリア遠征。
> 『アーサー王物語』…ケルト人の英雄アーサー王の伝説などがある。

POINT

古典文化の復興
☑ **カロリング=ルネサンス・12世紀ルネサンス**などがあった。

🔍 **この講のまとめ**

中世ヨーロッパの文化の特徴とは？

☑ カトリック教会の強い影響の下で，神学が最高の学問とされた。

☑ 古代ギリシア・ローマの古典がイスラーム世界から伝わり，翻訳された。

☑ ギルド的共同体として誕生した大学では，神学・法学・医学・人文学な
　どが学ばれた。

☑ 文学は口語で表現されたため，カトリック教会の影響が小さかった。

深める
column

■ノルマン人による征服までの英仏

　古代，英仏の両地域はケルト人の世界であったが，やがてローマ帝国の支配下に入った。ゲルマン民族の大移動後，ガリア（フランス）にはフランク王国，ブリタニア（イギリス）には**アングロ゠サクソン七王国（ヘプターキー）**が建てられた。8世紀後半からは，ノルマン人が両地域に侵入したが，911年，北フランスにフランス王の家臣として**ノルマンディー公国**が建てられた。そして，1066年に**ノルマンディー公ウィリアム**がイギリスを征服して**ノルマン朝**を開いた（**ノルマン征服，ノルマン゠コンクェスト**）。このことは，フランス王の家臣がイギリス王となった一方で，イギリス王室が大陸に領土を保有することを意味する。

■英仏両国による大陸領土の争奪

　1154年にノルマン朝が断絶すると，フランスの大貴族アンジュー家がイギリス王位を継承して**プランタジネット朝**を開いた。アンジュー家はフランス西部に大所領をもっていたので，大陸におけるイギリス領は一気に拡大したが，フランスの**カペー朝**は王権強化の過程でそれらイギリス領をつぎつぎと獲得，特に**フィリップ2世**は，イギリスの**ジョン王**から領土の大半を奪うことに成功した。

■百年戦争

　カペー朝が断絶すると，イギリス国王が王位継承権を主張して**百年戦争**（1339〜1453）が起こった。敗れたイギリスはカレー以外の大陸の領土をすべて失って島国となった。その後，イギリスでは**バラ戦争**（1455〜85）が勃発。戦後に成立した**テューダー朝**は王権強化に成功して，フランスより早く絶対王政を確立した。

定期テスト対策問題[7]

解答は p.496

1 次の文章を読み，後の問いに答えなさい。

11 世紀にセルジューク朝がビザンツ帝国を圧迫すると，ビザンツ皇帝はローマ教皇［　㋐　］に救援を要請し，①これを受けて十字軍が招集された。第 1 回十字軍はイェルサレムの奪還に成功したが，第 2 回・第 3 回はともに失敗に終わり，第 4 回にいたっては，［　㋑　］商人の要求により②コンスタンティノープルが占領されるなど，当初の目的から大きく逸脱したものとなってしまった。1291 年には十字軍最後の拠点である［　㋒　］がマムルーク朝によって占領され，地中海東岸の十字軍勢力は一掃された。

(1) 文章中の［　㋐　］～［　㋒　］に当てはまる語句を答えなさい。

(2) 下線部①について，このことが決定された宗教会議の名称を答えなさい。

[発展] (3) 下線部②について，占領されたコンスタンティノープルに建国された国の名称を答えなさい。

2 次の文章を読み，空欄に適切な語句を補充しなさい。

西ヨーロッパでは，11 世紀から商業が発展し，都市の人口も増えはじめた。勢力を拡大した都市は，国王や諸侯から特許状を与えられ，自治権を獲得して独自の行政・司法組織をもつようになった。イタリア北部・中部の都市は，［　㋐　］とよばれる都市共和国に発展し，周辺の地域も支配するようになり，ドイツでは，皇帝直属の［　㋑　］が発展した。自治運営の中心となった商人ギルドに対して，手工業者の同職ギルドが［　㋒　］とよばれる抵抗運動を展開した。

3 次の文の空欄に適切な語句を補充しなさい。

[よく出る] (1) 北ドイツのリューベック，ハンブルク，ブレーメンなどを中心に形成された［　　　］同盟は，バルト海・北海地域における交易で繁栄した。

[発展] (2) 北イタリアの都市のミラノは，［　　　］同盟の中心都市として繁栄した。

(3) ［　　　］の流行などで人口が減少し，待遇が改善された農民への支配が再強化されると，フランスやイギリスでは一揆が起きた。

(4) 14 世紀初めに聖職者への課税を試みたフランスの［　㋐　］に強く反対した教皇ボニファティウス 8 世がとらえられて憤死した事件を，［　㋑　］事件という。

(5) 教会大分裂(大シスマ)の解決のために開催された［　㋐　］で，ベーメンの神学者［　㋑　］が異端として処刑されたことに対して，ベーメンでは反乱が起こった。

4 百年戦争前後のイギリスとフランスに関して，後の問いに答えなさい。

(1) カペー朝の断絶後，フランスで成立した王朝の名称を何というか。

(2) カペー家出身の母をもち，フランス王位継承権を主張したプランタジネット朝のイギリス国王は誰か。

[発展] (3) イギリスとフランスがこの地を巡って争い，百年戦争の背景にもなった，フランス南西部のワインの産地の名称を何というか。

[よく出る] (4) 劣勢のフランス軍を率いてオルレアンを解放し，百年戦争を勝利へと導いたロレーヌ地方ドンレミ村出身の農民の娘は誰か。

(5) 百年戦争後，ランカスター家とヨーク家の王位継承争いを経て王位についたヘンリ7世からはじまるイギリスの王朝の名称を何というか。

5 次の問いの答えとして適切なものを選択肢から答えなさい。

[よく出る] (1) スペイン王国の起源となった王国の組み合わせとして適切なものを選びなさい。

㋐アラゴン王国・ポルトガル王国　㋑ポルトガル王国・西ゴート王国
㋒カスティリャ王国・アラゴン王国　㋓アラゴン王国・西ゴート王国

(2) レコンキスタが完了となった1492年に陥落したナスル朝の都として適切なものを選びなさい。

㋐コルドバ　㋑トレド　㋒グラナダ　㋓セビリヤ

(3) 14世紀末に成立した，デンマーク・スウェーデン・ノルウェーの同君連合の名称として適切なものを選びなさい。

㋐デロス同盟　㋑3州同盟　㋒ペロポネソス同盟　㋓カルマル同盟

6 次の文の空欄に適切な語句を補充しなさい。

[よく出る] (1) キリスト教の教義や信仰の体系化を目指す学問は，教会付属の学校の名称にちなんで［　　　］学とよばれる。

[発展] (2) 普遍（ふへん）論争において，アンセルムスは［　㋐　］を，アベラールは［　㋑　］を主張した。

(3) トマス=アクィナスは，『［　　　］』を著して信仰と理性の調和を説いた。

(4) イタリアのピサの大聖堂などに代表される，半円状アーチ，厚い石壁，小さな窓を特徴とする建築様式は［　　　］様式である。

第 **3** 章　中国の再統一からモンゴルの時代へ

1 | 五代十国と宋の成立

この講の着眼点

　唐の滅亡とその後の武断政治を省みた趙匡胤は宋を建国した。宋では君主独裁体制を目指して節度使の権限が奪われ，文人官僚を重用する政治が行われた。このような統治体制は，王朝と周辺民族との関係にどのような影響を及ぼすだろうか？

> 宋王朝は，周辺国である遼，西夏，金とそれぞれ条約を結んでいますね。

> 遼や西夏と結んだ条約では，宋が上の立場ということになっていたけれど，金と結んだ条約では宋が下の立場とされた。宋にとっては経済的な負担が大きいだけでなく，屈辱的なものだったんだ。

1 五代十国時代

　節度使朱全忠は，907年に唐王朝を滅ぼすと，汴州（開封）を都に後梁を建国した。後梁が建国されてから，979年に宋王朝が中国全土を統一するまでの分裂期を**五代十国時代**とよぶ。**五代**という名称は，唐滅亡後の華北に，**後梁・後唐・後晋・後漢・後周**という5つの短命王朝が興亡したことに由来する。その間，江南や華南周辺に10余りの地方政権が興亡したため，これらを**十国**とよんだ。五代十国では，いずれも節度使が実権をにぎり，**武断政治**が行われたため，唐代まで力をもっていた貴族層は没落し，それにかわって新興の地主層が新しい支配層になっていった。この分裂期に，中国は領土の一部である国境地帯の**燕雲十六州**（燕京〈北京〉，雲州〈大同〉ほか）を，建国して間もない**契丹族の遼**に奪われた(936)。

⊕PLUS α
石敬瑭

石敬瑭は五代の後唐の武将（節度使）で，936年に契丹（遼）の援助により後唐を滅ぼし，後晋を建国した。その際，援助の代償として契丹に燕雲十六州を割譲したため，五代諸王朝および宋はこの地をめぐって遼と対立した。

2 宋の成立

　宋は，後周の将軍**趙匡胤（太祖）**が，960年に開封を都として建国した王朝で，つづく**太宗**のときに中国統一を成しとげた(979)。宋の政治の特色は**文治主義**の採用と**君主独裁体制**の確立である。太祖趙匡胤は，皇帝に直属する**禁軍**を強化し，従来まで節度使がもっていた権限を大幅に削減すると，節度使の欠員補充のために文官を任命し，さらに文官が武官よりも優位になるよう政治のしくみを改めた。このように，**武断政治**を排除し，**文人官僚**により国政を運営する考え方を文治主義とよぶ。また，太祖は官吏登用法の**科挙**を整備し，**州試**(解試)・**省試**に，皇帝自身が試験官となる**殿試**を加えて3段階の選抜方法を確立した。殿試に合格した者は「皇帝の門下生」として忠誠を誓ったため，科挙制の整備は君主独裁体制の基盤となった。さらに，彼は各部署の権力の分散をはかり，君主独裁体制を維持した。

3 文治主義の限界

　禁軍の強化は**地方軍（廂軍）**の弱体化をまねき，宋はしばしば周辺民族の侵入に苦しんだ。軍事費が増大するなか，宋王朝は周辺民族に対して**歳賜**(銀や絹)を支払う和平策を採用し，さらに科挙制の整備によって官僚を増やしたため財政難をまねいた。また，**形勢戸**とよばれる新興地主層や都市の大商人が貧しい農民や商工業者に高利の貸しつけを行って，没落農民が増えたことも国庫収入を減らす原因となった。

4 宋と周辺民族

　宋王朝と大きなかかわりをもった周辺民族は，**モンゴル系契丹族，チベット系タングート族，ツングース系女真族**の三つである。モンゴル系契丹族の**遼（契丹・キタイ）**は，中国本土が五代十国時代であった916年，**耶律阿保機（太祖）**によって建国された。彼は**突厥**や**ウイグル**を討ち，東は**渤海**を滅ぼして(926)，モンゴル高原から中国東北地方に

▲ 11世紀の中国と周辺諸国

大国家を築いた。彼の死後，遼は五代十国の一つである**後晋**の建国を援助し，その代償として 936 年に<u>燕雲十六州</u>を獲得した。遼は<u>二重統治体制</u> KEY WORD を用いて燕雲十六州を支配したが，宋の中国統一によって燕雲十六州は両国係争の地となり，遼の軍隊はしばしば華北に侵入した。結局，宋王朝は 1004 年，遼との間に屈辱的な和平である<u>澶淵の盟</u>を結び，毎年多額の**歳賜**（絹・銀）を贈ることになった。さらに，1038 年に<u>李元昊</u>が建国したチベット系タン

🔑 **KEY WORD**

遼の二重統治体制

燕雲十六州を確保した遼は，その地域の中国人に対しては南面官が従来の州県制にもとづく支配を行い，契丹族など部族制の伝統を残す本来の地域は北面官が支配した。このような支配方式は二重統治体制とよばれ，金でも同様の体制が採用された。

グート族の<u>西夏</u>もたびたび中国に侵入したため，宋は西夏とも 1044 年に**慶暦の和約**を結び，多額の歳賜（絹・銀・茶）を支払った。なお，遼と西夏の二国は漢字をもとにして，それぞれ独自の文字である<u>契丹文字</u>と<u>西夏文字</u>を作成した。

5 王安石の改革とその後

多くの官僚や軍隊維持の経費は宋王朝の財政難をまねき，第 6 代皇帝<u>神宗</u>は<u>王安石</u>を宰相に抜擢して改革にあたらせた。王安石は 1069 年に新法を実施し，財政再建と<u>富国強兵</u>をめざした。<u>新法</u>は，中小農民や中小商工業者を保護することによって，国家財政の安定をはかるものであったが，同時に地主や大商人の既得権を奪うものであったため，保守派の官僚が改革に反対し，王安石を支持する改革派の<u>新法党</u>と，<u>司馬光</u>を中心とする反対派の<u>旧法党</u>が激しく争った。王安石が宰相を辞任したのちも，宮廷内では新法党と旧法党の対立がつづき，宋王朝の国力はさらに衰えることになった。12 世紀に入ると，官僚の堕落は一層激しく，農民に対する課税は厳しさを増したため，<u>徽宗</u>の治世には大規模な農民反乱が起こった。

富国策	
青苗法	農民を高利貸から救済する。春に農民に資金や穀物を貸しつけ，収穫時に 2 割の利子を支払わせた。
市易法	中小商人に対する低利の融資。中小商人を高利貸から救済した。
募役法	自作農の没落防止が目的。労役のかわりに免役銭を出させ，政府が労働者を雇って職役を任せた。
均輸法	大商人の独占的利益を排除し，物価の安定をはかるもの。国家が各地の特産物を不足地に転売した。
方田均税法	農地の再調査を行い，大土地所有の不正を摘発し，租税負担の公平化をねらう。
強兵策	
保甲法	農閑期に民兵の訓練を実施し，戦時に徴発した。平時は治安維持のための農村組織でもあった。
保馬法	軍馬の調達費用を削減するため，平時は民間に軍馬を貸し与えて，戦時に徴発する。

▲富国策と強兵策

6 女真族の台頭

　中国の東北地方には半農半猟の生活を営む**ツングース系女真（女直）族**がいた。女真族は契丹族の遼に支配されていたが，1115 年に**完顔阿骨打（太祖）**が独立し，**金**を建国した。金は**猛安・謀克制**という独自の軍事・行政組織を整備して，急速に国力を伸ばした。

📖 **KEY WORD**

猛安・謀克制

猛安および謀克ということばは組織の単位を表す。従来の部族制を改編し，300 戸を 1 謀克，10 謀克を 1 猛安とした。1 謀克から 100 名の兵を出し，軍を編成した。

7 （北）宋の滅亡と南宋の成立

　宋は新興の金と結んで遼を挟撃する計画を立てたが，遼は金の攻撃を受け，あえなく滅亡した（1125）。このとき，遼の皇族**耶律大石**が中央アジアに逃れ，トルコ系イスラーム王朝の**カラハン朝**を倒して，**西遼（カラキタイ）**を建国した（1132）。遼の滅亡に際し，金の軍事力を侮った宋が約束を守らなかったため，金は宋の違約を理由に**開封**を陥れ，上皇の**徽宗**，皇帝の**欽宗**をはじめ，宋の重臣など 3000 名余りを北方へ連行した。この事件を**靖康の変**（1126 〜 27）という。これにより宋は一時滅亡したが，欽宗の弟である**高宗**が江南に逃れて**臨安（杭州）**を都に宋王朝を再建したため（1127），それ以前を**北宋**といい，臨安を都とする宋王朝を**南宋**とよんでいる。南宋の宮廷では，金を攻めて失地を回復しようとする**主戦派**が多数を占めたが，靖康の変で金の捕虜となった**秦檜**が帰国して金との和平を主張すると，秦檜は主戦派の**岳飛**らをおさえて金との間に屈辱的な講和を結んだ。1142 年の**紹興の和議**で，南宋は金に対して臣下の礼をとり，淮河を両国の国境としたうえで，毎年**歳貢**として銀・絹を贈る約束をした。こうして華北は金の領土となり，南宋の領土は淮河以南となった。

👤 **KEY PERSON**

徽宗
[1082〜1135，在位1100〜1125]

王安石を登用した神宗の子で，北宋第 8 代皇帝。花鳥画の名人として歴史に名を残したが，国政をかえりみず度がすぎた贅沢な暮らしをして政治を乱した。子の欽宗に譲位したのち，靖康の変で金により東北の地へ連行され，そこで没した。

⊕ **PLUS α**

宋と周辺民族との条約

宋と遼との間で結ばれた澶淵の盟（1004）では，宋が兄，遼が弟という立場だった。それに対し，宋と西夏の間で結ばれた慶暦の和約（1044）では宋が君，西夏が臣という立場だった。金との間に結んだ紹興の和議（1142）は，南宋は金の臣下とされた屈辱的なものであった。

8 金の華北支配

　金は中国風の官制を取り入れながら，女真族に対しては伝統的な**部族制**を，華北の漢民族に対しては**州県制**を採用して二重統治体制を維持した。また，女真文字を作成して民族意識の高揚につとめたが，金支配下の華北では**王重陽**（おうじゅうよう）が始めた**全真教**（きょう）が流行するなど，しだいに中国化がすすみ，軍事力を衰退させていった。さらに，紙幣の**交鈔**（こうしょう）を濫発したことにより経済の混乱をまねき，やがて北方からおこった**モンゴル帝国**に滅ぼされた(1234)。

▲ 12世紀の中国と周辺諸国

9 宋代の社会と経済

A 農業　中国の農業は宋代に飛躍的な発展がみられた。日照りに強い**占城稲**（せんじょうとう）も輸入され，南宋では，長江下流域で**新田開発**がすすみ，農業生産力は飛躍的に上昇した。そのため「**蘇湖（江浙）熟すれば天下足る**」（そこ こうせつ）ということばも生まれた。その一方で**佃戸制**（でんこせい）が広く普及し，土地をもたない農民(佃戸)たちが大土地所有者(**形勢戸**・大商人・官僚など)の経営する荘園で耕作に従事した。

B 商工業　農業生産力の向上は商工業の発達を促し，**青磁・白磁**などの**窯業**（ようぎょう）や絹織物業などの手工業も発展した。江西省の**景徳鎮**（けいとくちん）が陶磁器（とうじき）の名産地になったのはこの時代である。また，国内の遠隔地交易も盛んになり，大規模な商取引には銅銭(宋銭)（こうせん）ではなく，**交子**(北宋)・**会子**(南宋)（かいし）とよばれる**紙幣**や金・銀が使われた。唐代と異なり，商業に対する規制は少なく，各地に**草市・鎮**（そうし ちん）とよばれる商業都市が発展した。都市の商工業者たちはより有利な取引をするため，商人は**行**（こう），手工業者は**作**（さく）という同業者組合を組織した。

C 海外との交易　国内産業の発展とともに海外貿易も盛んになった。アジア諸地域からは貿易船が往来し，海外貿易事務を担当する**市舶司**（しはくし）が広州をはじ

め泉州・明州(寧波)・杭州(臨安)などに置かれた。また，宋代を通じて，木版印刷の技術も広く普及し，火薬・羅針盤(磁針)が実用化され，のちに西ヨーロッパのルネサンスにも大きな影響を与えた。

🔟 宋代の儒学

　宋王朝が文治主義を採用し，学術を奨励したことは大いに文化の発展につながった。儒学の分野では，従来の訓詁学の域を脱し，禅宗の影響を受けて哲学的な思考が深まり，宇宙や人間の本質を探究する宋学(性理学)が発展した。周敦頤に始まる宋学は，南宋の朱熹(朱子)にいたって完成されたため朱子学ともいわれる。朱子は五経よりも四書(『大学』『中庸』『論語』『孟子』)を高く評価したため，四書に関する研究もさかんになった。しかし，朱子学は思弁的傾向が強く，実践を重んずる陸九淵(陸象山)は「心即理」を唱え，朱子学を批判した。

🔟🔟 宋代文化の特色

　宋代は，貴族層の没落により，士大夫階級とよばれる知識人が文化の新しい担い手となったが，周辺民族と緊迫した関係がつづいたこともあり，その文化は国粋主義的な傾向が強い。例えば旧法派の司馬光が著した編年体の歴史書『資治通鑑』は，中華王朝の正統性を唱える大義名分論を展開し，朱熹にも影響を与えた。

　知識人が愛好した中国絵画は宋代に発達し，宮廷画家たちが好んだ写実的で装飾的な画風を院体画(北宗画，北画)，士大夫階級が水墨あるいは淡い色彩で山水を描写した自由な筆致の画風を文人画(南宗画，南画)といい，中国絵画の2大画風が完成をみた。また，経済が大きく成長したことにより，庶民も文化の重要な担い手となった。庶民の間では戯曲や伝奇小説などの口語文学とともに詞(宋詞)が流行し，瓦市とよばれる都市の盛り場では演劇の一種である雑劇もにぎわいを見せた。また，知識人の間では禅宗，庶民の間では浄土宗が広く

文学	北宋	古文復興の完成‥‥欧陽脩，蘇軾(蘇東坡)，蘇轍，王安石ら ※唐代の韓愈・柳宗元を加えると唐宋八大家となる
歴史	北宋	欧陽脩‥‥歴史書『新唐書』『新五代史』の編纂 司馬光‥‥編年体の歴史書『資治通鑑』を著す
	南宋	朱熹(朱子)‥‥『資治通鑑綱目』『四書集注』を著す
絵画	北宋	院体画(北宗画，北画)の流行‥‥宮廷の画院を中心に発達(徽宗) 文人画(南宗画，南画)の流行‥‥知識人の間で流行

▲宋代の文化

流行した。

12 日宋貿易

日本には，平安時代の末期になると，平氏政権が誕生し，**平 清盛**は宋王朝との交流を盛んにした。中国からは**宋銭**(銅銭)が輸入され，日本国内における通貨として流通することになった。日宋貿易以降も，日本には**明銭**(永楽通宝)などの銅貨が輸入され，正規の貨幣として流通し，江戸時代になるまで続いた。

宋
☑ 後周の**趙匡胤**が建国，首都は**開封**。
☑ **文治主義**…禁軍の強化，**殿試**の実施。
☑ 内政…**王安石**支持の改革派は**新法党**，**司馬光**らの反対派は**旧法党**。
☑ 外交…周辺民族には和平策をとる→1127年，北宋滅亡→**南宋**成立。
☑ 文化…国粋主義的傾向と庶民文化。

この講のまとめ

宋王朝と周辺民族との関係は？
☑ 節度使の権限縮小と文治主義により，周辺民族の侵入をまねいた。
☑ 遼や西夏に対する消極策や，多くの官僚・軍隊の維持が財政を圧迫。
☑ 金の侵入により北宋は滅亡し，南宋は金と屈辱的な和平を結んだ。

2 | モンゴル帝国の成立

🔍 **この講の着眼点**

13世紀初頭にチンギス゠カンが即位してからたった50年ほどで，モンゴル人はアジアからヨーロッパにまたがる大帝国を築いた。モンゴル人が広大な地域を支配していく過程をみていこう。

チンギス゠カンの軍はなぜそんなに戦いに強かったのでしょうか？

優れた騎馬技術をもつモンゴル系とトルコ系の部族を統一して，機動力のある強大な軍団として再編成したからなんだ。

1 モンゴル帝国の成立

▲チンギス゠カン

9世紀半ばに**ウイグル**が衰えたのち，モンゴル高原には強力な統一勢力は現れず，多くの部族は**遼**の支配下に組み込まれた。しかし，1125年に遼が滅亡したあとは，モンゴル高原の覇権をめぐり各部族が対立していた。やがて，モンゴル族の**テムジン**が周辺のモンゴル系・トルコ系諸部族を統一し，1206年に**クリルタイ**（**集会**）で大ハン位につき，**チンギス゠カン**（**ハン**）（成吉思汗）と称した。これが**モンゴル帝国**（1206～1388）の始まりである。チンギス゠カンは統一した部族の遊牧騎馬民族としての特性を活かし，1000戸単位にまとめて軍事・行政組織として編成した。この制度を**千戸制**とよぶ。

2 チンギス゠カンの西征

西へ軍馬をすすめたチンギス゠カンは，**西遼**を倒したトルコ系遊牧民族の**ナイマン**を滅ぼし（1218），さらに西トルキスタンからイランにかけて広大な領土をもつ**ホラズム゠シャー朝**に遠征し（1220），これを崩壊させ，軍を返して**西夏**も滅ぼした（1227）。

3 モンゴル帝国の発展

A　オゴデイ　チンギス゠カンのあとを継いでカアンを称した太宗オゴデイ
は，1234年に金を滅ぼし，華北の農耕地帯を支配下に組み入れた。彼は**カラ
コルム**(和林)に都を造営し，遼の王族であった契丹人の**耶律楚材**を重用し
て，モンゴル帝国の国家体制を整えた。オゴデイから西征を命じられた甥の**バ
トゥ**はヨーロッパに侵入し，ドイツ・ポーランドの連合軍を**ワールシュタッ
ト(リーグニッツ)の戦い**で打ち破った(1241)。この西征はオゴデイの死に
より中断されたが，モンゴルの勢力はヨーロッパ中部にまで拡大した。

B　モンケ　第4代の**モンケ**は，弟の**クビライ**をチベット・雲南に遠征さ
せてタイ系国家**大理**を滅ぼし(1254)，さらに弟の**フレグ**を西アジアへ派遣し
て，1258年に**アッバース朝**を滅ぼした。こうして13世紀半ばには，アジア
からヨーロッパにまたがる史上空前の大帝国が出現した。

POINT

モンゴル帝国
- ☑ 1206年，**クリルタイ**で**チンギス゠カン**が大ハン位に即位。
  - →**ナイマン**，**ホラズム゠シャー朝**，**西夏**を征討。
- ☑ **オゴデイ**…金を滅ぼす→**カラコルム**を造営→**バトゥを西征**さ
    せ**ワールシュタット(リーグニッツ)の戦い**で
    ドイツ・ポーランドの連合軍に勝利。
- ☑ **モンケ**…チベット・雲南へ遠征→**大理**を滅ぼす。
    西アジアへ遠征→**アッバース朝**を滅ぼす。

この講のまとめ

アジアからヨーロッパにまたがる大帝国が築かれた過程とは？
- ☑ 諸部族をまとめたチンギス゠カンが即位し，遠征を進める。
- ☑ 農耕地帯を支配下に置き，他民族も政治に重用して国家体制を整えた。
- ☑ バトゥの西征により，ヨーロッパ中部に拡大。

3 | モンゴル帝国の分裂と元の成立

🔍 この講の着眼点

後継者争いを経て中国を統一したクビライが重視したことは，モンゴル人の国家をつなぐ東西交易のルートを整備することであった。モンゴル人が整備した駅伝制や東西交易路の歴史的意義とは何だろうか？

モンゴル人は広大な範囲を支配下においたのですね。

クビライは広大な支配地域に駅伝制をしいて，情報の伝達や物資の補給に用いたんだ。

1 元と3ハン国

モンゴル帝国はチンギス゠カンの時代より，征服地にチンギス゠カンの一族を配して国を建てさせ，モンゴル帝国を構成する諸侯国としていた。その結果，中央アジアには**チャガタイ゠ハン国**（チャガタイ゠ウルス），南ロシアには**キプチャク゠ハン国**（ジョチ゠ウルス），イラン地方には**イル゠ハン国**（フレグ゠ウルス）が建国され，ゆるやかな国家連合をつくっていた。しかし，1260年に**クビライ**がモンゴル帝国の統率者であるカアンにつくと，一族内部の相続争いが激化し，モンゴル帝国の分裂は決定的となった。特にオゴデイの孫**カイドゥ**の不満は強く，約35年におよぶ内乱（**カイドゥの乱**）の結果，モンゴル帝国はクビライの建てた**元**と3ハン国に分裂した。

▲モンゴル帝国の分裂／元と3ハン国

⊕ PLUS α

イル゠ハン国
（フレグ゠ウルス）

イル゠ハン国第7代の君主のガザン゠ハンは，イスラーム教に改宗して国教とし，イラン人の名宰相ラシード゠アッディーンを登用した。ラシード゠アッディーンの著した『集史』はモンゴル民族史の貴重な資料となっている。

2 元の中国統一

　相続争いを経て，世祖クビライがカアン位につくと，都を**大都**(現在の北京)に遷し，国号を**元**(1271～1368)と定めた。彼は南宋攻略に先立ち，南宋を孤立させるため周辺諸国にも軍を派遣し，**崖山の戦い**(1279)で**南宋**の残存勢力を滅ぼした。その後もクビライは周辺諸国への遠征を繰り返し，**パガン朝**を滅ぼし，吐蕃を服属させたものの，ベトナム(北部は陳朝／南部はチャンパー)，ジャワ島，日本への遠征(1274 **文永の役**・1281 **弘安の役**)は失敗した。

3 元の中国支配

　元の統治制度は中国的な官僚制度を引き継ぎ，中央の**中書省**の中枢は**モンゴル人**が掌握，地方は**行中書省**をおいて統治した。中央アジア・西アジア出身者は経済面で力をふるい**色目人**とよばれ，実務能力に応じて官僚に登用された。金の支配下であった契丹人・女真人を含む華北の人々は**漢人**，南宋のもとにいた人は**南人**とよばれた。元は，商業に力を入れ，支配地域の社会や文化にほとんど干渉しなかったが，儒学や科挙の役割は後退した。しかし，漢人・南人においても実用的な能力のある者には登用の道が開かれていた。

4 元の繁栄と東西交渉

　元は**ジャムチ**(站赤)という**駅伝制**を整備し，主要道路に駅を設け，情報の伝達や物資の補給を行った。やがて，元と3ハン国がゆるやかに連合し，**「タタールの平和」**という安定期に入ると，モンゴル系の国家をつなぐ交易ルートが確立し，東西交渉は繁栄をみせた。この時期には，ヨーロッパ商人の一行が往来したり，ローマ＝カトリックの修道士たちがカラコルムや大都を訪れている。また，イスラーム文化も流入し，宋代以来の中国文化に影響を与えた。経済や文化の交流は南方の沿岸都市でもみられ，ヴェネツィア商人**マルコ＝ポーロ**が**『世界の記述(東方見聞録)』**の中で“世界第一の貿易港”と紹介した**泉州**や**杭州**などの港市は，外国

商人の来訪で大変なにぎわいを見せた。また輸入された外国の商品は，クビライが改修した**大運河**によって大都へ輸送された。

使節	プラノ＝カルピニ	**ローマ教皇の命**で**カラコルム**を訪問。モンゴルの視察と布教を兼ねる。
	ルブルック	仏王**ルイ9世**の使節として，十字軍への協力依頼のため**カラコルム**を訪問。
	モンテ＝コルヴィノ	**ローマ教皇の命**で**大都**を訪問。大司教として**カトリック**布教。聖書をモンゴル語に訳した。
	マリニョーリ	ローマ教皇の命で大都を訪問。
旅行家	マルコ＝ポーロ	ヴェネツィアの商人でクビライに仕える。『世界の記述（東方見聞録）』
	イブン＝バットゥータ	モロッコ生まれのイスラームの旅行家で，大都を訪問。『三大陸周遊記』（『旅行記』）を著した。

▲元にやってきた使節・旅行家

⊕ PLUS α

キリスト教の使節

元の繁栄した時期は十字軍遠征の時代。ローマ教皇や西欧諸国の君主はイスラーム勢力を挟撃するため，モンゴルとの同盟を模索しており，その視察のため使節を派遣した。

5 元の衰退

　クビライの死後も，元の宮廷では内紛が続き，政治が乱れたうえ，モンゴル貴族たちのぜいたくな宮廷生活と**チベット仏教**（**ラマ教**）への狂信が財政難をまねいた。

　こうした事態に元王朝は，**交鈔**という紙幣を濫発し，さらに専売制を強化して乗り切ろうとしたため，かえって経済は混乱し，民衆の生活はますます窮乏した。その結果，各地で民衆反乱が頻発した。

6 元の滅亡

　1351年に**白蓮教**などの宗教結社を中心とする**紅巾の乱**（**白蓮教徒の乱**）がおこると，反乱軍は流民をあわせて大きな勢力となった。やがて，反乱軍の中から貧農出身の**朱元璋**が頭角を現し，反乱軍の主導権を握ると，1368年に**明**王朝を建て，元の勢力を北に追い払った。

📖 KEY WORD

白蓮教

南宋に始まる仏教の一派で，「弥勒仏が現れて世を救う」という弥勒下生の信仰を説く。

7 元代の文化

　元代には東西交渉が活発化し，西方のイスラーム文化も中国に流入した。**郭守敬**はイスラーム暦を学んで**授時暦**を作成した。これは江戸時代の日本で作成された**貞享暦**のもととなった。また，チベット仏教とともにチベット文化も流

入し，クビライはチベット仏教の教主パスパに命じてモンゴル語の公用文字であるパスパ文字をつくらせたが，一般には普及しなかった。中国絵画の技法がイスラーム世界に伝わり，ミニアチュール（細密画）に影響を与えたように，中国の文化も西方へ伝播した。また，口語文学も盛んとなり，すぐれた演劇がつくられている。元代の演劇は特に元曲とよばれ，『琵琶記』『西廂記』『漢宮秋』などの名作がつくられた。また，明代に完成した小説，『水滸伝』『西遊記』『三国志演義』の原型がつくられたのもこの時代である。

POINT

元
- ☑ クビライの即位→元の成立
- ☑ 元の統治制度…中央はモンゴル人。色目人，南人，漢人も能力に応じて登用。

この講のまとめ

モンゴル人が整備した駅伝制（ジャムチ）と東西交易路の歴史的意義とは？
- ☑ 駅伝制は情報や物資の流れを支えた。
- ☑ 西方からの訪問者が増加し，元の情報もヨーロッパへ伝わった。
- ☑ イスラーム世界のすぐれた技術が伝わり，中国文化に影響を与えた。

4 | 地域間ネットワーク

この講の着眼点

モンゴル人の台頭によってアジアからヨーロッパにかけての地域間交流がいっそう活発になったが, 東西交流自体は 13 世紀以前から行われていた。地図でそのルートを追いながら, 東西をつなぐ地域間ネットワークを整理しよう。

これは元の時代につくられた陶磁器のようですが, 白地にコバルト色の模様が綺麗ですね。

宋の時代に発展した中国の陶磁器に, 西アジア由来のコバルトで模様が描いてあるよ。原材料を輸入し, 製品を輸出した工芸品だよ。

▲元の染付

1 草原の道 (ステップ=ルート)

モンゴル高原からアルタイ山脈を経由して南ロシアへ通じる草原地帯は, 古くから東西文化の交流に重要な役割をはたしてきた。「**草原の道**」とよばれるこのルートは, 前 7 世紀に登場した**スキタイ**をはじめ, **匈奴・鮮卑・柔然・突厥・ウイグル**などの**騎馬民族**が活動する世界であった。10 世紀以降におけるトルコ系やモンゴル系民族の活動は, 草原の道を使った**交易ネットワーク**の拡大につながった。また, 13 世紀にモンゴル帝国が出現すると, ローマ教皇の使節**プラノ゠カルピニ**や仏王**ルイ 9 世**の使節**ルブルック**が, このルートを使って**カラコルム**を訪問している。

2 オアシスの道 (オアシス=ルート)

天山山脈と崑崙山脈に囲まれた**タリム盆地**には, 古くから**オアシス都市国家**が散在し, 中国北西部の**河西回廊**から天山山脈・崑崙山脈の麓を通り抜け, **ソグディアナ**を経由してカスピ海南岸に通じる交易ルートが存在した。この

ルートを通じて中国産の絹が運ばれたことから，**オアシスの道**は一般に**絹の道（シルク゠ロード）**という名称で知られている。タリム盆地に広がるオアシス都市国家の支配権をめぐっては**漢**と**匈奴**が対立し，オアシスの道を支配した者が東西交易の利権を握ることができた。西方からはこの道を通って**ヘレニズム**諸国や**ペルシア**の文物が伝来した。また後漢の武将**班超**の部下**甘英**が**大秦国**をめざしたのもこのルートであった。唐の時代には，「**砂漠の船**」ともいわれるラクダにまたがった**ソグド人**が商業活動を行い，元の時代に**マルコ゠ポーロ**一行もこの道を通って**大都**（北京）を訪れた。

3 海の道（マリン゠ルート）

東西文化の交流は陸上ばかりでなく，古くから海上を通じたものもあった。中国南方から東南アジアを経由して，インド洋を横断し，アラビア海からペルシア湾へ抜けるルートや，紅海から地中海に抜ける交易ルートが存在した。これらが「**海の道**」である。ギリシア人によって書かれた『**エリュトゥラー海案内記**』は1世紀頃のインド洋・アラビ

⊕ PLUS α

海上交易で繁栄した国
南インドのサータヴァーハナ朝はローマとの季節風貿易（ヒッパロスの風）で繁栄し，スマトラ島のシュリーヴィジャヤは海上交易の中継地として大いに繁栄した。

ア海・紅海の様子を記載している。その後，南インドやマラッカ海峡などは航路の拠点として繁栄したが，特に紅海を拠点とする**カーリミー商人**の活動はめざましく，「**海のラクダ**」とよばれる1，2本のマストと三角帆のある**ダウ船**を駆使して，インド洋からアラビア海における貿易を独占した。なお，イスラームの旅行家**イブン゠バットゥータ**はこのルートを使って中国を訪れた。

▲ヨーロッパとアジアをつなぐネットワーク

4 中国商人とヨーロッパ商人の活動

　宋や元の時代には，ジャンク船に乗った中国
商人の活動領域がインド洋周辺にまで広がった。中
国商人の活動した交易ルートでは，中国産の絹のほ
か，青磁や白磁が主な交易品として取り引きされた
ため，別名「陶磁の道」ともよばれた。さらに16
世紀になると，中国沿岸にはヨーロッパの商船が出
没し，1557年にマカオに居住権を獲得したポル
トガルや，1619年にジャワ島にバタヴィアを建設したオランダが，東ア
ジアの海上交易の利権をねらって進出した。

⊕ PLUS α

オランダの台湾進出

オランダは1624年に台湾南
西部にゼーランディア城を
建て，中国や日本との交易の
拠点にしようとしたが，1661
年に鄭成功に攻略され，台湾
から撤退した。

5 東南アジアにおけるイスラーム教国

　イスラーム商人の交易活動は東南アジア諸国にイスラーム教をもたらすことに
つながった。また15世紀以降にはインド洋と南シナ海の中継貿易によって，い
くつかのイスラーム系国家が登場した。15世紀に東南アジアで最初の本格的な
イスラーム教国となった**マラッカ王国**(14世紀末〜1511)のほか，ジャワ島中・
東部にあった**マタラム王国**(16世紀末〜1755)や，スマトラ島北部の**アチェ王国**
(15世紀末〜20世紀初)も香辛料貿易で繁栄するイスラーム教国であった。

👨‍🏫 POINT

地域間のネットワーク
- ☑ **草原の道**…モンゴル高原からアルタイ山脈を経由して南ロシアへ通
  じる。
- ☑ **オアシスの道**…中国北西部の河西回廊から天山山脈・崑崙山脈の麓
  を通り抜け，ソグディアナを経由してカスピ海南
  岸に通じる。**絹の道**ともよばれる。
- ☑ **海の道**…中国南方から東南アジアを経由してインド洋を横断し，ア
  ラビア海からペルシア湾へ通じる。紅海から地中海に通じ
  るルートも。
- ☑ 商人の活動…**カーリミー商人**：**ダウ船**。中国商人：**ジャンク船**。
- ☑ 東南アジアではイスラーム教国も登場。

東西を結ぶ地域間ネットワークにはどのようなルートがあったのだろうか？

☑ **騎馬民族が活動し，古くから東西交流を支えた草原の道。**

☑ **中国に西方の文明をもたらした，オアシス都市国家を結ぶオアシスの道。**

☑ **航海や海上交易が行われた海の道。**

5 | ティムール朝の興亡

この講の着眼点

トルコ化したモンゴル貴族の子であるティムールは，中央アジアに大帝国を建国した。ティムールの王朝の功績は，中央アジアのトルコ系騎馬民族の軍事力と，イラン系民族の行政能力を，モンゴルの権威のもとに結合したことである。ティムール朝の繁栄とその功績をみていこう。

 「チンギス゠カンが破壊し，ティムールが創造した」という有名な言葉がありますよね。これはどういう意味なのでしょうか？

モンゴル人の侵入によって破壊された中央アジアの都市を，ティムールが再興したということだよ。

1 ティムール朝の成立

中央アジアを支配した３ハン国の一つである**チャガタイ゠ハン国**は，14世紀半ばに東西に分裂したが，**西チャガタイ゠ハン国**の混乱に乗じてモンゴル系貴族の**ティムール**が自立し，**サマルカンド**を都に**ティムール朝**（1370〜1507）を建国した。彼はモンゴル帝国の再興を目指し，東チャガタイ゠ハン国を服属させ，**キプチャク゠ハン国**を攻撃して領土を拡大する一方，インドにも侵入して一時はデリーを占領した。また，すでに滅亡した**イル゠ハン国**の領土を併合すると，小アジアにも侵入し，1402年には**オスマン帝国**の**バヤジット１世**を**アンカラの戦い**で破り，建国まもないオスマン帝国を一時崩壊させた。その後，ティムールは**永楽帝**（えいらくてい）時代の**明**（みん）を討つべく東方に軍を転じたが，遠征途上で病死した（1405）。

▲ティムール朝の領域

227

2 ティムール朝の繁栄と滅亡

　ティムール亡きあと，王朝は第3代**シャー゠ルフ**のもとで全盛期を迎えた。この時代，東方の明や西方のオスマン帝国と和解して政治的に安定していたこともあり，都の**サマルカンド**は東西交易の中心としてにぎわった。ティムール朝はイスラーム系帝国だったこともあり，**イラン゠イスラーム文化**と**トルコ゠イスラーム文化**が融合して華を咲かせ，壮大なモスクも建設された。しかし，15世紀半ばに第4代**ウルグ゠ベク**が暗殺された頃より，一族の争いが激しくなり，各地の土豪が自立してティムール朝は衰退の一途をたどった。やがて，1500年にトルコ系**ウズベク族**の侵入をまねき，1507年にティムール朝は滅亡した。

POINT

ティムール朝
☑ **ティムール**が建国 (1370) …モンゴル帝国の再興をめざす。
☑ **アンカラの戦いでオスマン帝国**を破る (1402)。

この講のまとめ

ティムール朝の繁栄とその功績はどんなものだったのだろうか？
☑ **明やオスマン帝国と衝突するも，和解によって交易の中心として繁栄。**
☑ **イラン゠イスラーム文化とトルコ゠イスラーム文化が融合して繁栄。**

定期テスト対策問題[8]

解答は p.496

1 次の文の空欄に適切な語句を補充しなさい。

(1) 907 年に唐を滅ぼした [㋐] は，汴州(開封)を都に [㋑] を建国した。この後，宋が中国を統一するまで 5 代続いた短命な王朝を五代十国という。

[よく出る] (2) 遼が後晋から [㋐] を獲得してしばしば華北に進入すると，1004 年には宋と [㋑] を結び，毎年多額の歳賜を受けることとなった。

(3) ツングース系女真族の [㋐] (太祖)は金を建国し，遼を滅ぼした。その後，金は [㋑] を起こし，宋の都を陥れ，上皇や皇帝を北方へ連行した。

(4) チベット系タングート族の李元昊によって建国された [　] も宋を圧迫した。ここでは，漢字に影響を受けた独特の文字が用いられた。

[発展] (5) 金に対して和平を主張する [㋐] と，主戦派である [㋑] が対立した。結果として宋は 1142 年に金との間に屈辱的な講和条約を結んだ。

2 次の文章を読み，空欄に適切な語句を補充しなさい。

後周の将軍である [㋐] (太祖)によって 960 年に建国された宋は，皇帝直属軍である [㋑] を強化して節度使がもっていた権限を大幅に削減することによって君主独裁体制の確立を目指した。①文治主義の徹底のために，優秀な文人官僚を採用する目的で科挙に [㋒] を加えた。しかし，[㋑] の強化は地方軍の弱体化を招き，周辺民族の侵入によって軍事費は増大し，財政難を招いた。これを解決するために，第 6 代皇帝 [㋓] に抜擢された②王安石の改革は，保守的な旧法派の反発によって成功しなかった。

(1) 文章中の [㋐] ～ [㋓] に当てはまる語句を答えなさい。

[発展] (2) 下線部①について，文治主義とはどのような方針であるかを説明しなさい。

(3) 下線部②について，王安石が実施した新法のうち，中小商人に対する低利の融資策として適切なものを選びなさい。

㋐均輸法　㋑青苗法　㋒保甲法　㋓市易法

3 次の文章を読み，空欄に適切な語句を補充しなさい。

チンギス=カン(成吉思汗)は 1206 年に大ハン位につくと，統一した部族を [㋐] 戸単位にまとめて軍事・行政組織として編成した。西方への遠征を進めたチンギス=カンはナイマン，ホラズム=シャー朝，西夏を次々と征服し，2 代目オゴデイの治世の 1234 年には [㋑] を征服した。オゴデイから西征を命じられたバトゥはヨーロッパに侵入し，ドイツ・ポーランド連合軍を [㋒] の戦いで撃破した。4 代目モンケはフレグを西アジアへ派遣して，1258 年に [㋓] を滅ぼした。

4 元と3ハン国に関して，後の問いに答えなさい。

[発展] (1) チンギス＝カンの一族が南ロシアに建国した国の名称を何というか。

(2) 元朝において経済面で力をふるい，実務能力に応じて官僚に登用された中央アジアや西アジア出身者の呼称を何というか。

[よく出る] (3) 元が整備した，情報の伝達や物資の補給のための駅伝制の名称を何というか。

(4) ローマ教皇の命で元の大都を訪れ，大司教としてカトリックを布教した人物は誰か。

(5) 元末期には各地で反乱が起きたが，白蓮教などの宗教結社を中心として，1351年に起こった反乱の名称を何というか。

5 次の問いの答えとして適切なものを選択肢から答えなさい。

[よく出る] (1) 宋代に新田開発が進んだ長江下流域の農業の飛躍的な発展を表す言葉として適切なものを選びなさい。

㋐蘇湖(江浙)熟すれば天下足る　㋑湖広熟すれば天下足る

(2) 江西省の景徳鎮の名産品として適切なものを選びなさい。

㋐茶　㋑生糸　㋒陶磁器　㋓藍

(3) 元代に発行された紙幣の名称として適切なものを選びなさい。

㋐交子　㋑交鈔　㋒会子　㋓飛銭

[よく出る] (4) 宋代に発展した宋学を，南宋の時代に朱子学として完成させた人物として適切なものを選びなさい。

㋐周敦頤　㋑司馬光　㋒陸九淵(陸象山)　㋓朱熹

[発展] (5) 元代の演劇である元曲の作品として適切でないものを選びなさい。

㋐『西廂記』　㋑『琵琶記』　㋒『水滸伝』　㋓『漢宮秋』

6 次の文の空欄に適切な語句を補充しなさい。

[よく出る] (1) □ ではスキタイをはじめとする騎馬民族が活動しただけでなく，13世紀にはヨーロッパ人がこのルートを用いてカラコルムを訪問した。

(2) オアシスの道は一般に絹の道(シルク＝ロード)という名称でも知られ，唐代にはラクダにまたがったイラン系 □ がこのルートを中心に商業活動を行った。

[発展] (3) ギリシア人によって書かれた『□』は，1世紀頃のインド洋・アラビア海・紅海の様子を記載している。

(4) 14世紀，西チャガタイ＝ハン国から自立したティムールが □ を都にティムール朝を建国した。

[発展] (5) ティムールは，1402年のアンカラの戦いでオスマン帝国のスルタン □ を破り，建国まもないオスマン帝国を一時崩壊させた。

第 **4** 章

アジアとヨーロッパの大交易・大交流の時代

1 | 明の盛衰

🔍 **この講の着眼点**

朱元璋は，周辺民族に支配されていた中国に明を建国し，漢民族の王朝を再興した。永楽帝の治世には積極的な対外政策も行ったが，その後は国内外の諸問題に悩まされることとなった。明の統治を揺るがしたものとは？

16世紀のこの絵には，明の皇帝に献上されたある贈り物が描かれているよ。どこの地域からの献上品かな？

献上品はキリンですね。キリンというと，アフリカのサバンナなどを想像しますが，そんなに遠くの地域とも交流を持っていたということですか？

▲麒麟図

1 明王朝の建国

元末に**紅巾の乱**の一武将であった**朱元璋**は，**江南**を拠点に漢民族の国家を再興した。1368年，**南京（金陵）**を都に明王朝を建国し，太祖**洪武帝**として即位した。北方に追いやられた元の残党は**北元**とよばれた。

⊕ PLUS α

一世一元制
洪武帝の「洪武」は元号を表す。洪武帝の時代より，皇帝一代を一元号とする一世一元制が始まった。

2 明の諸制度

Ⓐ **大明律・大明令の制定** 洪武帝は，元末以来の混乱した社会をたて直すため内政に力を注ぎ，まず国家の根本となる法律を整え，（大）明律・（大）明令として発布した。

Ⓑ **皇帝独裁の強化** 皇帝の権力が家臣に奪われることを恐れた洪武帝は，**中書省**を廃止して**六部**を皇帝直属にするなど，**皇帝独裁体制**の強化につとめた。

Ⓒ **明の軍制** 権力基盤となる軍事力を強化するため民間人を**民戸**と**軍戸**に

分け，世襲の軍戸から兵を徴発する衛所制を確立
した。

D 明代の農村 元末の混乱で荒廃した農村を
復興するため，農村を里甲制によって再編成し，
土地台帳の魚鱗図冊と租税台帳の賦役黄冊を
作成した。また，朱子学を官学とした洪武帝は，
各里の有徳者から里老人を選び，６か条からなる教
訓六諭をもって民衆を教化させた。

里甲制

賦役義務のある民戸110戸
で原則として１里を編成し，
資産の多い10戸を里長戸と
して，毎年輪番で里長に指定
した。さらに，残りの100戸
を10甲に分け，１甲（10戸）
から輪番で甲首を指定した。
里長戸と甲首戸は賦役黄冊
の作成や，租税の徴収などに
あたった。

3 靖難の役

洪武帝の死後，孫の建文帝（恵帝）が帝位を継承したが，一族諸王の権力を
弱めようとしたことから，洪武帝第４子で北京に封ぜられていた燕王の朱棣が
建文帝に反旗をひるがえした。北方の防衛のため，明軍の精鋭を率いていた朱棣
は都の南京をめざして南下し，建文帝を包囲して帝位を奪った。靖難の役（1399
〜1402）とよばれるこの政変で，朱棣は第３代成祖永楽帝として即位した。

4 永楽帝の治世

A 対外・対内政策 永楽帝は南京から北京に
遷都を行い，自ら５回にわたってモンゴル高原に遠
征し，万里の長城を修築するなど，国土の防衛に力
を注いだ。内政面では，君主独裁政治の補佐として
内閣大学士を設置し，学術も奨励して大編纂
事業をおこしている。

B 南海遠征 永楽帝の治世で最も大きな業績
は鄭和の南海遠征（1405 〜 33）である。洪武帝
が対外政策に消極的であったのに対し，彼は宦官鄭
和に命じて南海遠征を行わせた。鄭和の艦隊は，はるか東アフリカのマリン
ディにまで到達した。その結果，明の威信はアジア諸国にとどろき，多くの国
が明に朝貢するようになった。

大編纂事業

朱子学の立場からすれば，永
楽帝は帝位簒奪者以外の何
者でもない。永楽帝は帝位簒
奪者の汚名を着せられぬよ
う学者たちを懐柔し，大編纂
事業をおこしたといわれる。
永楽帝の命で『四書大全』『五
経大全』『性理大全』『永楽大
典』が編纂された。

5 北虜南倭

　洪武帝の時代，宮廷内における宦官の数は制限されたが，永楽帝が宦官を重用したことから，その即位後に宦官の数は増え続けた。永楽帝の死後は有能な皇帝も少なく，宦官の弊害が目立ち始め，やがて政治は乱れた。

▲明とその周辺諸国

A オイラトの侵入　15世紀半ば，モンゴル高原で**エセン゠ハン**率いる**オイラト**（瓦剌）の勢力が強力となり，しばしば明に侵入した。そこで**英宗**（**正統帝，天順帝**）はこれを退けようとしたが，土木堡で捕虜になるという失態を犯した。この事件を**土木の変**(1449)という。

B タタールの侵入　オイラトの衰退後，ダヤン゠カンのもとで**タタール**（韃靼）が強大化した。16世紀には**アルタン゠ハーン**（ダヤン゠カンの孫）が明に侵入を繰り返し，1550年には北京を包囲している（**庚戌の変**）。こうした15世紀以降の一連の北方民族による侵入を**北虜**という。

C 倭寇の活動　14世紀，朝鮮半島から中国沿岸にかけて**倭寇**が盛んに出没した（**前期倭寇**）。明は**海禁**政策によって外国との貿易を政府が行う朝貢貿易に限定したが，倭寇の活動は止まなかった。一時，**勘合貿易**により倭寇の活動は下火になったが，16世紀以降は中国人を主体とする倭寇（**後期倭寇**）に悩まされ，明は倭寇対策にも国力を消耗した。こうした中国沿岸に出没した倭寇を**南倭**という。

6 抗租運動と奴変

　明代の農村は**佃戸制**で，一部には自由身分の佃戸もいたが，そのほとんどは収穫量の半分以上を小作料として支払う隷属的な立場にあった。そのため，江南ではしばしば，佃戸が小作料の減免を求めて反地代闘争を展開した。これを**抗租運動**とよぶ。明代における抗租運動の中で最も有名なものが，**英宗**（**正統帝**）の時代に福建でおきた**鄧茂七の乱**(1448～49)である。こうした動きに刺激され，家内奴隷が身分解放をめざして暴動を起こす**奴変**や，都市の手工業者たちによる増税反対運動の**民変**が頻発した。

7 張居正の改革

1572年に始まる**神宗万暦帝**時代の初期に皇帝を補佐した**張居正**は，タタールの**アルタン゠ハーン**と講和して明の外交を安定させる一方，内政では全国規模の検地(土地測量)を実施して公平な租税の確保につとめ，国家財政の再建をはかった。しかし，張居正の厳格な政治には**郷紳**などの地主層が強く反対し，彼の死によって改革政治は幕を閉じた。

KEY WORD

郷紳

官僚を引退したあと郷里に帰り，名士として地方政治に発言力をもった地主層をいう。彼らの多くは官僚在任中に築いた富を土地に投下し，地主化した。

8 明の衰退

張居正の没後，**万暦帝**が宦官を重用したことから，再び政治が乱れ始めた。16世紀末には，**豊臣秀吉**が李氏朝鮮に侵入する事件(**壬辰・丁酉倭乱**)が起こった。明は朝鮮支援に多額の軍事費を使ったため，国家財政が苦しくなった。また，宮廷内では，**顧憲成**を指導者とする官僚集団の**東林派**と，宦官と手を結ぶ官僚集団の**非東林派**の激しい党争が繰り返され，明の政治はますます混乱していった。

KEY PERSON

顧憲成
[1550〜1612]

個性の強い張居正には，多くの政敵がいた。その代表が正義派官僚として有名な顧憲成であった。顧憲成は政界を引退したのち，故郷の江蘇省無錫に東林書院(宋代にあった私塾)を再建し，若手の官僚を集め，政治活動を始めた。その官僚グループは東林派とよばれた。

9 明の滅亡

重税と飢饉に苦しむ民衆が各地で反乱を起こすと，陝西地方で蜂起した**李自成の乱**がまたたく間に大乱となり，1644年に北京を占領した。追いつめられた**毅宗崇禎帝**は自殺し，ここに明王朝は滅亡した。

10 明代の社会と経済

A 明代の農業　宋代以来開発のすすんだ江南の農業は，明に入るとますます発展し，穀倉地帯の中心も江蘇・浙江地方から長江中流域の湖北・湖南地方(湖広)へと移り，「**湖広熟すれば天下足る**」といわれるまでになった。

B 明代の商工業　水田耕地の拡大と農業技術の進歩は生産力の向上につな

がった。さらに貨幣経済の発展が農村副業を盛んにし，綿織物・絹織物・製糸などの手工業による商品生産も増加した。窯業の盛んな景徳鎮では，**染付**（白地にコバルトの青の磁器。中国では「青花」という。）と**赤絵**（赤を基調とした陶磁器。それまで赤を出すのは難しかった。）の技術が完成し，ヨーロッパにも輸出された。こうした生産力の増大は商業活動の発展に結びつき，**山西商人**や**新安商人**のように全国規模で活動する商人も現れた。全国各地には，同郷出身者や同業者の助け合いを目的とする**会館・公所**という施設が建てられた。

Ⓒ **海禁政策と銀の流入**　明は**海禁**を建前としていたが，一部には海禁を破って東南アジアへ移住する者もおり，そうした人々を**華僑**とよんだ。1517 年に**広州**へやってきたポルトガル人は，1557 年に**マカオ**の居住権を獲得し，ヨーロッパの国としては最初に商館を建てて，中国貿易を独占した。このポルトガル商人やスペイン商人を通じて大量の**メキシコ銀**が中国に流入し，これに**日本銀**の流入もあいまって，銀（銀塊状のもの）が基本通貨として流通するようになった。

Ⓓ **一条鞭法の施行**　唐代後半以降，**両税法**が採用されてきたが，両税法は税制そのものが煩雑で，その徴収の仕方も不公平であった。そのため 16 世紀後半に江南で，田賦（土地税）や丁税（人頭税）などの複雑な税目を一括して銀で納入する**一条鞭法**が施行され，16 世紀末には全国に広がった。

11 明代の文化

　明代は，漢民族王朝が復興したことから中国の伝統文化も復活した。また，経済成長による影響で実用的な学問（実学）が発達し，宋代以来の庶民文化も大いに普及した。元代に原型が完成し，庶民に親しまれた『**水滸伝**』『**三国志演義**』『**西遊記**』『**金瓶梅**』は**四大奇書**とよばれ，男女の恋愛物を題材とした戯曲『**牡丹亭還魂記**』も大衆に人気があった。また，明末清初にかけて**イエズス会**の宣教師が中国を訪れ，ヨーロッパの学術・文化を紹介している。

儒学	王陽明 おうようめい	南宋時代に朱子学を批判して**心即理**を唱えた**陸九淵**の思想を継承し, 致良知を唱え, 実践を重んじた(知行合一)。陽明学の祖で彼の思想は『**伝習録**』に見ることができる。**王守仁**ともいう。
	李贄 りしちん	**陽明学左派**の学者で, **男女平等**を説いた。**李卓吾**ともいう。
実学	李時珍 りじちん	薬物に関する総合書『**本草綱目**』を著した。
	徐光啓 じょこうけい	農業技術書の『**農政全書**』と, 宣教師**アダム＝シャール**の協力で『**崇禎暦書**』編纂に参画した。
	宋応星 そうおうせい	図版入りの産業技術書『**天工開物**』を著した。
美術	仇英 きゅうえい	院体画系の山水画として発展させた。**北宗画**
	董其昌 とうきしょう	文人画を**南宗画**として大成した。
庶民文学	羅貫中 らかんちゅう	宋代の義賊の活躍を描く『**水滸伝**』を施耐庵とともにまとめた。また, 史書『**三国志**』を小説風に描いた『**三国志演義**』を著した。
	呉承恩 ごしょうおん	唐の高僧玄奘のインド求法の旅を題材に『**西遊記**』を著した。
	作者不詳	『**金瓶梅**』は明代風俗小説の代表作として有名。
翻訳	徐光啓	宣教師マテオ＝リッチの協力で, エウクレイデス(ユークリッド)の幾何学の前半を漢訳した『**幾何原本**』を著した。

▲明代の文化

POINT

明

☑ **朱元璋**が1368年に建国, 首都・**南京** (金陵) →朱元璋は**洪武帝**に。

☑ **靖難の役**…建文帝 (恵帝) による一族諸王の権力弱体化策に反対した燕王の**朱棣**が帝位を奪う→成祖**永楽帝**に。

☑ 永楽帝の治世…万里長城修復, **内閣大学士**設置, 鄭和の**南海遠征**。

☑ **北虜南倭**…北虜:北方民族の侵入。

オイラト (エセン＝ハン) の侵入→**土木の変**。

タタール (アルタン＝ハーン) の侵入→**庚戌の変**。

…南倭:朝鮮・中国沿岸に出没した**倭寇**の総称。

☑ 滅亡までの流れ…張居正の改革→党派の対立→**李自成の乱**。

☑ 経済と税制の変化…貨幣経済の進展, **銀**の流入→**一条鞭法**。

この講のまとめ

明の統治の特徴と, その統治を揺るがしたものとは?

☑ 漢民族の王朝を再興し, 皇帝独裁体制を強化した。

☑ 永楽帝は積極的な対外政策を行い, 朝貢国を増やした。

☑ 対外的には北虜南倭, 国内では佃戸や郷紳の反発が起きた。

☑ 財政の立て直しをめざす改革によって党派対立が激化し, 衰退へ。

チベット仏教

　8世紀頃，チベットでは，シャーマニズムを土台にした土着の宗教であるボン教に，インドの大乗仏教が結びついてチベット仏教が成立した。チベット仏教の総本山は，吐蕃の建国者ソンツェン＝ガンポがラサ郊外に創建した壮大な13階建てのポタラ宮殿で，そこには最高位の僧ダライ＝ラマが政教両権の最高実力者として君臨した。チベットの人々は，高僧の死後もその魂は転生すると信じ，高僧は活仏として崇拝される。

　中国史においては，クビライが高僧パスパを重用し，チベット仏教を厚く信仰したことが知られているほか，明を悩ませたタタールのアルタン＝ハーンもチベット遠征後に帰依している。

　18世紀にチベットを征服した清は，教主のダライ＝ラマや副教主のパンチェン＝ラマの地位を利用して，チベットを支配した。

　現在のチベット仏教は，14世紀後半から15世紀初めにかけて活躍した高僧ツォンカパが定めたもので，ツォンカパ以降のチベット仏教を黄帽派（黄教）といい，それ以前に主流だった一派は紅帽派（紅教）とよばれる。

▲ポタラ宮殿

2 | 後金の建国と清の成立

🔍 この講の着眼点

明末の混乱の中で力を伸ばした女真族は，周辺民族を征服し，北方から中国支配の基礎を固めていく。20世紀初頭まで続く大帝国清の中国支配のはじまりである。清の成立までの過程を整理しよう。

> 清の原型となった後金を建国したのはツングース系の女真族だけど，ツングース系の民族は，中国史の中にたびたび登場しているね。覚えているかな？

> 古くは古代朝鮮半島北部の高句麗，その遺民らによって建国された渤海もツングース系ですね。女真族は，靖康の変で宋を南方に追いやった金を建国した民族でもありますね。

1 後金の建国

明代末期になると，中国東北部で再び**ツングース系女真族**(女直)の動きが活発になった。やがて**建州女真**の首長である**太祖ヌルハチ**が，女真の諸部族を統一して，1616年に後金(金・アイシン)を建国した。
🔑 KEY WORD

2 後金の改革

太祖ヌルハチは，女真族の政治・社会組織を兼ねた**八旗**とよばれる独自の軍事組織を創設し(満洲八旗)，1619年のサルフの戦いでその軍事組織の優秀さを立証した。すでにヌルハチは，モンゴル文字を基に**満洲文字**を制定していたが，満洲という名称が民族名にも使用されるようになり，女真族は自らを満洲族というようになった。
🔑 KEY WORD

🔑 KEY WORD

後金・満洲・清
後金の別名アイシンは「黄金」を意味する満洲語。また，満洲という呼称は女真族が文殊菩薩を信仰したことから使われるようになったもの。中国風の清という国号が使用されるようになったのは2代目ホンタイジ(太宗)の時である。

3 清の成立

第2代**太宗ホンタイジ**は，1635年に内モンゴルの**チャハル**を征服し領土

を拡大した。また同じ頃，モンゴル人による**蒙古八旗**・中国人による**漢軍八旗**も
編成された。さらに，太宗は 1636 年に国号を中国風に清と改め，その翌年には
朝鮮(李氏朝鮮)を服属させた。

POINT

清
- ☑ 国号…後金（金，アイシン）→清。
- ☑ 太祖**ヌルハチ**，太宗**ホンタイジ**のもとで発展。

🔍 この講のまとめ

明の滅亡から清の成立までの過程は，どんなものだったのだろうか？

- ☑ 明代末期の混乱の中で，北方のツングース系女真族の活動が活発化。
- ☑ ヌルハチが女真の諸部族を統一して，後金を建国。
- ☑ ホンタイジのもとで領土を拡大し，国号を中国風の清とした。

3 | 東アジア・東南アジア諸国の動向

🔍 この講の着眼点

　東アジアの中心である中国では，13 世紀のモンゴル人の支配から，漢民族の明を経て，17 世紀初頭には再び周辺民族の清が北方から支配を広げていた。古くから中国から強い影響を受けてきた東アジアと東南アジアは，この頃どのような状況にあっただろうか？

> モンゴル人は，交易のルートを整備して東西交流をいまだかつてないほど盛んにしたんだね。ということは，モンゴル帝国以降の東アジア・東南アジアはどのような状況になると考えられるかな？

> 交易が活発になると考えられます。この時代以降の東アジアや東南アジアでは交易をいかに掌握するかということが，これまで以上に権力を支える秘訣になりそうですね。

1 朝鮮半島の動き

Ⓐ **朝鮮の建国**　朝鮮半島では，14 世紀末に**倭寇**の撃退で名をあげた**李成桂**が高麗を倒して，**漢城**（漢陽，現ソウル）を都に朝鮮（**李氏朝鮮**）（1392 ～ 1910）を建国した。

Ⓑ **朝鮮の治世**　明王朝の諸制度を導入した朝鮮は，**科挙制**を整備し，**朱子学**を官学とするなど大いに発展した。15 世紀前半の第 4 代世宗は，朝鮮文字の「**訓民正音**」（**ハングル**）を制定し，**金属活字**による出版を奨励して，文化事業を推進した。朝鮮は，建国後 100 年間は比較的安定していたが，やがて**両班**とよばれる文武の特権官僚層が派閥争いを繰り返し，政治は乱れていった。

Ⓒ **豊臣秀吉の朝鮮侵略**　16 世紀末，日本の

KEY WORD

金属活字

木版の活版印刷の使用が開始されたのは唐代の中国であるが，世界最初の金属活字を造ったのは朝鮮の高麗である。朝鮮に出兵した豊臣秀吉は活字や印刷道具を持ち帰ったといわれている。15世紀半ばにヨーロッパで活版印刷術を改良したグーテンベルクは，この金属活字の技術を発展させた。

241

豊臣秀吉の朝鮮侵略（壬辰・丁酉倭乱）によって国土が荒廃したが，李舜臣の率いる水軍の活躍などによって日本軍は撤退を余儀なくされた。この戦乱によって朝鮮は財政難をまねき，徐々に国力を衰退させていった。

2 日本の動き

A 鎌倉・室町時代 日本では，12世紀末に**源頼朝**によって**鎌倉幕府**が成立し，武士による政権が誕生した。鎌倉幕府は2度にわたるモンゴル帝国の侵入（**元寇**）を受けるが，いずれも退けた。**室町幕府**になると，**足利義満**は明から日本国王として冊封され，**倭寇**の取締りを条件に**勘合貿易**を行った。

B 戦国時代〜江戸幕府の成立 室町時代の後期になると，各地で**戦国大名**が台頭し，**戦国時代**とよばれる実力主義の時代となった。やがて，**織田信長**と**豊臣秀吉**が統一事業をすすめ，最終的には1603年に**徳川家康**が江戸幕府を開いて，戦国時代の混乱に終止符を打った。

C 海外貿易の推進から鎖国へ 日本では，秀吉の時代より，国家が海外貿易に介入する**朱印船貿易**が行われていた。徳川家康はさらにこれを推進したが，第3代将軍**徳川家光**の時代になると，ポルトガル人の来航や日本人の海外渡航を禁じた（いわゆる「**鎖国**」）。その後，江戸幕府は長崎を窓口に**オランダ**と**中国**に対して貿易を許可した。また**朝鮮**とも交流し，将軍がかわるごとに**朝鮮通信使**が江戸幕府を訪れた。

⊕ PLUS α

日本町
17世紀に入ると，日本人の海外渡航が増えた。渡航者たちはタイ・ベトナム・カンボジア・フィリピンなどに日本人居住地である日本町を作ったが，江戸幕府の海外渡航禁止令により衰退した。

3 琉球

15世紀初め，**中山王**によって統一された琉球は，明との朝貢貿易によって東シナ海と南シナ海を結ぶ中継地として繁栄した。しかし，17世紀初め，島津氏の**薩摩藩**によって攻撃され，中国と日本の両方に服属する国家となった。

4 ベトナム

Ⓐ **陳朝〜黎朝** 13世紀前半に成立した**陳朝**は**元**の侵入を撃退したが，1400年に権臣に滅ぼされた。これが**明**の介入をまねき，1407年には明の**永楽帝**による支配を受けた。やがて，明を撃退した**黎利**が1428年，ハノイに**黎朝**を開いて独立を回復した。しかし，黎朝は16世紀以降衰退し，有力家臣に実権を奪われて，ベトナムは実質的に南北に分裂した。

Ⓑ **阮朝** 18世紀後半，ベトナム中部で**西山党の乱**が起こり，**西山朝**が成立して黎朝は滅んだ。この西山朝を滅ぼしたのが，フランス人宣教師ピニョーの援助で国土を統一した**阮福暎**である。阮福暎はベトナム最後の王朝となる**阮朝**(1802〜1945)を建国(国号は**越南国**)。やがて阮朝は排外主義に転じ，キリスト教迫害などを行ってフランスの侵略を受け，のちに**フランス**の植民地となった。

POINT

> ベトナム
> ☑ 陳朝→黎朝→西山党の乱→阮朝。

5 その他の東南アジア諸国

Ⓐ **タイ・カンボジア** ベトナムで**陳朝**が衰退期に入った14世紀半ば，タイでは**アユタヤ朝**(1351〜1767)が成立した。外征も積極的に行ったアユタヤ朝は，中国の**明・清**と交流し，西欧諸国とも通商関係をもって，17世紀にタイ史上最大の領域を形成した。しかし，ミャンマーの**トゥングー朝**の侵入で衰退し，1767年にミャンマーの**コンバウン朝**により征服された。

その後のタイでは，**ラーマ1世(チャクリ)**が**バンコク**を都に**ラタナコーシン朝(チャクリ朝，バンコク朝)**(1782〜現在)を建国。その後も東南アジア諸国では唯一独立を保った。

Ⓑ **ミャンマー** **トゥングー朝(タウングー朝)**(1531〜1752)がパガン朝滅亡以来の混乱を収拾し，16世紀にミャンマーを支配したが，タイの**アユタヤ朝**との抗争で国力を消耗し，滅亡した。その後，**コンバウン朝(アラウンパヤー朝)**(1752〜1885)が成立し，1767年にタイのアユタヤ朝を滅ぼしたが，やがて**イギリス**の侵略を受け，3回にわたる**ビルマ戦争**の結果，同国の植民地となった。

C **インドネシア**　ジャワ島を中心に栄えた**ヒンドゥー教国のマジャ
パヒト王国**(1293～1520頃)は14世紀半ばに最盛期を迎えたが，東南アジア
にイスラーム勢力が浸透すると，その侵入を受け衰えていった。マジャパヒト王
国にかわりジャワ東部に勢力をもったのが，**イスラーム教国のマタラム
王国**(16世紀末～1755)である。17世紀前半，**オランダ**がジャワ島中部にバタヴィ
ア(現ジャカルタ)を建設すると，しだいにオランダの勢力は浸透し始め，インド
ネシアはオランダの植民地になっていった。

D **マレー半島**　マレー半島には15世紀半ばに東南アジア最初の本格的イス
ラーム教国となった**マラッカ王国**(14世紀末～1511)があったが，16世紀前
半に**ポルトガル**に占領され，17世紀半ばに**オランダ**に占領された。やがて**イギ
リス**が進出すると，19世紀前半にはペナン島・マラッカ・シンガポールを拠点
にイギリスの**海峡植民地**が形成された。

> **POINT**
>
> 東南アジア諸国
> ☑ タイ…**アユタヤ朝**→**ラタナコーシン朝**(**チャクリ朝**, **バンコ
> ク朝**)。
> ☑ ミャンマー…**パガン朝**→**トゥングー朝**→**コンバウン朝**(**アウ
> ランパヤー朝**)→**イギリス**の植民地。
> ☑ インドネシア…**マジャパヒト王国**→**マタラム王国**→**オランダ**
> の植民地。
> ☑ マレー半島…**マラッカ王国**→オランダの支配→**イギリス**の**海峡
> 植民地**。

> **この講のまとめ**
>
> モンゴル帝国以降，東アジア・東南アジアはどのような状況にあったか？
> ☑ 朝鮮は明の諸制度の導入で発展したが，壬辰・丁酉倭乱で国力が衰退。
> ☑ ベトナムは元の侵攻を撃退するも，次第にフランスの支配下に。
> ☑ マレー半島周辺はイスラーム教国が繁栄，後にオランダやイギリスが進出。
> ☑ タイは，その後も東南アジアで独立を維持した唯一の国となった。

4 | 大航海時代

ヨーロッパの人々は新航路開拓をめざし，大航海時代が到来した。なぜ人々は新航路を求めたのだろうか？　東西交易のしくみや，ヨーロッパの社会の状況をヒントに考えよう。

大航海時代は15世紀末から本格化するのだけれど，15世紀の半ばには，ヨーロッパの人々を宗教的情熱に駆り立てる出来事も起こったんだ。

1453年のビザンツ帝国の滅亡ですね。この頃，「アフリカや東方にはプレスター=ジョンというキリスト教の君主がいる」という伝説もヨーロッパ人の間で信じられていたようですね。

1 背景

新航路開拓の背景には，**香辛料**などの東方物産の需要増大と東方への関心の高まりがあった。また，地中海東岸をおさえたオスマン帝国に阻害されないような新しい**貿易ルート**が求められていたことも影響していた。さらに国土回復運動（レコンキスタ）を完了した**スペイン**王国と**ポルトガル**王国では新たな領土拡張やカトリック布教への意欲が高まり，それぞれが探検援助を行っていたことも背景として挙げられる。そして遠洋航海を可能とする知識と技術の発達も影響した。航海・造船術，天文・地理の知識がイスラーム世界からイベリア半島に伝わり，東方の知識もイタリア商人が伝えた。

⊕ PLUS α

新航路への情熱

東南アジア・南インドを中心に産出する胡椒は,同じ重さの銀と等価とされるほど価値があった。しかし,それまでの東方貿易は,カーリミー商人やヴェネツィア商人などを介したため費用がかさみ,交易路はオスマン帝国の支配に入っていた。そのため西欧各国は直接入手するためのルートを求めた。

▲大航海時代・ヨーロッパ人の航海と探検

2 ポルトガルの海外進出

　ポルトガル商人は金や奴隷などを求めて西アフリカに進出し，**エンリケ航海王子**がアフリカ西岸探検を推進した。ジョアン2世の時代には**バルトロメウ゠ディアス**が喜望峰(きぼうほう)に到達，さらに**ヴァスコ゠ダ゠ガマ**によって**インド航路**が開かれた。

　ポルトガルはインドの**ゴア**を拠点にアジア貿易に参入，マラッカ・マカオから平戸(ひらど)まで進出した。また，**カブラル**の漂着(ひょうちゃく)によりブラジルを領土とした。16世紀前半，ポルトガルの首都**リスボン**は東方物産の集散地として繁栄した。

3 スペインの海外進出

🅐 **探検**　レコンキスタが完了すると，女王**イサベル**は**コロンブス**の西回り航路でのアジア到達をめざす航海を援助した。1492年，コロンブスは**サンサルバドル島**に到達し，その後もアメリカ大陸沿岸やカリブ海諸島を探検した。また，1519年に出帆した**マゼラン**（マガリャンイス）一行は世界周航に成功。彼は途中で戦死したが，のちに**フィリピン**はスペインによって植民地化された。

🅑 **植民地支配**　**コルテス**が**アステカ王国**を，**ピサロ**が**インカ帝国**を征服し，スペインは中南米を植民地とした。征服者たちは先住民インディオを酷

使して，**エンコミエンダ制**という土地制度を実施し，**銀**の採掘を行った。しかし過酷な労働とインフルエンザなどの伝染病のためにインディオは減少し，黒人奴隷が輸入され始めた。なおスペインの聖職者**ラス＝カサス**は，『インディアスの破壊についての簡潔な報告』で，インディオの奴隷化禁止をカルロス１世に訴えた。アンデス山間部の人口は，征服後の40年間に３分の１から４分の１になったといわれている。

KEY WORD

エンコミエンダ制

スペイン国王は，キリスト教布教を条件に，植民者の土地支配やインディオの使用を黙認した。これをエンコミエンダ（信託の意）制という。のちに大農園経営（＝アシエンダ制）に転化した。

4 ポルトガル・スペインと日本との貿易

　1543年に鹿児島の**種子島**に漂着したポルトガル船は，日本に火縄銃を伝えた。その後，日本とポルトガル・スペインとの間で17世紀初めまで展開された貿易を**南蛮貿易**という。

5 ポルトガルとスペインの世界分割

　ポルトガルとスペインは**トルデシリャス条約**(1494)，**サラゴサ条約**(1529)で海外領土を分割した。トルデシリャス条約が結ばれる前年(1493)に**植民地分界線（教皇子午線）**が定められたが，ポルトガルが抗議したため，同条約で境界線が西に移動した。これによってポルトガルのブラジル領有が実現した。

スペイン	ポルトガル
1479 スペイン王国　成立	1415 エンリケ航海王子　セウタ攻略
イザベル・フェルナンド５世	1481 ジョアン２世即位(～95)
1492 レコンキスタ完了（グラナダ陥落）	1488 バルトロメウ＝ディアス　喜望峰到達
コロンブス　サンサルバドル島到達	
1493　教皇アレクサンデル６世の植民地分界線（教皇子午線）	
1494　トルデシリャス条約	
	1498 ヴァスコ＝ダ＝ガマ　カリカット到達
	1500 カブラル　ブラジル漂着
1501～02 アメリゴ＝ヴェスプッチ 到達した地を「新大陸」と確信	1505 スリランカ到達
	1510 ゴアに総督府を置く
1513 バルボア　パナマ地峡横断→太平洋へ	1512 モルッカ諸島到達
1519 マゼラン出発→ 1521 マゼラン戦死（フィリピン）→ 1522 部下がリスボン帰還	
1521 コルテス　アステカ王国征服	
1529　サラゴサ条約	
1533 ピサロ　インカ帝国征服	
1545 ポトシ銀山発見	1543 ポルトガル人　種子島漂着
	1550 ポルトガル人　平戸到達
1571 マニラ建設	1557 ポルトガル人　マカオ居住権獲得

▲スペインとポルトガルの海外進出

6 価格革命と商業革命

A **価格革命**　アメリカ大陸の銀がヨーロッパに大量に流入し，この時代の人口増加と相まってヨーロッパで激しい物価上昇がおこった。これを**価格革命**という。価格革命は固定地代で生活していた封建貴族に打撃を与え，**封建社会**の崩壊を促進した。

B **商業革命**　経済の中心が地中海から大西洋岸に移った。具体的には，イタリア諸都市が衰退して西ヨーロッパの国々が繁栄し，国際商業の中心は**アントウェルペン（アントワープ）**となった。ネーデルラント・イギリス・フランスなど西ヨーロッパ各国では毛織物工業を核として商工業が発展し，資本主義経済の形成を準備した。また，エルベ川以東の東ヨーロッパでは，西欧諸国の穀物需要に応えるために，領主がそれらを生産する直営地経営を行う農場領主制（**グーツヘルシャフト**）が拡大した。これにより，農奴に対する支配がより強化された。

7 銀の流れ

　アメリカ大陸からヨーロッパにもたらされた銀は，交易を通じてアジアにもたらされた。また，**メキシコ銀**はアカプルコから太平洋を渡り，日本の石見銀山などで産出した**日本銀**とともにマニラなどを経由して中国に流入した。一方，中国からは絹や陶磁器が輸出された。この太平洋の貿易を**アカプルコ貿易**という。こうした銀の流通を通じて世界が一体化していくのである。

👨‍🏫 POINT

大航海時代の各国の動向とその影響
- ☑ ポルトガル…インド航路開拓→東方への参入。
- ☑ スペイン…アメリカ大陸の「発見」→中南米の植民地化。
- ☑ 大航海時代の影響

　　価格革命…封建社会の崩壊を促進。

　　商業革命…経済の中心が地中海（イタリア諸都市）。

　　　　　　　→大西洋岸（西ヨーロッパ諸国）へ移行。

ヨーロッパの人々が新航路開拓をめざした背景と，その結果とは？

☑ 香辛料など東方物産の需要増大やカトリック布教への意欲，遠洋航海を
可能にする技術などが背景にあった。

☑ 結果としてポルトガルは主にアジアへ，スペインはアメリカ大陸へ進出
し，先住民を支配した。また，価格革命や商業革命が起こった。

5 | 西アジアと南アジアの変貌

🔍 この講の着眼点

16世紀になると，西アジアから南アジアにかけてイスラーム教の大国3つが栄えた。16世紀に強大化したオスマン帝国，16世紀前半にティムールの子孫によって建国されたムガル帝国，そしてその間のイランに位置するシーア派のサファヴィー朝である。これら3つのイスラーム教国の歩みを見ていこう。

シーア派の国の代表としてイランが挙げられますが，その歴史はサファヴィー朝から始まりますね。なぜシーア派が信仰されたのでしょうか？

スンナ派の大国に挟まれている状況の中で，国家としての独自性を追求した結果シーア派を選択したのではないかとも考えられているよ。

1 サファヴィー朝の成立

ティムール朝が滅亡する16世紀初め，カスピ海西南岸のタブリーズを都に **サファヴィー朝**（1501～1736）が成立した。建国者の **イスマーイール1世** はイラン高原に進出して領土を拡大するとともに，**シーア派** を国教として，スンナ派を奉じる**オスマン帝国**と対立した。

2 サファヴィー朝の盛衰

16世紀末から17世紀前半にかけてサファヴィー朝の全盛期を築いた第5代 **アッバース1世** は，オスマン帝国から **アゼルバイジャン** とイラクの一部を奪回（だっかい），都を **イスファハーン** に遷（うつ）した。また，ポルトガルの勢力をホルムズ島より駆逐（くちく）してイラン全域の支配権を握った。東西交易の拠点として

⊕ PLUS α

シーア派の国

シーア派の王朝としては，ファーティマ朝，ブワイフ朝，サファヴィー朝，ガージャール朝が挙げられる。イランは現在もシーア派を国教としている。

🏷 KEY WORD

アゼルバイジャン

カスピ海の南西に位置するアゼルバイジャンは，トルコ系住民も多く，その後もオスマン帝国とサファヴィー朝の間でこの地をめぐる対立が続いた。近代になるとロシアがこの地域に進出する。

栄えたイスファハーンは，当時におけるイスラーム世界の中心地の一つとなり，その繁栄は「**イスファハーンは世界の半分**」と讃えられた。しかし，アッバース1世の死後は国威が振るわず，18世紀前半に**アフガン人**の侵入により滅亡した。

 **POINT**

> サファヴィー朝
> ☑ 首都**イスファハーン**を中心に繁栄。**シーア派**を国教に。

3 オスマン帝国の成立

カスピ海東北にいたトルコ人の一派が，モンゴル人の圧迫により小アジアに逃れ，14世紀初めに**オスマン1世**のもとで**オスマン帝国**(1300頃〜1922)を建国した。オスマン1世は**ビザンツ帝国**と争いながら領域を広げ，1326年に**ブルサ**を占領して都とした。やがてビザンツ帝国の根拠地であるバルカン半島に進出した第3代**ムラト1世**は，**アドリアノープル**(エディルネ)を占領すると，1366年にここへ遷都した。

4 オスマン帝国の敗北と復興

次の第4代**バヤジット1世**は，1396年に**ハンガリー王ジギスムント**の率いるヨーロッパ連合軍を**ニコポリスの戦い**で破り，ドナウ川沿岸にまで領域を拡大した。しかし，1402年に東方から侵入した**ティムール**に**アンカラの戦い**で敗北し，オスマン帝国は一時壊滅した。やがて，第6代ムラト2世のもとでオスマン帝国は帝国内の内紛を収拾し，復興の道を歩むことになった。

5 ビザンツ帝国の滅亡

オスマン帝国は，15世紀半ばに即位した第7代**メフメト2世**のもとで再び国力を伸ばした。1453年には**コンスタンティノープル**を陥落させ，ビザンツ帝国を滅ぼすと，この地に遷都した(現**イスタンブル**)。さらに黒海沿岸からバルカン半島西部へも勢力を拡大し，セルビアやアルバニアを併合した。

⊕ **PLUS** α

クリム=ハン国
当時，黒海沿岸には，クリム=ハン国があり，この国を服属させたオスマン帝国は黒海沿岸の商業権を握った。

6 エジプト制圧

16世紀に入ると，第9代**セリム1世**は，シーア派を奉じるイラン民族王朝の**サファヴィー朝**を破ってカスピ海西南部とイラク北部を占領し，シリアも併合した。さらにエジプトへも軍をすすめ，**マムルーク朝**(1250〜1517)を攻撃して，これを滅ぼした。このときセリム1世は，マムルーク朝に亡命していたアッバース朝カリフの子孫より**カリフ**の称号を得て，イスラームの聖地である**メッカ**と**メディナ**の支配権を獲得した。これによりセリム1世は名実ともにイスラーム世界に君臨する支配者となった。

7 オスマン帝国の全盛期

オスマン帝国の全盛期は，16世紀前半から後半にかけて帝位についた第10代**スレイマン1世**の時代である。彼は1526年，**モハーチの戦い**でハンガリー王を敗死させ，西アジアから北アフリカ，東欧にいたる大帝国を建設した。さらに1529年には(第一次)**ウィーン包囲**を行って，神聖ローマ皇帝**カール5世**を圧迫した。スレイマン1世は神聖ローマ帝国を牽制するため，ハプスブルク家に対抗する仏王**フランソワ1世**と同盟を結び，フランスに**カピチュレーション**という貿易特権を与えた(ただし，公式に認めたのは，続くセリム2世[1569])。また，1538年には**スペイン・ヴェネツィア・ローマ教皇**の連合艦隊を**プレヴェザの海戦**で破り，ヴェネツィアにかわって地中海の制海権を握った。スレイマン1世は内政にも力を注ぎ，法制を整えてオスマン帝国の国家体制を確立したことから，**カーヌーニー**（立法者)とよばれている。

KEY PERSON

カール5世
[1500〜1558]

スペイン王(カルロス1世)に即位後，イタリアをめぐるフランスとの争いに勝利し，神聖ローマ皇帝に選出された。在位中はルターによる宗教改革への対応策に苦慮した。

KEY WORD

カピチュレーション

オスマン帝国が西欧各国に与えた，租税の免除，通商の自由をなど認めた貿易特権。

8 オスマン帝国の社会

オスマン帝国は，イスラーム法にもとづく政治の実現をめざす，専制君主スルタンを中心とした中央集権体制の国家だった。この制度を支える官僚や軍人(**騎士**)は，官職や軍務に服する代償として保有地の徴税権が与えられていた。これ

をティマール制とよぶ（のちに徴税請負制に移行）。また，バルカン地方のキリスト教徒の少年を改宗させて皇帝の親衛隊とする，イェニチェリとよばれる常備軍が編成された。一方で，オスマン帝国内に居住する異教徒に対しては寛容な態度がとられ，イスラーム教徒との共存がはかられた。キリスト教徒とユダヤ教徒は同じ「啓典の民」としてあつかわれ，ジズヤ（人頭税）の納入義務が課せられるかわりに宗教別の共同体（ミッレト）の自治が認められ，彼らの信仰・生命・財産は保障された（ミッレト制）。

▲サファヴィー朝とオスマン帝国の領域

 POINT

> オスマン帝国
> ☑ ムラト1世→バヤジット1世→メフメト2世
> →セリム1世と続き，スレイマン1世で全盛期を迎える。

9 デリー＝スルタン朝

インドのイスラーム化は，アフガニスタンに成立したイスラーム王朝の侵入によって10世紀末から始まった。サーマーン朝から自立したトルコ系のガズナ朝（977～1187）と，それに続くイラン系のゴール朝（1148頃～1215）はしきりにインド侵入を繰り返し，やがてインド北西部を支配していった。1206年，ゴール朝の軍人奴隷出身のアイバクがデリーを都に自立して奴隷王朝を建国すると，短期間に5つの王朝が興亡し，インドにイスラーム勢力が進出した。これら5つの王朝はいずれもデリーを都としたため，デリー＝スルタン朝（1206～1526）とよばれている。デリー＝スルタン朝の時代には，イスラーム教神秘主義のスーフィズムが流行した。また，この時代に現実の統治でのイスラーム教の強制はなかった。

🔟 ムガル帝国の成立

　ティムールの子孫**バーブル**は，1526年に**ロディー朝**を**パーニーパットの戦い**で破り，**デリー**を都とする**ムガル帝国**(1526〜1858)を建国した。バーブルの時代に北インドを支配したムガル帝国は，第3代皇帝**アクバル**の時代に，インド西部に勢力をもっていた**ラージ**

▲ムガル帝国の領域

プートの諸勢力やベンガル地方を平定して領土を拡大した。アクバルは都をデリーから**アグラ**に遷し，全国を州・県・郡に分けて中央集権体制を確立した。さらに，非イスラーム教徒に課せられた**ジズヤ**(人頭税)を廃止して，イスラームとヒンドゥー両教徒の融和をはかった。

1️⃣1️⃣ インド゠イスラーム文化の黄金期

　第5代皇帝**シャー゠ジャハーン**の治世は，ムガル帝国が政治的に最も安定した時代である。イスラーム文化とヒンドゥー文化の要素が融合し，**インド゠イスラーム文化**の黄金期を迎えた。アグラには，シャー゠ジャハーンが愛妃ムムターズ゠マハルのために造営した廟であり，ムガル建築を代表す

▲タージ゠マハル

る**タージ゠マハル**が造営された。絵画の分野では**細密画**(ミニアチュール)の手法が取り入れられて**ムガル絵画**が完成した。なお，シャー゠ジャハーンは，タージ゠マハル建設中の1648年，都を**デリー**に戻している。

⓬ ムガル帝国の衰退

Ⓐ 皇帝アウラングゼーブの治世

シャー＝ジャハーンのあとを継いだのが，第6代皇帝**アウラングゼーブ**である。アウラングゼーブはデカン高原などインド南部を平定し，ムガル帝国の最大領土を築いた。熱烈なスンナ派信者であった彼は，**ジズヤ**を復活し，さらにはヒンドゥー教徒や**シク教徒**を弾圧したため，**マラーター族**が反乱を起こすなどインド国内における宗教対立が激化した。その一方で，地方の**大土地所有者（ザミンダール）**に自立化の傾向が現れ，ムガル帝国の中央集権的な支配体制はくずれ始めた。

Ⓑ 地方土着勢力の台頭

アウラングゼーブが没すると，ムガル帝国の統一はくずれ，各地の土着勢力は自立化の道を歩んだ。インド北西部のパンジャーブ地方には**シク教徒**の勢力，インド西部にはヒンドゥー教の**ラージプート**の諸勢力，中部インドからデカン高原西部にかけてはヒンドゥー教の**マラーター王国**，南インドにはヒンドゥー教の**マイソール王国**（後にイスラーム化）などがあり，ムガル帝国は徐々に衰退していった。

⓭ ムガル帝国とヨーロッパ諸国

ムガル帝国が成立する以前より，インドにはヨーロッパの勢力が進出し始めていた。

Ⓐ ポルトガルのインド進出

インドへの進出に特に積極的だったのが，**ポルトガル**である。1498年に**ヴァスコ＝ダ＝ガマ**が**カリカット**に到着し，インド航路が開拓されると，ポルトガルは1510年に西岸部の町**ゴア**を占領し，アジア最初の植民地とした。これらはいずれも**デリー＝スルタン朝**の時代に起こった出来事である。その後，ポルトガルはゴアを拠点にアジア貿易を独占した。

B イギリスとフランスのインド進出　17世紀に入ると**イギリス**と**フランス**がインドへ進出を始めた。ムガル帝国第5代**シャー=ジャハーン**の時代には，イギリスが**マドラス**を獲得(1640)。続く第6代アウラングゼーブの時代には，**ボンベイ**(1661)と**カルカッタ**(1690)にも東インド会社の商館が建てられ，イギリスはこの3都市をインド侵略の拠点とした。一方，フランスはイギリスに対抗して，**ポンディシェリ**(1674)と**シャンデルナゴル**(1673)を拠点にインド侵略をすすめた。

18世紀に入ると，ムガル帝国の衰退とともに，インドをめぐるイギリスとフランスの対立は激しさを増していった。

 POINT

ムガル帝国
☑ **バーブル**が創始→**アクバル**が北インドを統一→**シャー=ジャハーン**を継いだ**アウラングゼーブ**の治世に領土最大。

🔍 **この講のまとめ**

16世紀以降の西アジアから南アジアにかけての状況を整理しよう。
☑ **西アジアのイラン**ではティムール朝の衰退後にサファヴィー朝が繁栄。
☑ **14世紀初め**に成立したオスマン帝国が16世紀以降全盛期に。
☑ **16世紀**にバーブルが南インドにムガル帝国を建国。

6 | 清の発展

明の滅亡後，北京に入城した清は中国全土を征服しただけでなく，周辺地域にも勢力を拡大した。清は広大な領土を，どのようにして支配したのだろうか？

> 清の支配層は女真族ですね。人口では漢民族が圧倒的に多い中国を支配するために重要だったことは，やはり中国王朝の伝統を守ることでしょうか？

> その通りだね。一方で清王朝は漢民族にも右のような満洲人の髪型を強制したり，王朝に対する批判を厳しく取り締まったんだ。懐柔策と威圧策を巧みに使い分けたんだね。

▲満洲人の髪型（辮髪）

1 清の北京入城

1644 年に**李自成の乱**によって明が滅亡すると，幼少で即位した清の第 3 代**世祖順治帝**は，明の降将**呉三桂**の先導で**山海関**を越え，李自成を追い払って北京に入城した。清は盛京(瀋陽)から**北京**に遷都し，中国を支配する体制を整えたが，一方で中国各地では清を倒して明を復興することを掲げた抵抗運動が起こった。

2 清の中国統一

清は**呉三桂**など明の降将を利用して中国支配を進め，華南の平定後は彼らを藩王として封じた。しかし，藩王が支配する三藩が力をもち始めたことに脅威を感じた**康熙帝**が三藩の撤廃をはかったため，**呉三桂**らは清王朝に反旗をひるがえした。これが**三藩の乱**(1673 ～ 81)である。同じ頃，台湾に拠る**鄭氏**一族もこうした動きに応じたため，清は最大の危機を迎えた。しかし第 4 代**聖祖康熙帝**

はこれを鎮圧し，1683年に鄭氏台湾を下して清は全中国の統一を完成させた。

3 清の全盛期

清王朝は，聖祖**康熙帝**，世宗**雍正帝**（ようせい），高宗**乾隆帝**（けんりゅう）の3代130余年間(1661～1795)に全盛期を迎えた。対外的には，康熙帝時代の1689年に**ロシアのピョートル1世**との間に**ネルチンスク条約**を結び，アルグン川と外興安嶺（そとこうあんれい）(スタノヴォイ山脈)を両国の国境とした。これは清がヨーロッパ諸国と結んだ最初の対等な条約であった。さらに，雍正帝の時代には，モンゴルとシベリアの国境を画定するため，1727年にロシアとの間に**キャフタ条約**が結ばれ，両国の通商についても取り決められた。また，康熙帝・雍正帝時代に**青海**（せいかい）(ワラ部)・チベットが支配下に組み込まれた。康熙帝が親征した西北モンゴルの**ジュンガル**は乾隆帝が平定し，**回部**（かいぶ）とあわせ**新疆**（しんきょう）(東トルキスタンの地域)とした。こうして，乾隆帝時代に清の領土は最大となり，中国本土・東北地区(満洲)・台湾（たいわん）の直轄領に，モンゴル・青海・チベット・新疆の**藩部**（はんぶ）が加わり，現代の中国領にほぼ匹敵する領土が形成された。藩部は乾隆帝時代に整備された中央官庁の**理藩院**（りはんいん）によって統轄されたが，異民族の自治もある程度は尊重された。

▲清とその周辺諸国

4 清の中国支配

清は，中国を支配するにあたって，漢民族の伝統・慣習を尊重し，明の諸制度を継承した。

A 満漢併用制（まんかんへいようせい）　異民族王朝でありながら，中央官制においては同じ地位に満洲族と漢民族を併置する**満漢併用制**(満漢偶数官制)を採用し，**科挙**（かきょ）によっ

て優秀な漢人官僚も登用することで，知識人の不満を和らげた。

B **軍機処の設置** 中央政府の最高機関として**内閣大学士**が置かれていたが，雍正帝のときに**軍機処**が設置され(1729に前身の軍機房設置)，それ以降はこれが国政の最高機関となった。

C **軍制** 君主独裁体制を支える軍制は，正規軍の**満洲八旗・蒙古八旗・漢軍八旗**を全国の要地に配属し，治安維持を目的に漢人のみで組織する**緑営**を編成した。

D **満洲人の漢人支配** 清は**懐柔策**と**威圧策**を巧みに使い分け，漢民族を支配した。満漢併用制によって漢民族知識人を登用し，『**康熙字典**』『**古今図書集成**』『**四庫全書**』などの大編纂事業をおこして漢民族文化を尊重した。その一方，漢民族の男子には満洲族の風習である**辮髪**(弁髪)を強制したうえで，**文字の獄**を通じて反清的言論に対しては厳しい態度で臨み，たびたび**禁書**を行って反清思想を弾圧した。

5 清代の社会と経済

A **海外貿易と地丁銀制** 康熙帝時代に中国の統一が完成すると，清は一時**海禁**を解き，それに伴って海外貿易も発展した。中国からは絹織物に加え，**茶・陶磁器**がヨーロッパに輸出され，中国には大量の**銀**が流れ込んだ。そのため，康熙帝のときには**一条鞭法**にかわって，土地税(地銀)に人頭税(丁銀)を繰り入れて銀納とする**地丁銀制**が始まり，雍正帝の時代に税法として確立した。これは，実質的に人頭税を廃止した画期的な税制であった。

B **華僑と典礼問題による貿易統制** 東南アジア諸国との貿易を支えた福建や広東の商人たちは，中国市場と海外市場の商業利権を握り，一部は東南アジアに住み着いて**南洋華僑**のもととなった。一方，**典礼問題**が起こると，**康熙帝**時代には典礼否認派の宣教師の入国と伝道が禁止され，次の**雍正帝**はキリスト教の布教を全面的に禁止する措置をとった。さらに，**乾隆帝**は西洋諸国との海外貿易を**広州**1港に限定して貿易統制を強め，**公行**とよばれる特許商人の組合を通じて貿易をさせた。国内政治の安定は人口増加に

> **KEY WORD**
>
> **典礼問題**
> イエズス会は，孔子の崇拝や祖先の祭祀など，中国の伝統的な宗教儀礼(典礼)を認めた。これに対し，あとから中国にやってきたフランシスコ会とドミニコ会の宣教師が，この布教方法を批判し，ローマ教皇もイエズス会の布教方法を否定した。

つながり，18世紀後半に清の人口は３億人を上回ったといわれる。しかし，人口過剰による土地不足により農民が貧困化し，各地で小規模な農民暴動が頻発した。

	宣教師名	中国名	出身国	中国における活動
明代	マテオ=リッチ	利瑪竇 （りまとう）	イタリア	徐光啓とともに『幾何原本（きかげんぽん）』を漢訳。**中国最初の世界地図**「坤輿万国全図（こんよこくぜんず）」を作成した。
	アダム=シャール	湯若望 （とうじゃくぼう）	ドイツ	徐光啓とともに『崇禎暦書（すうていれきしょ）』を作成（清代に**時憲暦**となる）。清の**欽天監（きんてんかん）正**（天文台長官）（せい）となった。
清代	フェルビースト	南懐仁 （なんかいじん）	ベルギー	**大砲を鋳造**し，「坤輿全図（こんよぜんず）」を作成した。
	ブーヴェ	白進 （はくしん）	フランス	康熙帝に使え，**中国最初の実測地図**である「皇輿全覧図（こうよぜんらんず）」を作成した。
	レジス	雷孝思 （らいこうし）	フランス	
	カスティリオーネ	郎世寧 （ろうせいねい）	イタリア	康熙帝・雍正帝・**乾隆帝**に仕え，西洋画法を紹介。バロック式と中国の様式を合わせた離宮円明園（えんめいえん）を設計した。

▲明代・清代にやってきた宣教師

6 清代の文化

明末清初にかけ，**黄宗羲（こうそうぎ）**や**顧炎武（こえんぶ）**らによって経世致用の学（実学）が説かれると，実証的な**考証学**が盛んになった。乾隆帝時代には**銭大昕（せんたいきん）**や戴震（たいしん）が出て，考証学は全盛期を迎えたが，清の思想統制の中で実用性は失われていった。やがて，清代の後期になると，考証学よりさらに実践的な経世実用を説いて政治的実践を目指す**公羊学（くようがく）**が盛んになった。

編纂事業	康熙帝	『康熙字典』（1716年完成），『佩文韻府（はいぶんいんぷ）』（詩作の熟語用例集）
	雍正帝	『古今図書集成』…康熙帝の勅命で編纂が開始され，雍正帝時代に完成した中国最大の百科事典（1725年完成）
	乾隆帝	『四庫全書』…重要書籍を経・史・子・集に分類（1782年完成）
儒学	黄宗羲（こうそうぎ）	明末清初の考証学者。政治批判の書『明夷待訪録（めいいたいほうろく）』を著す。
	顧炎武（こえんぶ）	明末清初の考証学者。『日知録（にっちろく）』を著す。
	銭大昕（せんたいきん）	乾隆帝時代の考証学者。考証学を確立した。
	魏源（ぎげん）	清末の公羊学者。最新の世界地誌『海国図志（かいこくずし）』を著す。
	康有為（こうゆうい）	清末の公羊学者。**変法運動**という政治改革の中心人物。
小説	曹雪芹（そうせっきん）	満洲貴族の生活を題材に『紅楼夢（こうろうむ）』（共著）を著す。
	呉敬梓（ごけいし）	科挙を風刺した『儒林外史（じゅりんがいし）』を著す。
	蒲松齢（ほしょうれい）	短編の伝奇小説から成る『聊斎志異（りょうさいしい）』を著す。
戯曲	洪昇（こうしょう）	玄宗皇帝と楊貴妃を題材にした『長生殿伝奇（ちょうせいでんでんき）』を書く。
	孔尚任（こうしょうじん）	男女の悲恋物語を題材にした『桃花扇伝奇（とうかせんでんき）』を書く。

▲清代の文化

清
- ☑ 全盛期…**康熙帝・雍正帝・乾隆帝**の時代。
- ☑ 諸政策…懐柔策（満漢併用制）と威圧策（**辮髪令・文字の獄**）を用いて漢民族を支配。
  大編纂事業として，『**康熙字典**』『**古今図書集成**』『**四庫全書**』。
  典礼問題をきっかけに乾隆帝の時に貿易を統制。

🔍 この講のまとめ

清は，広大な領域と多数派の漢民族を，どのように支配したか？

- ☑ 藩部では一定の自治を認め，理藩院が間接的に統治した。
- ☑ 中国王朝の伝統を尊重し，漢民族も官僚として登用した。
- ☑ 漢民族に対しては懐柔策と威圧策を使い分け，辮髪の強要や禁書も行った。
- ☑ 海外との貿易は統制され，キリスト教の布教が禁止された。

深める column

> モンゴル帝国までの
> 内陸アジア史

　モンゴル高原は遊牧騎馬民族にとって最も恵まれた土地である。各時代の有力な騎馬民族は，モンゴル高原を拠点にして内陸アジアに君臨した。

1 スキタイ

　遊牧国家の起源は紀元前7世紀頃に南ロシアを支配した**スキタイ**である。スキタイの文化はのちの遊牧騎馬民族に大きな影響を与えた。

2 匈奴
きょうど

　匈奴はモンゴル高原で勢力を広げ，戦国時代の中国にたびたび侵入したが，**秦**の始皇帝時代に討伐を受けた。前漢成立期に全盛期を迎えたが，**武帝**が遠征軍を派遣して反撃。紀元前1世紀に東西に分裂しさらに紀元後48年に**東匈奴**が南北に分裂した。

3 鮮卑
せんび

　鮮卑は156年にモンゴル高原を統一，**五胡十六国**時代に華北に進出して**北魏**を建国した。北魏の**孝文帝**は漢化政策を行い，モンゴル高原に残っていた鮮卑は華北に移住した。なお，**隋・唐**の両王朝は北魏に始まる北朝系の王朝である。

4 柔然（モンゴル系）
じゅうぜん

　柔然は鮮卑南下後のモンゴル高原に台頭して，**北魏**と対立した。この頃，モンゴル高原西方でトルコ系の**高車**が，さらに中央アジアに**エフタル**が勢力をのばし，柔然とともに中央ユーラシアを三分した。

5 突厥（トルコ系）
とっけつ

　突厥はアルタイ山脈からモンゴル高原に進出し，555年に**柔然**を倒した。さらに，西方でもササン朝と協力し

エフタルを制圧して，大遊牧国家を建設した。また，イラン系の商業民族**ソグド人**を活用して，ササン朝やビザンツ帝国とも通交した。583年に東西に分裂したが，ソグド人とともに，唐から五代にいたる中国の内政にも深く関与した。

6 ウイグル（トルコ系）

　ウイグルは744年に**東突厥**を倒して建国した。安史の乱で唐を援助して，これを鎮圧した。また，チベット高原の**吐蕃**と対立した。840年，トルコ系**キルギス**の侵入で滅亡し，一部はタリム盆地に逃れた。

7 契丹（モンゴル系）

　遼河上流にいた**契丹**は，分裂状態が続いていたモンゴル高原に進出し，916年に**耶律阿保機**が**遼**を建国した。一方，1038年に，陝西・甘粛地方にチベット系タングートが**西夏**を建国し，遼とともに**宋**を圧迫した。1125年，

遼は宋と結んだツングース系**女真**の**金**に滅ぼされた。敗れた遼の王族の**耶律大石**は中央アジアに逃れて，**西遼**（カラキタイ）を建国した。

8 モンゴル

　遼の滅亡後，大興安嶺方面のモンゴルで力をもったテムジンが，モンゴル高原のモンゴル系・トルコ系諸部族を統一し，1206年に**チンギス＝カン**の称号を得た。

　チンギス＝カンは，西遼にかわった**ナイマン**，イラン方面のトルコ系国家**ホラズム＝シャー朝**，および**西夏**に侵攻して，大帝国を建設した。次の**オゴデイ**は華北の**金**を征服し，さらにモンケの代に**フレグ**が西アジアで**アッバース朝**を倒した。そして，**クビライ**が**南宋**を滅ぼし，中国を支配して**元**を建てた。

定期テスト対策問題[9]

解答は p.496

1　次の文の空欄に適切な語句を補充しなさい。

[よく出る] (1)　1368年，紅巾の乱の一武将であった [㋐] は，[㋑]（金陵）を都に明王朝を建国し，太祖洪武帝として即位した。

(2)　1616年，中国東北部でツングース系 [㋐] 族（女直）の首長である太祖ヌルハチが後金（金・アイシン）を建国し，独自の軍事組織 [㋑] を創設した。

(3)　14世紀末，倭寇の撃退で名をあげた [㋐] が高麗を倒して朝鮮（李氏朝鮮）を建国した。都が置かれた [㋑]（漢陽）は，現在のソウルである。

[発展] (4)　全盛期である17世紀半ばから18世紀にかけて，清王朝は領土を拡大した。康熙帝が親征した西北モンゴルのジュンガルは [㋐] 帝が平定し，回部と合わせて [㋑] とよばれた。

(5)　雍正帝の時代に設置された [　　] は，内閣大学士にかわる国政の最高機関となった。

2　大航海時代に関して，後の問いに答えなさい。

[よく出る] (1)　ジョアン2世の時代に初めて喜望峰に到達したポルトガルの航海者は誰か。

(2)　1498年にインド航路を開拓し，カリカットに到達したポルトガルの航海者は誰か。

(3)　西回りでアジア航路開拓を目指すコロンブスの航海を支援したスペイン王は誰か。

(4)　ラテンアメリカの諸国家のうち，コルテスによって1521年に征服された国の名称を何というか。

[発展] (5)　メキシコ銀をマニラなどを経由して中国に運び，中国で陶磁器や絹などに交換した太平洋上の貿易を何というか。

3　次の文章を読み，空欄に適切な語句を補充しなさい。

13世紀末に建国されたオスマン帝国は，やがてバルカン半島に進出し，第4代の [㋐] はニコポリスの戦いでヨーロッパ連合軍を破った。一方で，1402年の [㋑] ではティムールに敗北している。15世紀半ばに即位した [㋒] は1453年にコンスタンティノープルを陥落させ，ここを新都とした。現在の [㋓] である。16世紀前半の第10代スレイマン1世は1529年に [㋔] を行い，神聖ローマ皇帝カール5世を圧迫した。1538年にはスペイン・ヴェネツィア・ローマ教皇の連合艦隊を [㋕] の海戦で破り，地中海の制海権を握った。

第 **5** 章

ヨーロッパにおける近世と主権国家の成立

1 | ルネサンス

🔍 **この講の着眼点**

「ルネサンス」という言葉はフランス語で「再生」を意味し，長い間閉じ込められてきたものの復活を示した。一方で，新しくもたらされたものもある。ルネサンスは何を再生させただろうか？

古代ギリシアの文化と社会の特徴を覚えているかな？ルネサンスは，キリスト教の誕生以後に失われたその精神が改めて評価された時期といえるだろうね。

古代ギリシアの文化は人間中心的で合理的，と習いました。ルネサンスの担い手たちは，これらをどのような方法で表現したのでしょうか？

1 ルネサンス

「ルネサンス」は，ギリシア・ローマの人間中心の考え方を復興・再生する文化運動を指す。その根本精神は**ヒューマニズム**（人文主義・人間主義）である。また，現実主義・個人主義・合理（理性）主義の傾向が見られる。

2 イタリアのルネサンス

ルネサンスの文化運動は，14世紀頃からイタリアで活発に展開された。主な背景は次の4点である。
①イタリアの都市が東方貿易により繁栄した。
②ビザンツ帝国の衰亡により，東方の学者が多く移住した。
③イスラーム文化が流入して，その影響を受けた。
④ローマの古典文化遺産が多くあった。

この運動の中心都市は**フィレンツェ**で，大富豪**メディチ家**は芸術家を厚く保護した。またミラノ公やローマ教皇も芸術の保護者であった。イタリアのルネサンスが衰退したのは，大航海時代で東方貿易が衰退したこと，イタリア戦

⊕ PLUS α

古典復興運動
イタリアのルネサンス以前にも，カロリング＝ルネサンス，12世紀ルネサンスなどの古典復興運動があったことをおさえよう。

争(1494 ～ 1559)による混乱でイタリア諸都市が没落_{ぼつらく}したこと，ローマ教会が宗教改革に対抗して文化的規制を強化したことなどによる。

A 文芸・政治学

- **ダンテ**(1265 ～ 1321)…ルネサンスの先駆者_{せんくしゃ}。叙事詩『**神曲**』を記述。
- **ペトラルカ**(1304 ～ 74)…古典研究者。『**叙情詩集**』
- **ボッカチオ**(1313 ～ 75)…古典研究者。『**デカメロン**』
- **マキァヴェリ**(1469 ～ 1527)…政治学の祖。『**君主論**』

B 美術

- **ジョット**(1266 頃～ 1337)…絵画。ルネサンスの先駆者。「聖フランチェスコの生涯」
- **ブルネレスキ**(1377 ～ 1446)…建築。サンタ＝マリア大聖堂(鐘楼はジョットの設計)
- **ボッティチェリ**(1444 頃～ 1510)…絵画。「**ヴィーナスの誕生**」「春」
- **ラファエロ**(1483 ～ 1520)…絵画。「美しき女庭師」等，聖母子像，「**アテネの学堂**」
- **ミケランジェロ**(1475 ～ 1564)…彫刻は「**ダヴィデ像**」，絵画は「**天地創造**」「**最後の審判**」
- **ブラマンテ**(1444 ～ 1514)…建築。**サン＝ピエトロ大聖堂**(ブラマンテの死後，ラファエロ・ミケランジェロが引き継いだ)
- **レオナルド＝ダ＝ヴィンチ**(1452 ～ 1519)…絵画。「**モナ＝リザ**」「**最後の晩餐**_{ばんさん}」。自然諸科学・諸技術の研究者でもあり，「万能の天才」といわれる。

⊕ PLUS α

マキァヴェリズム

マキァヴェリは，『君主論』で伝統的な宗教や道徳にとらわれないで，あらゆる手段を用いて権力の強化と国家の発展をはかるべきであると説いた。手段よりも目的を優先させる考え方を「マキァヴェリズム」という。

3 イタリアのルネサンスを代表する美術作品

▲「ヴィーナスの誕生」
(ボッティチェリ)

▲「ダヴィデ像」
(ミケランジェロ)

▲「モナ＝リザ」
(レオナルド＝ダ＝ヴィンチ)

▲「美しき女庭師」
（聖母子像，ラファエロ）

▲「最後の晩餐」
（レオナルド＝ダ＝ヴィンチ）

▲サン＝ピエトロ大聖堂

4 北方のルネサンス

アルプス以北にもルネサンスの運動は広がった。

A ネーデルラント……商業，毛織物工業が繁栄した。

・**ファン＝アイク兄弟**（兄 1366 頃〜1426，弟 1380 頃〜1441）…絵画。油絵技法を改良した。

・**ブリューゲル**（1525 頃〜69）…絵画。民衆の生活を多く描いた。「**農民の踊り**」「子供の遊戯」

・**エラスムス**（1469 頃〜1536）…古典研究。『**愚神礼賛**』

B ドイツ

・**デューラー**（1471〜1528）…絵画。「四使徒」，「自画像」

・**ホルバイン**（1497〜1543）…絵画。肖像画家。

C フランス

・**ラブレー**（1494 頃〜1553 頃）…文学。『**ガルガンチュアとパンタグリュエルの物語**』で社会の因習を風刺。

・**モンテーニュ**（1533〜92）…哲学。『**随想録（エセー）**』

D スペイン

・**セルバンテス**（1547〜1616）…文学。『**ドン＝キホーテ**』

E イギリス

・**チョーサー**（1340 頃〜1400）…文学。『**カンタベリ物語**』

・**トマス＝モア**（1478〜1535）…文学。『**ユートピア**』

・**シェークスピア**（1564〜1616）…文学。戯曲『**ハムレット**』『**ヴェニスの商人**』

🔲 KEY PERSON

トマス＝モア
[1478〜1535]

著書『ユートピア』では，第１次囲い込み運動など，当時のイギリス社会を鋭く風刺した。ユートピアは架空の理想の島名，「どこにもない」という意味である。モアは政界に入り，ヘンリ8世の信任を得て大法官に就任した。しかし，カトリックの立場からヘンリ8世の離婚問題や国教会，首長法に反対し，ロンドン塔に幽閉され，反逆罪で処刑された。なお，エラスムスとも親交があり，影響を受けた。エラスムスの『愚神礼賛』はモアの家で書かれている

5 科学

- **コペルニクス**(1473 ～ 1543)…『天球回転論』で**地動説**を唱えた。
- **ガリレオ゠ガリレイ**(1564 ～ 1642)…**地動説**・振り子の等時性・物体落下の法則。宗教裁判で地動説を撤回させられた。
- **ケプラー**(1571 ～ 1630)…地動説・惑星の運行法則(**ケプラーの3法則**)。
  🔖 KEY WORD

6 技術

技術の進歩は，社会の変化を大きく促進させた。

火砲・羅針盤・活版印刷術はルネサンスの三大発明ともいわれるが，いずれも中国が技術の起源である。

- **火砲**…中国の宋で火薬が発明され，金・元で実戦に使用されていた。ヨーロッパでは，火薬は火砲(大砲や鉄砲)として使用されるようになった。火砲などの普及は，戦いにおける戦術を変え，それまで戦いの中心をになってきた騎士の没落を促進した。
- **羅針盤**…中国の宋で実用化されていたが，14世紀にイタリアで改良された。遠洋航海を可能にして大航海時代を実現させた。
- **活版印刷術**…ドイツの**グーテンベルク**(1400頃～ 68)が改良，新しい思想の普及に大きな役割を果たした。特に，聖書の印刷・出版を通じてルターの宗教改革をよりすすめることとなった。

⊕ PLUS α

地動説とキリスト教

聖書の記述に従い，天動説が正しいとされていたが，イタリアの学者，ジョルダーノ゠ブルーノ(1548～1600)は汎神論と地動説を主張し，宗教裁判で異端とされて火刑になった。ガリレイは地動説を撤回させられた。

🔖 **KEY WORD**

ケプラーの3法則

この理論は，その後，ニュートンの「万有引力の法則」の発見に大きな役割を果たした。

POINT

ルネサンス

- ☑ ルネサンスの精神…**ヒューマニズム**，現実主義，合理（理性）主義。
- ☑ ルネサンスの三大発明…**火砲・羅針盤・活版印刷術。**

🔍 **この講のまとめ**

ルネサンスは何を再生させただろうか？

- ☑ **ギリシア・ローマ時代の人間中心的な考え方が再生された。**

2 | 宗教改革

ルネサンスの精神はキリスト教の改革運動へとつながった。宗教改革の舞台となった16世紀のヨーロッパの状況をみてみよう。

以前にもウィクリフやフス，フィレンツェのサヴォナローラなどが教会改革を主張したけれど，いずれも異端とされたんだ。一方でルターの宗教改革が一定の成功を収めたのはなぜだと思う？

うーん…どんな主張でも，賛同する人を集めることができなければ成功しないと思います。ルターは，人々にどのように自分の主張を伝えていったのでしょうか。

1 宗教改革の背景

十字軍の失敗以降，ローマ教皇の権威は衰え，ローマ教会の俗化（ぞくか）や，信仰の形式化への批判も高まりつつあった。宗教改革は，**聖書への回帰**をめざし，ローマ教会の教義や制度の否定へと発展した。

2 ルターの宗教改革

A 改革の始まり 教皇レオ10世（在位1513～21）が，**サン=ピエトロ大聖堂**の新築資金調達のために**贖宥状（免罪符）**（しょくゆうじょう）を乱発すると，1517年，ドイツの**マルティン=ルター**（1483～1546）は「**九十五カ条の論題**」でこれを批判。1520年には『**キリスト者の自由**』を著し，自らの考えを発表した。ルターは，

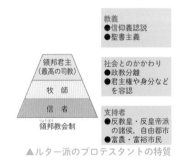

▲ルター派のプロテスタントの特質

教皇からの破門予告状を公衆の面前で焼いた。それに対して神聖ローマ皇帝カール5世は**ヴォルムス帝国議会**でルターに諸説の取り消しを求めるが，ルターは応じなかった。

B **経過** 皇帝支配に反対する諸侯の中にはルターを支持する者も多く，1521～22年，ザクセン選帝侯フリードリヒはルターを保護し，ヴァルトブルク城にかくまった。ルターが**新約聖書のドイツ語訳**を完成させたのもこの時期である。1524～25年には，**ドイツ農民戦争**が起こったが，ルターは農民の運動を批判した。カール5世の抑圧に対し，ルター派諸侯は**シュマルカルデン同盟**を結成し，**シュマルカルデン戦争**が始まった（1546～47）。

C **結果** 1555年に**アウクスブルク宗教和議**で新旧両派が妥協。諸侯にはカトリックまたはルター派の選択が認められることになった。ただし，領民個人の信仰の自由は認められず，カルヴァン派も認められなかった。

3 カルヴァンの宗教改革

カルヴァン（1509～1564）は，パリで弾圧されてスイスに渡った。スイスでは，カルヴァン以前の1523年頃から**ツヴィングリ**（1484～1531）がチューリヒで贖宥状販売に反対して改革運動を展開し，各地に影響を及ぼしていた。カルヴァンはジュネーヴで宗教改革の活動を開始し，『**キリスト教綱要**』を著した（1536）。また彼は司教制度を廃止し，長老制度を採用して**神権政治**を始めた。彼の宗教思想は，**予定説**を基本とし，禁欲と勤勉を重視した。勤勉・禁欲の成果としての蓄財を肯定する思想は，主に商工業が発展した西ヨーロッパに広がり，イングランドで**ピューリタン**（清教徒），スコットランドで**プレスビテリアン**（長老派），フランスで**ユグノー**，ネーデルラントで**ゴイセン**（ゴイセンは「乞食」という意味で蔑称）とよばれた。

4 イギリスの宗教改革

　ヘンリ8世(在位1509〜47)は，王妃との離婚に教皇が反対したため，1534年の**首長法**(**国王至上法**)で，**国王**がイギリス国内の教会の首長であるとして**イギリス国教会**を創設した。次の**エドワード6世**(在位1547〜53)の時代にはカルヴァン派の教義が取り入れられた。メアリ1世(在位1553〜58)が即位すると，彼女はスペイン王フェリペ2世と結婚して**カトリック**を復活させた。しかし，次に即位した**エリザベス1世**(在位1558〜1603)は，1559年に**統一法**を出してイギリス国教会を確立した。

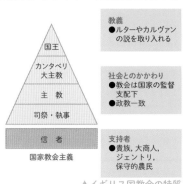

▲イギリス国教会の特質

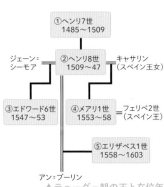

▲テューダー朝の王と在位年

5 対抗宗教改革(反宗教改革)

　カトリック教会は**トリエント公会議**(1545〜63)を開き，教会の刷新をはかろうとした。また1534年には**イグナティウス=ロヨラ**らによって，教皇の権威回復を目的とする**イエズス会**(ジェズイット教団)が結成された。

KEY WORD

トリエント公会議

教皇至上権の確認，宗教裁判所の復活強化，禁書目録の制定などが決められた。

イギリス	スイス	ドイツ	カトリック
1509　ヘンリ8世即位		1517　ルター「九十五カ条の論題」	
1528　離婚問題で教皇と対立	1523〜　ツヴィングリの改革	1519　ライプツィヒ討論	
	(チューリヒ)	1520　『キリスト者の自由』発表	1520　ルターに破門予告状
		1521　ヴォルムス帝国議会	
1534　首長法(イギリス国教		1524　ドイツ農民戦争(〜25)	
会成立)		1529　オスマン帝国がウィーン包	
1547　エドワード6世即位		囲	
1553　メアリ1世即位	1536　『キリスト教綱要』出	1530　シュマルカルデン同盟結成	
1555　カトリックに復帰	版	1546　シュマルカルデン戦争(〜	1534　イエズス会結成
1558　エリザベス1世即位		47)	1545　トリエント公会議
1559　統一法	1541〜　カルヴァンの改革	1555　アウクスブルク宗教和議	(〜63)
(イギリス国教会確立)	(ジュネーヴ)		

▲宗教改革の流れ

イエズス会は，南ドイツやポーランドでその成果を発揮し，さらに中南米への布教活動も活発に行った。また，マテオ=リッチやフランシスコ=ザビエルらがアジアへの布教活動を行った。

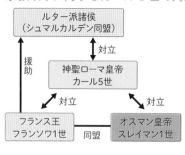

宗教改革に対するカール5世の対応

カール5世は，オスマン帝国の圧迫(1526年のモハーチの戦い，1529年の**ウィーン包囲**をさす)，オスマン皇帝**スレイマン1世**とフランス王フランソワ1世との同盟，また**イタリア戦争**でのフランスとの対立などに対処するため，一時ルター派を黙認した。しかし，危機が回避されると再度ルター派を否認・抑圧した。このとき，ルター派の諸侯や都市は抗議書(Protestatio)を提出。これがプロテスタントの語源となった。

POINT

宗教改革

☑ **マルティン=ルター**…「**九十五カ条の論題**」でカトリック批判。

☑ **カルヴァン**…『**キリスト教綱要**』を記す。

☑ **イギリス**…ヘンリ8世の**首長法**(国王至上法)・エリザベス1世の統一法→**イギリス国教会**確立。

☑ **対抗宗教改革**…**トリエント公会議**・**イエズス会**(ジュズィット教団)の結成と布教活動。

この講のまとめ

宗教改革の舞台となった16世紀のヨーロッパの状況とは？

☑ 十字軍の失敗で教皇権が衰退していた。

☑ 贖宥状を乱発するなど，ローマ教会の俗化が進んでいた。

☑ 皇帝支配に反対する諸侯の中には，ルターを支持する者もいた。

3 | 主権国家の成立と覇権争い

この講の着眼点

　宗教改革によってカトリック教会の権威の凋落がすすむと，相対的にヨーロッパ各国の主権が確立されるようになった。各国の王は自国の利益のために重商主義的な政策を進めるようになり，他地域への侵略行為を積極的に行った。各国の主権国家体制について整理しよう。

この時期のヨーロッパの主権国家体制における「主権」とは，一体どのようなものなのでしょうか？

主権という言葉は使用される段階によって様々な意味をもつけれど，ここでは，「自国のことを自国で決めることができる権限」と考えよう。現代の文脈でよく使用されるような，国民が政治に対してもつ決定権ではないことに注意だよ。

1 主権国家体制

　近世のヨーロッパにおいて，近代国家の原型である主権国家が成立するが，その形成期に西ヨーロッパ各国では国王を中心とした**絶対王政**が成立した。経済政策としては，重商主義政策が展開された。そして，商人が成長して手工業者を支配する**問屋制度**（とぃゃせいど）が広まり，さらに**マニュファクチュア（工場制手工業）**も生まれた。

KEY WORD

重商主義政策

国家が積極的に経済に介入し，自国を富ませる経済政策。16〜18世紀にかけて，主にヨーロッパの絶対王政諸国で採られた。

2 スペイン

Ⓐ **繁栄**　1516年にスペイン王に即位した**ハプスブルク家**の**カルロス1世**は，1519年に神聖ローマ皇帝（カール5世）にも選ばれた。

カルロス１世の退位後，ハプスブルク家はスペイン系とオーストリア系に分かれ，スペインでは**フェリペ２世**が王位に就いた。フェリペ２世は1571年に**オスマン帝国**を**レパントの海戦**で破り，1580年に**ポルトガル**王位も継承。アジア貿易を手中にして「**太陽の沈まぬ国**」とよばれる全盛期を築いた。

B **衰退**　栄華を極めたフェリペ２世の治世も，その後半は衰退の一途をたどった。スペインが領有していたネーデルラントで反乱が起こり，**オランダ**が独立に向かった。また，対立していた**イギリス**との**アルマダの海戦**(1588)で敗れた。

POINT

スペイン
☑ **カルロス１世→フェリペ２世**→衰退。

3 オランダ

ネーデルラントはブルゴーニュ公との婚姻を通じて**ハプスブルク家**の領土となり，1556年から**スペイン**の支配下にあった。古くから商業・毛織物工業が盛んであったこの地では北部を中心にカルヴァン派が広まっていたが，フェリペ２世はカトリックを強制したうえで重税を課した。その結果，**スペイン**との間で独立戦争が始まった（**オランダ独立戦争**，1568～1609）。

独立戦争開始後も，旧教徒の多い南部10州はスペインの支配下に留まったが，1579年に北部７州は**ユトレヒト同盟**を結成し，これを**イギリス**が援助した。1581年にはオラニエ公ウィレム（オレンジ公ウィリアム）を統領として，**ネーデルラント連邦共和国**の独立宣言が出された。この国

▲ネーデルラント

は 1609 年に休戦条約が結ばれて事実上独立し, 1648 年の**ウェストファリア条約**で独立が国際的に承認された。1602 年には**東インド会社**を設立してアジアに進出し, 中継貿易を中心とした海外進出で国力が強化された。**アムステルダム**は, アントウェルペン(アントワープ)にかわって国際商業・金融の中心として発展した。

4 フランス

A ユグノー戦争 フランスでは新教徒(**ユグノー**)が勢力を強め, カトリックとの対立が深刻化していた。ヴァロワ朝の**シャルル 9 世**(在位 1560 〜 74)治世下の 1562 年には, 新旧両派や貴族間の対立が複雑に絡んだ**ユグノー戦争**(1562 〜 98)が起こった。

1572 年, ユグノー戦争の最中におこった,
カトリック教徒によるユグノー大虐殺。
▲**サンバルテルミの虐殺**

1589 年にユグノーの指導者であった**アンリ 4 世**(在位 1589 〜 1610)が即位し**ブルボン朝**を開くと, 彼は**カトリック**に改宗するとともに, **ナントの王令(勅令)**(1598)でユグノーに信仰の自由を認めて内乱を終結させた。

B 絶対王政の成立とその限界 **ルイ 13 世**(在位 1610 〜 43)時代の宰相**リシュリュー**は, 王権に抵抗するユグノーや大貴族を抑えた。また, **三十年戦争**では, ハプスブルク家に対抗するために新教徒側についた。

ルイ 14 世(在位 1643 〜 1715)が即位すると, その宰相**マザラン**は, 王権強化に対抗する貴族の反乱(**フロンドの乱**)を鎮圧した。ルイ 14 世は神学者ボシュエの説く**王権神授説**に基づき, 強大な権力を振るった。1661 年から親政を開始し, 財務総監**コルベール**は**重商主義政策**を展開した。また自然国境説にもとづいて積極的な外征を行った(**南ネーデルラント継承戦争**(1667 〜 68), **オランダ戦争**(1672 〜 78), **ファルツ継承戦争**(アウクスブルク同盟戦争, 1688 〜 97), **スペイン継承戦争**(1701 〜 13[14])など)。しかし, いずれも成果をあげることができずに財政難に陥った。

絶対王政の中でヴェルサイユ宮殿が建造され, 華やかな宮廷生活が営まれた。このような体制を支えていた貴族や都市などの特権団体は既得権を守ろうとしたため, 実際は王権による中央集権化はなかなかすすまなかった。さらに, **ナントの王令**を廃止(1685)したことで, 新教徒(ユグノー)の商工業者がオランダやイギリスに亡命し, これがフランス経済への打撃となった。

> フランス
> ☑ ユグノー戦争→ブルボン朝成立→アンリ4世のナントの
>   王令（勅令）。
> ☑ ルイ14世のときに全盛期となり，権力をふるう。

5 ドイツ

A 三十年戦争 17世紀は，物価
上昇や寒冷化などによってヨーロッ
パ全体が危機にあったが（17世紀の危
機），ドイツでは，これに加えて長期
にわたる戦争が起こり国土の荒廃が
進んだ。

新旧両派の宗教対立はアウクスブ
ルク宗教和議後も続いていた。1618年，ベーメン（ボ
ヘミア）で新教徒が**ハプスブルク家**のカトリック化
政策に対抗して反乱を起こすと，**三十年戦争**
（1618 〜 48）が始まった。

戦争の原因は新旧両派の宗教的対立であったが，
諸外国の干渉が強まり，後半はヨーロッパの覇権を
めぐる国際戦争へと発展し，1648年の**ウェスト
ファリア条約**で終結した。ドイツ諸侯にはそれ
ぞれの主権が認められて諸侯の分立状態が決定的と
なり，**神聖ローマ帝国**は有名無実化した。また，戦
争でドイツの人口は激減し，国土が荒廃した。

B プロイセンの台頭 三十年戦争が終わる
と，**フリードリヒ1世**（在位1701 〜 13）のもとで
プロイセンが急速に成長した。フリードリヒ＝
ヴィルヘルム1世（在位1713 〜 40）は，軍備増強や
官僚組織の整備を行って絶対王政の基礎をつくった。

新教諸侯同盟	対立	皇帝・旧教諸侯連盟	

ベーメン（ボヘミア）新教徒の反乱
1618〜23 **ベーメン＝ファルツ戦争**
オランダ・イギリス 援助
デンマーク
クリスチャン4世
1625〜29 **デンマーク戦争**
スウェーデン
グスタフ＝アドルフ
1630〜35 **スウェーデン戦争**
32 リュッツェンの戦い（グスタフ＝アドルフ戦死）
フランス（旧教）
リシュリュー（仏軍の西南ドイツ侵入）
1635〜48 **フランス＝スウェーデン戦争**

ヴァレンシュタイン
フェルディナント2世
フェルディナント3世
オーストリア・スペイン

ウェストファリア条約（1648）

▲三十年戦争の経過

⊕ PLUS α

三十年戦争の結果
戦争末期，旧教国のフランス
が新教側について参戦し，
三十年戦争はブルボン家と
ハプスブルク家の戦いへと
様相が変化した。ウェスト
ファリア条約ではアウクス
ブルク宗教和議の確認とカ
ルヴァン派の承認，オランダ
とスイスの独立承認，ドイツ
各諸侯の主権承認などが決
められる。

🔑 KEY WORD

プロイセン
1618年に，ブランデンブルク
選帝侯がプロイセン公国を相
続した。フリードリヒ1世は，
スペイン継承戦争で皇帝を支
援して王の称号を獲得し，初
代プロイセン王となった。

さらに，フリードリヒ2世(大王，在位 1740 ～ 86)は，**オーストリア継承戦争**(1740 ～ 48)と，次いで**七年戦争**(1756 ～ 63)にも勝利して勢力を拡大した。また彼は，産業育成，農民の保護，司法制度の改革，科学・教育の奨励，信仰の自由などの近代化政策をすすめた。

| オーストリア継承戦争
(1740～48)
マリア=テレジアの家領相続への反対 | 七年戦争
(1756～63)
シュレジエンの領有をめぐる争い |

▲オーストリア継承戦争と七年戦争の国際関係

POINT

ドイツ

☑ **三十年戦争→ウェストファリア条約**
　→諸侯分立状態が決定的に→**プロイセン**の台頭。

C　オーストリア　オーストリアでは，カール6世のあと娘の**マリア=テレジア**(在位 1740 ～ 80)がハプスブルク家の領土を継承したことに反対して，**プロイセン**との間で**オーストリア継承戦争**が起きた。結果，プロイセンが勝ち，**アーヘンの和約でシュレジエン**を獲得した。

　マリア=テレジアは，失地回復のため，対立していた**フランスと同盟(外交革命)**し，**七年戦争**を起こしたが，プロイセンが再度勝利し，**フベルトゥスブルク条約**でアーヘンの和約が再確認された。なお，フランスとの同盟関係を強化したオーストリアは，マリア=テレジアの末娘**マリ=アントワネット**をのちのルイ16世に嫁がせた。また，マリア=テレジアの子の**ヨーゼフ2世**(在位 1765 ～ 90)は，信仰の自由・修道院の解散・貴族の免税特権廃止などの改革をすすめた。しかし，貴族層や異民族の反抗にあって改革は挫折した。

6 ロシア

A　ロマノフ朝の成立　モスクワ大公**イヴァン4世**(雷帝，在位 1533 ～ 84)は中央集権化をすすめ，公式に「**ツァーリ**」の称号を使うなど絶対主義の基礎をつくった。しかし，彼の死後は内紛が起こり，皇帝権は衰退した。

⊕ PLUS α

啓蒙専制君主
啓蒙思想家の影響を受けて上からの近代化をすすめた君主を啓蒙専制君主という。フリードリヒ2世，オーストリアのヨーゼフ2世，ロシアのエカチェリーナ2世が代表的な啓蒙専制君主である。

1613 年には皇帝に**ミハイル゠ロマノフ**(在位 1613 ～ 45)が選ばれ, **ロマノフ朝**が成立した。一貫して厳しい農民支配が続けられたことに対して, **ステンカ゠ラージンの農民反乱**(1667 ～ 71)が起こったが鎮圧された。

Ⓑ ピョートル１世(大帝, 在位 1682 ～ 1725)　西ヨーロッパに視察旅行をし, 軍備拡張や商工業保護など西欧化政策を推進した。また**北方戦争**(1700 ～ 21)で**スウェーデン**を破りバルト海に進出, 戦争中に沿岸に**ペテルブルク**を建設し, 首都とした。不凍港の獲得と地中海への進出をめざす南下政策もすすめ, 1696 年に**オスマン帝国**と戦って, 一時アゾフ海を獲得した。またシベリア支配を推進して, **清朝の康熙帝**と**ネルチンスク条約**(1689)を締結した。

Ⓒ エカチェリーナ２世(在位 1762 ～ 96)　啓蒙専制君主。学芸の保護, 教育制度の改革, 法律の整備などの近代的改革をすすめた。**プガチョフの農民反乱**(1773 ～ 75)が起こったが鎮圧し, 反動により農奴制を強化した。また積極的な対外政策を展開し, 南下政策ではバルカン半島・クリミア半島・黒海に進出。極東へも進出してベーリング海からアラスカを探検させ, 千島列島を占領した。

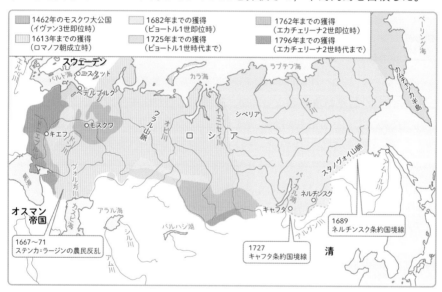

凡例:
- 1462年のモスクワ大公国(イヴァン3世即位時)
- 1613年までの獲得(ロマノフ朝成立時)
- 1682年までの獲得(ピョートル1世即位時)
- 1725年までの獲得(ピョートル1世時代まで)
- 1762年までの獲得(エカチェリーナ2世即位時)
- 1796年までの獲得(エカチェリーナ2世時代まで)

1667～71 ステンカ゠ラージンの農民反乱
1689 ネルチンスク条約国境線
1727 キャフタ条約国境線

POINT

ロシア
☑ **ロマノフ朝**成立→**ピョートル１世→エカチェリーナ２世**。

7 ポーランド分割

1572年に**ヤゲウォ（ヤゲロー）朝**が断絶して選挙王政になった。国内での貴族の対立・抗争に諸外国が干渉し，やがて周囲の3強国に分割された。

第1回(1772年)	第2回(1793年)	第3回(1795年)
プロイセン ポーランド ロシア ◎ワルシャワ オーストリア	プロイセン ポーランド ロシア ◎ワルシャワ オーストリア	プロイセン ロシア ◎ワルシャワ オーストリア

第1回ポーランド分割時の君主は，プロイセンがフリードリヒ2世，ロシアがエカチェリーナ2世，オーストリアがヨーゼフ2世である。（マリア＝テレジアは分割に反対していた。）

第2回ポーランド分割に対しては，愛国者コシューシコの指導による激しい闘争が行われた。コシューシコはこの闘争の前に，アメリカ独立戦争に参加し，ワシントンの副官となって活躍したことがある。

▲3度にわたったポーランド分割

8 イギリス

A **絶対王政** **エリザベス1世**(在位1558〜1603)の治世に絶対王政が全盛期を迎えた。彼女は即位直後に**統一法**を発布して**イギリス国教会**を確立し，海上の権益をめぐってスペインと対立した。また，奴隷貿易のホーキンズ，海賊のドレークなどに私掠特許状を与えてスペイン船を襲わせた。このこととオランダ支援が原因となった1588年の**アルマダ海戦**で，スペイン無敵艦隊(アルマダ)を撃破した。また，**毛織物工業**の保護育成，**東インド会社**の設立(1600)など重商主義政策を展開した。

B **ステュアート朝の専制政治** 1603年にスコットランド王であった**ジェームズ1世**(在位1603〜25)が即位し，**ステュアート朝**が成立した。ジェームズ1世は**王権神授説**を唱えてイギリス国教会を強制，議会を無視して，ピューリタン(清教徒)を弾圧した。1620年，信仰の自由を求めたピューリタンはメイフラワー号でアメリカに渡った。

⊕ PLUS α

イギリスの絶対王政
イギリスの絶対王政の特徴として，商工業市民やジェントリ(大地主)の力が強く議会が存続し続けたこと，島国で他国の侵入の危険が少なく常備軍がなかったこと，官僚制もあまり発達しなかったことなどがあげられる。

⊕ PLUS α

第1次囲い込み運動
ヘンリ8世の時代にアントウェルペンへの毛織物輸出が急増して毛織物工業が発展したので，領主や地主が農民から農地を取り上げて牧羊地とする第一次囲い込み運動が起こった。この状況に対してトマス＝モアは「羊が人間を食う」と批判した。エリザベス1世の時代になると，土地を失った浮浪人が増加して社会不安が高まり，政府は囲い込みを禁止した。

次の**チャールズ1世**(在位1625〜49)も専制政治を継続したので，議会は1628年に議会による承認のない課税の禁止，法律によらない逮捕の禁止などを求めた**権利の請願**を提出した。国教会の制度を強制されたスコットランドでは反乱が起こり，1640年に王は戦費調達のために議会を招集。このとき，議会は王に対する非難決議を提出した。

🄲 **ピューリタン革命**　王党派と議会派が対立し1642年に内乱に発展，**ピューリタン革命**(1642〜49)が始まった。**クロムウェル**が指導した議会派は，**ネーズビーの戦い**(1645)で王党派を撃破した。議会派には**長老派**，**独立派**，**水平派**の3つがあったが，その中でも**独立派**の**クロムウェル**は水平派と組んでチャールズ1世を処刑し，**共和政**(コモンウェルス，Commonwealth)を樹立した。クロムウェルは実権を握ると**水平派**を弾圧した。さらに，1649年にアイルランド，1650年にスコットランドを征服し，1651年に**航海法**
(ご こくきょう KEY WORD)を発布した。1653年には，終身の護国卿に就任して独裁政治を始めた。1658年にクロムウェルが死亡すると，子のリチャード＝クロムウェルが護国卿になったが，1659年に辞任した。

🄳 **王政復古**
(おうせいふっこ)　長老派と王党派の妥協により，1660年に**チャールズ2世**(在位1660〜85)が即位した(**王政復古**)。チャールズ2世は，**ブレダ宣言**で議会尊重・信仰の自由を約束した上で亡命先から帰国したが，即位後には専制政治を展開して，カトリック擁護・親仏政策をとった。そこで，議会は1673年に**審査法**
(しん さ ほう KEY WORD)，1679年に**人身保護法**
(じんしん ほ ご ほう KEY WORD)を制定して対抗した。**トーリ党**
(KEY WORD)と**ホイッグ党**
(KEY WORD)という2つの政党が生まれたのもこの頃である。次の**ジェームズ2世**(在位1685〜88)もカトリックを擁護して反動的な政治を行った。

E **名誉革命** 1688 年，議会はジェームズ２世の長女で新教徒の**メアリ**とその夫のオランダ統督**ウィレム**を王にまねき，ジェームズ２世はフランスに亡命した。夫妻は議会が決議した「**権利の宣言**」を受け入れて**ウィリアム３世・メアリ２世**として即位した。これを**名誉革命**とよぶ。議会はこの宣言を**権利の章典**(1689)として制定し，ここにイギリスの**立憲王政**が確立したのである。

F **イギリス議会政治の発展** 1707 年，**アン女王**の治世にイギリス(イングランド)とスコットランドが併合されると**大ブリテン王国**が成立した。アン女王が死去して**ステュアート朝**が断絶すると，ドイツのハノーヴァー選帝侯が**ジョージ１世**(在位 1714 〜 27)として即位し，**ハノーヴァー朝**(第一次世界大戦時にドイツ風の名前が忌避され，**ウィンザー朝**と改名され現在に至る)が成立した。ジョージ１世は英語が理解できなかったので議会にはほとんど出席せず，政務を首相と内閣に委ねた。「**王は君臨すれども統治せず**」という原則が確立したのはこの時期である。そして，**ウォルポール**(ホイッグ党)が首相となり，議会政治と内閣制度の基礎を固めた。その後，議会内の多数党が内閣を組織して，王ではなく議会に責任を負う**議院内閣制**(**責任内閣制**)が成立した。

POINT

イギリス
☑ **ステュアート朝**の成立→**ピューリタン革命**→**王政復古**→**名誉革命**→立憲王政の確立。

🔍 **この講のまとめ**

各国の主権国家体制の特徴を整理しよう。
☑ **フランスではブルボン家のもとで絶対王政確立，領土拡大戦争を行い財政難へ。**
☑ **神聖ローマ帝国は三十年戦争で事実上崩壊し，プロイセンが台頭。**
☑ **イギリスは革命を経て議院内閣制(責任内閣制)に基づく立憲王政が確立。**

気候の変動と歴史

　科学技術の進歩により，過去の気候が地球規模でかなり正確にわかるようになった。湖の結氷や湖水面の変動，氷河地形の有無，年輪の分析，砂丘の分布変動，湖底や海洋底の堆積物に含まれる化学成分や花粉の分析などを文献資料とつき合わせて気候復元を行うことができる。ヨーロッパでは，どのような気候変動があったのだろうか。

　1世紀から5世紀頃は多雨傾向にあったが，6世紀以降に乾燥気味になり温暖化してきたようである。地球規模での温暖化は9〜11世紀にピークとなり，ヨーロッパも例外ではなかった。この時代，ノルマン人はヨーロッパ各地に大移動したが，一部のノルマン人はアイスランドやグリーンランドにも移住して，農耕や牧畜を行っていた。また，西ヨーロッパでは農業を基盤とした封建社会が成立した。温暖な気候が農業生産を発展させたことが，封建社会成立の一つの条件だったといえる。

　しかし，14世紀頃からヨーロッパは寒冷化していった。この移行期に洪水と干ばつ，暖冬と寒冬などの異常気象が激しく起こった。それにより凶作の年が続き，人口が減少し始めた。そこにペストの流行が追い打ちをかけたのだ。ジャックリーの乱やワット＝タイラーの乱などの農民反乱が相次いで起こった百年戦争の時代である。

　16世紀前半には一時温暖な期間があったが，16世紀後半から再び寒冷化した。ここから「小氷期」とよばれる300年間が始まった。その中でヨーロッパが特に寒冷だったのは1541〜1680年，1741〜1770年，1801〜1890年である。「17世紀の危機」はこの寒冷な気候が背景だと考えられている。

　18世紀以降の西ヨーロッパは寒冷という逆境に直面したにもかかわらず，世界進出を果たして発展した。気候条件の変動に強い工業を中心とした産業構造への転換，一体化された世界での国際的な分業体制の確立が，この発展を可能にしたのである。しかし，豊かで「中心」となった欧米列強に対して，アジア・アフリカの多くの地域が貧しい「周辺」となったことを忘れてはならない。

　近年は，世界的な規模で異常気象が発生している。気候の変動が歴史に及ぼしてきた影響を振り返り，その歴史に学ぶことが求められているのではないだろうか。

4 | ヨーロッパ諸国の世界進出

この講の着眼点

スペインやポルトガル，オランダやイギリス，フランスはアジアやアメリカ大陸への進出をすすめた。特にイギリスとフランスは，海外植民地をめぐってヨーロッパと他地域で同時に戦争を繰り広げた。ヨーロッパ諸国の世界進出を，整理してみよう。

スペイン継承戦争や七年戦争の講和条約では，ヨーロッパにおける王位継承などと同時に，北米大陸などにおける領土の割譲などについても取り決められていますね。

実は，ヨーロッパで戦争が起きている間，同時期に北米大陸やアジアなどで植民地をめぐる別の戦争が行われていたからなんだ。この時期の特にイギリス・フランス両国の争いを，「英仏第二次百年戦争」とよぶ。この争いはナポレオン戦争の時期まで断続的に続くよ。

1 アジア市場への参入

ヨーロッパ諸国がアジアに進出し始めた 16 世紀頃，すでにアジアでは貿易圏が確立していた。当初，ヨーロッパ諸国のアジア進出は，アジア内での貿易に参入するという形で行われた。

Ⓐ **ポルトガル**　1510 年にアルブケルケが占領インドの**ゴア**を占領して拠点とし，**スリランカ・マラッカ・モルッカ諸島**を支配した。また，マカオにも進出して中国貿易の拠点とし，種子島に漂着(1543)後に日本とも交易を行っている。こうして**リスボン**は一時，世界商業の中心となった。

Ⓑ **スペイン**　1571 年に**マニラを建設**し，ここを拠点にメキシコの銀と中国の絹などを交換する**アカプルコ貿易**を行った。

Ⓒ **オランダ**　1602 年に**東インド会社**を設立。ジャワ島の**バタヴィア**(現ジャカルタ)に拠点を置いた。1623 年の**アンボイナ事件**でイギリスをインドネシアから排除，さらに**マラッカ・スリランカ**をポルトガルから奪って香辛料貿易を

支配。アジアへの中継点としては南アフリカに**ケープ植民地**を建設した。また，一時**台湾**を占領し，1624 年に城砦ゼーランディア城(安平城)を築いた。1661 年に**鄭成功**がこれを攻略してオランダは撤退した。

Ｄ **イギリス**　1600 年にエリザベス 1 世が**東インド会社**を設立したが，**アンボイナ事件**以後は**マドラス・ボンベイ・カルカッタ**を拠点としてインド経営に力を注いだ。

Ｅ **フランス**　活動を停止していた**東インド会社**(1604 年にアンリ 4 世が設立)が，ルイ 14 世時代の財務総監**コルベール**によって 1664 年に再建された。インドに進出して**ポンディシェリ・シャンデルナゴル**を拠点にイギリスと対抗するも，**カーナティック戦争**(1744 ～ 48，50 ～ 54，58 ～ 61 [63])と**プラッシーの戦い**(1757)でイギリスに敗れ，19 世紀以降は**インドシナ半島**に進出した。

2 アメリカにおける植民活動

Ａ **ポルトガル**　**ブラジル**を領有し，砂糖中心のプランテーション経営を行った。

Ｂ **スペイン**　中南米を領有し，開発した鉱山でインディオや黒人を使用して，大量の金銀を独占した。その後，プランテーション経営を行った。

Ｃ **オランダ**　1621 年に**西インド会社**を設立。北米東岸に**ニューネーデルラント植民地**を領有し，**ニューアムステルダム**を建設して，毛皮取引などで栄えた。なお，この地は，イギリスが占領したときに**ニューヨーク**と改称された。

Ｄ **イギリス**　1607 年に最初の植民地**ヴァージニア**を建設。本国で迫害されたピューリタンが**ニューイングランド植民地**を形成した。その後イギリスは，イギリス=オランダ(英蘭)戦争(1652 ～ 54，65 ～ 67，72 ～ 74)でオランダを破り，その間にニューネーデルラント植民地を奪った。そして，13 の植民地が東海岸に南北に並んで形成された。

Ｅ **フランス**　1608 年に**ケベック**を建設してカナダに進出した。また，**ルイジアナ**を領有してイギリスの植民地と対抗した。英仏両国はアメリカでも植民地争奪戦を繰り返したが，**スペイン継承戦争**の講和条約(ユトレヒト条約)では，アカディア・ハドソン湾地方・ニューファンドランドが，**七年戦争**の講和条約(パリ条約)では，カナダ・ミシシッピ川以東のルイジアナが，それぞれフランスからイギリスに割譲された。ミシシッピ川以西のルイジアナはフランスからスペインへ割譲されたため，フランスは北米大陸における植民地のすべてを失ったこと

になり，北米進出は**イギリス**の勝利で終了した。

ヨーロッパ	植民地
ファルツ継承戦争 (1688〜97)	ウィリアム王戦争 (1689〜97)
スペイン継承戦争 (1701〜13[14])	アン女王戦争 (1702〜13)
オーストリア継承戦争 (1740〜48)	ジョージ王戦争(1744〜48) カーナティック戦争 (1744〜61[63])
七年戦争 (1756〜63)	フレンチ＝インディアン戦争 (1754〜63) プラッシーの戦い(1757)

▲ヨーロッパの戦争と英仏の植民地戦争

3 三角貿易

南北アメリカ大陸および西インド諸島のプランテーションで酷使されていたインディオが激減すると，アフリカからの黒人奴隷が使用されるようになった。

奴隷貿易は，ヨーロッパから武器や雑貨をアフリカに，アフリカから黒人奴隷をアメリカに，アメリカから砂糖・タバコ・コーヒー・綿花などをヨーロッパに輸出するという**三角貿易**の一環として行われた。

こうして世界的な分業システムが生まれ，時代とともに多くの地域が組み込まれていくことになった。

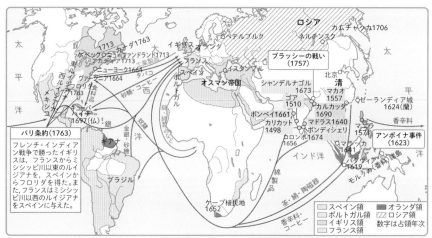

▲ 18世紀の世界(1763年のパリ条約締結によるイギリスの覇権)

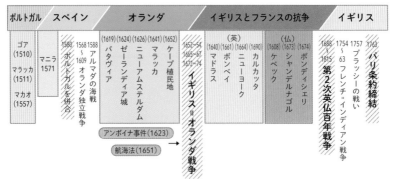

▲海上の覇権の移り変わり

 POINT

ヨーロッパによる世界進出
- ☑ インドネシア…**オランダ**が**アンボイナ事件**でイギリスの進出を抑える。
- ☑ マラッカ・スリランカ…オランダがポルトガルから奪う。
- ☑ インド…**イギリス**が進出，**プラッシーの戦い**で**フランス**を抑える。
- ☑ 中南米…スペインが支配，ただし，**ブラジル**はポルトガルが支配。
- ☑ 北米…イギリスがフランスを抑えて支配。

🔍 **この講のまとめ**

西ヨーロッパ諸国はどのように世界進出し，植民地を拡大しただろうか？
- ☑ ポルトガル，スペイン，オランダは東南アジアに進出し，交易を行う。
- ☑ イギリスとフランスはインドで領土争いを行い，イギリスの勝利。
- ☑ フランスは北米大陸における領土をすべて失い，イギリスが北米大陸を支配。
- ☑ 黒人奴隷を介する三角貿易により，世界規模の分業体制が形成。

5 | 17〜18世紀のヨーロッパ文化

17〜18世紀の文化は，実験と観察によって探究する「科学革命」が起きたほか, 哲学や社会科学も大いに発展した。この時代には，どのような思想・哲学が生まれたのだろうか？

> この時期のヨーロッパでは，理科の教科書でよく見かける人物がたくさん活躍していますね。

> 科学が発達したのは，ルネサンスや宗教改革を通して伝統的な価値観が刷新されただけではなく，海外への進出などによって観察する対象そのものも拡大したからだね。重商主義政策で蓄えた財力によって，各国に科学分野の専門機関が整備されたこともこのような発展を支えたんだ。

1 科学革命

 ニュートン (1642〜1727) の**万有引力の法則**
発見をはじめ，多くの科学者たちが物理学・化学・数学・天文学・医学・生物学などの分野で新たな発見や探究を行った。

2 哲学・思想

自然科学が大きな進歩をとげつつあったが，科学者たちが主張する科学的真理は，中世以来の宗教的な真理観とは異質なものであり，すぐには受け入れられなかった。この時代の哲学者たちは，まず科学的真理を基礎づける努力を行った。

 A 経験論 フランシス゠ベーコン (1561〜1626) は，人間の認識は感覚器官からのみ生まれるという経験論の立場から，観察や実験から一般法則を導き出す帰納法を主張した。この経験論哲学を受け継いだのが，**ホッブズ**や**ロック**，

KEY PERSON

ニュートン
[1642〜1727]
主著『プリンキピア』。万有引力の法則(重力理論), 分光現象に関する理論, 微積分法が, ニュートンの「三大発見」である。微積分法の確立はライプニッツとほぼ同じ時期であり, 両者はその先後について争った。

ヒュームである。ベーコンは「知は力なり」という有名な言葉を残した。

物理学	ニュートン (1642 〜 1727，英)	万有引力の法則
化学	ボイル (1626 〜 91，英) ラヴォワジェ (1743 〜 94，仏)	気体の体積と圧力との法則 質量保存の法則
数学	ライプニッツ (1646 〜 1716，独)	微積分法
天文学	ラプラース (1749 〜 1827，仏)	宇宙進化論
医学	ハーヴェー (1578 〜 1657，英) ジェンナー (1749 〜 1823，英)	血液循環論 種痘法
生物学	リンネ (1707 〜 78，スウェーデン)	植物分類学

▲さまざまな分野における新たな発見や探究

B **合理論** **デカルト** (1596 〜 1650) は，経験による知識を不完全なものであると退け，理性による確認のみを真実と認める合理論の立場から，数学的な論証によって真理を導き出す演繹法を説いた。「**われ思う，ゆえにわれあり**」の言葉で有名。オランダの**スピノザ**は汎神論の立場から，ドイツの**ライプニッツ**は単子 (モナド) 論の立場からデカルト哲学を発展させた。

C **啓蒙思想**　中世以来の非合理的な偏見を批判し，理性の力による進歩を説く立場を啓蒙思想といい，18 世紀のフランスで有力となった。なお「啓蒙」の「啓」は「ひらく」，「蒙」は「無知の状態」を表す。**ヴォルテール**は『**哲学書簡**』でイギリスの先進性を賛美し，フランスの思想家や啓蒙専制君主たちに大きな影響を与えた。『**法の精神**』で三権分立を説いた**モンテスキュー**も啓蒙思想家の一人である。

　また，**ディドロ**や**ダランベール**らによって『**百科全書**』が編纂された。**ルソー** (1712 〜 78) は『**人間不平等起源論**』で文明の発達がもたらした富の不平等を鋭く批判し，『**社会契約論**』では人民主権論を主張した。その思想は，のちのフランス革命に大きな影響を与えた。啓蒙思想家の多くが文明の進歩に肯定的であった一方，ルソーは不平等の起源として文明に否定的で，「**自然に帰れ**」という言葉を残した。

D **ドイツ観念論**　**カント** (1724 〜 1804) は，経験論と合理論を総合し，人間の認識能力に対する根本的な反省を行った。ここに始まる**ドイツ観念論哲学**は，**フィヒテ**や**シェリング**らを経て，**ヘーゲル** (1770 〜 1831) によって完成された。

哲学
☑ 経験論と合理論を**カント**が総合→**ドイツ観念論哲学**。

3 社会科学

Ⓐ **絶対王政の正当化**　フランスの**ボーダン**は『**国家論**』で国家主権を主張した。イギリスの**フィルマー**はチャールズ1世に，フランスの**ボシュエ**はルイ14世に仕えて王権神授説を唱えた。

Ⓑ **自然法思想**　時代や地域を越えて普遍的に通用する法を自然法という。オランダの**グロティウス**は，自然法にもとづく国際法の確立を主張した。『海洋自由論』『**戦争と平和の法**』を著し，「国際法の祖」「近代自然法の父」とよばれた。

Ⓒ **社会契約説**　**ホッブズ**は自然状態を「万人の万人に対する闘争」と考え，その混乱を避けるために社会契約にもとづく国家主権の絶対性を説いた。ホッブズの政治思想は，ピューリタン革命の際の王政復古の専制政治を弁護した。**ロック**は自然状態を自由で平等な状態と考えたが，より安定的に生命・自由・財産の自然権を守るために人民が互いに社会契約を結ぶことを説いた。また，政府が自然権を侵すとき，国民は抵抗権(革命権)にもとづいて，その政府を変更することができるとした。ロックの思想は，名誉革命を理論的に支えただけではなく，アメリカ独立宣言にも大きく影響を与えた。また**ルソー**は，ロックの議会主義(間接民主主義)を批判し，直接民主主義を主張した。

Ⓓ **経済理論**　フランスの**ケネー**や**テュルゴー**は富の源泉を農業生産に求めて重商主義を批判した。この立場を重農主義といい，経済活動の自由放任を主張した。この考えをさらに発展させたイギリスの**アダム＝スミス**(1723〜90)は，『**諸国民の富(国富論)**』で富の源泉を国民の生産活動全体に求め，富の増大のために国家の干渉を排除する自由放任主義を説いた。アダム＝スミスによって始められた自由主義経済学を**古典派経済学**という。

社会科学
☑ 政治思想…**王権神授説→社会契約説**（ホッブズ→ロック→ルソー）。
☑ 経済学…**重農主義**（自由放任）**→古典派経済学**。

4 芸術・文学

Ａ バロック芸術　絶対王政の権威のもとに豪華で華麗な芸術活動が展開された。建築ではバロック式の**ヴェルサイユ宮殿**がその代表である。音楽では**バッハやヘンデル**が活躍した。絵画では，フランドル派の**ルーベンス**や**ファン＝ダイク**，スペインの**ベラスケス**，**エル＝グレコ**，**ムリリョ**たちがすぐれた肖像画や宗教画を描いた。また，オランダでは**レンブラント**や**フェルメール**が市民生活を題材にしてすぐれた作品を描いた。

▲「夜警」（レンブラント）

▲ヴェルサイユ宮殿（鏡の間）

▲「女官たち」（ベラスケス）

Ｂ ロココ美術　18世紀になるとバロック美術にかわって，繊細で優雅な装飾が流行した。建築では，フリードリヒ2世の**サンスーシ宮殿**がその代表である。絵画では，フランスの**ワトー**やフラゴナールが有名である。

▲サンスーシ宮殿

▲「ぶらんこ」（フラゴナール）

Ｃ 文学　フランスでは，ルイ14世の時代に規則と調和を重視する**古典主義**（フランス古典主義文学）が生まれた。悲劇では**コルネイユ**，**ラシーヌ**，喜劇では**モリエール**らが活躍した。イギリスでは，**ミルトン**の

『**失楽園**』やバンヤンの『**天路歴程**』など，ピューリタン文学の名作が書かれた。また，**デフォー**の『**ロビンソン゠クルーソー**』や**スウィフト**の『**ガリヴァー旅行記**』などの小説も生まれた。

 POINT

美術
☑ バロック芸術→ロココ美術。

🔍 **この講のまとめ**

17 ～ 18 世紀のヨーロッパの思想・哲学にはどのようなものがある？

☑ ベーコンが経験論の立場から，認識は感覚器官から生まれるとし，観察と実験を重視した帰納法を主張した。

☑ デカルトが合理論の立場から，真実は理性によってのみ認識できるとし，数学的な論証による真理を導き出す演繹法を主張した。

☑ ルソーのように，人間の理性を重視しつつ，文明に懐疑的な姿勢も。

NOTE

定期テスト対策問題[10]

解答は p.497

1 次の問いの答えとして適切なものを選択肢から答えなさい。

(1) サン＝ピエトロ大聖堂の設計者として適切な建築家を選びなさい。

㋐ジョット　㋑ブラマンテ　㋒ブルネレスキ　㋓ホルバイン

[よく出る] (2) 「最後の晩餐(ばんさん)」の作者として適切なものを選びなさい。

㋐ミケランジェロ　㋑ボッティチェリ

㋒レオナルド＝ダ＝ヴィンチ　㋓ラファエロ

(3) 『愚神礼賛(ぐしんらいさん)』の作者として適切なものを選びなさい。

㋐トマス＝モア　㋑ラブレー　㋒ボッカチオ　㋓エラスムス

(4) 惑星(わくせい)の運行法則を理論化した科学者として適切なものを選びなさい。

㋐ガリレオ＝ガリレイ　㋑コペルニクス

㋒ジョルダーノ＝ブルーノ　㋓ケプラー

2 次の文章を読み，後の問いに答えなさい。

1517年に「九十五カ条の論題」を発表し①教皇の行為を批判した[㋐]は，教皇や皇帝と対立することになったが，帝国内にはこれを支持する諸侯も多かった。戦争にまで発展した新旧両派の対立は1555年の②アウクスブルクの宗教和議にて決着した。同じ頃，スイスでも宗教改革の動きがおこり，ジュネーヴでこの活動を開始した[㋑]は司教制度を廃止し，長老制度を採用して神政政治を始めた。[㋑]の教えは[㋒]説を基本とし，禁欲と勤勉を重視した。彼はその結果としての蓄財を肯定していたため，彼の宗教思想は③西ヨーロッパの商工業者の間に広がっていった。

[よく出る] (1) [㋐]～[㋒]に当てはまる語を答えなさい。

(2) 下線部①について，[㋐]が批判した教皇の行為とはどのようなことであったかを説明しなさい。

[発展] (3) 下線部②について，アウクスブルクの宗教和議の内容を説明しなさい。

(4) 下線部③について，ネーデルラントにおける[㋑]派の信者の蔑称を答えなさい。

3 次の文の空欄に適切な語句を補充しなさい。

(1) スペイン王[㋐]は，1571年に[㋑]でオスマン帝国を破った。

(2) スペインの支配に対抗するネーデルラントでは，1579年に北部7州が[㋐]同盟を結成し，1581年には[㋑]として独立宣言を出した。

(3) ユグノー戦争中の1589年にブルボン朝を開いた[㋐]は，1598年に

[㋑] を発してユグノーに信仰の自由を認めて内乱を終結させた。

(4) ドイツでは，ベーメン(ボヘミア)の新教徒の反乱からはじまった [㋐] 戦争の結果，1648年には [㋑] が結ばれた。

[発展] (5) オーストリアの [㋐] が，長い間敵対関係にあった [㋑] と歴史的な同盟を結んだことを外交革命とよぶ。

(6) ロマノフ朝ロシアの [㋐] は北方戦争でスウェーデンを破ってバルト海に進出し，沿岸に [㋑] を建設して首都とした。

(7) 国内での貴族の対立・抗争が続いた [　　] は，諸外国の干渉を招き，ロシア・オーストリア・プロイセンによって3分割された。

4 絶対王政から立憲君主政期のイギリスに関して，後の問いに答えなさい。

[よく出る] (1) 即位直後に統一法を発布して，イギリス国教会を確立した国王は誰か。

(2) 1603年に，スコットランド王であったジェームズ1世が即位して成立した王朝は何か。

[発展] (3) チャールズ2世の時代に成立した，イギリス国教徒以外の公職就任を禁止する法を何というか。

(4) インドにおけるイギリスの優位を決定づけた，1757年に起きたイギリスとフランスの戦いを何というか。

(5) ハノーヴァー朝期にはじまった，議会内の多数党が内閣を組織して，王ではなく議会に対して責任を負う政治のしくみを何というか。

5 次の問いの答えとして適切なものを選択肢から答えなさい。

(1) 万有引力の法則を発見した科学者として適切なものを選びなさい。

㋐ラヴォワジェ　㋑ニュートン　㋒ライプニッツ　㋓ジェンナー

(2) 数学的な論証によって真理を導き出す演繹法(えんえきほう)を説いた，合理論を主張した人物として適切なものを選びなさい。

㋐フランシス=ベーコン　㋑ヒューム　㋒デカルト　㋓カント

[よく出る] (3) 社会契約説において抵抗権を主張した人物として適切なものを選びなさい。

㋐ルソー　㋑ホッブズ　㋒ロック　㋓モンテスキュー

(4) 『諸国民の富(国富論)』の著者として適切なものを選びなさい。

㋐ケネー　㋑テュルゴー　㋒ボーダン　㋓アダム=スミス

第**3**部 諸地域の結合と変容

第  章

産業革命と市民革命の時代

1 │ 産業革命

🔍 この講の着眼点

　産業革命を支えたのは，機械や動力の技術発展だけではない。近世ヨーロッパに経験された宗教的・社会的・政治的要素のすべてが産業革命を導いたといえる。イギリスから始まった産業革命が社会に，そして世界に与えた影響とはどのようなものだっただろうか？

 イギリスといえば「ビッグベン」の愛称で親しまれるロンドンの時計塔が有名ですね。設置されたのは19世紀半ばと聞きました。

19世紀にロンドンを訪れた外国人は，ビッグベンのような大きな時計塔が街にあったことに驚いたらしい。

1 イギリス産業革命の背景

A 産業の発達　16世紀以降，毛織物工業を中心として**マニュファクチュア**が発達し，資本の蓄積がすすんだ。

B 海外市場の確保　スペイン，オランダやフランスとの植民地をめぐる戦いに勝利し，商業覇権を手中におさめ，綿工業を支える原料供給地と広大な海外市場を確保した。

C 農業革命による労働力の創出　18世紀，穀物増産のための第2次囲い込み（エンクロージャー）運動により，農業経営の変革がおきた（農業革命）。これにより，土地を失った農民は都市に流入し，安価な労働力となった。

D 政治の安定と経済の自由　17世紀の**ピューリタン革命**，**名誉革命**を経て，自由な経済活動が保障されていた。

▲産業革命時代のイギリス

🔑 KEY WORD

第2次囲い込みと農業革命

第2次囲い込みは，第1次囲い込みとは違い，合法的に行われた。資本主義的大農場経営が成立し，ノーフォーク農法とあいまって食糧生産を増大させた。

- **E** **豊富な資源**　石炭・鉄・水力資源が豊かであった。
- **F** **科学技術の進歩**　17世紀にヨーロッパで展開された「**科学革命**」の中心国で，自然科学や技術が進歩していた。

2 綿工業における技術革命

　17世紀末から**インド産綿布**が輸入されるようになると，毛織物にかわり**木綿**の需要が高まり，輸入綿花を原料とした**綿工業**がギルド規制を受けない新産業としてイギリス国内で育つようになった。

- **A** **飛び杼(梭)**　1733年に**ジョン゠ケイ**が毛織物工業で発明。転用された綿織物の生産能率も急激に向上して，綿糸が不足し，紡績機の発明を促した。
- **B** **紡績機**　同時に多数の糸を紡ぐ**ハーグリーヴズ**の**多軸紡績機**(ジェニー紡績機，1764頃)，**アークライト**の**水力紡績機**(1769)が相次いで発明されたが，ジェニー紡績機の紡ぐ糸は細いが弱い糸，水力紡績機の糸は強いが太い糸だった。**クロンプトン**の**ミュール紡績機**(1779)はこの2つの長所を取り入れ，細くて強い糸を紡ぐことができた。
- **C** **力織機**　綿糸の大量生産により織機の改良が再び促され，1785年，**カートライト**が蒸気機関などの動力を利用する**力織機**を発明した。
- **D** **綿繰り機**　1793年，**ホイットニー**が発明。手作業の300倍の能率で綿から種を取り除くことができた。

3 動力革命

　18世紀初め，**ニューコメン**が炭坑の排水ポンプ用の蒸気機関を発明した。1769年，**ワット**はこれを大幅に改良して熱効率を高め，やがて綿工業の動力としても利用され，生産をさらに増大させた。また，**ダービー**父子によるコークス製鉄法の開発は，鉄の生産を増大させ，蒸気機関の動力への利用とともに機械工業も大きく発達させた。機械の利用は，毛織物業・金属加工業など他の業種にも及んだ。

4 交通革命

　産業の発達により，大量の原料・製品を速く輸送する必要が生まれ，道路・運河が整備された。19世紀に入ると，アメリカの**フルトン**が蒸気船を発明

(1807)し，イギリスの**スティーヴンソン**が**蒸気機関車**を実用化(1825)して，製作した機関車ロコモーション号のストックトン・ダーリントン間の走行を成功させた。1830年にはマンチェスター・リヴァプール間で最初の鉄道輸送が開業し，交通手段は一変した。

5 産業革命の社会的影響

Ａ 資本主義の確立　産業革命は，大規模な**機械制工場**での大量生産を実現した。従来の家内工業や手工業は急速に衰退し，大工場を経営する**資本家**（産業資本家）が社会的地位を高め，政治的発言権をもち始めた。一方で，生産手段をもたず資本家に雇用される**労働者階級**が生み出された。ここに資本家が労働者を雇用して利潤を目的に商品を生産・流通・販売する社会システム，すなわち**資本主義**が本格的に確立された。

Ｂ 人口の都市集中　労働者などの人口が都市に集中し，バーミンガム，マンチェスターやリヴァプールなどの大工業都市・商業都市が形成された。その一方で，人口過密・スラム化や生活環境の悪化による伝染病の流行など，深刻な**都市問題**が発生した。

Ｃ 労働問題・社会問題の発生　分業や機械化がすすみ，女性や子どもも工場や鉱山で働くようになったが，産業革命初期の労働条件は劣悪で，労働者は不衛生な生活環境のもとで長時間労働や低賃金労働を強いられた。労働者と資本家の関係は悪化し，労働者階級としての意識にめざめた人々は**労働運動**をおこし，**労働組合**も結成された。また，資本主義体制の変革を目指す**社会主義思想**も現れた。

Ｄ 社会政策の始まり　1802年の**工場法**を最初として，工場労働者の労働条件について定めた一連の工場法が制定された。1833年の一般工場法では，18歳未満の夜間就業禁止や13歳未満の9時間労働などを定め，年少者の労働時間が制限された。イギリスの社会主義者で，紡績工場経営者であった**ロバート=オーウェン**は，スコットランドのニューラナークで労働条件を改善して生産性を向上させることに成功し，工場法制定にも尽力した。

6 産業革命の拡大

産業革命によってイギリスの工業力は圧倒的なものとなり，「**世界の工場**」とよばれるようになった。1825年にイギリスが機械の輸出を一部解禁すると，

産業革命は他国にも波及し，まず**ベルギー**や**フランス**で1830年代から進展した。やや遅れて19世紀後半，**ドイツ**や**アメリカ**でも産業革命が本格化。特にアメリカでは南北戦争後に国内市場が統一され，石炭・石油・鉄鋼などの重化学工業が躍進。**大陸横断鉄道**完成（1869）後産業革命は本格化し，ドイツとともにやがてイギリスを追い越すようになった。

ロシア・日本では，19世紀末から産業革命が進展した。その一方で，アジア・アフリカ・ラテンアメリカの各地は，原料や食糧の供給地・製品の市場とされ，産業革命を成しとげた国々に対して従属的な立場におかれ，国際的分業体制に組み込まれていった。

⊕ PLUS α

フランスとドイツの産業革命

高関税でイギリス製品の流入に対抗しつつ工業化を目指したフランスでは，小農民が多く，工業労働力が不足し，資本の蓄積も遅れたため，産業革命の歩みは比較的ゆるやかであった。ドイツでは，関税同盟発足（1834）で市場が統一され，1840年代からラインラントの重化学工業が成長。帝国成立後は国策として工業化がすすめられ世界第二位の工業国となった。

 POINT

大量生産とその影響

☑ 綿工業における技術革命（紡績機・織機の発明）＋**蒸気機関**＝大量生産

→**資本主義**の確立…**産業資本家**の台頭，**労働者階級**の誕生

→社会問題（都市のスラム化・苛酷な労働条件）

→国際的分業体制（アジア，アフリカ，ラテンアメリカの経済的従属）。

🔍 **この講のまとめ**

イギリスの産業革命が，イギリス社会と世界にもたらした影響とは？

☑ 機械と動力技術の発展により，工場における大量生産の時代に。

☑ 生産手段をもつ資本家が労働者階級を雇用する資本主義の確立。

☑ 都市・労働問題が深刻化し，労働運動や社会主義思想が芽生えた。

☑ 近隣の西欧各国にも，産業革命が伝播していった。

2 | アメリカ合衆国の独立

この講の着眼点

北アメリカでは，イギリス人の植民地として発展した13植民地が，自由と独立を求めて革命を起こした。独立革命を起こしたアメリカ合衆国は，どのような性格の国になったのだろうか？

 この旗，赤と白のストライプは現在のアメリカ合衆国の国旗と同じですが，星の形と数が違いますね。

 これは独立当時の合衆国の国旗だよ。それぞれが独自の歴史をもつ州が集まって形成されたアメリカらしさが表れているね。

▲ 13個の星がある
合衆国の国旗

1 北アメリカのイギリス植民地

A **13植民地の成立** 1607年のヴァージニア植民地建設を皮切りに，1620年にプリマスに上陸した102人の**ピルグリム゠ファーザーズ**以降，信仰の自由を求める**ピューリタン**などがイギリスから入植し，1732年のジョージア植民地成立まで，北アメリカ東海岸地域に**13植民地**が形成された。1619年にヴァージニア植民地議会が設置されて以降，各植民地には立法府としての役割をになった**植民地議会**がもうけられ，自治が整えられていた。北部の植民地は自営農民・商工業者が中心で，南部の植民地は黒人奴隷を使い，タバコ・藍(あい)・米などを生産する**プランテーション**(大農園)が発達していた。

B **イギリス本国の重商主義的支配** イギリスは，本国の工業製品輸出保護のため，羊毛品法(1699)，帽子法(1732)などさまざまな法律で植民地側の商工業の発展を抑制していた。しかし，フランスの勢力に対抗してアメリカの植民

▲独立当時の13州とのちの
アメリカ合衆国

地を守る必要から，これらの法律は厳格には適用されず，植民地に大幅な自治を認めていた。このようなイギリスの政策を「有益なる怠慢（たいまん）」政策という。

2 イギリス本国と植民地との対立

A 重商主義の強化　**七年戦争**（北米では**フレンチ=インディアン戦争**）の終結後，イギリス本国は財政難となり，植民地経営の費用を植民地に課税強化することでまかなうことにした。一方，植民地側にとってもフランスの脅威がなくなり，本国の保護を必要としなくなっていた。

B 課税政策　イギリスは砂糖法（1764）に続いて1765年，あらゆる書類や刊行物に本国発行の印紙を貼（は）らせる**印紙法**を制定。これに対して，「**代表なくして課税なし**」（植民地は本国の議会に代表を送っていないのだから，本国の議会は植民地に課税できないはずだ）を主張する大反対運動が起こり，翌年撤廃された。しかし1767年，**タウンゼント諸法**（輸入品への諸関税）が制定された。1773年制定の**茶法**は，東インド会社に13植民地への茶の輸送と販売独占権を付与した法律で，これらに対する反発が独立戦争の引き金となった。

> **⊕ PLUS α**
>
> **フレンチ=インディアン戦争と北米植民地**
> この戦争に勝ったイギリスは，フランスからカナダやミシシッピ川以東のルイジアナなどを獲得した。また，フランスはミシシッピ川以西のルイジアナをスペインに割譲しており，北米植民地にはフランスの脅威がなくなった。

3 アメリカ独立戦争

A 独立戦争の発端　1773年，**茶法**に反対していた急進派市民により，ボストン港に停泊していた東インド会社所有の船が襲われ，紅茶の茶箱が海に投げ込まれる事件（**ボストン茶会事件**）が勃発（ぼっぱつ）した。本国側は，ボストン港の閉鎖，軍隊の駐屯やマサチューセッツの自

▲ボストン茶会事件

治権剥奪（はくだつ）などの対抗策を示した。一方，植民地側は1774年にフィラデルフィアで第1回**大陸会議**を開いて抗議した。そして1775年4月，ボストン北西郊外のコンコードとレキシントンで両軍が武力衝突し，**独立戦争**が始まった。

B 独立戦争の経過　植民地側は，1775年の第2回大陸会議で**ワシントン**を総司令官に任命して戦ったが，戦線の拡大・物資不足で当初は苦戦した。

植民地内部にも独立反対の国王派や中立派が多く存在したが，1776年1月，トマス=ペインの『コモン=センス』が発刊されると大きな反響をよび，独立の方向性が明確となった。1776年7月4日，13植民地の代表は，トマス=ジェファソンらが起草した独立宣言をフィラデルフィアで発表した。これはロックの思想の影響を受け，人間の自由・平等などの基本的人権，圧政に対する反抗の正当性(抵抗権)を主張し，イギリス国王ジョージ3世の暴政を列挙して，最後に13州の独立を宣言している。

C **諸外国の支持**　1777年，サラトガの戦いでアメリカ軍はイギリス軍に大きな勝利をおさめた。また，独立宣言が出された翌年のアメリカ連合規約により，13植民地の連合体である**アメリカ合衆国**が発足したことや，フランクリンが欧州各国に援助要請したこともあり，フランス・スペイン・オランダがアメリカ側に立って参戦した。また，ロシアのエカチェリーナ2世の呼びかけでデンマーク・スウェーデン・プロイセンなどが**武装中立同盟**(1780)を結び，イギリスを国際的に孤立させた。

D **独立の達成**　1781年の**ヨークタウンの戦い**で，事実上植民地側の勝利が確定し，戦争は終結した。1783年に**パリ条約**が結ばれ，**アメリカ合衆国の独立**が承認された。さらにイギリスは，アメリカにミシシッピ川以東のルイジアナという広大な領地を，フランスにセネガルと西インド諸島の一部を，スペインにフロリダとミノルカ島を割譲した。

4 合衆国憲法の制定

1787年，フィラデルフィアで**憲法制定会議**が開かれた。この討議の過程で**連邦派**と**反連邦派**との対立が生まれたが，翌1788年9州の批准により，世界初の近代的成文憲法として**合衆国憲法**が発効された。

A **人民主権**　**共和政**をとり，民主主義(**人民主**

🔑 **KEY WORD**

連邦派と反連邦派

連邦派(フェデラリスト)は，連邦政府(中央政府)の権限強化を支持する人々で，中心人物はハミルトン。反連邦派(リパブリカン)は，各州の自治権尊重を主張する人々で，中心人物はジェファソン。

権)を明記した。

B **連邦主義**　各州の自治を大幅に認めながらも連邦政府の権限を強化し，外交・国防・徴税権・通商規制権などを握った。

C **三権分立**　完全な**三権分立**制。**立法権**は上院・下院からなるアメリカ連邦議会がもち，これは上院は各州2名ずつの議員，下院は人口比例の議席配分で選ばれた議員からなる。**行政権**は国家元首でもある大統領の率いるアメリカ連邦政府，**司法権**は最高裁判所がそれぞれもった。

5 合衆国政府の発足

　1789年，合衆国憲法にもとづく連邦政府が発足し，初代大統領に**ワシントン**が就任した(在任1789〜97)。ワシントンが任期4年を2期のみ務めたことから，現在でも大統領の三選は原則認められていない。財務長官にはハミルトンが就任し，連邦の財政の基礎を固めた。また，フィラデルフィアであった首都は1800年，**ワシントン特別区**に移設された。

6 アメリカ独立の意義と世界的影響

A **独立の意義と限界**　独立に伴い，植民地内部の前近代的な社会制度(封建的土地所有や長子相続など)は改革された。そして，大国であっても共和政が可能であることを示した。その一方で，南部の農園主たちの反対を恐れて奴隷制への非難は独立宣言から削除され，奴隷制廃止は北部に留まった。また，先住民の権利も無視された。

B **大西洋革命**　フランスは独立戦争を援助したために財政破綻状態となり，それが**フランス革命**の一因となった。アメリカ独立戦争自体，フランス革命のほか19世紀初めの**ラテンアメリカ諸国**の独立運動にも影響を与えた。そこで，イギリスの産業革命，アメリカ独立戦争，フランス革命，ラテンアメリカ諸国の独立といった大変革が，たがいに強く影響しあいながら大西洋をはさんで連鎖しておこったという意味で，これら一連の変革を「**大西洋革命**」とよぶことがある。

POINT

アメリカ独立宣言までの経緯

☑ イギリス財政難で植民地への課税強化（砂糖法・**印紙法**）→植民地側は
"**代表なくして課税なし**"と主張し抵抗。

☑ **茶法→ボストン茶会事件→独立戦争**勃発

☑ アメリカ**独立宣言**へ…人間の自由・平等，抵抗権を明記。

この講のまとめ

独立戦争を経て成立したアメリカ合衆国は，どのような性格の国だったの
だろうか？

☑ 近代的成文憲法としては世界初となる合衆国憲法を制定。

☑ イギリス国王の支配から独立し，人民主権の共和政を採用した。

☑ 高い自治性を持つ各州が集まっているが，連邦政府の権限も強化。

☑ 奴隷制は否定されず，先住民の権利は無視された。

3 | フランス革命とナポレオン

🔍 この講の着眼点

　フランスでは，国王の絶対王政を支えていた旧体制に異議をとなえて革命が起きた。革命はどのように進み，フランス初の帝政につながったのだろうか。

右の絵は憲法制定まで解散しないことを誓った出来事なのだけれど，絵の中の人々の性別や服装に注目してみよう。

三部会から離反した第三身分やそれに賛同する第一・第二身分の人々を中心とした出来事ですよね。みな男性でキュロットとよばれる半ズボンを履いています。

▲「球戯場の誓い」
（ダヴィド）

1 革命前のフランス

Ⓐ **旧制度**　革命以前の絶対王政下のフランスの政治・社会体制を**アンシャン゠レジーム**（旧制度）という。この体制下の**第一身分**（聖職者）と**第二身分**（貴族）の両者は特権身分であり，全人口の約２％にすぎないのに，国土の約40％の土地を支配していた。官職も独占し，免税などの特権ももっていた。**第三身分**（平民）は，全人口の98％を占めていたが，政治的には何の権利もなく，それでいて税負担により国家財政を支える役割をになっていた。第三身分の内部にも貧富の差があり，全人口の約８割を占める農民のほとんどは重い地代や税の負担で苦しんでいたが，都市の商工業者などの有産市民層（ブルジョワ）は，富を蓄えて実力をもち始め，その実力に見合う権利をもたないことに不満を感じていた。そのような都市の市民層を中

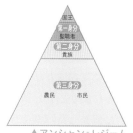
▲アンシャン゠レジーム

▲アンシャン゠レジームの状態を表す風刺画

心に，啓蒙思想が広まった。

B 財政危機 ルイ15世時代のオーストリア継承戦争や七年戦争に加え，凶作によりブルボン朝の財政は逼迫（ひっぱく）していたが，**ルイ16世**の代になり**アメリカ独立戦争**に参加したことで，財政は完全に破綻（たん）した。ルイ16世は財務長官に，重農主義経済学者の**テュルゴー**，銀行家の**ネッケル**らを登用し，特権身分に対する課税といった財政改革を試みた。課税強化のため国王は，ルイ13世の時代以来招集

ルイ16世
[1754〜93]

ルイ15世の孫で，危機的状況の中で政治的に苦心したフランス王。妃はオーストリアのマリア＝テレジアの娘マリ＝アントワネット。七年戦争の際に外交革命で同盟関係になったフランスにオーストリアから嫁いできた。

されていない**三部会**を招集した。一方，1789年初めにシェイエス（第三身分出身の聖職者）は『**第三身分とは何か**』を著して特権身分を攻撃し，「第三身分はすべてである」として，第三身分の権利を主張した。

2 革命の勃発と立憲君主政の成立

A 国民議会 1789年5月，ヴェルサイユで三部会が開会された。しかし議決方法をめぐり，第三身分と特権身分が対立。6月17日，第三身分代表は三部会を離脱して，**ミラボー**（貴族出身の第三身分の代表）らの指導のもとに**国民議会**を結成し，憲法制定まで解散しないことを誓った（「**球戯場（きゅうぎじょう）（テニスコート）の誓い**」）。特権身分の代表もこれに合流し始めると，6月27日，国王ルイ16世は国民議会を承認した。

B 革命の勃発 1789年7月，国民議会は憲法制定議会と名乗るが，国王は保守派の貴族たちに動かされ，議会の武力弾圧を企（くわだ）てた。これに反発したパリの民衆は，武器が貯蔵されているとの噂をききつけ，1789年7月14日，政治・思想犯の収容所で専制の象徴とみなされていた**バスティーユ牢獄（ろうごく）**を襲撃した。この事件

▲バスティーユ牢獄の襲撃

は全国的な農民蜂起（ほうき）を誘発し，領主の館が襲われた。こうした動きに対し，国民議会は下層市民や貧農から主導権を奪って事態の収拾をはかるため，まず8月4日に**封建的特権の廃止**を決定し，農奴制や領主裁判権，教会への十分の一税などが廃止された。なお土地にかかる貢租の廃止は有償であった。また8月26日，議会は**人権宣言**を採択。17条からなり，人間の**自由・平等**，**人民主権**，

私有財産の不可侵など，近代市民社会の原理を規定した。国王は人権宣言の承認を拒否した。

ⓒ 立憲王政へ　政情不安でパリの食糧事情が悪化すると，1789年10月，女性を中心に数千人の民衆による**ヴェルサイユ行進**が行われた。民衆はヴェルサイユ宮殿に乱入し，国王一家をパリに連行した。また，国民議会もパリに移った（10月事件）。1790年，国民議会は教会財産の没収，ギルド制の廃止など市民の求める数々の改革を行った。1791年4月，有力な立憲君主派の人物で国王と議会とのパイプ役を務めていたミラボーが突然死亡すると，不安をもった国王一家は王妃マリ＝アントワネットの実家オーストリアへの逃亡を企てたが，失敗に終わった（**ヴァレンヌ逃亡事件**）。この一件で，国民の

KEY WORD

人権宣言（フランス）

アメリカ独立革命に義勇兵として参加した自由主義貴族のラ＝ファイエットらが起草。独立宣言にあった基本的人権の尊重・抵抗権（革命権）などに思想的影響を受けつつ，ルソーなどの啓蒙思想にも影響を受けた。

⊕ PLUS α

ギルド制の廃止

ギルド制の廃止により，労働の自由が承認された一方で，ル＝シャプリエ法で労働者の団結が禁止された。

国王への信頼は大きく損なわれ，共和派が勢いを強めた。同年8月，オーストリアのレオポルド2世とプロイセンのフリードリヒ＝ヴィルヘルム2世が共同で，ルイ16世の救援を各国に呼びかけ（**ピルニッツ宣言**），革命に干渉した。そして翌月には，国民議会が立憲君主政・制限選挙制・一院制議会などを定めた**1791年憲法**を採択した。

3 革命の激化

ⓐ 立法議会の時期　1791年10月，憲法にもとづき，国民議会にかわり<u>立法議会</u>が成立した。この議会では，富裕市民・自由主義貴族を代表する**フイヤン派**（立憲君主派，ラ＝ファイエットが指導）と，中産市民を代表し穏健な共和政を唱える**ジロンド派**が対立した。国内外での反革命勢力の活動が活発になると，ジロンド派の勢力が増し，1792年3月に政権を握った。翌月ジロンド派は革命に干渉したオーストリアに宣戦したが，貴族の士官たちは戦意もなくフランス軍は連戦連敗し，オーストリア・プロイセン連合軍のフランス国内への侵入を許すこととなった。この危機に対処するため，立法議会の呼びかけで**義勇軍**が編成され，全国からパリに兵士が集まった。そして1792年8月，急進

KEY WORD

義勇軍

義勇軍とは，志願兵による軍。このときマルセイユ義勇軍が歌っていた軍歌が現在のフランス国歌「ラ＝マルセイエーズ」である。

共和主義の**ジャコバン派**の呼びかけにより，パリの民衆と義勇兵はテュイルリー宮殿を襲撃した。議会は**王権**を停止し，国王は幽閉された（**8月10日事件**）。9月20日，**ヴァルミーの戦い**でフランス軍はオーストリア・プロイセンの連合軍に初めて勝利した。

B **国民公会の時期**　1792年9月21日，新たに男性普通選挙で選ばれた議員により，一院制議会である**国民公会**が成立。王政の廃止と共和政の樹立を宣言した（**第一共和政**）。国民公会では，マラー・ダントン・**ロベスピエール**らが率いる**ジャコバン派**が勢力を増し，ジロンド派と対立した。そして1793年1月，裁判の結果，**ルイ16世**は革命広場で処刑された。対外戦争でも，フランス軍は現在のベルギーに侵入した。こうした攻勢や国王処刑に衝撃を受けた欧州各国は，イギリス首相ピットの提唱で，ロシア・プロイセン・オーストリア・スペイン・イギリスなどが参加する反革命同盟として**第1回対仏大同盟**を結成した。また国内でも，徴兵制に反発して王党派の指導する**ヴァンデーの農民反乱**が起こった。この危機に際して，同年6月ジャコバン派はジロンド派を国民公会から追放し，独裁権を握った（**6月事件**）。

C **ジャコバン派の独裁**　当初ジャコバン派の指導者であったマラーはジロンド派の女性に殺害され，**ロベスピエール**が中心となった。ジャコバン派政権は，民衆の支持を確保するための改革を徹底した。まず最高価格令による価格統制，フランス革命の際に国外に逃亡した亡命貴族・教会から没収した土地の競売，封建地代の無償廃止などの政策を実施。また**革命暦（共和暦）**・メートル法・徴兵制の実施，「理性の崇拝（キリスト教の否定）」などの急進的政策をすすめた。そして史上初の徹底した民主的内容をもつ**1793年（ジャコバン）憲法**を定めたが，これは結局実施されなかった。これらの改革は強力な権限をもつ**公安委員会**を中心にすすめられ，

反対派が多数処刑されたので**恐怖政治**とよばれた。

 **POINT**

> フランス革命の経緯
> ☑ **アンシャン＝レジーム**・財政破綻→**三部会**招集
> ☑ **国民議会**の結成→**バスティーユ牢獄**の襲撃→**人権宣言**を採択
> ☑ **立法議会**の成立→王権停止，**国民公会**の成立（**第一共和政**の樹立）
> ☑ 国王処刑→**ジャコバン派**の独裁（恐怖政治）

4 革命の終焉とナポレオンの登場

Ⓐ **総裁政府**　対外的な危機が去ると，経済的自由を求める市民層が不安と不満をもち，農民も土地を得て保守化し始め，ジャコバン派への民衆の支持が薄れていった。1794年7月，反ロベスピエール派が起こした**テルミドール9日のクーデタ**によってロベスピエール派は逮捕・処刑された。こうしてジャコバン派は没落し，中産市民の穏健共和派が権力を掌握した。財産資格による制限選挙制を復活させた**1795年憲法**が制定され，国民公会は解散されて，二院制の議会と，権力を分散させるために5人の総裁をおいた**総裁政府**が樹立された。

　総裁政府は自由主義経済の確立を目指したが，下層市民と対立し，1796年，私有財産制の廃止を目指して総裁政府打倒を企てた**バブーフの陰謀事件**が起こった。社会不安に乗じて王党派やジャコバン派も勢いを増し，政権は不安定だった。中産市民や農民は，これ以上の革命の進展も，あともどりも望まず，現状を維持する強い政府を期待した。人々は戦場で勝ち続ける軍隊の指導者，**ナポレオン＝ボナパルト**に注目するようになった。

Ⓑ **ナポレオンの登場**　ナポレオンはコルシカ島の小貴族の出身で，革命中はジャコバン派を支持しており，テルミドール9日のクーデタの際に一時投獄された。しかし1795年の**王党派の反乱**（ヴァンデミエールの反乱）を鎮圧し，1796～97年にはイタリア遠征軍司令官としてオーストリア軍を破り，第1回対仏大同盟を崩壊させて名声を高めた。1798～99年には，イギリスとインドとの連絡を絶つため**エジプト遠征**を行った。ピラミッドの戦いでイギリス・オス

マン帝国軍に勝利したが，ナイル河口のアブキール湾の戦いでイギリスのネルソン率いる艦隊に敗北。1799年，イギリス・オーストリア・ロシアなどによって第2回対仏大同盟が結成され，フランスが危うくなると，ナポレオンは本国に帰還した。

Ⓒ **統領政府**　1799年11月，ナポレオンはクーデタを起こし，総裁政府を打倒した（**ブリュメール18日のクーデタ**）。新たに3人の統領からなる**統領政府**をたて，自らは強大な権限をもつ第一統領に就任して独裁的な権限を握った。10年間におよんだフランス革命は，ここに終結した。

5 ナポレオン政権

Ⓐ **ナポレオンの政治**　ナポレオンは1800年，オーストリアをマレンゴの戦いで破り，1801年リュネヴィルの和約を締結。同年，革命以来対立関係にあったローマ教皇ピウス7世と**宗教協約**（コンコルダート）を結び，カトリックを復活させ，関係修復に成功した。1802年にはイギリスとの間に休戦協定である**アミアンの和約**を結び，第2回対仏大同盟は消滅した。内政面では1800年，中央銀行であるフランス銀行を創設し，フランスの財政を整理した。また，フランスの商工業育成の基礎を築き，公教育制度も確立した。1804年3月には，**ナポレオン法典（フランス民法典）**を制定。私有財産の不可侵，法の前の平等，契約の自由など，革命で築かれた近代市民社会の法原理を確立した。

🔖 KEY WORD

ナポレオン法典（フランス民法典）

全文2281条からなる。ナポレオンは失脚後，「余の真の栄誉は40回におよぶ戦勝ではなく，この民法典である」と述べている。

Ⓑ **皇帝ナポレオン**　ナポレオンは1802年に終身統領となっていたが，1804年には国民投票の圧倒的支持を得て皇帝に即位し，**ナポレオン1世**となった。こうして第一共和政は終わり，**第一帝政**が開始された。

▲ナポレオンの戴冠式（ダヴィド画）

6 ナポレオンの大陸制覇

A　第3回対仏大同盟　ナポレオン帝政の誕生に対抗して，イギリス・オーストリア・ロシアは，1805年8月，第3回対仏大同盟を結んだ。10月，フランス・スペイン連合艦隊を，**ネルソン**率いるイギリス艦隊が**トラファルガーの海戦**で破った。しかし大陸では，同年12月の**アウステルリッツの三帝会戦**で，ナポレオンがオーストリア・ロシア連合軍を破り，第3回対仏大同盟を崩壊させた。

B　ヨーロッパ支配と大陸封鎖　1806年，ナポレオンは西南ドイツ諸国に**ライン同盟**を結成させ，**神聖ローマ帝国**は消滅した。同年10月，ナポレオンは**イエナの戦い**でプロイセン軍を破り，翌1807年7月，**ティルジット条約**を締結。プロイセンは莫大な賠償金を支払わされ，領土は半減した。また，エルベ左岸にウェストファリア王国を建てて弟ジェロームを王とし，旧ポーランド領には**ワルシャワ大公国**を建てた。

　ナポレオンは兄ジョセフをナポリ王やスペイン王，弟ルイをオランダ王に即位させた（ルイの子が後のナポレオン3世）。オーストリア・プロイセン・ロシアには同盟国としての協力を求め，ヨーロッパ大陸の大半をその支配下に入れた。また，前妻ジョゼフィーヌと離婚し，1810年にはオーストリアの**ハプスブルク家**皇女マリ＝ルイーズと結婚し，ヨーロッパの名門王家との結びつきもはかった。

　この間，ナポレオンは1806年に**大陸封鎖令（ベルリン勅令）**を出した。これは大陸諸国にイギリスとの通商を禁じてイギリスに経済的打撃を与えるとともに，フランス産業資本による大陸市場の独占をはかるのが目的だった。しかし，大陸封鎖は，海外植民地が広く産業革命のすすんでいたイギリスには大きな打撃とならず，逆に，イギリスに穀物を輸出し生活必需品の供給を頼っていた大陸諸国を苦しめる結果に終わった。イギリスがこれに対抗する目的で行った海上封鎖は，アメリカの通商を妨害し，1812年に始まる**米英戦争**の原因となった。

7 ナポレオンの没落

A 民族意識の成長 ナポレオンの征服は，封建的支配の改革を促し，被征服地に自由・平等などフランス革命の精神を広めた。それはまた，ナポレオンの支配そのものに対する抵抗の精神，民族の独立という意識を高める結果となった。

諸民族の抵抗はまず，1808年スペインで起こり（**スペイン反乱**），ゲリラ戦になやまされたナポレオンは最後まで制圧できなかった。また，プロイセンではイエナでの敗戦後，**シュタイン・ハルデンベルク**らが農民解放・行政機構改革・都市の自治などを柱とする**プロイセン改革**をすすめた。このとき哲学者**フィヒテ**は，「**ドイツ国民に告ぐ**」という講演を行い，ドイツ人の民族意識を高めた。

B ナポレオンの敗北 ロシアが大陸封鎖令を破ってイギリスへ穀物を輸出したので，1812年ナポレオンは制裁のため**ロシア遠征**を行った。しかし，ロシアの焦土作戦と冬将軍のため失敗に終わった。これを機に，諸国は解放戦争に立ちあがった。1813年10月，**ライプチヒの戦い**（**諸国民戦争**）で，プロイセン・オーストリア・ロシアの同盟軍が大勝。翌年3月にはパリが陥落した。

KEY WORD

スペイン反乱

ナポレオンの兄ジョセフのスペイン国王即位に反抗して起こった。ナポレオン軍の虐殺を描いた絵画がゴヤの「1808年5月3日」。

KEY WORD

プロイセン改革

シュタイン・ハルデンベルクらの諸改革とともにフンボルトによる教育改革も行われ，ベルリン大学が創設された。

KEY WORD

ロシア遠征

ロシア軍は，穀物などを焼き払い，建物を破壊しながらわざと退却して，ナポレオン軍をロシアの奥深くに引き込んだ。食糧や宿泊所が不足し，冬の到来もせまる状況を受け，ナポレオン軍は撤退を決め，退却時にロシアの追撃を受けて悲惨な敗北を喫した。

ナポレオンは1814年4月に退位し，イタリア西岸のエルバ島に流された。5月，ルイ16世の弟が亡命先から帰国し**ルイ18世**として即位したが，ブルボン朝の復活と反動政治に国民の不満は高まった。また，9月には戦後処理のための**ウィーン会議**が始まったが，参加国の利害対立で混乱し，「会議は踊る，されど進まず」と揶揄された。この状況を見たナポレオンはエルバ島を脱出し，1815年3月に皇帝に復位したが，6月に**ワーテルローの戦い**でイギリスのウェリントンらの率いる連合軍と戦い，大敗した（ナポレオンの**百日天下**）。

1815年10月，ナポレオンは南大西洋上のセントヘレナ島に流され，1821年にこの地で死去した。

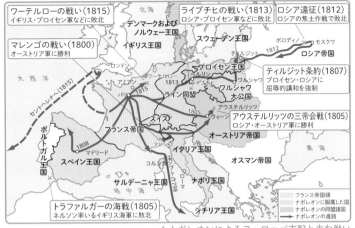

▲ナポレオンによるヨーロッパ支配と主な戦い

POINT

ナポレオンの台頭と没落

☑ **テルミドール9日のクーデタ**→**総裁政府**の成立

☑ **ナポレオンの台頭**→**ブリュメール18日のクーデタ**（ナポレオンの政権奪取）→**統領政府**の成立→ナポレオン皇帝即位（**ナポレオン1世**）

☑ ナポレオンの欧州支配→各地にフランス革命の精神波及
　→ナポレオン支配に対する諸民族の抵抗運動

☑ **ロシア遠征**の失敗→ナポレオン没落。

この講のまとめ

フランス革命からナポレオンの帝政まで，どのような流れで進んだのだろうか？

☑ 社会体制や貧富の差への不満から革命へ。

☑ フイヤン派，ジロンド派，ジャコバン派などが対立し結束を欠く。

☑ 強力なリーダーであるナポレオンの登場で革命が終了し，帝政へ。

4 | ラテンアメリカ諸国の独立

この講の着眼点

ナポレオンは，ヨーロッパだけではなく，ヨーロッパが支配する植民地にも影響を及ぼした。ナポレオンの登場は，ラテンアメリカにどのような変化をもたらしただろうか？

ラテンアメリカでは，大航海時代にスペインとポルトガルが進出して，植民者による大農場経営などが拡大していましたよね。

スペインやポルトガルから移住した植民者は，現地の先住民や黒人奴隷とともに複雑な人種社会を形成していたよ。植民地で生まれた白人は，同じ白人である本国出身者から差別されていたんだ。

1 ラテンアメリカ諸国の独立

ラテンアメリカの植民地各地では，ナポレオン戦争による本国の混乱に乗じて，独立運動が活発になった。最初に独立したのは黒人のトゥサン゠ルヴェルチュールが指導した**ハイチ**で，1804年にフランスから独立し，世界初の黒人共和国が誕生した。

南アメリカのスペイン領では，植民地生まれの白人である**クリオーリョ**の勢力拡大に伴い，本国から派遣される官僚や重商主義政策への反発が強まっていた。1810年代になると北部では**シモン゠ボリバル**，南部では**サン゠マルティン**が独立運動を指導し，次々と独立を達成していった。

メキシコもイダルゴの蜂起に始まり，独立を達成した。ポルトガル領のブラジルは，1822年にブラジル帝国として独立した。

ウィーン会議を率いた**メッテルニヒ**は，ラテンアメリカの独立運動が，ヨーロッパの国民主義運動に影響することを恐れ，独立運動に干渉しようとした。

＼これを聞きたい！／

Q ラテンアメリカ独立の指導者たちにはどんな人がいたのですか？

A シモン゠ボリバル（ベネズエラ出身のクリオーリョ）は現在のベネズエラ・コロンビア・ボリビアなどの独立運動を指導したよ。またサン゠マルティン（アルゼンチン出身のクリオーリョ）はアルゼンチン・チリ・ペルーの独立運動を指導したんだ。イダルゴはクリオーリョ出身の聖職者で，メキシコ独立運動を指導したよ。

しかし，ヨーロッパ諸国とアメリカ大陸諸国との相互不干渉を主張したアメリカの**モンロー宣言**(教書)や，イギリスの商品市場を拡大するためラテンアメリカの独立を承認・支援したイギリスの外相の**カニング**の外交などにより失敗した。

▲ラテンアメリカ諸国の独立

🔍 **この講のまとめ**

ナポレオンの登場によってラテンアメリカにもたらされた変化とは？

☑ ナポレオン戦争によるヨーロッパの混乱に乗じて独立運動が展開。

☑ ラテンアメリカではクリオーリョが勢力を拡大し，本国支配に反発。

☑ クリオーリョが指導者となり，各国が次々に独立を達成。

☑ ヨーロッパによる干渉は，アメリカやイギリスの思惑によって失敗。

定期テスト対策問題[11]

解答は p.497

1 産業革命に関して，次の問いに答えなさい。

(1) 1733 年に毛織物工業で飛び杼を発明した人物は誰か。

[よく出る] (2) ジェニー紡績機と水力紡績機の長所を取り入れたミュール紡績機を，1779 年に発明した人物は誰か。

(3) ニューコメンが発明した炭坑の排水ポンプ用の蒸気機関を改良し，綿工業における生産の向上に寄与したのは誰か。

(4) 1807 年にアメリカで蒸気船を発明した人物は誰か。

(5) 1825 年に蒸気機関車を実用化し，ストックトンとダーリントン間の走行を成功させた人物は誰か。

2 次の文章を読み，後の問いに答えなさい。

七年戦争により財政難に陥ったイギリス本国は，アメリカ植民地への課税を強化した。1765 年の<u>印紙法</u>につづき，1773 年に[㋐]が制定されると，これに反対する市民によって東インド会社所有の船が襲われ，茶箱が海に投げ込まれる[㋑]が起きた。1775 年に本国と植民地の対立は独立戦争に発展したが，これに勝利した植民地は 1783 年の[㋒]条約によって独立を承認された。1788 年には世界初の近代的成文憲法である合衆国憲法が発効された。

(1) 文章中の空欄[㋐]～[㋒]に当てはまる語句を答えなさい。

[発展] (2) 下線部に関して，これに反対する植民地側の主張を答えなさい。

3 次の文章を読み，後の問いに答えなさい。

1789 年 6 月にミラボーら指導のもとで結成した[㋐]は，バスティーユ牢獄の襲撃後，事態の収拾をはかるために封建的特権の廃止などを宣言した。そして 1791 年に憲法が制定されると，これにもとづいて[㋑]が成立した。1792 年には男性普通選挙で選ばれた議員によって[㋒]が成立したが，急進共和主義のジャコバン派が台頭し恐怖政治が展開された。ジャコバン派がテルミドール 9 日のクーデタで没落すると，総裁政府が発足した。

ブリュメール 18 日のクーデタで総裁政府を倒したナポレオンは，新たに[㋓]を発足させた。その後，国民投票によって皇帝となって各地に遠征し，<u>ヨーロッパ全体を混乱に陥らせた</u>。しかしロシア遠征の失敗を機に支持を失い，セントヘレナ島に流刑になり失脚した。

(1) 文章中の空欄[㋐]～[㋓]に当てはまる語句を答えなさい。

[発展] (2) 下線部に関して，ナポレオン戦争によるスペイン本国の混乱に乗じて，南アメリカ北部を中心に独立運動を指導したクリオーリョは誰か。

第 **2** 章

国民国家の成立と欧米各国の発展

1 ｜ ウィーン体制のヨーロッパ

🔍 この講の着眼点

革命以前のヨーロッパの復活を目指したウィーン体制がもたらしたのは，その理念とは真逆の自由主義とナショナリズムであった。ウィーン体制を崩壊に導いたのは，どのような理念と運動だったのだろうか？

ウィーン議定書によって定められた各国の領土を見ると，フランス革命よりもずっと前の絶対王政に戻ってしまったような印象があります。

確かにそうだね。でも，全く同じ歴史が繰り返されることはなかった。「大西洋革命」を経験したヨーロッパには，国民国家形成への原動力が各地に芽生えていたんだよ。

1 ウィーン体制の成立

A ウィーン会議　フランス革命とナポレオン戦争による混乱からヨーロッパの秩序を再編する国際会議として，1814年9月から**ウィーン会議**が開催された。オーストリア外相**メッテルニヒ**を議長とし，オスマン帝国を除く全ヨーロッパの支配者が参加。フランス外相**タレーラン**が提唱した**正統主義**（すべてを革命前の状態に戻そうという考え方）を基本原則とする一方，大国間の勢力均衡をはかったが，各国の利害が対立し会議は紛糾し，ナポレオンの百日天下をまねく原因となった。

B ウィーン体制　1815年6月，**ウィーン議定書**がようやく調印され，正統主義によりフランス・スペイン・ナポリに**ブルボン朝**が復活した。一方で大国の利益も重視され，イギリスは旧オランダ領のセイロン島・ケープ植民地を獲得，フランスからマルタ島を獲得した。ロシア皇帝は，

▲ウィーン体制下のヨーロッパ

ワルシャワ大公国の大部分で形成されたポーランド王国の国王を兼ね，実質的な支配者となった。神聖ローマ帝国は復活せず，ライン同盟の廃止後には，領土を広げたプロイセンやオーストリアを中心とする35の君主国と4つの自由市からなる**ドイツ連邦**が成立した。オーストリアはイタリアのロンバルディア，ヴェネツィアを獲得。オランダはベルギーを獲得し，スイスは永世中立国となった。

こうして，王侯貴族を中心とするヨーロッパの保守反動体制である**ウィーン体制**が成立した。この国際体制の強化をはかる目的で，ロシア皇帝アレクサンドル１世の提唱で**神聖同盟**が結ばれ，多数の君主がこれに参加した。また，大国のみの軍事・政治同盟として1815年に**四国同盟**（イギリス・オーストリア・プロイセン・ロシア）が結ばれ，1818年にはフランスも加わり**五国同盟**となった。メッテルニヒはこれらの機関を利用して**自由主義・国民主義運動**の抑圧に努めた。

2 ウィーン体制の動揺

A ウィーン体制への反抗 復古的・反動的なウィーン体制に対し，諸国民は各地で**自由主義・ナショナリズム**（国民主義）の実現を求める運動をおこした。

ドイツでは，大学生たちが自由と統一を求め，1815年から**ブルシェンシャフト**（ドイツ学生同盟）が運動をおこした。しかし，この運動は1819年カールスバート決議により弾圧された。イタリアでは，1820〜21年，ナポリ・ピエモンテで秘密結社**カルボナリ**（炭焼党）が蜂起したが，オーストリア軍の干渉で弾圧された。

スペインでは，1820年，ブルボン朝の専制に反対する**リエゴ**らがカディスで**立憲革命**を起こしたが，神聖同盟の決議によるフランス軍の介入で鎮圧された。ロシアでは，1825年，貴族の青年将校らが，ニコライ１世の即位を機に憲法制定・農奴制廃止を求めて蜂起したが，鎮圧された。これを**デカブリスト**（十二月党員）

の乱という。

　このような動きの中，イギリスは 1820 年代から
ウィーン体制離脱の姿勢を示し，メッテルニヒらと
対立した。

B **ギリシア独立戦争**　ギリシアが 1821 年に
オスマン帝国からの独立戦争を起こすと，イギリス・
フランス・ロシアはバルカンや東地中海進出の利害
からギリシアを支援し，1829 年，ロシア・オスマ
ン帝国間の**アドリアノープル条約**でギリシアの独立
が承認された。1830 年のロンドン会議で，そのほ
かの列国もギリシア独立を承認した。

3 ウィーン体制の破綻

A **フランス七月革命**　フランスでは，**ル
イ 18 世**と，あとを継いだ弟**シャルル 10 世**が
反動的な政治をすすめ，貴族・聖職者の保護，
亡命貴族への財産保障，国民軍解散などを行っ
た。国王は国民の不満をそらすため，1830 年
アルジェリア出兵を強行し，7 月には議会を未招集
のまま解散，極端な財産制限選挙制，言論統制を実
施した。これに対しティエールやギゾーを指導者と
してパリの民衆が蜂起し，国王は亡命した（**七月
革命**）。そして，自由主義者として知られオルレ
アン公**ルイ゠フィリップ**が王として即位した（**七月
王政**）。七月王政はブルジョワ（銀行家・大商人・大
地主などの有産市民層）による政権だったため，こ
の時期にフランス産業革命は進展した。

B **七月革命の影響**　1830 年 8 月ブリュッセ
ルで暴動が発生して，オランダからの**ベルギー独立**
が宣言され，翌年にはベルギーに立憲王政が成立し
た。ポーランド・ドイツ・イタリアでも反乱が起こ

▲民衆を導く自由の女神
（ドラクロワ画）

り，いずれも鎮圧されたが，西欧諸国が自由主義的性格を強めたことで，ウィーン体制は東西に分裂するようになった。

4 ウィーン体制の崩壊

A フランス二月革命 フランスでは，産業革命の進展にともない，中小の資本家も成長し，労働運動・社会主義運動も起こったが，当時の有権者数が全人口の１％に満たない制限選挙で，国民の不満が高まった。1848年２月，制限選挙制撤廃運動（改革宴会）の全国大会がパリで開かれた。しかし，当時のギゾー内閣は改革要求を拒否したことから，パリの民衆は蜂起し，国王は亡命した。これが**二月革命**で，**ラマルティーヌ**らを中心に臨時政府が成立した（**第二共和政**，1848年２月〜52年12月）。

B フランス第二共和政 臨時政府は，産業資本家などの有産市民からなる共和主義者を中心に，ルイ＝ブランなどの社会主義者が入閣。社会主義者の主張で失業者を雇用する**国立作業場**を設置したが，有産市民や小農民らの反感を買った。また，農民らも社会主義政策で土地を失うことを恐れたため，男性普通選挙が行われたにもかかわらず，1848年の四月選挙で社会主義者は大敗した。同年６月，国立作業場が閉鎖されたのに対し，労働者らは**六月暴動**（六月蜂起）を起こしたが，政府軍により鎮圧された。

　1848年11月，第二共和国憲法が成立し，主権在民・三権分立・大統領制が規定された。12月の大統領選挙では，**ルイ＝ナポレオン**（ナポレオンの弟ルイの子）が当選。彼は1851年のクーデタで独裁権を握り，翌1852年の国民投票により皇帝に就任，**ナポレオン３世**と称した（**第二帝政**）。

C 二月革命の影響 1848年の春には自由主義・国民主義の運動がヨーロッパ各地で高揚し，「**諸国民の春**」とよばれる。

　オーストリアでは，**三月革命（ウィーン）**が起こり，メッテルニヒはイギリスに亡命。こうしてウィーン体制は崩壊した。そのほか，ハンガリー（マジャール人）ではコシュートを中心に民族運動が発生。ベーメン（チェック人）でも民族運動が起こり，パラツキーを中心にスラヴ民族会議が開催された。

🔑 KEY WORD

三月革命（ウィーン）
ウィーン三月革命に対して，オーストリア国王は自由主義的改革を約束したが，後に反動に転じた。ハンガリーの民族主義者コシュートは，反動化したオーストリアに対し独立を宣言したが，反動体制の中心として「ヨーロッパの憲兵」とよばれていたロシア軍に鎮圧された。

しかしこれらの革命や民族運動は，いずれもやがて
鎮圧された。

　ドイツでは，プロイセンの首都ベルリンにおいて
三月革命（ベルリン）が発生し，国王に憲法制
定を約束させたが，オーストリアの**大ドイツ主義**と
プロイセンの**小ドイツ主義**が対立し**フランクフ
ルト国民議会**が長びく中，ブルジョワジーが王
党派と妥協し，11 月の弾圧で革命は終了した。

　イタリアでは，サルデーニャ国王カルロ゠アルベ
ルトが，統一のためにオーストリア軍と戦ったが，
敗れた。また**マッツィーニ**は，「**青年イタリア**」
を率いて 1849 年**ローマ共和国**を樹立したが，フランス軍の介入を受けて鎮圧さ
れた。そのほかポーランドでも反乱が起きたが，ロシア軍により弾圧された。

4 イギリスの諸改革

A　自由主義的改革　イギリスでは 1820 年代より，産業資本家が台頭し，
自由主義的改革が大いに進展した。

　1828 年，**審査法**が廃止され，1829 年にはアイルランド出身のオコネルらの運
動の結果，**カトリック教徒解放法**が成立した。

　自由貿易体制も確立していき，1833 年，東インド会社の中国貿易独占権が廃
止された。1846 年には**穀物法**が，1849 年には**航海法**が廃止された。

B　奴隷制廃止と労働運動の進展　1807 年，奴隷貿易禁止法が発布され，
1833 年には植民地での奴隷制度が廃止された。また 1833 年には，国内の工場労
働者の労働時間を制限した**工場法**が実現された。
1847 年には，女性・子どもの **10 時間労働法**も制定
された。

C　選挙法改正　1832 年，ホイッグ党のグレイ
内閣のもと**第 1 回選挙法改正**が行われた。こ
の改正で選挙権を得られなかった都市労働者を中心
に，普通選挙の実現を目指した**チャーティスト
運動**が 1830 年代後半から展開され，男性普通選挙・

KEY WORD

第 1 回選挙法改正
産業革命による人口移動で
発生した腐敗選挙区（人口が
激減したのに議席数がその
ままの選挙区）が廃止され，
人口の多い新興の商工業都
市などに議席が配分された。
また，**産業資本家層**も選挙権
を獲得した。

無記名秘密投票など6か条からなる**人民憲章**(ピープルズ=チャーター)がかかげられた。

 POINT

ウィーン体制の成立から崩壊まで

☑ **ウィーン体制**…**メッテルニヒ**が**正統主義**を基本原則として
採用→自由主義・国民主義運動を抑圧。

☑ 体制の動揺…**ブルシェンシャフト**の運動，**カルボナリ**の反乱，**デカブリスト**の乱，**ギリシア独立戦争**。

☑ 体制の破綻…フランス**七月革命**，ベルギーの独立。

☑ 体制の崩壊…フランス**二月革命**，ウィーン・ベルリンの**三月革命**，
ハンガリー・ベーメン・イタリアの民族運動。

🔍 **この講のまとめ**

ウィーン体制を崩壊に導いたのは，どのような理念と運動だったか？

☑ 革命以前の反動体制が復活するも，各地で反対運動が起こる。

☑ フランスの七月革命にともなう各地の暴動や反乱は鎮圧されるも，体制を動揺させる。

☑ フランスの二月革命によってナショナリズムが高揚し，「諸国民の春」に。

2 | ヨーロッパの再編成

🔍 **この講の着眼点**

ウィーン体制の崩壊により，ヨーロッパ各国は国家の再編成を余儀なくされた。各国の政治体制はこの時期どのように変化したか，国ごとに整理しよう。

これはドイツ帝国誕生の瞬間を描いた絵画だけど，この場所がどこかわかるかな？

ヴェルサイユ宮殿ですよね？　ドイツ皇帝の戴冠式が行われているようです。

▲ヴェルサイユ宮殿における
ドイツ帝国成立の儀式

1 ヴィクトリア時代

A イギリスの繁栄と議会政治の展開

19世紀の**ヴィクトリア女王**（在位1837～1901）治世下，イギリスは繁栄の絶頂期を迎えた。1851年に開かれた世界最初の万国博覧会である**ロンドン万国博覧会**は，その繁栄の象徴であり，イギリスの圧倒的な工業力・技術力を見せつけた。また，この時期には**保守党**・**自由党**の二大政党が交代して政権を担当する議会政治が完成し，保守党の**ディズレーリ**・自由党の**グラッドストン**らが活躍した。

B 内政改革

1867年，保守党のダービー内閣のときに**第2回選挙法改正**が行われ，都市労働者の参政権が実現された。1884年，グラッドストン内閣は**第3回選挙法改正**を行い，農業・鉱山労働者の参政権を実現した。

その他，グラッドストン内閣は，1870年の**教育法**で初等教育の公立学校増設

📖 **KEY WORD**

保守党と自由党

保守党はトーリ党，自由党はホイッグ党の流れをくむ。保守党のディズレーリ（首相在任1868, 74～80年）は帝国主義的外交政策を推進した。自由党のグラッドストン（首相在任1868～74, 80～85, 86, 92～94年）は小英国主義をとり，植民地拡大には反対。内政改革を重視し，クロムウェルの征服以来事実上の植民地状態となっていたアイルランド問題解決にも尽力した。

を決定し，国民教育を推進。1871年の**労働組合法**では労働組合の法的地位を認めた。1872年には秘密投票制を実現した。

C **外交** ディズレーリ内閣は1875年，エジプトから**スエズ運河会社**の株を買収し，1877年には**インド帝国**を創設。1878年の**ベルリン会議**ではロシアの南下を阻止した。

第2次グラッドストン内閣は，1881年にエジプトで起きた**ウラービー**（オラービー）**運動**を鎮圧し，翌1882年にエジプトを占領，支配した。また，アイルランドに対し1870年，小作人の権利を保護する**アイルランド土地法**を成立させた。しかし，1880〜90年代に提出された**アイルランド自治法案**は否決され，問題は未解決のままとなり，アイルランドは，イギリスの"のどに刺さった骨"といわれた。

POINT

イギリス（ヴィクトリア時代）の内政と外交
- ☑ 内政…二大政党（**保守党**・**自由党**）制の発展。
- ☑ 外交…アジア各地を植民地化（**インド帝国**ほか）。

---

2 フランス第二帝政とその崩壊

A **ナポレオン3世の政治** 1851年12月，大統領ルイ゠ナポレオンがクーデタを起こして議会を解散し，翌年国民投票で圧倒的支持を得て皇帝**ナポレオン3世**として即位した（**第二帝政**）。第二帝政は，有産市民・労働者・農民の各勢力間の利害対立を利用し，それら諸勢力の均衡を絶えずはかることで成立していた（**ボナパルティズム**）。大規模な公共事業を行い，国内産業を育成した。その他にも積極的な対外侵略政策を推進し，国民の人気の維持につとめた。

B **対外政策** 1853年**クリミア戦争**に参戦，勝利して威信を高めた。1856年，フランス人宣教師殺害をきっかけに，中国へイギリスと共同出兵し，**アロー戦争**を起こした。1858〜67年にかけてはインドシナへ出兵，のちのフランス領イン

KEY WORD

ボナパルティズム

民主主義的な要素を含みながらも皇帝による独裁がしかれている状況をさす。1860年代には自由主義運動の高まりに譲歩し，議会の質問権や労働者の団結権などを認めた一方で，独断的に対外侵略を進めた。

ドシナの基礎を作った。1859 年にはイタリア統一戦争にかかわりサヴォイア・ニースを獲得した。1861 〜 67 年，メキシコへ出兵したが，失敗に終わり，皇帝の権威は大きくゆらいだ。

ⓒ 帝政の崩壊 1870 年 7 月**プロイセン゠フランス（普仏，ドイツ゠フランス）戦争**が始まった。同年 9 月スダン（セダン）の戦いでナポレオン 3 世は降伏し，捕虜となって第二帝政は崩壊した。その後，戦闘を継続する臨時国防政府が作られ，第三共和政（1870 年 9 月〜 1940 年 6 月）が宣言された。しかしプロイセン軍はパリを包囲し，1871 年 1 月，臨時国防政府は正式に降伏，休戦協定が結ばれた。そして 2 月，国民議会は**ティエール**を行政長官とする保守的な**臨時政府**を樹立した。

ⓓ パリ゠コミューン 臨時政府が結ぼうとした屈辱的な講和条約にパリの市民は強く反発し，1871 年 3 月，労働者などの民衆を中心とする自治政府パリ゠コミューン が作られた。臨時政府はドイツの支援を受けて，この自治政府を弾圧し，5 月にパリ゠コミューンは崩壊した。

ⓔ 第三共和政 反動的な王党派と共和派とが対立した。両派とも小分派に分裂しており，政情は不安定だった。かろうじて共和派は優勢を保ち，わずか 1 票差で，三権分立主義と普通選挙制を根幹とする第三共和政憲法の制定が決まった。

👔 POINT

フランス（ナポレオン 3 世の帝政）
☑ **ナポレオン 3 世**の対外侵略政策→挫折→**第三共和政**。

3 イタリアの統一

Ⓐ 統一運動 イタリアでは，ウィーン会議後も分裂状態が続いていた。二月革命後の 1849 年，共和政によるイタリア統一を目指す「**青年イタリア**」の**マッツィーニ**が**ローマ共和国**を樹立したが，フランス軍に鎮圧された。

また，**サルデーニャ王国**の国王カルロ=アルベルトは，1848年，北イタリア統一のためオーストリアと開戦したが，翌年敗北し，ポルトガルに亡命した。

B イタリア王国成立 サルデーニャ王国では，1849年**ヴィットーリオ=エマヌエーレ2世**が即位し，首相に**カヴール**を登用した。カヴールは，内政の整備をすすめ，国力を充実させ，巧みな外交を展開して統一に乗りだした。

1855年，**クリミア戦争**に参戦し，自国の存在を国際的に認知させることに成功。1858年には，ナポレオン3世のフランスとの間に**プロンビエールの密約**を結んだ。

1859年オーストリアと開戦し，**イタリア統一戦争**を開始。しかし，フランスの背信行為により，ロンバルディアを獲得するに留まった。カヴールは抗議していったん辞職したが，再び組閣し，1860年，フランスにサヴォイア・ニースを割譲することで，中部イタリア併合を達成した。同年，「**青年イタリア**」出身の**ガリバルディ**が南イタリアの**両シチリア王国**を占領し，これをサルデーニャ王にゆだねた。

こうして1861年3月，**イタリア王国**が成立し，**ヴィットーリオ=エマヌエーレ2世**が初代国王となった。

C 統一の完成 1866年，プロイセン=オーストリア（普墺）戦争でプロイセンを支援し，戦後**ヴェネツィア**を併合した。

1870年，プロイセン=フランス（普仏，ドイツ=フランス）戦争の際に**ローマ教皇領**を占領・併合し，1871年に首都をローマに移した。以後，ローマ教皇は「ヴァチカンの囚人」と称して教皇庁にこもり，イタリア王国と対立を続けた。和解が成立するのは，ムッソリーニがヴァチカンを国家として認めた1929年の**ラテラノ条約**である。

一方，南チロル・トリエステなど，イタリア人居住区でありながら併合できない"**未回収のイタリア**"の問題が残った。

▲イタリア統一の展開

POINT

イタリアの統一
☑ **サルデーニャ王国**を中心に統一，巧みな外交戦略がとられる。

4 ドイツの統一

A 統一前のドイツ状勢 ウィーン会議で**ドイツ連邦**が結成されたが，統一国家にはほど遠かった。その後，プロイセンの経済的発展を背景に，1834年**ドイツ関税同盟**が発足し，オーストリアを除く経済的一体化が進展した。1848年の**フランクフルト国民議会**では，大ドイツ主義と小ドイツ主義が対立し，**小ドイツ主義**が勝利してプロイセン王をドイツ皇帝に選出したが，プロイセン王フリードリヒ＝ヴィルヘルム４世が拒否し，失敗に終わった。

B ドイツ統一の過程 1861年プロイセン王に**ヴィルヘルム１世**が即位，翌年ユンカー出身の**ビスマルク**を宰相に登用した。ビスマルクは議会の反対を押し切り，軍備拡張を強行（**鉄血政策**）。そして1864年，オーストリアと結んでデンマークと戦い（**デンマーク戦争**），シュレスヴィヒ・ホルシュタインの両州を占領した。1866年，今度は両州の管理をめぐってオーストリアを挑発，**プロイセン＝オーストリア（普墺）戦争**を起こして勝利し，プラハで講和した。1867年，**プロイセン**を中心に**北ドイツ連邦**が成立し，ドイツ連邦は解体され，プロイセンがドイツ統一の主導権を握った。

プロイセンの強大化はナポレオン３世のフランスに脅威を与え，スペイン王位継承問題で両国は対立した。そして，エムス電報事件をきっかけに開戦し，**プロイセン＝フランス（普仏，ドイツ＝**

KEY WORD

鉄血政策

ビスマルクが「現在の問題は言論や多数決ではなく，鉄（武器）と血（兵士）によってのみ解決される」と説いた（鉄血演説）ことに由来する。

KEY WORD

プロイセン＝オーストリア（普墺）戦争

デンマーク戦争に端を発する。敗れたオーストリアは，国内のスラヴ諸民族の反抗を抑えるためハンガリーに自治を与え，オーストリア皇帝がその王位を兼ねる，オーストリア＝ハンガリー帝国（二重帝国）となった。

KEY WORD

プロイセン＝フランス（普仏）戦争

スペイン王位継承に関するプロイセン王とフランス大使の会見についての電報をビスマルクが改ざんして発表し，両国の世論を激昂させた（**エムス電報事件**）。この戦争の結果フランスとの境界にある資源が豊かなアルザス・ロレーヌ地方はドイツ領となり，また，ドイツ帝国が成立した。ドイツ皇帝の即位式はヴェルサイユ宮殿で，普仏戦争中の講和成立目前に行われた。

フランス）**戦争**(1870〜71)が起こった。ナポレオン3世はスダン（セダン）で捕虜となり，フランクフルト講和条約で，ドイツは50億フランの賠償金と**アルザス・ロレーヌ**を獲得した。

　1871年1月，普仏戦争末期のヴェルサイユ宮殿においてプロイセン王をドイツ皇帝とする即位式が行われ，ドイツ帝国が成立。同年4月，ドイツ帝国憲法が発布された。

Ｃ ドイツ帝国の特色と内政　ドイツ帝国は連邦制をとり，プロイセン王が皇帝を兼ねた。男性普通選挙による帝国議会は権限が小さく，宰相は，皇帝に対してのみ責任を負った。そして軍事・行政は主にユンカー出身者によってになわれた。

▲ドイツの統一

　カトリックが強い南ドイツでは，**中央党**が結成され，新教国プロイセンによる中央集権政策に抵抗した。これに対しビスマルクは，文化闘争(1871〜80)をおこした。

　社会主義運動の発展に伴い，のちの**社会民主党**が結成され，勢力を伸張した。ビスマルクは1878年の**皇帝狙撃事件**を機に，社会主義者鎮圧法により社会主義運動を弾圧した。その一方，疾病保険・災害保険・養老保険など労働者を保護する国家社会政策を実施した（「アメとムチ」の政策）。

Ｄ ビスマルク外交　基本方針は，普仏戦争によってドイツへの復讐心が高まるフランスの国際的孤立化をはかることであり，国力充実のため平和協調外交と同盟政策を推しすすめた。1873年ドイツ・オーストリア・ロシアで**三帝同盟**を結んだが，1878年のベルリン会議ではバルカンでのロシアの南下をはばんだ。そこで三帝同盟は一度解体したが，1881年には新三帝同盟を締結した。また，フランスによるチュニジアの保護国化に不満をもつイタリアを引き入れ，1882年にはドイツ・オーストリア・イタリアで三国同盟を締結。バルカン問題をめぐるオーストリアとロシアの対立により三帝同盟の継続が不可能とみるや，1887年ロシアとの間に**再保障条約**を締結し，ロシアのフランスへの接近をはばむ政策をとり続けた。

KEY WORD

文化闘争

ビスマルクはカトリック教会の影響力を封じるために，教会や宗教学校に対して監督を強化し，カトリックの抵抗勢力と闘った。しかし社会主義勢力の拡大に対抗するためビスマルクが譲歩し，1880年に停止された。

ドイツの統一
☑ **プロイセン**を中心に統一。

5 ロシアの改革と東方問題

Ⓐ **ツァーリズム** 19世紀前半のロシアはヨーロッパ最大の後進国で，いまだ農奴制が強固であった。皇帝は貴族と結びつき，**皇帝専制政治（ツァーリズム）**を維持していた。**ニコライ1世**(在位1825～55)は，1825年**デカブリスト(十二月党員)の乱**を機に専制を強化し，七月革命の影響で起こったポーランドの反乱を鎮圧(十二月党員＝12月に起きたことに由来)。二月革命のときにも諸民族の運動を弾圧した。このようにロシアは，反動勢力の中心となり，「ヨーロッパの憲兵」とよばれた。

Ⓑ **クリミア戦争と東方問題** オスマン帝国支配下にある諸民族は，ナショナリズムの影響を受け，19世紀前半以来独立運動を展開。こうした運動は，中東やバルカンに利害関係をもつ列強の干渉をまねいた。この国際問題を，西欧列強の側から「**東方問題**」とよぶ。特にロシアは，不凍港の獲得を目指す**南下政策**推進のため，しきりに東方問題にかかわった。ギリシア独立戦争後のアドリアノープル条約(1829)で，ロシアは黒海北岸の地を獲得し，ダーダネルス・ボスフォラス両海峡の自由航行権を得た。1831年，**エジプト＝トルコ戦争(エジプト事件)** が始まると，ロシアはオスマン帝国を支援して地中海進出を目指したが，イギリスなどの干渉で，結局南下は阻止された。

しかし，ロシアは南下政策の継続を目指し，**クリミア戦争**(1853～56)を起こした。これは聖地管理権問題に端を発し，ロシア皇帝ニコライ1世が**ギリシア正教徒保護**の名目でオスマン帝国領内に侵入して開始され，イギリス・フランスがオスマン帝国側に立って参戦した。最大の激戦であるセヴァストーポリ要塞の攻防戦で英仏がこれを陥落させると，ロシアは敗れた。1856年の**パリ条約**で黒海の中立化が約束され，ロシアは黒海沿岸での軍事基地の保有や

> 🔖 **KEY WORD**
>
> **エジプト＝トルコ戦争（エジプト事件）**
>
> エジプトのムハンマド＝アリーとオスマン帝国の2度にわたる戦争をいう。1831～33年の第1次はムハンマド＝アリーがシリアを求めて宣戦した。1839～40年の2度目は，オスマン帝国に対しエジプトが世襲の統治権を求めて宣戦した。

軍艦の航行を禁止されて南下政策はまたも挫折した。その後，1877〜78年，**ロシア゠トルコ（露土）戦争**に勝利し，**サン゠ステファノ条約**でバルカン半島での勢力拡大に成功したように見えたが，**ベルリン会議**により，三度南下政策は阻止された。

C　ロシアの改革　クリミア戦争の敗北を受け，**アレクサンドル2世**（在位1855〜81）は近代化の必要性を痛感した。そして1861年，**農奴解放令**を発布し，農奴の人格的自由を認めた。しかし，1863〜64年のポーランドの反乱をきっかけに反動化し，ツァーリズムが再び強化された。クリミア戦争でも敗北し，産業の発達が遅れていたロシアでは，**インテリゲンツィア**（知識人階級）が改革の中心となり，1870年代を中心として「**ヴ゠ナロード**（人民の中へ）」をスローガンとした**ナロードニキ**（人民主義者）の運動が広がった。しかし，この運動は挫折し，一部がニヒリズムやテロリズムに走り，1881年アレクサンドル2世は暗殺された。

6 北ヨーロッパ諸国

スウェーデンは，1809年フィンランドをロシアに割譲したが，1815年ウィーン会議でノルウェーを獲得した。その後は安定した立憲君主政の国として順調に発展し，1866年には二院制議会ができ，民主化がすすんだ。**ノルウェー**は，ウィーン会議の結果，デンマーク領から同君連合のスウェーデン領となったのち，1905年平和的に独立した。**デンマーク**は，1864年プロイセン・オーストリアと戦いさらに領土を失ったが，農業・牧畜を中心に産業を発展させた。

7 国際労働運動の進展

1864年ロンドンに労働者・社会主義者の代表が集まり，**第1インターナショナル**（国際労働者協会）が結成され，**マルクス**が指導者となった。しかしマルクスは無政府主義者らと内部対立し，**バクーニン**を除名。こうした分裂や，パリ゠コミューン後の弾圧もあり，1876年に解散した。1889年には，パリに各国の社会主義政党・労働組合などの代表が集まり，**第2インターナショナル**が結成された。

KEY WORD

ロシア゠トルコ（露土）戦争

1875年のボスニア・ヘルツェゴヴィナでのギリシア正教徒の反乱をきっかけとして，ロシアがオスマン帝国に対して起こした戦争。

KEY WORD

第2インターナショナル

ドイツの社会民主党を中心とする各国社会主義勢力の連合体。帝国主義の影響で各国が対立し，第一次世界大戦が始まると，各国の社会主義政党が自国の政府を支持し，崩壊した。

8 国際的協力機関

　スイスのデュナンの発案で 1864 年に赤十字条約が結ばれ，ジュネーヴを本部とする**国際赤十字組織**が設立された。フランスのクーベルタンは，1896 年**国際オリンピック大会**をアテネで開催し，スポーツによる国際親善を実現した。1865年国際電信連合，1874 年万国郵便連合も誕生。1899 年ロシアのニコライ 2 世の提唱により，オランダのハーグで万国平和会議が開催され，のちの国際連盟・国際連合につながる機関も生まれた。

POINT

ロシア
☑ **南下政策**と**東方問題**への関与を行う。

この講のまとめ

ウィーン体制崩壊後，西欧各国はどのように国家を再編していったか？
☑ 二大政党制のイギリスでは内政改革の一方で植民地支配を強化。
☑ フランスでは帝政が崩壊し，僅差の末に共和政が復活し憲法制定へ。
☑ ドイツは帝国として，イタリアは王国として，19 世紀後半に国家を統一。
☑ ロシアは南下政策に失敗し，近代化改革を進めるも産業の発展は遅れた。

3 | アメリカ合衆国の発展

この講の着眼点

アメリカ合衆国では，農業を主軸とする南部と工業を主軸とする北部の間で政治的な対立があり，それが内戦へと発展した。南北戦争はどのように展開していったのだろうか？

アメリカ合衆国憲法ではすべての人間の平等をうたっていますが，この「人間」には，当初，黒人奴隷や先住民が含まれなかったと習いました。

イギリスに輸出するための綿花のプランテーションが主産業であった南部では，黒人奴隷の労働力が不可欠になっていた。奴隷制廃止に関する条項を憲法に入れなかったのは，建国当初に南部の離反を防ぐためだったんだ。

1 イギリスからの自立と民主主義の発展

A 第3代ジェファソン大統領(在任1801〜09)時代 反連邦派(リパブリカン)の代表として，農場主・農民・都市の一般市民の支持を受け，**連邦派(フェデラリスト)**を破って1800年に当選。商工業より農業に中心をおく政策を展開し，大衆に基盤をおく民主主義が発展した。

B アメリカ=イギリス戦争(米英戦争，1812〜14) ナポレオンの大陸封鎖に対抗するイギリスの海上封鎖で，アメリカの通商が妨害されたのが原因。戦果はなかったが，アメリカの国民意識が高揚し，イギリスからの経済的自立が促進された(第2次独立戦争)。

C 第5代モンロー大統領(在任1817〜25)時代 1823年，ラテンアメリカ諸国の独立に対するヨーロッパ列強の干渉に反対する**モンロー宣言**(教書)を発表した。このヨーロッパ諸国との相互不干渉の外交政策を**モンロー主義(孤立主義)**といい，その後のアメリカの基本外交政策となった。

D 第7代ジャクソン大統領(在任1829〜37)時代 初の西部出身大統領。資本家層と対立し，大衆民主主義を展開した(**ジャクソニアン=デモク**

ラシー）。一方，奴隷制には触れず，先住民強制移住法を制定し先住民をミシシッ
ピ川以西の保留地に移した。

2 領土の拡大と西部開拓

A **初期の領土拡大** 独立時は 13 州にミシ
シッピ川以東のルイジアナの地を加えて出発。1803
年フランスよりミシシッピ川以西の**ルイジアナ
を買収**した。1818 年その北部をイギリスより割
譲され，1819 年スペインより**フロリダ**を買収。

B **西漸運動** 1840 年代は "**マニフェスト゠ディ
スティニー（明白な天命）**" の名のもとに，**西漸運
動**が本格化した。

メキシコ領**テキサス**では，アメリカからの大
量の入植者が 1836 年独立を宣言。1845 年，アメリ
カ合衆国の州となった。1846 年には，イギリス領カナダと争って国境線を北緯
49 度とし（オレゴン協定），**オレゴン**を併合した。さらにこの年，**アメリカ゠
メキシコ戦争**（1846 〜 48）を起こして勝利し，**カリフォルニア**などを獲得。
こうして領土は太平洋岸に達した。

1848 年カリフォルニアで金鉱が発見され，移民が殺到。鉄道や汽船など交通
機関の発達も相まって，1 年間に 8 万人以上がおしよせた（**ゴールドラッシュ**）。

アメリカ合衆国は 1860 年には人口が 3100 万人に達した。一方，先住民**イン**

🔑 KEY WORD

**マニフェスト゠ディス
ティニー（明白な天命）**

未開の地を開拓し欧米の文
化を広めることは神によっ
て示された運命だとする考
え方。白人による西部侵略を
正当化する言葉であった。開
拓地と未開拓地の境界はフ
ロンティアと呼ばれ，西部開
拓がすすんでフロンティア
が西へすすむことは「西漸運
動」とよばれた。

▲アメリカ合衆国の領土拡大

ディアンは白人に圧迫され，ミシシッピ川以西の保留地に強制移住させられ，人口も激減した。

C 南北対立の激化　南北の対立は建国当初より存在していた。南部は政治的には州権主義，経済的には**自由貿易**を主張し，綿花プランテーションが主産業で**奴隷制の存続**を要求した。北部は，政治的には連邦主義，経済的には**保護貿易**を主張。人道上**奴隷制に反対**する人も多かった。西部開拓の進展にともない，南北は新しい州を自己陣営に組み込もうとして対立したが，1820年の**ミズーリ協定**で，対立は一時おさまった。

しかしアメリカ゠メキシコ戦争による新領土の拡大，ゴールドラッシュによる西部開拓により南北対立は再燃。1852年**ストウ**の『**アンクル゠トムの小屋**』が出版され，北部における奴隷制反対の世論は高まった。

1854年「**カンザス・ネブラスカ法**」が制定されると，ミズーリ協定が否定され，南北対立は激化した。これをきっかけに奴隷制反対を唱える**共和党**が旧ホイッグ党員を中心に成立した。

D 南北戦争(1861〜65)　1860年，第16代大統領に共和党の**リンカン**が当選すると，翌61年，南部諸州が合衆国より離脱して**アメリカ連合国**(連邦)が結成され，ジェファソン゠デヴィスを大統領に選出，州権維持・奴隷制擁護の憲法が制定された。

1861年4月，南軍のサムター要塞攻撃により，**南北戦争**が開始された。緒戦はリー将軍率いる南軍が優勢であったが，経済力にまさる北軍が徐々に有利となった。リンカンは1862年**ホームステッド法**を制定し西部の支持をとりつけた。1863年には**奴隷解放宣言**を出し，内外世論を味方につけるとともに南部の内部崩壊をねらった。最大の激戦となった**ゲティスバーグの戦い**以降，グラント将軍率いる北軍は優勢となり，1865年4月，南部の首都リッチモンドが陥落し，**南軍**が降伏して南北戦争は終結した。

KEY WORD

ミズーリ協定
ミズーリ州は奴隷州(奴隷制を認める州)とする。しかし以後，北緯36度30分以北には奴隷州を認めないとした。

KEY WORD

カンザス・ネブラスカ法
カンザスとネブラスカは北緯36度30分以北にあるにもかかわらず，将来奴隷州となるか自由州となるかを住民投票によって決定するとした法。

KEY WORD

ホームステッド法
西部開拓者で5年間公有地に定住・開墾する者には160エーカーの土地を無償で与える法。西部の支持を得るための政策。

E 戦後のアメリカ　1865年4月リンカンは暗殺され，戦後再建は，ジョンソン・グラント両大統領の手に委ねられた。

　憲法の修正により奴隷制度は廃止されたが，南部では州法により黒人の参政権がさまたげられ，黒人問題は大きな社会問題・政治問題として，その後も長く残ることになった。また，南部の敗北は，北部の経済的支配への従属を意味したので，南部の北部に対する憎悪が残った。

　西部の開拓がすすむとともに，東西を結ぶ有線電信が開通し，1869年には最初の**大陸横断鉄道**が完成した。西部開拓と相まって，天然資源に恵まれたアメリカでは，国内市場の拡大により急速に工業化が進展し，19世紀末にはイギリスとドイツをおさえて世界一の工業国となった。またこの時期，**トラスト**（企業合同）の形成がすすんだ。

　対外的には，1854年**日米和親条約**を締結。ナポレオン3世のメキシコ出兵に抗議して失敗させ，1867年にはロシアから**アラスカ**を買収した。

⊕ PLUS α

移民労働者
大陸横断鉄道の建設には，中国人やアイルランド人などの移民労働者が多数従事した。

⊕ PLUS α

労働組合の組織化
1886年にはアメリカ労働総同盟（AFL）が結成された。

POINT

南北戦争の経緯
- ☑ 対立点…**北部**（工業地帯，連邦主義・保護貿易を主張）↔**南部**（大農園制，州権主義・自由貿易を主張）。
- ☑ **南北戦争→奴隷解放宣言**
- ☑ 工業化の発展（資本の集中・独占）→世界一の工業国へ。

🔍 **この講のまとめ**

南北戦争はどのように展開したのだろうか？
- ☑ **工業化し保護貿易を主張する北部と，自由貿易を主張する南部が対立。**
- ☑ **南部が敗北。戦後アメリカは世界一の工業国へ**

4 | 19世紀のヨーロッパの文化

🔍 この講の着眼点

フランス革命やナポレオンの支配といった激動の時代を経験したヨーロッパでは，19世紀にどのような特徴をもつ文化が生まれたのだろうか？

> この時代を代表する2つの作品を用意したよ。ドラクロワとミレーの絵画だね。

> この2つの作品はずいぶん雰囲気が異なりますね。同じ19世紀に全く異なる芸術が出現したのはなぜなのでしょうか。

1 19世紀の文芸潮流

A 古典主義 古代ギリシア・ローマの文化を理想として，格調と形式の中における，調和のとれた美を追求。

B ロマン主義 古典主義を否定し，中世や民族文化を讃えた。人間の感情・情熱・想像力を自由に表現する。

C 写実主義・自然主義 **写実主義**は人間や社会を直視し，現実をありのままに描く。**自然主義**はさらにすすんで，人間や社会を科学的に観察し，社会の矛盾や人間の悪を描く。

D 世紀末芸術 写実・自然主義への反動から文学では，**象徴主義・耽美主義**の傾向が現れた。絵画では光と色調の変化を重んじる**印象派**が生まれた。

2 文学

A 古典主義

- **ゲーテ**(独)…『ファウスト』『若きウェルテルの悩み』
- **シラー**(独)…『ヴィルヘルム゠テル』『群盗』

👤 **KEY PERSON**

ゲーテ [1749～1832]
シラー [1759～1805]
ゲーテ・シラーともに「疾風怒濤時代」の文学運動の先頭に立つ，ドイツ古典主義文学を代表する作家。

B ロマン主義

- ・ノヴァーリス(独)…『青い花』(初期ロマン派詩人)
- ・ハイネ(独)…『歌の本』(詩集)
- ・グリム兄弟(独)…『グリム童話集』
- ・シャトーブリアン(仏)…『アタラ』『ルネ』
- **・ユーゴー**(仏)…『レ゠ミゼラブル』
- ・バイロン(英)…『チャイルド゠ハロルドの巡礼』
- ・プーシキン(露)…『大尉の娘』『オネーギン』
- ・ホイットマン(米)…『草の葉』(詩集)

C 写実主義・自然主義

- ・スタンダール(仏)…『赤と黒』
- ・バルザック(仏)…『人間喜劇』
- ・フロベール(仏)…『ボヴァリー夫人』『感情教育』
- **・ディケンズ**(英)…『二都物語』
- ・ドストエフスキー(露)…『罪と罰』
- ・ゾラ(仏)…『居酒屋』『ナナ』
- ・モーパッサン(仏)…『女の一生』
- **・イプセン**(ノルウェー)…『人形の家』
- ・トゥルゲーネフ(露)…『猟人日記』『父と子』
- ・トルストイ(露)…『戦争と平和』『復活』

D 世紀末文学

- ・ワイルド(英)…『サロメ』
- ・ボードレール(仏)…『悪の華』(詩集)
- ・ランボー(仏)…『地獄の季節』(詩集)

3 美術

A 古典主義

- ・ダヴィド(仏)…「球戯場の誓い」「ナポレオンの戴冠式」
- **・アングル**(仏)…「グランド゠オダリスク」

B ロマン主義

- ・ドラクロワ(仏)…「民衆を導く自由の女神」「キオス島の虐殺」

C 写実主義・自然主義

- ミレー(仏)…「落穂拾い」「晩鐘」
- ドーミエ(仏)…政治や社会を風刺する石版画を残した。
- クールベ(仏)…「石割り」
- ゴヤ(西)…「裸体のマハ」「1808年5月3日」

D 印象派

- マネ(仏)…「草の上の食事」「笛を吹く少年」
- モネ(仏)…「睡蓮」の連作
- ルノワール(仏)…「ムーラン=ド=ラ=ギャレット」

E 後期印象派

- セザンヌ(仏)…「大水浴図」
- ゴーガン(仏)…「タヒチの女」
- ゴッホ(蘭)…「ひまわり」「自画像」

F 彫刻

- ロダン(仏)…「考える人」

▲「ムーラン=ド=ラ=ギャレット」
ルノワールによる印象派の代表
的作品の一つ。

4 音楽

A 古典主義

- ハイドン(墺)…古典派音楽を確立。交響曲の父。
- モーツァルト(墺)…交響曲・オペラなど
- ベートーヴェン(独)…交響曲「運命」「英雄」

B ロマン主義

- シューベルト(墺)…歌曲集『冬の旅』
- シューマン(独)…「謝肉祭」
- ショパン(ポーランド)…ピアノの詩人とよばれた。
- ヴァーグナー(独)…楽劇の創始者。楽劇「ニーベルングの指輪」

C 印象派

- ドビュッシー(仏)が印象派音楽を創始。

⊕PLUS α

ベートーベンの「英雄」

この交響曲の表題は本来「ボナパルト」といい, ナポレオンに捧げられたものだったが, ナポレオン1世の皇帝即位の報に怒ったベートーヴェンが表紙を破り捨て, 「英雄」に変更されたといわれている。

⊕PLUS α

ショパンの「革命」

1830年の七月革命の影響で起こった祖国ポーランドの反乱が, ロシアにより鎮圧されたことを聞いた悲しみと怒りから, エチュード「革命」を作曲したといわれる。

5 哲学

A ドイツ観念論　・**カント**(独)が批判哲学を創始。

　　　　　　　　　　・**ヘーゲル**(独)の弁証法哲学で**観念論**を完成した。

B 唯物論　・ヘーゲル学派のフォイエルバッハ(独)が主張。

　　　　　　・**マルクス**(独)が弁証法的唯物論を大成した。

C 功利主義　・**ベンサム**(英)が「最大多数の最大幸福」を主張。

　　　　　　　・ほかに**ジョン゠ステュアート゠ミル**(英)など。

D 実証主義　**コント**(仏)…社会学の創始者。

E 実存哲学　**キェルケゴール**(デンマーク)が先駆者。

　　　　　　　ニーチェ(独)…超人思想

F その他　ショーペンハウエル(独)…厭世哲学(ペシミズム)

6 社会科学

A 古典派経済学　イギリスの**マルサス**や**リカード**らがアダム゠スミス

　　　　　　　　　以来の自由放任主義を継承・発展させる。

B 歴史学派経済学　**リスト**(独)…保護貿易主義, ドイツ関税同盟に尽力。

C マルクス経済学　**マルクス, エンゲルス**

　　　　　　　　　(独)…『資本論』

D 近代史学　**ランケ**(独)…近代歴史学の祖。

E 歴史法学　**サヴィニー**(独)…歴史法学の祖。

7 自然科学と技術の発展

A 物理学

ファラデー(英)…電磁気学の発展。

マイヤー(独)・**ヘルムホルツ**(独)…エネルギー保存の法則。

レントゲン(独)…X線の発見。

キュリー夫妻(仏)…ラジウムの発見。

B 生物学

ダーウィン(英)…『種の起源』を著し**進化論**を説く。

メンデル(墺)…遺伝の法則を発見。

▲ダーウィン

C 医学（細菌学）

- **パストゥール**(仏)…乳酸菌発見，狂犬病予防接種に成功。
- **コッホ**(独)…結核菌（けっかく），コレラ菌の発見。

D さまざまな発明

- **ノーベル**(スウェーデン)…ダイナマイト
- **ベル**(米)…電話機
- **マルコーニ**(伊)…無線電信
- **モールス**（モース）(米)…電信機
- **エディソン**(米)…電灯・映画・蓄音機
- **ダイムラー**(独)…ガソリン自動車

8 探検

A 太平洋

- **タスマン**(蘭)…17世紀中期，オーストラリアに到達。
- **クック**(英)…18世紀後半，オーストラリア・ニュージーランドなどを探検。

B アフリカ　19世紀，リヴィングストン(英)，スタンリー(米)が内陸探検。

C 中央アジア　ヘディン(スウェーデン)が，楼蘭遺跡（ろうらん）を発見。

D 極地

- **ピアリ**(米)…1909年，北極点に到達。
- **アムンゼン**(ノルウェー)…1911年，南極点に到達。
- **スコット**(英)…1912年，アムンゼンに1か月遅れで南極点に到達。

POINT

19世紀の欧米文化の発展

- ☑ 文学の潮流… 古典主義 → ロマン主義 → 写実主義 自然主義 → 世紀末文学 印象派
- ☑ 美術の潮流… 古典主義 → ロマン主義 → 写実主義 自然主義 → 世紀末文学 印象派
- ☑ 哲学…ドイツ観念論，唯物論，功利主義，実証主義，実存哲学。
- ☑ 社会科学…経済学（古典派，歴史学派，マルクス），近代史学。
- ☑ 自然科学・技術…物理学・生物学・医学の発達，電信・電話などの発明。

🔍 **この講のまとめ**

19世紀のヨーロッパの文化はどのような特徴をもつのだろうか？

- ☑ 人間の感情・情熱・想像力を自由に表現する作品が生まれた。
- ☑ 同時にこれを批判し，現実をありのままに描く作品が多く生まれた。
- ☑ 人間社会を科学的に観察し，社会の矛盾や悪を描く作品が生まれた。

深める
column

1860年代の世界

　1860年代の日本は，幕末から明治維新にかけての激動の時代であった。同じ頃，世界でも南北戦争やイタリア・ドイツの統一など，激動の時代をむかえていた。

1 日本…明治維新

　ペリー艦隊が来航し，1854年に日本（江戸幕府）は**日米和親条約**を結んで開国した。さらにアメリカは不平等な条約の調印をせまって**日米修好通商条約**を締結した。日本は同様の不平等条約をオランダ，ロシア，イギリス，フランスとも締結した（安政の五カ国条約）。開国後は指導者層の対立が激化した。1860年代にはイギリスは朝廷や薩長の倒幕派を援助し，フランスは幕府を支持する立場をとったため，対立はますます激しくなった。幕府が倒れると，1868年に新政府が樹立され，中央集権的な体制を目指した改革がすすめられた（**明治維新**）。明治政府は1871年に**廃藩置県**を断行し，さらに1879年には琉球藩を廃止して**沖縄県**を設置した。

2 イギリス・フランス…経済的発展

　1860年代のイギリスは，重工業を中心とする第2次産業革命の時期にあたり，経済的に繁栄していた。**ヴィクトリア女王**の治世で，同年代の後半からは**ディズレーリ**が率いる**保守党**と**グラッドストン**が率いる**自由党**による二大政党制が確立した。

　フランスは**ナポレオン3世**の治世で，1850年代から積極的な対外政策をとった。1860年にはサルデーニャからニース・サヴォイアを，1862年にはベトナム南部（コーチシナ東部）を獲得，メキシコにも出兵した。経済的にも栄え，1860年に英仏通商条約を締結して自由貿易主義に転換した。

　なお，ロンドン（1862），パリ（1867）でそれぞれ2回目の万国博覧会が開催されている。

3 イタリア…サルデーニャ王国による統一

　サルデーニャ王国の**ヴィットーリオ=エマヌエーレ2世**のもとで首相となった**カヴール**を中心に統一がすすめられた。サルデーニャ王国は，1859

年にイタリア統一戦争でオーストリアを破って**ロンバルディア**を併合し，その後中部イタリアも併合した。**ガリバルディ**が両シチリア王国を占領すると，これもあわせて 1861 年に**イタリア王国**が成立した。さらに，1866 年のプロイセン＝オーストリア戦争の際に**ヴェネツィア**を併合し，1870 年のプロイセン＝フランス戦争では**ローマ教皇領**を占領した。このように，1860 年代を通じてイタリアはほぼ統一されることになった。

4 ドイツ…プロイセン王国による統一

　ドイツでは，プロイセン王国の**ヴィルヘルム１世**のもとで首相となった**ビスマルク**を中心に統一がすすめられた。1866 年，**プロイセン＝オーストリア戦争**で勝利して，プロイセンを中心とした**北ドイツ連邦**が成立。1870 〜 71 年の**プロイセン＝フランス戦争**でも勝利して，1871 年に**ドイツ帝国**が成立した。

5 アメリカ…南北戦争

　アメリカでは，19 世紀前半から西部開拓がすすめられていたが，貿易政策や奴隷制の存続をめぐって南北の対立が激化していた。1860 年に共和党の**リンカン**が大統領に当選すると，翌年，南部諸州は合衆国から離脱して**アメリカ連合国**を作り，**南北戦争**が始まった。1865 年に北軍が勝利し，合衆国は再統一された。

6 中国…洋務運動

　アヘン戦争(1840 〜 42)，**アロー戦争**(1856 〜 60)で敗れた清朝は，イギリス・フランスをはじめとする列強に侵略されつつあった。また，1851 年からは太平天国が国内で動乱を起こした。このような状況下で，漢人官僚を中心とした改革(**洋務運動**)がすすめられ，同治の中興とよばれる一時的に安定した時代を迎えた。

まとめ…1860 年代，イギリスとフランスは安定した国家情勢のもとで繁栄し，対外進出をすすめた。一方で，国民国家としてのまとまりを欠いていた国々では，より中央集権的な体制を目指す国家統一がすすめられた。イタリアやドイツの統一がこれにあたるのはもちろんのこと，日本の明治維新やアメリカの南北戦争も同じ一連の動きとしてとらえることができる。

定期テスト対策問題⑫

解答は p.497

1　次の文の空欄に適切な語句を補充しなさい。

[よく出る] (1)　ウィーン会議では，ヨーロッパの秩序を革命前に戻そうという［　　　　］が基本原則とされ，フランス・スペイン・ナポリにはブルボン朝が復活した。

(2)　フランスではシャルル 10 世の反動的な政治に対し，1830 年にパリの民衆が［　　　　］を起こし，国王は亡命した。その後，ルイ＝フィリップが即位した。

(3)　1848 年のフランスの二月革命により成立した第二共和政のもとで大統領に当選した［　㋐　］は，国民投票によって皇帝に就任し，［　㋑　］と称した。

(4)　1871 年に［　㋐　］との戦争に敗れたフランスでは，屈辱的な講和条約に強く反対したパリ市民たちが，自治政府である［　㋑　］を結成した。

[発展] (5)　ヴィルヘルム 1 世の宰相［　㋐　］は，外交では［　㋑　］を国際的に孤立させることをはかった。

2　次の文章を読み，後の問いに答えなさい。

1820 年代から自由主義的改革が進展したイギリスでは，1832 年には①第 1 回選挙法改正が行われたり，②都市労働者による普通選挙を目指す運動が展開されたりした。1837 年に即位した［　㋐　］の治世では，保守党と［　㋑　］党の二大政党が交代して政権を担当した。保守党の［　㋒　］内閣はスエズ運河会社の株を買収したり，インド帝国を創設したりした。一方，［　㋑　］党のグラッドストン内閣はアイルランド自治法案の可決を目指したが否決され，未解決のままとなった。

(1)　文章中の空欄［　㋐　］～［　㋒　］に当てはまる語句を答えなさい。

[発展] (2)　下線部①に関して，このときの改正によって選挙権を得た層を答えなさい。

(3)　下線部②に関して，「人民憲章」を掲げたこの運動の名称を答えなさい。

3　19 世紀の各国の出来事に関して，次の問いに答えなさい。

(1)　共和政によるイタリア統一を目指した「青年イタリア」の中心的人物で，ローマ共和国の樹立を宣言したがフランス軍に鎮圧された人物は誰か。

(2)　ドイツ帝国成立後のプロイセンで，皇帝狙撃事件を機に成立した社会主義運動を弾圧する法を何というか。

(3)　ニコライ 1 世がギリシア正教徒保護の名目でオスマン帝国領内に侵入し，1853 年に勃発した戦争を何というか。

(4)　アレクサンドル 2 世が近代化の必要性を痛感したことで 1861 年に発布された，農奴の人格的自由を認めた勅令を何というか。

(5)　ヨーロッパ諸国との相互不干渉を宣言したアメリカの第 5 代大統領は誰か。

[よく出る] (6)　南北戦争中に奴隷解放宣言を発表したアメリカの第 16 代大統領は誰か。

第 **3** 章

世界市場の形成とアジア・ヨーロッパ

1 | オスマン帝国の動揺

🔍 この講の着眼点

16世紀にヨーロッパを恐怖に陥れたオスマン帝国は17世紀以降，危機をむかえる。オスマン帝国を動揺させた要因は何だったのだろうか？

オスマン帝国を危機に陥れたのは，やはり，西欧列強の進出ですか？

実はそれだけではなかったんだよ。イスラーム教という理念によって広大な地域を支配していたオスマン帝国は多民族国家で，国内にナショナリズムの「火種」を抱えていたんだ。

1 オスマン帝国の弱体化とその影響

A オスマン帝国の衰退

第2次ウィーン包囲(1683)の失敗をきっかけに**カルロヴィッツ条約**(1699)でオーストリアにハンガリーを奪われ，18世紀後半にはロシアに黒海北岸を奪われるなど，オスマン帝国が衰退した。

オスマン帝国が失った領土
1683～1718年
1718～1811年
1811～1878年
1878～1912年
1912年の
オスマン帝国領

ポーランド　ロシア
ハンガリー
黒海
イスタンブル　カスピ海
サロニカ　アンカラ
アルジェリア　ギリシア　（1830独立）　スエズ運河　ダマスクス　バグダード
チュニジア　地中海　（1869開通）
トリポリタニア　キレナイカ　エジプト　ワッハーブ王国
（1805自立）　（アラビア）

▲オスマン帝国の衰退

B 列強の進出と民族主義

産業革命の進行にともなって，**列強**の植民地への需要が増加し，オスマン帝国領を植民地にしようとする列強の関心が高まると同時に，オスマン帝国の衰退を背景にアラブ人などの**民族運動**も活発になった。

2 アラブ人としての自覚

A アラブ人民族意識の高まり

アラビア半島で，ムハンマド時代の原始イスラーム教への回帰を訴える**ワッハーブ派**の活動が活発となり，アラブ人豪族のサウード家と結んで**ワッハーブ王国**(1744頃～1818，1823～89)が建国された。神秘主義やイラン人・トルコ人によってイスラーム教が堕落したという

ワッハーブ派の主張が**アラブ人の民族意識**と結びついた。

B **エジプト人民族意識の高まり**　エジプトへ遠征したナポレオンは，エジプト人に対してオスマン帝国への抵抗をよびかけて，**エジプト人の民族意識**を高めた。

C **ムハンマド＝アリーの台頭**　ナポレオンの撤退後に**ムハンマド＝アリー**が台頭し，地方の封建勢力の**マムルーク**を抑えてエジプトを中央集権的に支配した。対外的には，ワッハーブ王国を滅ぼし，ギリシア独立を妨害するなどオスマン帝国に協力した。

D **エジプト＝トルコ戦争**　ムハンマド＝アリーは，2度にわたる**エジプト＝トルコ戦争** KEY WORD を通して，エジプト・スーダン統治の世襲権を得た（**ムハンマド＝アリー朝**）。しかし，その際に英仏両国から資金援助を受けたため，両国の経済的介入を受けるきっかけにもなった。

🔖 **KEY WORD**

エジプト＝トルコ戦争

「東方問題」が表面化した最初の戦争であり，イギリス・フランス・ロシアなど利害関係をもつヨーロッパ列強も介入した。

E **スエズ運河建設**　フランス人外交官**レセップス**の提案で，フランスとエジプトの出資による**スエズ運河会社**が設立されて，スエズ運河建設工事が始まった（1859）。運河は1869年に完成するが，建設費の負担でエジプトの財政が破綻したので，エジプトは保守党**ディズレーリ内閣**時代のイギリスに**スエズ運河会社株を売却**して，運河はイギリスの支配下に入った。

F **イギリスの支配**　外国による支配の強化に反発し，「エジプト人のためのエジプト」をスローガンに**ウラービー**（オラービー，陸軍大佐の名）**運動**（1881〜82）が起こった。これはエジプト民族運動の出発点となったが，イギリスが単独で鎮圧し，エジプトを事実上イギリスの**保護国**とした。 🔖 KEY WORD

🔖 **KEY WORD**

保護国

他国によって主権を制限された国。列強が自国の勢力範囲を主張するために用い，保護国とされた地域には，事実上他の列強は進出できない。

3 オスマン帝国の近代化

A **オスマン帝国の改革**　19世紀になって，**イェニチェリ**軍団の解体など近代化をすすめたオスマン帝国では，**アブデュルメジト1世**が，イスラーム国家から西欧的近代国家へ転換することを目指す改革，**タンジマート**（恩恵改革，1839〜76）に着手した。しかしその結果，ヨーロッパ製品の流入が増加し，国内産業が衰退してヨーロッパ諸国への**経済的従属**が強まった。

B **オスマン帝国憲法(ミドハト憲法)**　次のスルタンである**アブデュ ルハミト２世**の宰相<ruby>宰相<rt>さいしょう</rt></ruby>**ミドハト゠パシャ**は，二院制議会と責任内閣制による立憲君主政を目指して，アジア初の憲法となる**オスマン帝国憲法(ミドハト 憲法)**を制定した。しかし，アブデュルハミト２世は**ロシア゠トルコ(露土)戦争**の勃発<rt>ぼっぱつ</rt>を口実に憲法を停止し，議会も閉鎖して，オスマン帝国はスルタンの専制政治に逆戻りした。

4 西アジアの植民地化

A **ガージャール朝時代のイラン**　イランではサファヴィー朝の滅亡<rt>めつぼう</rt>後，18世紀末に**ガージャール朝**が成立するが，**トルコマンチャーイ条約**(1828)でロシアにアルメニアを奪われるなど，英露両国<rt>えいろ</rt>の侵略に苦しんだ。

B **イランの民族主義運動**　イギリス・ロシア両国の侵略に対して無力なガージャール朝に反発したイランの民衆は，**バーブ教徒の乱**(1848〜52)や**タバコ゠ボイコット運動**などを起こした。

C **アフガニスタン**　イギリスは，最重要植民地のインドを守るために，第２次アフガン戦争(1878〜80)によってアフガニスタンを保護国とした(1880)。しかし，第３次アフガン戦争(1919)でアフガニスタンは独立を回復した。

> **KEY WORD**
>
> **タバコ゠ボイコット 運動**
> ガージャール朝がイギリス商人にイランでのタバコの独占販売権を認めたことに反発して，イラン民衆が行ったタバコの不買運動。

🔍 **この講のまとめ**

オスマン帝国を危機に導いた要因とは何だったのだろうか？
- ☑ 第２次ウィーン包囲の失敗後，領土を奪われ国力が衰退した。
- ☑ 産業革命を進める列強が，オスマン帝国の植民地化を目指すように。
- ☑ 列強の進出をきっかけに，オスマン帝国内の民族運動が活発に。
- ☑ 近代化改革が，かえってヨーロッパへの経済的従属を強めてしまった。

2 | 南アジアの植民地化

🔍 この講の着眼点

　綿布の産地である南アジアは，イギリスとフランスの植民地争いの舞台となったが，同時にこの地を支配するムガル帝国の統治にもひずみが出始めていた。イギリスによる南アジアの植民地化をもたらした経緯をみていこう。

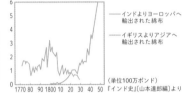

右のグラフは，インド・ヨーロッパ間の綿布の貿易を表したものだよ。どんなことがわかるかな？

インドよりヨーロッパへ
輸出された綿布

イギリスよりアジアへ
輸出された綿布

（単位100万ポンド）
『インド史』（山本達郎編）より

産業革命の時期である1800年頃からインドの綿布輸出が激減して，それに代わるようにイギリスからアジアへの輸出が激増しています。

1 インド洋交易の繁栄

　西欧諸国進出以前から，インド洋を舞台に，香辛料（こうしんりょう）や宝石などをあつかうムスリム商人やインド商人の商業活動が活発に行われ，マラッカなどの**港市国家**（こうし）（かい）を介して他の地域とも結びついた商業ネットワークが成立していた。

2 ヨーロッパ人の進出

　15世紀末にヴァスコ＝ダ＝ガマがインドに到達すると，多数のヨーロッパ商人が香辛料の獲得（かくとく）を目指してインド洋商業ネットワークに参加した。

3 綿布（めんぷ）需要とインドの変化

　染色や洗濯がしやすく，肌ざわりが良いことから，17世紀の後半以降，ヨーロッパでインド産**綿布への需要**が高まり，大量の金・銀がインドに流入した。こうした金・銀を手にした地方の支配者の中には，ムガル帝国から自立し，イギリス・フランスなどのヨーロッパ勢力と結びつくことによって，権力の維持（いじ）をはかる者も現れた。ヨーロッパ諸国にとって，インドの各勢力の対立はインド進出のチャンスとなった。

4 英仏の植民地争奪

　アウラングゼーブ帝の死(1707)によって**ムガル帝国**の分裂がすすむと，イギリスやフランスと結びついた地方の支配者の間で抗争が起こり，英仏両国はこれらの抗争に介入することによって勢力圏の拡大をはかった。

5 イギリスによる南インド支配

　オーストリア継承戦争(1740〜48)と連動して始まったカーナティック戦争は，前半は南インドの土侯と結んだ**デュプレクス**の活躍によってフランス側が優勢だった。しかし，デュプレクス解任後に欧州で起きた**七年戦争**(1756〜63)のときに形勢が逆転し，イギリスが南インドからフランス勢力を一掃した。続けてイギリスは，4回にわたる**マイソール戦争**(1767〜99)で南インドの支配を確立した。

6 イギリスによるベンガル支配

　東インド会社書記のクライヴが**プラッシーの戦い**(1757)で，フランスとベンガル太守の連合軍を破り，**ベンガル地方**はイギリスの支配下に入った。

7 イギリスによるインド支配確立

　イギリスは，3回にわたる**マラーター戦争**(1775〜1818)で，ヒンドゥー教諸侯のマラーター同盟を征服してデカン高原西部を支配した。また，ウィーン議定書でオランダから**セイロン島**(現在のスリランカ)を奪い(1815)，**シク戦争**(1845〜49)でパンジャーブ地方のシク王国を征服した。

▲マラーター戦争の頃のインド

8 東インド会社によるインド統治

　イギリス本国で産業革命が進行し産業資本家が力をつけると，自由貿易体制が望まれるようになり，東インド会社は商業活動を停止(1833)して，インドの統治機関となった。インド統治に必要な経費はインドからの徴税によってまかなわれ，**ザミンダーリー制**や**ライヤットワーリー制**といった徴税制度が整えられた。

9 インド社会の変化

　イギリスで産業革命が進行した19世紀前半以降，インドはイギリス木綿工業の原料の供給地・製品の市場となり，典型的な植民地へと転落した。その結果，インドの伝統的木綿工業は破壊され，農村では地税確保のために綿花・茶・アヘンなどの世界市場向けの商品作物の生産が優先されるようになったことで，自給的な農業が荒廃するなど，インド民衆の生活は困窮した。

10 インド大反乱

　東インド会社のインド人傭兵（シパーヒー）が起こした反乱は，イギリスによるインド支配への不満を背景としてインド全土に広まり，インド大反乱となった。デリーを占領した反乱軍はムガル皇帝の復活を宣言したが，ムガル皇帝がイギリス軍に捕われてムガル帝国は滅亡(1858)し，イギリスはこの反乱を鎮圧した。

> **KEY WORD**
>
> **シパーヒー**
> シパーヒーはウルドゥー語で軍隊・兵士の意。ヨーロッパ人に訓練されたインド人軍隊。

11 イギリスのインド直接支配

　インド大反乱の責任をとらされて東インド会社は解散(1858)させられ，インドはイギリス政府の直接支配下に入った。1877年には，保守党ディズレーリ内閣のもとでヴィクトリア女王が皇帝を兼ねるインド帝国が成立し，イギリスはインド社会内部のさまざまな対立を統治に利用した。

POINT

インドとイギリスの関係性
☑ インドはイギリス木綿工業の原料の供給地・製品の市場。
　→インドは典型的な植民地へと転落。

この講のまとめ

南アジアの植民地化をもたらした経緯とは何だっただろうか？
☑ 綿布貿易で富を得た地方の支配者が，ムガル帝国からの自立傾向を強めた。
☑ ムガル帝国と地方諸勢力の対立を，イギリスやフランスが利用した。
☑ 原料・商品作物の供給地となり，伝統的工業・自給的農業は崩壊した。

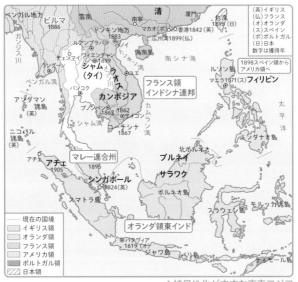

Ⓜ️ MY BEST

For Everyday Studies
and Exam Prep
for High School Students

3 | 東南アジアの植民地化

🔍 この講の着眼点

　　ヨーロッパと東アジアの中継地にある東南アジアは，アジア進出をもくろむ西欧各国に次々と征服された。西欧各国はどのようにして東南アジア各地に進出したのだろうか？　各国の特徴をみていこう。

▲植民地化がすすむ東南アジア

 植民地化がすすむ東南アジアの地図を見てみると，「シャム」とよばれる地域が独立を維持していますね。

シャムは現在のタイだ。19世紀後半から近代化政策を積極的に行った地域だけど，植民地にならなかった理由は他にもあったんだ。

1 ヨーロッパ人の進出

　　ヨーロッパ人は，16世紀以降，クローブ（丁字）やナツメグなどの**モルッカ諸島**の香辛料の獲得を目指して進出したが，17世紀の終わりに香辛料価格が暴落

すると，世界市場へ出荷する商品作物の栽培のために，領土の獲得を目指すようになった。

2 オランダ東インド会社の活動

オランダ東インド会社は，ジャワ島に進出して**バタヴィア**(現ジャカルタ)に拠点を築き，香辛料貿易を発展させた。1623年には**アンボイナ事件**でイギリスをモルッカ諸島から排除して，モルッカの香辛料貿易を独占した。また，1755年には**マタラム王国**を滅ぼして，ジャワ島の支配をすすめた。

KEY WORD

アンボイナ事件
モルッカ諸島のアンボイナで起こったオランダによるイギリス商館員虐殺事件。この結果，イギリスは東南アジア地域から閉め出され，インドの植民地経営に全力をあげることになった。

3 オランダ領東インド

それまでジャワ島の植民地経営にあたっていたオランダ東インド会社が1799年に解散すると，本国オランダが現在のインドネシアにあたる地域を**オランダ領東インド**として直接支配した。

4 強制栽培制度(政府栽培制度)

オランダの東インド総督のファン=デン=ボスは，東インド支配の財源確保のために，ジャワ島の耕地の５分の１にコーヒー・サトウキビ・藍などの商品作物を強制的に栽培させる**強制栽培制度**(政府栽培制度)を始めた。オランダは商品作物を安く買い上げて輸出によって利益を得たが，住民はコメなどの食糧が不足して飢饉に苦しんだ。1860年代以降，批判が高まり撤廃されていった。

5 イギリスのビルマ(現ミャンマー)進出

イギリス東インド会社は，**コンバウン朝**と通商条約を結ぶが，アッサムの領有をめぐって対立し，３度にわたる**ビルマ戦争**(1824～86)でコンバウン朝を滅ぼして，ビルマを**インド帝国**に編入した。

6 イギリスのマレー半島進出

イギリスは，インドから中国への中継基地を求めてマレー半島へ進出し，**マラッ**

カ・ペナン・シンガポールをあわせて海峡植民地（かいきょう）を形成した(1826)。さらに、マレー半島全体へ支配を広げ、**マレー連合州**(マライ連邦)を形成(1895)して、**錫**（すず）資源の開発と**ゴム**のプランテーションによって利益をあげた。錫もゴムも戦争物資として使われた。

７ スペインのフィリピン支配

　16世紀半ばにフィリピンを領有したスペインは、**メキシコ銀**を中国産の絹織物や陶磁器と交換する中継貿易の拠点として**マニラ**を建設した。19世紀前半にマニラ貿易が自由化されると、サトウキビ・マニラ麻（あさ）などの商品作物の貿易が増加し、フィリピンでも商品作物を栽培するプランテーションが盛んになった。

８ フランスのベトナム進出

　インドでイギリスに敗れたフランスは、ベトナムへの進出を開始した。フランス人宣教師のピニョーが**阮福暎**（げんふくえい）による**阮朝越南国**（げんちょうえつなんこく）の建国(1802)を援助（えんじょ）したが、その後、阮福暎は清朝よりベトナム(越南)国王に封（ほう）じられ(1804)、阮朝は**清**（そう）の宗主権（しゅけん か）下に入った。19世紀半ばになると、フランスは領土拡大に向けてベトナムへの軍事介入を開始した。

９ ナポレオン３世のベトナム出兵

　ナポレオン３世は、フランス人宣教師殺害事件を口実にベトナムへ出兵し(仏越戦争)（ふつえつせんそう）、サイゴン条約(1862)でコーチシナ東部３省を獲得した。その翌年には**カンボジア**を保護国とし、コーチシナ西部を占領(1867)した。さらにベトナム北部へも進出し、中国人の軍人劉永福は黒旗軍を編成してそれに抵抗したが、**フエ**(ユエ)条約(1883)でベトナムは**フランス**の保護国となった。

10 清仏戦争（しんふつ）

　ベトナムの宗主国である清朝はフエ条約に反発し、**清仏戦争**(1884〜85)が

起こった。この戦争でフランスに敗れた清朝は，**天津条約**(1885)でベトナムの宗主権を放棄し，フランスによるベトナムの保護国化を承認した。

⑪ フランス領インドシナ連邦

　フランスは，ベトナム・カンボジアをあわせて**フランス領インドシナ連邦**とし，ハノイに総督府を置いた(1887)。1899年には**ラオス**を連邦に加えて，インドシナ半島の東半分は完全にフランスの植民地となった。

⑫ 独立を維持したタイ

　タイは，バンコクを都とする現在の王朝である**ラタナコーシン朝**(チャクリ朝またはバンコク朝，1782〜)のもとで，イギリス・フランスの緩衝地帯として独立を維持した。19世紀以降は米の輸出が盛んになり，**国王チュラロンコン**(ラーマ5世，在位1868〜1910)は，軍事・行政・司法の近代化をすすめた。

> **POINT**
>
> 列強の東南アジア支配
> ☑ オランダ→インドネシア。
> ☑ イギリス→ビルマ(現ミャンマー)・マレー半島。
> ☑ スペイン→フィリピン。
> ☑ フランス→ベトナム・カンボジア・ラオス→**フランス領インドシナ**。

> **この講のまとめ**

東南アジア各地に進出した西欧各国のそれぞれの特徴とは？
☑ **インドネシアを支配するオランダは，商品作物を強制的に栽培させた。**
☑ **インドを征服したイギリスは，中国への中継地としてマレー半島に進出。**
☑ **メキシコ銀をもって中国と貿易を行うスペインは，マニラに拠点を置く。**
☑ **インドでイギリスに敗れたフランスは，インドシナ半島へ進出。**

4 | 列強の東アジア進出

この講の着眼点

「眠れる獅子」と恐れられた清がアヘン戦争に敗れたことで，西欧各国の中国進出が本格化する。清朝はこの状況にどのように対応しただろうか？

列強の進出が進む中で，清朝はどのような対策を行ったのでしょうか？

洋務運動とよばれる改革では，漢人官僚によって写真のような近代兵器の導入がすすめられたんだ。でも，課題はむしろ「中体」のほうにあったんだよ。

1 清朝の衰退と列強の進出

A 白蓮教徒の乱

乾隆帝の治世の後半から清朝の支配が動揺し，抗租運動などが続発した。乾隆帝の退位の翌年から起こった**白蓮教徒の乱**(1796〜1804)は清朝の衰退を印象づけた。

B ロシアの極東進出

ロシアは，ピョートル1世と康熙帝との間で結ばれた**ネルチンスク条約**(1689)や，雍正帝時代に結んだ**キャフタ条約**(1727)にもとづいて中国と交易を行っていたが，エカチェリーナ2世の時代になると，極東での貿易の拡大をはかるようになった。

C イギリスの自由貿易要求

乾隆帝は西洋諸国との貿易港を**広州**1港に限定し，**公行**に貿易を独占させた(1757)。イギリスは**マカートニー**(1792)と**アマースト**(1816)を相次いで派遣して自由貿易を要求したが，清は「**三跪九叩頭**」など，臣下としての儀礼を要求するなど，朝貢形式の貿易を求める姿勢をくずさず，交渉は不調に終わった。

KEY WORD

公行

外国との貿易を独占的に行った，広州の特許商人組合。

D イギリスの対中国貿易 イギリスでは，茶の需要の高まりにともない中国茶の輸入が増加した。その一方で，イギリスから中国へ輸出する綿製品の売り上げは伸びず，イギリスの輸入超過によりイギリスから中国へ大量の銀が流出した。この状況を打開するため，イギリスは中国茶を本国に，本国の綿製品をインドに，インド産のアヘンを中国に運ぶ**三角貿易**を展開した。1833年に東インド会社の中国貿易独占権が廃止されると，多くのイギリス商人がアヘンを広州へ持ち込むようになり，従来とは逆に大量の銀が中国から流出するようになった。

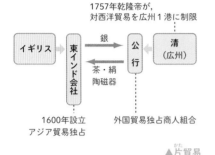

▲片貿易

▲三角貿易

E 清朝によるアヘン取り締まり アヘンの吸飲・密貿易の増加は**銀の流出**による財政難，中毒患者の増加などの社会問題をひきおこした。清朝は**林則徐**を広州に派遣して，アヘンの没収・廃棄にあたらせ，イギリス商人に対してアヘン貿易の禁止をせまった。

KEY PERSON

林則徐
[1785～1850]

湖広総督としての実績から欽差大臣に任じられ，広州へ派遣される。アヘンの取り締まりに専念し，イギリス軍に対しても戦うが，清朝内部の権力争いの影響もあり罷免された。

2 清とヨーロッパとの戦争

A アヘン戦争 イギリスは自由貿易を実現するために**アヘン戦争**（1840～42）を始め，清朝は惨敗した。この戦争中，平英団という民衆による反英闘争も起こった。

B 南京条約 清朝は**南京条約**（1842）で，広州，厦門，福州，寧波，上海の5港の開港に加えて，**公行**を廃止して貿易を拡大するほか，イギリスに対して**香港**を割譲し，賠償金を支払うことを約束した。

C 不平等条約 清朝は1843年，南京条約の追加条約である五港通商章程で**領事裁判権**（治外法権）を，同じく**虎門寨追加条約**でイギリスに対して片務的

最恵国待遇・協定関税制を認めた。翌年，望厦条約でアメリカに，黄埔条約でフランスにもイギリスと同様の権利を認めた。また開港された港の周辺には租界とよばれる，中国の主権が及ばない外国人居留地が設置された。

KEY WORD

最恵国待遇

他国に与えた最も有利な待遇を，締約国の一方に与える取り決め。領事裁判権・協定関税制と並んで主権の制限につながる不平等な内容。

D アヘン戦争後の中国　列強が期待したほど貿易の利益は上がらず，清側も条約を履行しなかったので，イギリスは条約改定の機会をさぐっていたところ，イギリスがイギリス船籍と主張する船の中国人乗組員を中国が逮捕するという**アロー号事件**が起こった。イギリスはこれを機に，フランス人宣教師殺害事件に抗議していたナポレオン3世を誘って共同出兵した。

E アロー戦争（第2次アヘン戦争）　英仏両国は共同で清へ出兵し**アロー戦争**が始まった(1856)。英仏両国は広州を占領し，北上して天津にせまると，清朝は英仏との間で**天津条約**(1858)を結んだ。しかし，清朝が批准を拒否したため戦争が再開され，英仏両軍は北京を占領し，**円明園**を破壊した。

KEY WORD

円明園

イエズス会宣教師のカスティリオーネが設計に参画した離宮。バロック式と中国式が融合されていた。

F 北京条約　清朝は，**北京条約**(1860)において，天津条約で英仏両国に認めた**外国公使の北京駐在・キリスト教布教の自由**・外国人の内地旅行の自由・南京など10港の開港を再確認した。さらに，天津も開港し，九竜半島南部をイギリスに割譲した。また，**アヘン貿易**も公認された。

3 ロシアの南下政策

A ロシアの極東への南下　ロシアの東シベリア総督ムラヴィヨフは，太平天国の乱やアロー戦争に苦しむ清につけこんで圧力を強め，**アイグン（愛琿）条約**(1858)で黒竜江（アムール川）以北を獲得し，**北京条約**(1860)で獲得した沿海州に，ロシア初の外洋に面した不凍港となる**ウラジヴォストーク**を建設した。

B ロシアの中央アジアへの南下　ロシアは1860〜70年代にかけて，ヒヴァ＝ハン国・ブハラ＝ハン国・コーカンド＝ハン国のウズベク人の3国を支配下において，トルキスタンに進出してイギリスと激しく対立した。また，中央アジアのイスラーム教徒の反乱に乗じてイリ地方を占領すると，清朝との間に**イリ条約**(1881)を結んで，国境を有利に確定した。

4 太平天国

A 太平天国の成立　アヘン戦争後の中国では，戦費や賠償金支払いのための重税が民衆の生活を圧迫し，失業者や流民の激増により社会不安が増大した。**洪秀全**が広西省桂平県で結成したキリスト教的結社の**上帝会**が母体となって**太平天国**(1851～64)が成立。南京を占領し，**天京**と改称して首都とした。

B 太平天国の政策　太平天国は，「**滅満興漢**」を掲げて漢民族民衆の支持を得る一方，アヘン吸飲・辮髪・纏足を悪習であるとして撤廃し，男女の区別なく土地を配分する**天朝田畝制度**を定め，軍事や労働の義務を負わせた。

C 太平天国の滅亡　太平天国は，洪秀全ら指導者の権力争いや，**曾国藩**の**湘軍**・**李鴻章**の**淮軍**など漢人地主の義勇軍である郷勇の影響力のもと，弱体化していった。最終的には，アメリカ人ウォードやイギリス人ゴードンが率いた**常勝軍**の活躍もあって天京を占領され，1864年に滅亡した。

D 洋務運動　太平天国の鎮圧など，同治帝のもとで政治が安定した「同治の中興」の時期に，**曾国藩・李鴻章・左宗棠**ら漢人官僚を中心に「**中体西用**」の立場から，富国強兵を目指した**洋務運動**が展開された。しかし，清仏戦争(1884～85)や日清戦争(1894～95)の敗北で，その限界が露呈した。

KEY WORD

中体西用
儒学など中国の伝統的な思想の上に，西洋の近代的科学技術を導入するという考え。

5 日本の開国と近代化

A 日本の開国　江戸幕府は，**日米和親条約**(1854)で開国し，**日米修好通商条約**(1858)で自由貿易の原則・領事裁判権・協定関税制をアメリカに認め，オランダ・ロシア・イギリス・フランスにも同様の内容を認めて不平等条約を締結した。

B 明治維新　江戸幕府が倒され，天皇を中心とする中央集権的な明治政府が成立(1868)すると，富国強兵をはかるとともに，あらゆる分野での改革がすすめられた。ドイツ憲法にならった**大日本帝国憲法**が成立(1889)し，二院制の議会が開設される(1890)など，急速に近代国家への転換がはかられた。

C 日本の対外進出　**日清修好条規**(1871)で日清間の正式な国交が樹立された。琉球の帰属は未解決とされたが，日本は，台湾で琉球の漁民が殺害されたことに対して**台湾出兵**(1874)を行い，琉球を編入して沖縄県とした(1879)。また，**樺太・千島交換条約**(1875)で，千島列島はすべて日本領とするかわりに樺太はロシア領としてロシアとの国境を定めた。

6 東アジアにおける国際秩序の変化

A 朝貢体制の崩壊 　清朝で総理各国事務衙門が設立されて，外国と対等な外交関係が結ばれる一方で，日本が琉球を領有したり，清仏戦争の結果フランスがベトナムを保護国とするなど，東アジア各地と清朝との朝貢関係が崩壊した。

B 朝鮮王朝（李朝）の動揺 　両班の党争などにより李朝の支配力が低下する中，高宗（在位1863〜1907）の父の大院君が権力を独占して鎖国攘夷政策を推進した。しかし，高宗の妃である閔妃の一族（閔氏）が閔氏政権を樹立し，大院君は失脚した（1873）。

C 朝鮮の開国 　日本は，江華島付近で朝鮮軍を挑発して江華島事件を起こし，これを機に朝鮮に開国をせまって，両国間で日朝修好条規（江華条約，1876）が結ばれた。朝鮮は，清の宗主権を否定する，釜山など3港を開港する，日本の領事裁判権を認める，日本公使館・領事館を設置する，という内容で開国させられた。

D 朝鮮国内の対立 　朝鮮国内では，清と結んで権力を維持した閔氏一族ら保守派の事大党と，日本と結んだ金玉均ら改革派の開化派（独立党）が対立する一方で，大院君派の軍隊は壬午軍乱（1882）を起こして大院君の復活を目指した。このような対立に日清両国が介入したことから，朝鮮をめぐる日清両国の対立が深まった。

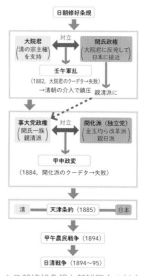

▲日朝修好条規と朝鮮国内の対立

E 日清両国の妥協 　清仏戦争敗戦で清の影響が弱まると，これに便乗した金玉均らの開化派が，日本の支援を受けて閔氏政権を倒した（甲申政変，1884）が，清軍の介入で閔氏政権は復活した。日本と清は天津条約（1885）を結んで，日清両軍は朝鮮から撤退し，出兵の場合は事前に通告することで妥協した。

F 甲午農民戦争（東学の乱） 　崔済愚は在来の民間信仰に儒・仏・道の3教をまじえて，東学という新宗教を創始した。1894年，東学の指導者である全琫準が農民を率いて甲午農民戦争（東学の乱）を起こすと，閔氏政権は反乱鎮圧のために清軍の出兵を要請した。

G 日清戦争 　清の出兵に対抗して日本も朝鮮へ出兵すると，朝鮮を戦場に

日清戦争(1894〜95)が始まった。この戦いに勝利した日本は清との間で下関条約(1895)を結び，**朝鮮の宗主権放棄と朝鮮独立，遼東半島・台湾・澎湖諸島の割譲，２億両の賠償金**の支払いなどを認めさせた。

H **三国干渉**　遼東半島進出を目指すロシアはドイツ・フランスとともに下関条約に干渉した。日本は三国に譲歩して遼東半島を清に返還し，ロシアは**三国干渉**の見返りとして遼東半島へ進出したので，日本とロシアの対立が深まった。

▲ 19世紀末頃の東アジア

POINT

清の衰退
☑ 内政の混乱…**白蓮教徒の乱，太平天国。**
☑ 外交面の混乱…**アヘン戦争，アロー戦争**(第２次アヘン戦争)。

この講のまとめ

西欧各国の進出に対して，清はどのように対応したのだろうか？
☑ **自由貿易を求める外国に対してあくまで朝貢貿易の姿勢をくずさなかった。**
☑ **アヘン戦争・アロー戦争に敗北し，太平天国の乱鎮圧で漢人官僚が台頭。**
☑ **西欧の近代的科学技術を導入するも，「中体西用」の姿勢を固持。**

定期テスト対策問題⑬

解答は p.497

1 次の文の空欄に適切な語句を補充しなさい。

(1) ナポレオン撤退後にエジプトを中央集権的に支配した［　㋐　］は，2度の［　㋑　］を通してエジプト・スーダン統治の世襲権を得た。

[よく出る] (2) アブデュルメジト1世は［　㋐　］とよばれる近代化政策に着手し，アブデュルハミト2世の時代にはアジア初の憲法［　㋑　］が制定された。

(3) イギリスは，1757年の［　㋐　］でベンガル地方を支配下に入れ，1858年にはインド大反乱の責任をとらせて［　㋑　］を解散させ，インド帝国を成立させた。

(4) 1623年の［　㋐　］以降モルッカの香辛料貿易を独占していたオランダは，ジャワ島で商品作物を強制的に栽培させる［　㋑　］を行った。

[発展] (5) マラッカ・ペナン・シンガポールからなるイギリスの［　㋐　］は，マレー半島全体に支配が広がると1895年から［　㋑　］として経済的に搾取された。

2 次の文章を読み，後の問いに答えなさい。

茶の需要の高まりによって中国茶の輸入が増加したイギリスからは大量の銀が流出するようになった。そこでイギリスは，中国茶をイギリスへ，イギリス産の綿製品をインドへ，インド産のアヘンを中国へ運ぶ［　㋐　］を展開した。アヘンによる社会問題が深刻化すると，清朝は［　㋑　］を広州に派遣してアヘン貿易を取り締まらせた。これを口実にイギリスは1840年にアヘン戦争を始め，①清朝を大敗させた。しかし戦後も期待したほど貿易の利益が上がらず，1856年にイギリスとフランスは共同で清へ出兵し［　㋒　］(第二次アヘン戦争)を起こした。1858年に結んだ［　㋓　］の批准を清朝が拒否したことから②戦争は再開され，最終的には1860年に北京条約が結ばれた。

(1) 文章中の空欄［　㋐　］～［　㋓　］に当てはまる語句を答えなさい。

[発展] (2) 下線部①に関して，このあと結ばれた条約で開港された都市として適切でないものを1つ選びなさい。

㋐広州　㋑上海(シャンハイ)　㋒南京(ナンキン)　㋓寧波(ニンポー)　㋔福州(ふくしゅう)

[発展] (3) 下線部②に関して，このとき破壊された北京郊外の離宮の名称を答えなさい。

3 19世紀後半の東アジアにおける出来事に関して，次の問いに答えなさい。

(1) 広西省桂平県で結成した上帝会を母体に，太平天国を成立させた人物は誰か。

(2) 「中体西用」の立場から曾国藩(そうこくはん)・李鴻章(りこうしょう)らが行った改革を何というか。

[発展] (3) 江華島事件を機に日本が朝鮮の開国をせまって結ばれた条約を何というか。

(4) 日清戦争の契機となった，1894年に朝鮮で起きた農民反乱を何というか。

[よく出る] (5) 清朝の朝鮮宗主権放棄などを定めた日清戦争の講和条約を何というか。

第4章 帝国主義の時代と世界分割

1 | 帝国主義

1870〜80年代以降，西欧諸国は新たな植民地の獲得を目指して対外進出を重ねた。こうした行動を帝国主義とよぶ。レーニンは帝国主義の定義として「資本主義の最高，最後の段階」をあげている。この時期，西欧各国が対立をまねいてでも植民地獲得にこだわった理由とは何だろうか？

日露戦争の講和条約はポーツマスで結ばれています。日本とロシアの戦争なのに，なぜアメリカで結ばれたのでしょうか？

アメリカが仲介をしたからなんだ。当時中国市場をねらっていたアメリカにとっては，東アジアで戦争が起こっていると不都合だったんだよ。

1 第2次産業革命とその影響

Ⓐ **第2次産業革命** 電力・石油を動力とし，鉄鋼・化学工業など重化学工業が産業の中心となる技術革新で，**動力革命**ともいう。重化学工業には巨額の資本が必要だったので，**資本**の集中や**独占**の形成がすすみ，銀行資本と産業資本が融合した**金融資本**が生産を支配して，カルテル・トラスト・コンツェルンといった独占の形態が生まれた。

Ⓑ **移民の増加** 第2次産業革命の進行により，農村から都市への人口の移動がいっそうすすんだ。それと同時に，鉄道や船舶の発達により，ヨーロッパからアメリカ大陸など国外への移民も増加した。

2 帝国主義

Ⓐ **植民地の再評価** 原料の供給地・製品の市場から**資源の供給地・資本の投下先**・移民の受け入れ先としての植民地に対する期待が高まり，**租借**による実質的な領土の切り取りや，鉄道敷設権・鉱山採掘権の獲得を目指す動きが強まった。

B **帝国主義の成立**　ヨーロッパ列強は，植民地や勢力圏を確保するために，アジア・アフリカ・ラテンアメリカへ進出する**帝国主義**へ移行した。その背景には，「劣等」なアジア・アフリカの人々を「文明化」するためには植民地支配が必要であるという考えがあった。

C **帝国主義諸国間の関係**　ヨーロッパ諸国の中でも，イギリス・フランス・ドイツは工業力や資本力を背景に上位を占めるが，多民族国家として国家の統合が遅れたロシア・オーストリアや，工業化が遅れたイタリアは下位に位置づけられた。イギリス・フランスと並ぶ国力をもったドイツも植民地獲得では出遅れ，英仏に対し**植民地の再配分**を要求して対立した。これらの国家間で，排他的な国家主義や軍備拡大競争がおこり，これが**第一次世界大戦**につながっていった。

D **1870 年代の大不況**　イタリアやドイツが統一され，国内産業育成のために**保護貿易**が行われるようになると，ヨーロッパ市場に大きな変化がおこった。古典派経済学（自由主義経済学）が想定していない動きがおこったことで，資本主義発達の先行を背景とするイギリスによる支配，すなわち「**パックス゠ブリタニカ**」が動揺し，世界の経済が停滞した。

E **帝国主義への抵抗**　ヨーロッパ諸国では，国家主義的な動きに対し，各国の社会主義政党が連帯して**第 2 インターナショナル**が成立した。アジア・アフリカ地域では，植民地化に抵抗する民族主義運動が続発した。

⊕ **PLUS α**

国際連帯

国民国家が成立していたヨーロッパでは，国家主義（ナショナリズム）に対抗して，労働者による国際連帯（インターナショナル）の動きがおこった。

---

3 イギリスの政治と帝国主義政策

A **国際情勢の変化とイギリスの対応**　1870 年代以降，アメリカとドイツの産業革命が急速に進行した。加えて各国が保護関税政策へと転換し，植民地を獲得する動きを強めたため，イギリスの経済的優位がくずれ始めた。イギリスは植民地を再評価して，資本の投下先や移民の受け入れ先など新しい役割を見出すとともに，帝国主義政策を強化。植民地の拡大を続け，19 世紀中は「**光栄ある孤立**」を維持した。

B **イギリスの帝国主義政策**　保守党**ディズレーリ内閣**のもとで，エジプトから**スエズ運河会社株を買収**(1875)してスエズ運河を支配した。

また，**インド帝国**を成立(1877)させてインドを直接支配し，さらに**ベルリン会議**(1878)に参加してキプロス島を獲得，バルカン半島へのロシアの南下を阻止した。

Ⓒ **ジョゼフ゠チェンバレンの活動**　イギリスの植民相**ジョゼフ゠チェンバレン**(在任 1895〜1903)は帝国主義政策をすすめ，ケープ植民地首相の**ローズ**の拡大路線を継承し，**南アフリカ(南ア，ブール)戦争**(1899〜1902)を指導し，イギリス植民地会議を開催。本国と植民地，自治領間の協力を強化した。

Ⓓ **アングロ゠サクソン系植民地の自治**　イギリスは，アングロ゠サクソン系植民地に自治を認めることによって植民地支配の負担を軽減し，インド支配に全力を注いだ。

Ⓔ **労働党の成立**　イギリスでは，**自由党グラッドストン内閣**による**労働組合法**の成立(1871)，**第3回選挙法改正**(1884)などを通して労働組合活動が活発になった。フェビアン協会などの社会主義団体も成立し，社会主義団体の代表と労働組合の代表による労働代表委員会が**労働党**に発展した(1906)。イギリスの労働党は，革命による社会主義建設を目指すマルクス主義と異なり，議会活動による社会主義建設を目指した。

▲グラッドストン

Ⓕ **下院の優位の確定**　イギリスでは国民保険法などをめぐって，自由党・労働党が多い**下院**と保守党が多い**上院**で対立が起こったが，1911年に成立した議会法によって下院の優越が確定した。

Ⓖ **アイルランド問題**　グラッドストン内閣が提案したアイルランド自治法が2度にわたって否決されたことにより，アイルランドではイギリスからの独立を目指す**シン゠フェイン党**が成立した(1905)。**アイルランド自治法**は1914年に成立したが，第一次世界大戦勃発により実施は戦後に延期された。

🔖 KEY WORD

シン゠フェイン党

シン゠フェインはアイルランド語で「我ら自身」という意味。

④ フランスの政治と帝国主義政策

Ⓐ **フランス第三共和政の成立**　プロイセン゠フランス戦争で第二帝政が崩壊(1870)したあとに成立した，ティエールが率いる臨時政府は，民衆による自治政府の**パリ゠コミューン**を鎮圧し，**第三共和政憲法**を制定した(1875)。

B　フランスの帝国主義政策　アルジェリア(1830)を起点にセネガル全域(1895)・**チュニジア**(1881)・**モロッコ**(1912)を植民地化してアフリカでの植民地建設をすすめた。**フランス領インドシナ連邦**を形成(1887)，マダガスカルを領有(1896)し，清から**広州湾**を租借(1899)するなど，植民地帝国を形成した。このほか，ロシアなどへの投資を活発に行った。

C　対独復讐心の高まり　フランスでは，帝国主義政策により，**プロイセン=フランス戦争**のダメージから回復したことや，第三共和政の政情が不安定であることを背景に，国粋主義(右翼思想)が台頭。プロイセン=フランス戦争によって生じた国民の対独復讐の感情を利用して，元陸軍大臣ブーランジェ将軍がクーデタ未遂事件である**ブーランジェ事件**(1887～89)を起こした。

D　ドレフュス事件　ユダヤ系のドレフュス大尉に対するスパイ容疑事件の**ドレフュス事件**(1894～99)が起こった。フランスの国粋主義が背景にあった反ユダヤ主義的事件であった。真犯人判明後もドレフュスの名誉は回復されず，自然主義作家のゾラが「わたしは弾劾する」のキャンペーンを行って，ようやくドレフュスの名誉が回復された。

E　フランスの社会主義　フランスでは，議会主義を否定して労働組合の直接行動(ゼネラル=ストライキ)による革命を目指すサンディカリズムが広まった。**第２インターナショナル**の指導により**フランス社会党**が成立するとこの動きも下火となった。

5　ドイツの政治と帝国主義政策

A　ヴィルヘルム２世の親政　1888年，ドイツ帝国の皇帝に即位した**ヴィルヘルム２世**は，**社会主義者鎮圧法**の延長・独露再保障条約の更新をめぐって帝国宰相の**ビスマルク**と対立し，ビスマルクは辞職(1890)した。親政を開始したヴィルヘルム２世は，社会主義者鎮圧法を廃止し，独露再保障条約の更新を拒否した。再保障条約の更新を拒否されたロシアはフランスに接近し，1894年に**露仏同盟**が成立した。

B　ヴィルヘルム２世の「世界政策」　ヴィルヘルム２世は，「ドイツの将来は海上にあり」と演説して，「**世界政策**」の開始を宣言し，海軍力の強化をはかってイギリスとの対立を激化させた。さらに，イギリスの **３Ｃ政策** に対抗して，バグダード鉄道の建設を中心とする **３Ｂ政策** を目指して，イギリスとドイツの対立を決定的にした。また，清朝から**膠州湾**（こうしゅうわん）を租借した（1898）。

C　ドイツ社会民主党　ラサールが指導するラサール派と，ベーベルが指導するアイゼナハ派の合同によって成立した**ドイツ社会主義労働者党**はビスマルクによって弾圧されたが，社会主義者鎮圧法の廃止により**社会民主党**として合法政党になった。ドイツ社会民主党は革命を目指すマルクス主義を修正して，議会活動と社会政策の実施に重点をおくベルンシュタインの修正主義が支持を広げた。

6　ロシアの工業化と革命運動

A　ロシアの農奴解放　**アレクサンドル２世**が行った**農奴解放令**（のうど）（1861）により生み出された労働力と，フランスから導入された資本によって，都市の工業化が進展。シベリア鉄道の建設がすすめられるなど，ロシアでも資本主義が生まれた。

B　ロシアのマルクス主義　プレハーノフや**レーニン**の指導によるマルクス主義政党として，**ロシア社会民主労働党**が成立（1898）した。しかし，ツァーリ（ロシア皇帝の称号）の弾圧によってしばらくは活動できず，実質的活動が開始された1903年にロンドンで開かれた党大会で，レーニンらの**ボリシェヴィキ**とプレハーノフらの**メンシェヴィキ**に分裂（ぶんれつ）した。

C　反ツァーリズムの動き　ナロードニキの流れを受け，ツァーリズム（ツァーリによる専制体制）の打倒（だとう）を目指す**社会革命党**（**エスエル**，1901年成立）や，有産階級（ゆうさん）の自由主義者を中心に立憲君主政の確立を目指す**立憲民主党**（りっけん）（1905年成立）など，ツァーリの専制政治（せんせい）に反発する動きがおこった。

D 1905年革命　日露戦争が長期化すると，1905年，血の日曜日事件をきっかけにツァーリに対する反発が広まり，ペテルブルクの労働者が自治的な評議会であるソヴィエト（ロシア語で“会議”の意）を結成した。軍隊でも，戦艦ポチョムキン号の水兵が反乱を起こし，ニコライ２世は日露戦争の継続を断念した。

E 十月宣言と反動政治　ウィッテが首相となり，十月宣言で**ドゥーマ**（国会）の開設と**憲法の制定**を約束した。しかし，ニコライ２世はウィッテを解任（1906）した。新たに首相となった**ストルイピン**は，ドゥーマを解散して帝政の強化をはかる一方で，**農村共同体（ミール）**を解体して自作農を創設しようとしたが，農民はかえって反発した。

7 アメリカ合衆国の発展と帝国主義政策

A アメリカ合衆国の発展　アメリカは，19世紀末に世界一の工業国となり，独占資本主義の段階に入った。独占資本に対抗して，熟練労働者による職業別組合のアメリカ労働総同盟（AFL）が結成され，反トラスト法（独占禁止法）が制定された。

B フロンティアの消滅　アメリカは，西部の開拓がすすむと同時に，新しい資源と市場を確保していたが，1890年代にフロンティアの消滅が宣言され，国内市場の拡大が停止した。このためアメリカでも海外市場の必要性が増し，帝国主義政策が推進されるきっかけとなった。

C アメリカのカリブ海・太平洋進出　第25代共和党のマッキンリー大統領（在任1897～1901）は，**アメリカ＝スペイン戦争**（米西戦争，1898）でスペインから**フィリピン・グアム・プエルトリコ**を獲得し，さらに**キューバ**の独立を認めさせた。

D アメリカのアジア進出　アメリカは**米西戦争**中に**ハワイ**を併合（1898）して，フィリピン・グアムとともにアジア進出の足がかりとした。マッキンリー大統領の国務長官ジョン＝ヘイは，中国市場への割り込みを目指して，中国に関する**門戸開放・機会均等・領土保全**を提唱する**門戸開放宣言**（1899～1900）を発表した。

E **棍棒外交** 第 26 代共和党の**セオドア゠ローズヴェルト大統領**(在任 1901 ～ 09)は，キューバを事実上の保護国とし(1902)，コロンビアからパナマを独立させた。また，運河地帯を租借してパナマ運河の建設に着工(1914 年に開通)するなど，「棍棒(big stick)を持ち，穏やかに話す」を方針とする棍棒外交とよばれるカリブ海への積極的な進出を行った。さらに，**ポーツマス条約**を仲介して日露戦争を終結させ(1905)，東アジアの安定化をはかった。

8 第 2 インターナショナル (1889〜1914)

　第 2 インターナショナルは**ドイツ社会民主党**を中心とした各国社会主義政党による連帯で，**フランス社会党・イギリス労働党**などが参加して，**帝国主義**や**軍国主義**への反対運動を行った。しかし第一次世界大戦が総力戦となったため，各国の社会主義政党も自国政府の戦争政策を支持して，この連帯は崩壊した。

POINT

帝国主義の背景

☑ **第 2 次産業革命**…**電力・石油**を動力とし，鉄鋼・化学工業など重化学工業が中心となる技術革新→資本の集中・独占の形成→新市場。

☑ ヨーロッパ諸国…国民国家として成熟　┐　自国の利益(自国民の利益)の
　 アメリカ…国内の開拓を完了　　　　　┘　ため，対外膨張を目指す。

この講のまとめ

この時期の西欧各国が帝国主義政策をとったのはなぜだろうか？

☑ 電力と石油を動力とする重化学工業が発展し，資源の供給地・投資先を植民地に設定した。そして各国が自国の植民地を最大化しようとしたから。

2 | 世界分割と列強の対立

　資源が豊富なアフリカや，海上補給地として重要な太平洋諸島は，ケーキのように切り分けられ，列強によって次々に支配された。植民地化がすすんだ地域の社会はどのような影響を受けただろうか？

ヨーロッパで活躍するサッカー選手の中には，アフリカやラテン゠アメリカにルーツをもつ選手も多いですよね。

実は19世紀に列強の支配が進んだ地域から移民としてヨーロッパに渡った人が多かったからなんだ。言語や文化も支配の影響を受けているよ。

1 列強のアフリカ分割

A ヨーロッパとアフリカのかかわり

エンリケ航海王子らの援助によるポルトガル人のアフリカ西岸探検の結果，バルトロメウ゠ディアスが喜望峰に到達した（15世紀末）。その後，アフリカ西岸が**大西洋三角貿易**の一角となり，ヨーロッパから武器・雑貨を輸入し，内陸で捕えた黒人奴隷を「新大陸」へ輸出した（16〜19世紀）。

B アフリカの重要性　リヴィングストン

（英）・**スタンリー**（米）の探検によって，アフリカ内陸部の事情が明らかになり，列強によるアフリカ分割が強化された（19世紀後半）。

C アフリカ分割の進行　コンゴをめぐる対立を調停するために，ビスマルクが主催した**ベルリン゠コンゴ会議**（1884〜85）で，アフリカ分割の原則を「最初に占領した国が領有できる」と定められたのでアフリカ分割競争が激化した。

D イギリスのエジプト支配　スエズ運河会社株買収（1875）後，エジプトへの経済支配を強め，**ウラービー（オラービー）運動**（1881〜82）を制圧し

⊕ PLUS α

暗黒大陸・アフリカ

19世紀になるまでアフリカは「暗黒大陸」とよばれ，内陸部の状況はまったく伝わっていなかった。しかし探検により，第2次産業革命にとっても重要な資源である銅などが豊富にあることがわかった。

たあと，エジプトを事実上イギリスの保護国とした(1882, 正式な保護国化は1914)。

E **マフディー運動** イギリスのスーダン進出に対して，スーダンのムハンマド＝アフマドは自らが**マフディー**（「導かれた者」「救世主」を意味するアラビア語）であることを宣言。イスラーム教徒を率いて，反英抵抗運動(**マフディー運動**, 1881～98)を起こした。この運動が制圧されると，スーダンはイギリスとエジプトの共同管理となった。このとき，常勝軍を率いて太平天国の鎮圧に活躍したゴードンが戦死した。

F **南アフリカ** イギリスは，オランダがアジアへの中継地として建設した**ケープ植民地**をウィーン議定書で獲得した(1815)。オランダ系住民の**ブール人**が，イギリスの支配を逃れてケープ植民地の北に建国した**トランスヴァール共和国・オレンジ自由国**では，ダイヤモンド鉱・金鉱が発見された。

G **南アフリカ戦争** ケープ植民地首相の**ローズ**は，金・ダイヤモンド資源を獲得するため，トランスヴァール共和国，オレンジ自由国の侵略を推進。イギリス植民地相のジョゼフ＝チェンバレンは，**南アフリカ**(南ア，ブール, 1899～1902)**戦争**を始め，両国を征服した(1902)。

H **南アフリカ連邦の成立** イギリスは，ケープ・トランスヴァール・オレンジなどからなる自治領として**南アフリカ連邦**を形成(1910)した。その際，ブール人の不満をやわらげるために先住民に対する優越を認める**人種隔離政策**(**アパルトヘイト**)を実施した。

I **イギリスの世界政策** ローズは，ケープ植民地(ケープタウン)とエジプト(カイロ)を結ぶ地域の植民地化を目指す**アフリカ縦断政策**を提唱して，ケープの北にローデシアを建設した。アフリカ縦断政策にカルカッタを加えたイギリスの世界政策を**3C政策**という。

J **フランスのアフリカ進出** 七月革命の直前，シャルル10世は国民の不満を外に向けるために出兵し，**アルジェリア**を占領した(1830)。

👤 KEY PERSON

ローズ
[1853～1902]

ケープ植民地首相に就任し，南アフリカのイギリス植民地化を推進した。「星さえも併合したい」と述べたと言われている。

⊕ PLUS α

三国同盟の成立
チュニジアの獲得をねらっていたイタリアはフランスのチュニジア進出に反発してドイツに接近し，独・墺・伊の三国同盟が成立した。

1881年にはアルジェリアから**チュニジア**へ進出して保護国とした。以降，1890年代までにサハラ砂漠地域を領有して，**フランス領西アフリカ**を形成した。

Ｋ アフリカ横断政策 フランスは，フランス領西アフリカとジブチ・マダガスカルを結ぶ地域を植民地にしようとする**アフリカ横断政策**をすすめ，イギリスのアフリカ縦断政策に対抗した。

Ｌ 英仏関係の好転 アフリカ縦断を目指すイギリスと，アフリカ横断を目指すフランスがスーダンのファショダで衝突した**ファショダ事件**(1898)で，フランスがイギリスに譲歩したことにより英仏関係が好転した。

Ｍ 英仏協商 英仏両国は，ドイツの脅威に協力して対抗する体制をとり，エジプトにおけるイギリス，モロッコにおけるフランスの優越権を相互に承認して**英仏協商**が成立した(1904)。

Ｎ フランスのモロッコ支配 **第1次モロッコ事件**(タンジール事件，1905)が起こると，アルヘシラス国際会議(1906)でイギリスがフランスを支援したので，ドイツは一旦譲歩した。しかし，モロッコの反乱を鎮圧するためにフランスが出兵すると，**第2次モロッコ事件**(アガディール事件，1911)が起こ

> ⊕ PLUS α
>
> **英仏協商の背景**
> 英仏協商の背景には，日露戦争の結果をうけ，日英同盟，露仏同盟を結んでいた英仏両国の対立を避ける意味もあった。

り，再びドイツとフランスの対立が深まった。フランスはイギリスの支援でドイツを退け，**モロッコ**の支配を確立して，モロッコを保護国とした(1912)。

Ｏ ドイツのアフリカ進出 アフリカ進出では英仏より出遅れたドイツだが，ベルリン会議以降，急速にアフリカを侵略して，東アフリカ(タンザニア・ルワンダ・ブルンジ)，南西アフリカ

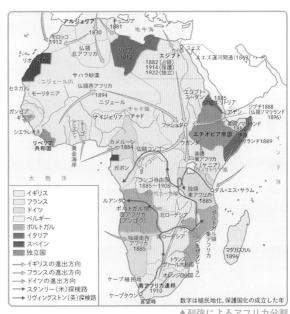

▲列強によるアフリカ分割

（ナミビア），カメルーン，トーゴを植民地とした。イギリス・フランスとの対立が深まる中で，ドイツは2度にわたる**モロッコ事件**(1905，1911)を引き起こしたが，イギリスの支援を受けたフランスに譲歩した。

🅿 **イタリアのアフリカ進出**　イタリアはチュニジア進出ではフランスに出遅れたが，1880年代にエリトリア，ソマリランドを植民地化し，エチオピアへも侵入(1895〜96)した。しかし，フランスの支援を受けたエチオピア軍にアドワで完敗した。**イタリア゠トルコ戦争**(伊土戦争，1911〜12)では，オスマン帝国からトリポリ・キレナイカ(合わせてリビア)を奪った。

🆀 **アフリカの独立国**　アフリカの独立国は，イタリアの侵入を撃退した**エチオピア帝国**と，アメリカ合衆国で解放された黒人奴隷の居住地として開拓されたアフリカ最初の共和国である**リベリア共和国**の2カ国のみとなった。

2 列強の太平洋分割

🅰 **ヨーロッパ人と太平洋**　バルボアはパナマ地峡から太平洋へいたり，アメリカ大陸の西側に海があることを確認し(1513)，**マゼラン**(マガリャンイス)は世界周航の途上で「太平洋」と命名した(1520)。オランダの**タスマン**は，タスマニア・オーストラリア・ニュージーランド・ニューギニアを発見した(17世紀前半)。そしてイギリスの**クック**は，タヒチ・オーストラリア・ニュージーランド・ハワイなどを探検した(18世紀後半)。

🅱 **イギリスの太平洋進出**　18世紀後半から流刑植民地とされた**オーストラリア**では，牧羊業の発達やゴールドラッシュにより自由移民が増加した。**ニュージーランド**も，19世紀半ばからイギリス人の植民がすすんで牧羊業が盛んになった。白人移民の増加によって，オーストラリアでは**アボリジニー**，ニュージーランドでは**マオリ人**などの先住民が迫害を受けた。そのほか，北ボルネオ，ニューギニア東部，フィジーなどがイギリス領となった。

🅲 **太平洋分割の進行**　フランスは，タヒチ・ニューカレドニアを領有し，ドイツはビスマルク諸島・マリアナ諸島・パラオ諸島などを領有した。アメリカは，アメリカ゠スペイン戦争(米西戦争)中に**ハワイ**を併合(1898)し，米西戦争の結果，スペインから**フィリピン・グアム**を獲得した。

3 南北アメリカの動き

A アメリカのラテンアメリカ進出 ラテンアメリカでは，19世紀前半に多くの国が独立したが，出自が多様で貧富の差も大きかったので，政情が不安定な国が多かった。その結果，メキシコ・中央アメリカはアメリカの，南アメリカはイギリスの進出を受けて経済的に従属し，モノカルチャー化がすすんだ。

B パン゠アメリカ会議 フロンティアの消滅を機にラテン゠アメリカへの進出を始めたアメリカは，ワシントンで**パン゠アメリカ会議**の開催を主導し，これによりラテンアメリカ諸国がアメリカの主導権のもとに入った(1889)。パン゠アメリカ会議は，1948年に**米州機構(OAS)**に改変された。

C カリブ海政策 アメリカは，アメリカ゠スペイン戦争(1898)後にラテンアメリカ進出を強化し，**キューバ**を保護国化(1902)した。また，コロンビアから独立したパナマから運河地帯を租借し，**パナマ運河**建設に着工した(1904)。

D メキシコの動き メキシコから独立したテキサスをアメリカが併合(1845)したことから，**アメリカ゠メキシコ戦争**(米墨戦争，1846〜48)が起こった。アメリカに敗れたメキシコは，カリフォルニアとニューメキシコなどを失った。その後，メキシコは**ナポレオン3世**の遠征(1861〜67)を受けたが，南北戦争後のアメリカによる支援で退けた。

E メキシコ革命 **ディアス大統領**の独裁のもとで経済は発展したが，外国人投資家や地主が利益を独占して貧富の差が拡大し，**マデロ**や**サパタ**が中心となって**メキシコ革命**が起こった。革命の際，ディアスの追放には成功したが，農民への土地の再分配を要求する急進派のサパタと保守派の間で内戦が起こり，急進派と保守派の利害を調整できなかったマデロ大統領も暗殺され，1917年に憲法が制定されてメキシコ革命は終結した。

4 ヨーロッパにおける動き

A ドイツの動き **ヴィルヘルム2世**がロシアとの再保障条約の更新を拒否し，「**世界政策**」を提唱して植民地の再分割を要求した。そして，**バグダード鉄道**

建設を中心とする**３Ｂ政策**でイギリスと対立し，イギリスと同盟を結んでいたフランスとモロッコ事件(1905, 1911)で対立した。また，ドイツはバルカン半島でのオーストリアの動きを支持し，ロシアとも対立した。

Ｂ イギリスの動き　19世紀を通してロシアの南下をおさえ，19世紀末からはドイツとも対立し始めた。南アフリカ戦争の長期化と，東アジアへのロシア南下の対応に苦しみ，「光栄ある孤立」を放棄して**日英同盟**(1902)を締結した。**日露戦争**後は植民地の再分割を要求するドイツが最大のライバルとなったため，**英仏協商**(1904)，**英露協商**(1907)によって**三国協商**を成立させ，ドイツ包囲網を形成した。

Ｃ フランスの動き　**露仏同盟**(1894)で国際的孤立を解消させ，**ファショダ事件**(1898)でイギリスに譲歩。対英関係を好転させると，英仏協商(1904)によってイギリスとも同盟を結んだ。

Ｄ ロシアの動き　スラブ人の連帯を目指す**パン＝スラヴ主義**のもとにバルカン半島のスラヴ系民族運動を支援して，ゲルマン民族の統合を目指す**パン＝ゲルマン主義**を唱えるオーストリアと対立した。また，フランス資本の導入を期待して露仏同盟を結び，西アジア・中央アジアにおけるイギリスとの対立に妥協して，**英露協商**(1907)でイギリスと同盟を結んだ。

Ｅ オーストリアの動き　領内に多数のスラヴ系民族が存在したため，ロシアのパン＝スラヴ主義に反発した。パン＝スラヴ主義の影響が及ぶのを恐れてバルカン半島への勢力拡大を狙っていたオーストリアは，**青年トルコ革命**(1908)に乗じて**ボスニア・ヘルツェゴヴィナ**を併合したが，同国にはスラヴ系住民も多かったのでセルビアが反発し，対立が深まった。

Ｆ イタリアの動き　チュニジアをめぐってフランスと対立。ドイツに接近し，「**未回収のイタリア**」をめぐってオーストリアと対立しつつ**三国同盟**に参加した(1882)。**イタリア＝トルコ戦争**(1911～12)をきっかけに英仏と接近すると，三国同盟は有名無実となった。

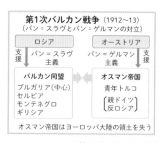

▲第1次バルカン戦争

▲第2次バルカン戦争

G バルカン半島の対立激化 ロシアの主導(パン=スラヴ主義)のもとで
セルビア・モンテネグロ・ギリシア・ブルガリアが同盟を結び，**バルカン同盟**が
成立した(1912)。そして，イタリア=トルコ戦争に便乗したバルカン同盟がオス
マン帝国を攻撃し，**第1次バルカン戦争**が起こった。その結果，オスマン帝国は
イスタンブル周辺をのぞくヨーロッパ領を失ったので，オスマン帝国はパン=ス
ラヴ主義に反発してドイツ・オーストリア(パン=ゲルマン主義)に接近した。一
方，第1次バルカン戦争で得た領土の分配をめぐってブルガリアが孤立すると，
第2次バルカン戦争が起こった。大敗したブルガリアも，その後ドイツ・オース
トリアに接近した。

H バルカン死の十字 バルカン半島を舞台に，南北に連なるパン=スラヴ
陣営と東西に連なるパン=ゲルマン陣営が交差し，**「ヨーロッパの火薬庫」**といわ
れるほど一触即発の状況となった。

POINT

1890年代の国際関係の変化
☑ ヨーロッパの国際関係が変化→
　フランスの孤立が解消し，ドイツの孤立化がすすんだ。
☑ アメリカの対外政策が変化→
　ラテンアメリカ，太平洋・アジアへ進出した。
☑ イギリスの優位(光栄ある孤立)が崩壊→
　南アフリカ戦争を背景に，**日英同盟**が成立した。

この講のまとめ

帝国主義の支配下にあった地域の社会はどのような影響を受けただろうか。
☑ 資源豊富なアフリカは人為的に分割され，列強の衝突の舞台になった。
☑ ラテンアメリカはモノカルチャー化し，米英への経済的従属を強めた。
☑ バルカン半島は大国の思惑によって常に戦争勃発の危機にあった。

3 | アジアの民族運動

この講の着眼点

　　列強の進出によりアジア各国は国内改革を促されたが，上からの改革の多くは保守派の反対などにより頓挫(とんざ)した。このような状況で，アジア諸国の改革を担ったのは，どのような立場の人々だったのだろうか？

 右の写真のアフガーニーはイラン生まれだったそうですね。なぜアフガニスタン生まれを自称したのでしょうか？

 アフガーニーは，民族を超えたイスラーム教徒全体の団結が列強への対抗の最も有効な手段だと訴えたんだ。特定の民族によらないように，出自を明らかにしなかったのではないかといわれているよ。

1 列強による中国分割

A 中国分割の危機　日清戦争での敗北(1895)で清朝の弱体化が暴露(ばくろ)され，欧米諸国は**租借**(そしゃく)による領土の切り取り，鉄道敷設権(ふせつけん)や鉱山採掘権(こうざんさいくつけん)の獲得など，中国への侵略を強化した。

B ロシアによる中国侵略　ロシアは，**三国干渉**(さんごくかんしょう)(1895)で日本に**遼東半島**(りょうとう)を返還させた代償に，中国から東清鉄道の敷設権を手に入れた(1896)。東清鉄道の支線で結んだ旅順(りょじゅん)・大連(だいれん)を中心に，遼東半島南部を租借し(1898)，中国東北地方を勢力範囲とした。

C ドイツによる中国侵略　ドイツ人宣教師殺害事件をきっかけに**膠州湾**(こうしゅうわん)を租借し(1898)，山東(さんとう)地方を勢力範囲とした。

D イギリスによる中国侵略　山東半島の**威海衛**(いかいえい)と香港の対岸にある**九竜半島**(きゅうりゅう)(新界)を租借し(1898)，長江(ちょうこう)流域と広東東部(かんとん)を勢力範囲とした。

E フランス・日本による中国侵略　フランスはベトナムから北上して**広州湾**(こうしゅうわん)を租借し，広東西部と広西を勢力範囲とした。日本は台湾の対岸の**福建**(ふっけん)を

勢力範囲とした。

F アメリカの中国進出　マッキンリー大統領(共和党)の国務長官ジョ
ン=ヘイが**門戸開放宣言**を発表し，列強に対して，1899年には中国に関する**門戸
開放・機会均等**を，1900年には領土保全をよびかけた。

G 変法運動　公羊学派の**康有為**ら若手官僚は，日清戦争の敗北への反省か
ら，中体西用にもとづく**洋務運動**を批判。日本の明治維新にならって，議会政治
を基礎とする立憲君主政を目指した。

H 戊戌の変法　康有為や梁啓超らの若手官僚が**光緒帝**を動かして**戊戌の
変法**を断行し，**西太后**を中心とする保守派と対立した。西太后ら保守派が起こ
した**戊戌の政変**(1898)によって康有為は失脚し，光緒帝は幽閉されて変法は
失敗に終わった。

I 仇教運動　北京条約(1860)でキリスト教布教の自由が保障されたことに
対して，中国各地で**仇教運動**(キリスト教排斥運動)が勃発。宣教師殺害事件など
の形で表面化し，やがて排外運動へと拡大した。

J 義和団戦争　山東半島におこった白蓮教系の排外的宗教結社の**義和団**
が，ドイツの山東半島進出に反発して武装蜂起した(1900)。義和団は「**扶清滅
洋**」を唱えて勢力を拡大。北京へ入って外国人を襲撃するのを見た西太后ら，清
朝の保守派は義和団と結んで列強に宣戦した。

K 8カ国連合軍　義和団と清朝に対して，日本・ロシアを中心にイギリス・
アメリカ・ドイツ・フランス・オーストリア・イタリアの**8カ国連合軍**が義
和団を倒して北京を占領，清朝を屈服させた。

L 北京議定書　清朝は，**北京議定書**(辛丑和約，1901)で**外国軍隊の北京
駐兵**を認め，賠償金の支払いを約束。これにより中国は半植民地状態におかれる
こととなった。

2 日本の台頭

A 日露対立の激化　ロシアは義和団戦争後も満洲から撤兵せず，朝鮮への
圧力を強めた。日本も朝鮮における反日派の中心人物である閔妃を殺害して，朝
鮮への圧力を強めた。閔妃殺害に反発して親露派政権が成立した朝鮮王朝は**大韓
帝国**(**韓国**)と改称し(1897)，独立国であることを示したが，朝鮮の支配をめぐる
日露両国の対立が高まった。

日本を取り巻く国際関係 極東におけるロシアの南下に対抗する日英両国の利害が一致し，**日英同盟**(1902)が成立した。アメリカもロシアへの対抗上，日本を支持する立場をとった。

3 日露戦争直前の国際関係

A 日露戦争 日本は，英米の支持を背景にして，韓国での利権を守るために**日露戦争**を開戦した(1904)。フランスは，露仏同盟にもとづいてロシアを支持したが，イギリスとの衝突を避けるために英仏協商が成立した。ドイツはイギリスに対抗する立場からロシアを支持した。

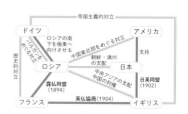

▲日露戦争直前の国際関係

B 日露両国の状況 日本は英米の支持を頼みに開戦し，旅順攻略・奉天(現在の瀋陽)会戦・日本海海戦などで勝利をおさめたが，長期戦を行うほどの経済力はなかった。ロシアでは思わぬ苦戦から厭戦ムードが広まり，**血の日曜日事件**(1905)を発端に **1905 年革命**が起こって戦争継続が不可能となった。

C ポーツマス条約 米大統領の**セオドア=ローズヴェルト**の仲介により，ロシアの**ウィッテ**と日本の**小村寿太郎**が**ポーツマス条約**を締結した(1905)。その結果，日本はロシアから**韓国の指導・監督権**，旅順・大連をふくむ**遼東半島南部**(関東洲)**の租借権**，**北緯 50 度以南の南樺太**を獲得し，東清鉄道支線(長春〜旅順)を獲得して**南満洲鉄道**とした。しかし，ロシアが賠償金の支払いを拒否したので，日本国内ではポーツマス条約に対する不満が高まり，**日比谷焼打ち事件**が起こった。

D アジアの民族運動 日露戦争で日本がロシアに勝利した影響により，**イラン立憲革命**(1905〜11)，**ファン=ボイ=チャウ**の民族運動(ベトナム)，インド**国民会議派カルカッタ大会**(1906)，**青年トルコ革命**(1908)など，アジア各国の民族運動が活発化した。

E 国際関係の変化 日英同盟は維持されたが，日露協約(1907)によって中国東北地方の勢力範囲が確定。**英露協商**(1907)により，中東へのドイツの進出に対して英露が妥協した。極東と中東での勢力範囲を確定したロシアは，バルカン半島での南下に集中し，ドイツ・オーストリアと激しく対立。中国市場への割り込みに失敗したアメリカは極東での孤立感を深めて，日米関係は冷却した。

F 日本の韓国併合 朝鮮王朝の高宗が自ら皇
帝となり，国号を**大韓帝国（韓国）**として，清朝から
完全に独立した国であることを内外に示した。独立
国となった韓国をめぐる日露両国の対立が原因と
なって，日露戦争が勃発。ポーツマス条約にもとづ
く**第2次日韓協約（韓国保護条約，1905）**で，韓国は
日本の保護国とされ，日本が派遣した統監が韓国の

⊕ PLUS α

ハーグ密使事件

高宗は，オランダのハーグで
開催された第2回万国平和
会議に，日本に無断で使節を
派遣して，第2次日韓協約の
無効を訴えたが無視された。

外交を行い，内政を監督することになった。1910年の**韓国併合**によって日本
は韓国を完全に植民地とし，漢城を京城（現ソウル）と名前を改めさせ，**朝鮮総督
府**を通して支配した。

G 日本支配への抵抗 初代統監の**伊藤博文**は韓国併合を推進し，**安重根**
に殺害された（1909）。第3次日韓協約で軍隊を解散させられた韓国の兵士たちは，
義兵闘争に参加して日本の支配に抵抗した。

4 清朝滅亡と中華民国

A 清朝の改革 官僚制の近代化をはかるための**科挙廃止**（1905），日本の
明治憲法の影響を受けて**憲法大綱を発表**（1908），**国会開設公約**（1908），
内閣大学士・軍機処を廃止（1911）といった改革をすすめたが，いずれも清朝の延
命をはかるにすぎない内容だったため，国民の支持は低下していった。

B 漢民族の動き 中国国内では，紡績業の発達を受けて成長した民族資本
（中国人資本家）が外国資本からの利権回収運動をすすめる中で，外国資本に操ら
れる清朝への反発を強めてゆき，反満洲民族運動の中心となった。海外からは，
華僑が革命運動に資金を提供し，**留学生**は新しい知識を持ち込んだ。

C 革命諸団体の成立 **孫文**を中心とする
広東省出身者が，ハワイで**興中会**を結成した
（1894）。そのほか，黄興を中心とする湖南省出身
者が華興会を，蔡元培と章炳麟を中心とする浙江
省出身者が光復会を結成した。

▲孫文

D 中国同盟会 日露戦争の影響を受けた孫
文が東京で革命諸団体を結集して，**中国同盟会**が成立した（1905）。**民族の独
立＝漢民族の独立，民権の伸張＝憲法にもとづく共和国の樹立，民生の安定＝貧

富の差の縮小からなる**三民主義**を基本理念とし，駆除韃虜・恢復中華・創立民国・平均地権の四大綱領を掲げた。

E **幹線鉄道の国有化問題**　清朝は，財政再建を目指して米・英・独・仏の四国借款団の融資による鉄道建設を計画し，借款の担保とするために**幹線鉄道の国有化**を宣言した(1911.5)。民族資本は利権回収に逆行するとしてこれに反発。征服王朝である清朝に対する漢民族の不満は頂点に達した。特に四川では保路同志会による激しい反対運動が起こり，**四川暴動**へと発展した(1911.9)。

F **辛亥革命**　四川暴動の鎮圧を命じられた湖北新軍が逆に清朝打倒の挙兵を行い，武昌を占領した。この**武昌蜂起**(1911.10.10)をきっかけに，各地の革命軍が呼応して14省が清からの独立を宣言し，**辛亥革命**(第一革命)となった。

G **中華民国の成立**　1912年1月1日に，**南京**で**中華民国**建国が宣言された。首都は南京に置かれ，**臨時大総統**には**孫文**が就任した。しかし，この時点では，南京の中華民国政府と北京の清朝が中国を二分する情勢で，清朝は**袁世凱**に中華民国の鎮圧を命じた。

H **清朝の滅亡**　袁世凱は孫文ら革命派と取り引きし，臨時大総統就任と引きかえに**宣統帝(溥儀)**に退位を迫り，溥儀の退位により**清朝は滅亡**した(1912.2)。袁世凱は臨時約法(暫定憲法)公布を条件に臨時大総統に就任(1912.3)し，臨時政府を**北京**へ移した。

I **袁世凱の独裁**　袁世凱は公布した臨時約法を無視して独裁を展開したので，**孫文**，宋教仁らは**国民党**を組織して袁世凱に対抗した。選挙では，孫文の国民党が大勝したが，袁世凱の弾圧をうけて武装蜂起した。袁世凱は北洋軍閥を動かしてこれを鎮圧，正式に中華民国大総統に就任した(1913，第二革命)。弾圧を逃れた孫文は日本へ亡命し，東京で打倒袁世凱を目指して中華革命党を結成した。

J **第三革命(1915〜16)**　袁世凱は，帝政を始めることを発表(1915)したが，国内外から反発が起こった(第三革命)ので帝政を取り消し，失意のうちに病死した(1916.6)。

K **軍閥政治(1916〜28)**　袁世凱の死により，北洋軍閥が分裂し，呉佩孚の直隷派，段祺瑞の安徽派，**張作霖**の奉天派などが成立した。それぞれの軍閥は列強と結んで利権の維持をはかり，中国の分裂を固定化した。孫文は軍閥の経

KEY PERSON

袁世凱
[1859〜1916]

李鴻章の後継者として北洋軍を受け継ぎ，その軍事力で頭角を現す。清朝滅亡後は北洋軍閥を率いて中華民国臨時政府の実権を握った。

済力や軍事力が必要と考え，広東派・広西派軍閥と結んで広東軍政府を樹立した。

 **POINT**

中国革命の経緯
☑ **孫文**が**中国同盟会**を組織
☑ 1911年10月，**武昌蜂起**を機に**辛亥革命**
☑ 1912年1月，**孫文**を臨時大総統とした**中華民国**の成立
　→**袁世凱**が**宣統帝（溥儀）**に退位を迫り，清朝が滅亡
　→孫文率いる国民党と袁世凱との対立。

5 南アジアの民族運動

A インド民族意識の高まり　1877年のインド帝国成立後，イギリスで教育を受けた知識人が成長すると啓蒙（けいもう）運動が広まり，反英的な全インド国民協議会が成立した（1883）。イギリスは，これに対応して親英的な地主・商人を集め，第1回**インド国民会議**をボンベイで開催し，ここに**インド国民会議派**が結成された（1885）。

B 国民会議派の反英化　イギリスのインド総督カーゾンは，ベンガル州をヒンドゥー教徒とイスラーム教徒による2州に分割する**ベンガル分割令**（KEY WORD）を発表した（1905）。これに反発してインド人の反英感情が高まり，国民会議は政治組織の国民会議派へと変貌した。

C 国民会議派カルカッタ大会　日露戦争での日本の勝利が白人に対する劣等感（れっとうかん）をやわらげた

🔑 **KEY WORD**

ベンガル分割令

ベンガル分割令は，ヒンドゥー・イスラーム両教徒を対立させて民族運動を分断すること，徴税を強化することという目的が明白だったため，インド人は強く反発した。

こともあり，**国民会議派カルカッタ大会**（1906）ではティラクらの反英急進派が主導権を握り，**英貨排斥（えいかはいせき）**（イギリス製品ボイコット）・**スワデーシ**（国産品愛用）・**スワラージ**（自治獲得）・**民族教育**（植民地教育の否定）の**カルカッタ大会4綱領（こうりょう）**を採択（さいたく）した。

D イギリスの対応　ヒンドゥー教徒が多い国民会議派が反英化したことに対して，イギリスはイスラーム教徒をヒンドゥー教系の国民会議派から分断するために，親英的な**全インド＝ムスリム連盟**を組織した（1906）。さらに，ベ

ンガル分割令を撤回(1911)してインド人の不満を解消しようとしたが，ヒンドゥー・イスラーム両教徒の分断に対する不満はおさまらなかった。

POINT

南アジアの民族運動
☑ 1905年，イギリスが**ベンガル分割令**を発表→反英感情の高まり。
☑ 国民会議派(ヒンドゥー教徒中心)…**カルカッタ大会**で，**英貨排斥・スワデーシ・スワラージ・民族教育**を掲げる**4綱領**を採択(1906)。
☑ イスラーム教徒…親英的な**全インド=ムスリム連盟**結成(1906)。

6 東南アジアの民族運動

A **ベトナムの民族運動**　民族運動家の**ファン=ボイ=チャウ**が**維新会**を結成(1904)して，フランスからの独立を目指した。日露戦争に刺激されて，多くの留学生を日本へ送る**ドンズー運動(東遊運動)**を展開するなど，維新会は日本の援助を期待したが，日仏協約(1907)を結んだ日本政府の弾圧を受けて挫折した。その後は，中国の革命派との提携を目指してベトナム光復会が組織され，のちにベトナム国民党に発展したが，1930年の武装蜂起に失敗して崩壊した。

B **インドネシアの民族運動**　20世紀になって，オランダによる統治の方針が変更され，現地人の福祉向上がはかられた。その結果，教育を受けた現地人の間に民族意識が高まり，1911年に**イスラーム同盟(サレカット=イスラム)**の前身が結成された。イスラーム同盟は，オランダに自治を求める民族運動の中心となったが，1920年代になると弾圧を受けて衰退した。

C **フィリピンの民族運動**　19世紀末になると，小説家の**ホセ=リサール**が自らの小説を通してスペインの暴政をあばき，フィリピン人の啓蒙をすすめた。ホセ=リサールが処刑されたあとは，**アギナルド**を中心にスペインに対する独立運動がすすめられた。**アメリカ=スペイン戦争(米西戦争)**に乗じて1899年にフィリピン共和国の独立が宣言された。しかし，アメリカ=スペイン戦争に勝利してフィリピンを獲得したアメリカは，独立を認めなかった。アギナルドはアメリカに抵抗(フィリピン=アメリカ戦争)したが，フィリピンは敗れてアメリカによる支配が確定した。

POINT

東南アジアの民族運動
☑ **ドンズー運動** (ベトナム), **イスラーム同盟** (サレカット゠イスラム, インドネシア), フィリピン゠アメリカ戦争 (フィリピン)。

7 西アジアの民族運動

A **パン゠イスラーム主義の高まり** **アフガーニー**が西アジア各地を歴訪（れきほう）して, 帝国主義列強に対するイスラーム教徒の団結を訴（うった）えた。その影響で, エジプトでは**ウラービー (オラービー)運動**(1881 〜 82)が起こり, イランのガージャール朝では**タバコ゠ボイコット運動**(1891 〜 92)が起こった。

B **イランとトルコの立憲革命** **イラン立憲革命**(1905 〜 11)はイギリスとロシアの干渉により挫折（ざせつ）した。オスマン帝国(トルコ)では, ミドハト憲法の復活によるオスマン帝国の強化を目指す統一と進歩委員会を中心とする**青年トルコ人**が, **青年トルコ革命**(1908)を起こして**アブデュルハミト2世**を退位させ, **オスマン帝国憲法(ミドハト憲法)**の復活と国会の開設に成功した。この混乱に乗じて, **オーストリア**はボスニア・ヘルツェゴヴィナを併合し, オスマン帝国の宗主権（そうしゅけん）下（か）にあった**ブルガリア**が独立した。

⊕ PLUS α

青年トルコ革命と日本
青年トルコ革命の背景には, 日露戦争における日本の勝利に触発されたことがあった。

POINT

西アジアの民族運動
☑ **タバコ゠ボイコット運動** (イラン), **青年トルコ革命** (オスマン帝国)。

🔍 この講のまとめ

アジア諸国の改革を担ったのは, どのような立場の人々であったか？
☑ 中国では華僑や留学生が国民とともに革命運動を支えた。
☑ インドでは国民会議派が反英化し運動を率いるが, 宗教対立が続く。
☑ 東南アジア各国では民族運動家が団体を結成し列強の支配に対抗。
☑ 西アジアのパン゠イスラーム主義ではイスラーム教徒の団結が主張された。

深める column

朝鮮半島の歴史

　朝鮮半島は，日本と同じく中国文化の強い影響を受けつつ，独自の文化を形成・発展させて今日にいたっている。

1 神話・伝説の時代

　檀君朝鮮や箕子朝鮮などの王朝が神話・伝説として伝えられるが，実在は確認されていない。

2 衛氏朝鮮から朝鮮4郡の時代

　紀元前190年頃，戦国時代の燕の系譜を引く**衛満**が朝鮮半島北部に**衛氏朝鮮**を建国したが，紀元前108年，前漢の**武帝**により滅ぼされ，**朝鮮4郡**（楽浪・真番・臨屯・玄菟）が設置された。このうち**楽浪郡**などが存続したが，後漢末には遼東半島の豪族公孫氏が楽浪郡を支配，その南に**帯方郡**を設置した。313年，楽浪郡は**高句麗**（紀元前1世紀頃〜668）に滅ぼされ，同年，帯方郡は韓族によって滅ぼされた。

3 新羅・百済の成立…三国時代

　小国に分立していた朝鮮半島南部の韓族は，3世紀頃に**馬韓・辰韓・弁韓**の**三韓**にまとまった。やがて，4世紀半ばに馬韓の地に**百済**，辰韓の地に**新羅**が成立し，高句麗とともに朝鮮の**三国時代**を形成した。また，高句麗は3度にわたる**隋**の遠征を撃退した。

古朝鮮時代〜三国時代	
?	檀君朝鮮
?	箕子朝鮮
前190頃	衛氏朝鮮（〜紀元前108）
前108	朝鮮4郡設置（前漢武帝）
	└楽浪郡など
前1世紀頃	高句麗建国
204頃	帯方郡設置
3世紀頃	三韓（馬韓・辰韓・弁韓）
313	高句麗が楽浪郡を滅ぼす
4世紀半ば	百済建国（〜660）
	新羅建国（〜935）
612	隋の高句麗遠征（〜614）
660	唐・新羅が百済を滅ぼす
663	白村江の戦い
668	唐・新羅の連合軍が高句麗を滅ぼす

新羅〜高麗	
676	新羅，唐の勢力を排除
698	渤海建国（〜926）
8世紀半ば	新羅時代の代表的仏教寺院，仏国寺の拡充
918	高麗建国（王建）
935	高麗が新羅を滅ぼす
936	高麗が朝鮮を統一
11世紀	高麗版大蔵経を刊行（第1回）
1259	モンゴルに服属[1]

＊1　高麗がモンゴルに敗れたあと，武人が中心となった人民軍「三別抄」が済州島を拠点にして抵抗を続けた（1270〜73）。

４ 新羅による朝鮮半島統一

　７世紀頃，新羅は唐と連合して**百済**を倒し(660)，百済への日本の援軍を**白村江の戦い**(663)で破った。さらに**高句麗**を滅ぼし(668)，唐の勢力を排除して朝鮮半島の大部分を統一した(676)。新羅は**慶州**を都として仏教を保護し，**骨品制**という身分制度をもとにした貴族社会を形成した。新羅に敗れた高句麗の遺民は中国東北部で靺鞨族とともに**渤海**を建国した。

５ 高麗

　918年，地方豪族の**王建**が開城を都として**高麗**を建て，935年に新羅を滅ぼし，翌年に朝鮮半島を再統一した。官僚は文官と武官の**両班**が独占し，やがて武官が実権を掌握したが，1259年にモンゴルに服属した。**仏教**を国教とし，「**高麗版大蔵経**」を刊行したほか，**高麗青磁**や世界初の金属活字などすぐれた文化を生み出した。

６ 朝鮮王朝 (李氏朝鮮)

　1392年，**倭寇**を撃退した**李成桂**が高麗を倒して**朝鮮王朝**(李氏朝鮮・李朝)を建て，国号を朝鮮とした。都は**漢陽**(漢城，現ソウル)に置かれ，明の朝貢国となった。朝鮮王朝は科挙を整備し，**朱子学**を国の学問として採用した。４代目の世宗は学者たちに作成させた表音文字を**訓民正音**(ハングル)として1446年に公布した。また，**豊臣秀吉**による侵略を受け(壬辰・丁酉倭乱)，**李舜臣**の水軍と**明**の援軍がこれを撃退した。やがて中国で**清**が台頭すると，これに服属したが，清に対する文化的な対抗意識が強く，それまで以上に儒教儀礼を重んじた。

　日露戦争に勝利した日本は朝鮮侵略をすすめ，義兵闘争をおさえて1910年に韓国を併合した。さらに，1919年の**三・一独立運動**も弾圧し，「創氏改名」や日本語の使用強制などの同化政策を行った。

李氏朝鮮〜日本による併合	
1392	李氏朝鮮建国 (李成桂)
1446	訓民正音公布 (世宗)
1592	壬辰倭乱 (文禄の役) (〜93)
1597	丁酉倭乱 (慶長の役) (〜98)
1637	清に服属
1875	江華島事件
1876	日朝修好条規 (開国)
1894	甲午農民戦争 (日清戦争) (〜95)
1895	下関条約
1897	国号改称「大韓帝国」
1904	日露戦争 (〜05)
1909	伊藤博文殺害 (安重根)
1910	韓国併合・朝鮮総督府設置
1919	三・一独立運動
1945	太平洋戦争終結

現代 (1945〜)

　日本の敗戦後，北緯38度線以南に米軍，以北にソ連軍が進駐した。そして，1948年，南に李承晩を大統領とする大韓民国，北に金日成が指導する朝鮮民主主義人民共和国が成立し，南北が分立した。1950年になると朝鮮戦争が勃発し，激しい戦闘ののち，1953年に休戦協定が結ばれた。その後，韓国では軍事政権が続き，1980年の民主化運動も武力で弾圧 (光州事件) されたが，1998年に金大中が大統領に就任してから，急速な民主化と経済成長がすすんだ。北朝鮮では，1994年まで金日成の独裁的な指導体制が続き，金日成の死後は長子の金正日があとを継いだ。2011年に金正日が没すると，その子，金正恩が後継者となった。

定期テスト対策問題⑭

解答は p.498

1 次の文の空欄に適切な語句を補充しなさい。

(1) イギリスの植民相ジョゼフ＝チェンバレンは，[　　　　]戦争を指導し，ケープ植民地首相のローズの拡大路線を継承した。

(2) フランスは，1830年に[　㋐　]に侵攻したあと，セネガル全域・チュニジア，そして1912年には[　㋑　]を次々と植民地化しアフリカ横断政策を進めた。

[よく出る] (3) アフリカの植民地化をめぐり，英仏は1898年にスーダンで[　㋐　]を起こしたが，ドイツの脅威に協力する体制をとり，1904年に[　㋑　]を結んだ。

(4) アメリカのマッキンリー大統領は[　　　　]との戦争に勝利してフィリピンやグアム，プエルトリコを獲得し，太平洋およびカリブ海への進出を試みた。

2 次の文章を読み，後の問いに答えなさい。

1900年，「[　㋐　]」を掲げる義和団が武装蜂起すると，日本・ロシアを中心に8カ国が共同出兵を行い，義和団を倒して清朝を屈服させた。この事件の後も満洲から撤退しないロシアに対し，朝鮮における利権を守りたい日本は1904年に①日露戦争を起こした。血の日曜日事件を発端に[　㋑　]が起こって戦争継続が不可能になったロシアは，日本と②ポーツマス条約を締結した。その後1910年に[　㋒　]を行った日本は，朝鮮総督府を通して朝鮮を支配した。

(1) 文章中の空欄[　㋐　]～[　㋒　]に当てはまる語句を答えなさい。

(2) 下線部①に関して，日本はこの戦争の前，ロシアへの対抗という利害が一致して1902年にある国と同盟を結んでいる。その国とはどこか答えなさい。

(3) 下線部②の条約で日本が得たものとして適切でないものを選びなさい。

㋐遼東(りょうとう)半島南部(関東州)の租借権　　㋑北緯50度以南の南樺太(みなみからふと)

㋒東清鉄道支線(長春～旅順)　　㋓多額の賠償金

3 20世紀にアジアで起きた民族運動に関して，次の問いに答えなさい。

[よく出る] (1) 1912年に建国された中華民国の臨時大統領に就任した民族運動家は誰か。

(2) 国民会議派から分断するためにインドで組織された親英的なイスラーム教徒の団体を何というか。

(3) ベトナムの維新会が日本の援助を期待して行った，多くの留学生をベトナムから日本へ送る民族運動を何というか。

[発展] (4) インドネシアで1911年に結成された，オランダに自治を求める民族運動の中心となった組織を何というか。

(5) 1908年にトルコで起きたオスマン帝国憲法(ミドハト憲法)復活を目指す革命を何というか。

第 **5** 章　二つの
世界大戦

1 | 第一次世界大戦

🔍 **この講の着眼点**

「クリスマスまでには終わる」といわれた第一次世界大戦は，予想されていたよりもはるかに長期化し，戦線だけではなく国内や植民地の人びとも巻き込む総力戦となった。総力戦は社会にどのような変化をもたらしただろうか？

 この写真にはロバ用のガスマスクが写っています。第一次世界大戦では毒ガスが戦場で使用され始めたんですよね。

 長引く塹壕戦を終結させるために，遠方から塹壕の中の人を苦しめる毒ガスが開発されたんだ。

1 サライェヴォ事件

1914年6月28日に，ボスニアの州都**サライェヴォ**で**オーストリア帝位継承者夫妻**がセルビア人によって暗殺されたため，オーストリアはセルビアに対して最後通告を発した。**サライェヴォ事件**の背景には，オーストリアによる**ボスニア・ヘルツェゴヴィナ併合**(1908)に，セルビアの民族主義者が反発していたことがあった。

2 第一次世界大戦の勃発

オーストリアは最後通告に対するセルビアの回答に満足せず，7月28日に**セルビア**に対して宣戦布告を行った。ドイツも，セルビアを支持していたロシア及びその同盟国フランスに宣戦布告し，西部と東部の両面での戦いを余儀なくされた。まずは西部戦線に集中する計画を実行し，中立国ベルギーを通過してフランスへ侵攻した。こうして，ドイツを中心とする同盟国側と，それに対抗する協商国(連合国)側の間で**第一次世界大戦**が始まった。

3 第一次世界大戦の拡大

　イギリスがベルギーの中立侵犯を理由に**ドイツ**に宣戦布告すると，**日本は日英同盟**を理由に**協商国（連合国）**側で参戦した。**オスマン帝国（トルコ）・ブルガリア**は同盟国側で参戦し，三国同盟の一員でありながら当初中立を守った**イタリア**は，1915年にオーストリアに宣戦布告して，**協商国**側で参戦した。**アメリカ**は，この戦争がヨーロッパの戦争であると判断して中立を守った。

4 陸上での戦い

　主な戦いには以下のものがある。

戦い	内容
タンネンベルクの戦い (1914.8)	ドイツの**ヒンデンブルク将軍**が，現在のポーランドにあるタンネンベルクでロシア軍に大勝利をおさめた。ドイツは，東部戦線の優勢を確立し，西部戦線に全力を注ぐことが可能となった。
マルヌの戦い (1914.9)	ベルギーを突破してフランスに侵入したドイツ軍をフランス軍がくいとめた戦い。これ以降，西部戦線は塹壕をはさんで膠着し，戦争は長期化した。
ヴェルダン要塞攻防戦 (1916.2〜12)	ドイツは，膠着した西部戦線を突破するためにヴェルダン要塞に総攻撃をかけた。しかし，**ペタン将軍**が率いるフランス軍は，ドイツ軍の猛攻撃をしのいで要塞を守り抜き，膠着状態はかわらなかった。
ソンムの戦い (1916.6〜11)	イギリス軍が新兵器の**戦車**を投入して，膠着の打開をはかったが，決着がつかずに終わった。

▲第一次世界大戦における主な陸上での戦い

5 海上での戦い

　陸上での戦いが膠着すると，植民地からの物資の補給が重要となり，輸送ルートの確保と同時に，相手側の輸送を妨害するための**海上封鎖**が有効な戦術となった。イギリスは優勢な海軍力によって海上封鎖を行い，ドイツは**潜水艦**（Uボート）による**無制限潜水艦作戦**(1917.2)を行って対抗した。

6 アメリカの参戦

　アメリカはモンロー主義のもとで中立を守っていたが，1915年5月にイギリス客船ルシタニア号がドイツの潜水艦によって撃沈され，これによりアメリカ人が多数死傷したことから対ドイツ参戦への世論が高まった。そして1917年4月に，ドイツによる**無制限潜水艦作戦**を理由に，ドイツに宣戦布告を行った。

7 第一次世界大戦の性格

　第一次世界大戦は人類が初めて経験する**総力戦**となり，植民地もふくめた各国の経済力が勝敗に影響を与えることになった。その結果，戦場で戦う兵士のみならず，本国にいる人々は女性も含めて生産活動を通して戦争に貢献した。また，各国とも国民を戦争に協力させるために，プロパガンダを積極的に行った。

8 大戦中の秘密外交

　総力戦は，なりふり構わぬ外交政策をまねき，各国とも戦争を有利にするための**秘密外交**を活発に展開することになった。

協定など	内容
フセイン・マクマホン協定(1915.10)	イギリスはアラブ人に対して，オスマン帝国からの独立と引きかえに戦争への協力を要請し，それに応じたアラブ人は対トルコ戦争を展開した。
サイクス・ピコ協定(1916.5)	英仏露の三国によるオスマン帝国領の分割協定。フセイン・マクマホン協定とは矛盾する内容で，**パレスチナは国際管理**とすることを取り決めた。
バルフォア宣言(1917.11)	イギリスは，ユダヤ系金融資本の協力を得るために，**パレスチナでのユダヤ人国家建国を支援**することを約束した。

▲第一次世界大戦中のイギリスの外交

9 ロシアの離脱

　ロシアでは，労働者と兵士の間で長期化する戦争に対して厭戦ムードが高まり，**ロシア革命**が起こった。革命の結果，労働者や兵士の支持を受けて政権を握ったボリシェヴィキのソヴィエト政府は，「**平和に関する布告**」を発表して無併合・無賠償による即時停戦を提案したが，そのままの形ではドイツには受け入れられず，**ブレスト゠リトフスク条約**で広大な領土を放棄して大戦から離脱した。

10 脱落していく同盟各国

　ソヴィエト政府の「平和に関する布告」に対抗して，アメリカの**ウィルソン**大統領は「**十四カ条**」からなる平和原則を発表して大戦の終結をよびかけた。同盟国側で戦ったブルガリア・オスマン帝国(トルコ)・オーストリアはいずれも戦争の継続が難しくなり，1918年10月までに連合国に降伏して戦争から離脱した。

11 ドイツ革命と大戦の終結

　ドイツでも，兵士の士気が低下した。キール軍港の水兵が出撃を拒んで起こした反乱が全国に拡大し，ヴィルヘルム2世は退位せざるを得なくなった(ドイツ

革命）。皇帝の退位を受けて成立した社会民主党主体の**ドイツ共和国臨時政府**は，連合国との休戦条約に調印し，それにより第一次世界大戦は終結した。

🔢 大戦の結果

　総力戦に貢献した大衆に**参政権**が認められて，**大衆政治**の時代が到来した。それと同時に女性の社会的地位が向上し，参政権の獲得など社会進出がすすんだ。このようにして**大衆社会**が出現すると，プロスポーツ・映画・レジャーなどの大衆娯楽が普及した。大衆社会のもとでは，国家の役割は 19 世紀的な**夜警国家**から 20 世紀的な積極的に社会政策を行う**福祉国家**へと変化し，経済運営についても自由放任経済から，政府による強い介入が期待されるようになった。

🔢 国際関係の変化

　「平和に関する布告」や「十四カ条」に見られるような，従来とは異なる国際秩序が提唱され，国際連盟に見られる集団的安全保障など，新しい概念が生まれた。また，新しい文化や生活様式の普及は伝統的な価値観をゆるがし，アジア・アフリカ植民地の西洋に対する**自立**を促した。

👨‍🏫 POINT

第一次世界大戦の経緯
- ☑ **サライェヴォ事件**→第一次世界大戦の開始
- ☑ 戦争長期化→ドイツによる**無制限潜水艦作戦**→アメリカ参戦
- ☑ **ロシア革命**によりロシアが大戦から離脱→ドイツでもドイツ革命→大戦終結。

🔍 この講のまとめ

第一次世界大戦は社会をどのように変えただろうか？
- ☑ 総力戦に貢献した市民が政治参加を求め，大衆政治の時代が到来。
- ☑ 国内で戦争を支えた女性の地位が向上し，社会進出がすすんだ。
- ☑ アジア・アフリカ植民地の西洋に対する自立の機運が高まった。

2 | ロシア革命とソヴィエト政権

🔍 **この講の着眼点**

ロシアはロマノフ朝最後の皇帝が退位したあとも，革命派の足並みが揃わずに国内は分裂状態にあった。ボリシェヴィキのレーニンは，ロシア国内をどのようにまとめようとしたのだろうか？

1920年にモスクワで演説をするレーニンの様子をとらえた写真だよ。右下にいるのは誰か知っているかな？

トロツキーです。世界革命論を推して，レーニンの後継者といわれていた人物ですよね。

1 ロシア革命の構造

ロシア革命では，絶対主義の段階から西欧型のブルジョワ（有産市民層）社会へ移行する**ブルジョワ革命**と，ブルジョワ社会からプロレタリア（無産階級）独裁の社会主義社会へ移行する**プロレタリア革命**という2つの革命が連続して起こった。

2 革命前のロシアの状況

第一次世界大戦の長期化によって生活が圧迫された労働者や兵士が停戦を望む一方，戦争物資の生産で利益を得ていたブルジョワは戦争継続に賛成の立場であった。また，革命諸勢力も，ツァーリズム打倒では一致していたが，革命後にどのような社会を実現させるのかについてはバラバラの状態であった。

3 二月（三月）革命 (1917.3, ロシア暦では2月)

食糧危機に見舞われた首都ペトログラードの労働者がデモやストライキを起こすと，兵士も合流して大規模な暴動となった。首都の暴動が全国に波及すると，各地の労働者や兵士は**ソヴィエト**に組織化され，**メンシェヴィキや社会革**
KEY WORD

党(エスエル)の指導のもとにおかれた。ソヴィエトの拡大により皇帝**ニコライ2世**が退位して**ロマノフ朝**が滅亡した。このブルジョワ革命を**二月革命**(三月革命)という。

4 臨時政府の成立

　二月革命の結果，立憲民主党を主体とする**臨時政府**が成立した。臨時政府はブルジョワの利益を守り，連合国の支持を得るために戦争継続政策をとったので，労働者・兵士は臨時政府に不満をもち，**ソヴィエト**が臨時政府の動きを監視する二重権力体制となった。しかし，メンシェヴィキは，国内の反革命の動きを封じるために，臨時政府を支持したため，二重権力とはいうものの，ソヴィエトも臨時政府を打倒しようとは考えておらず，政治は安定していた。

5 レーニンの帰国 (1917.4)

　二月革命の成功によって，ストルイピンの反動政治以降国外に逃亡中だった**レーニン・トロツキー**などのボリシェヴィキの指導者が帰国した。帰国したレーニンは，すべての権力を**ソヴィエト**へ集中させるべきであるとする「**四月テーゼ**」を発表し，ソヴィエトに対して即時講和と臨時政府打倒をよびかけた。

▲レーニン

6 「四月テーゼ」への対応

　「四月テーゼ」を受けて，ソヴィエトはボリシェヴィキ支持にかたむいた。即時停戦は連合国の反発を受けると考えたメンシェヴィキは，ソヴィエトに対して，引き続き臨時政府を支持するように訴えた。しかし，ソヴィエトの要求を取り入れて，講和の際の無併合・無償金を約束した臨時政府は，戦争から離脱すれば連合国の支持を得られなくなるため戦争をやめられず，ソヴィエトの不満は解消できなかった。

7 ケレンスキー内閣の成立 (1917.7)

　ソヴィエトの不満を解消できない立憲民主党にかわって，**社会革命党**のケレンスキーが臨時政府首相となったが，ケレンスキーも連合国の支持を得るために戦争継続を表明し，即時講和を要求するボリシェヴィキを弾圧した。それにより労働者や兵士の心はケレンスキーの臨時政府から離れ，ボリシェヴィキに集まった。8月に反革命派のクーデタが起こると臨時政府には鎮圧できず，臨時政府の無力さが暴露された。

8 十月（十一月）革命 (1917.11, ロシア暦では10月)

　ボリシェヴィキの武装蜂起により臨時政府が打倒されたことを受けて，各地方のソヴィエト代表からなる全ロシア＝ソヴィエト会議で**人民委員会議**(ソヴィエト政権)が成立した。これを十月革命(十一月革命)という。

9 ソヴィエト政権

　ソヴィエト政権は，ボリシェヴィキのリーダーが主な役職を占め，首相にあたる人民委員会議長には**レーニン**，外相にあたる外務人民委員には**トロツキー**，民族人民委員には**スターリン**が就任した。ボリシェヴィキは交戦国に対して無併合・無償金・民族自決による即時停戦を提案する「平和に関する布告」を発表。また，土地私有の廃止を宣言する「土地に関する布告」を発表した。

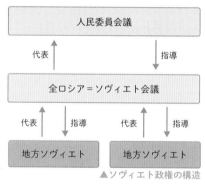

▲ソヴィエト政権の構造

10 ボリシェヴィキ独裁の成立 (1918.1)

　ロシアの人口の圧倒的多数を占める農民は，ボリシェヴィキが掲げる土地所有の廃止よりも，社会革命党が掲げる土地所有権の平等を望んでいた。このため，憲法制定会議の選挙では，農民の支持を得た**社会革命党**が第一党となった。社会革命党の半分以下の議席しか確保できなかった**ボリシェヴィキ**は第二党となった

ため，レーニンらは武力で会議を封鎖して反対政党を追放し，ボリシェヴィキ独裁を実現した。

11 ボリシェヴィキ独裁の確立

ボリシェヴィキは共産党と改称し，首都をモスクワに移した。全ロシア＝ソヴィエト会議は憲法を採択し，全国のソヴィエトから全ロシア＝ソヴィエト会議に代表を送り，その会議で人民委員会議が選出されるという中央集権的組織を確立した。

12 ブレスト゠リトフスク条約 (1918.3)

ソヴィエト政権の外務人民委員のトロツキーは，ドイツとの交渉で無併合・無償金・民族自決による講和を主張した。それに対し，ドイツは軍事力を背景にして領土を要求し，ロシアはブレスト゠リトフスク条約で西部の広大な領土を放棄して大戦から離脱した。この条約はドイツの敗北で無効となり，ロシアが放棄した領土からポーランドが独立し，また，バルト3国(エストニア・ラトヴィア・リトアニア)も独立を達成した。

▲ブレスト゠リトフスク条約

13 コミンテルンの成立 (1919.3)

トロツキーは，後進国ロシアの社会主義革命達成のためには，西欧でも革命が起こり，社会主義政権が成立することが必要であるという世界革命論を主張した。レーニンもそれを支持し，世界革命実現のために各国の共産党を指導する組織としてコミンテルン(共産主義インターナショナル，第3インターナショナル)を創設した。一方，スターリンは，ロシア一国でも社会主義革命が達成可能であるとする一国社会主義論を主張して，トロツキーと対立した。

14 ロシア革命の影響

ハンガリーでは**ハンガリー革命**が起こり，共産党がソヴィエト政権を樹立したが，ルーマニア軍の侵入とホルティによる王政復活により失敗した。ドイツでは，**キール軍港**の水兵反乱に始まる**ドイツ革命**の中で，労働者や兵士による**レーテ**が組織され，スパルタクス団から生まれたドイツ共産党が武装蜂起した。しかし，保守派と結んだ社会民主党により鎮圧されて失敗した。ヨーロッパ諸国への革命の輸出に行き詰まったコミンテルンは，世界革命の重点をアジア諸国の共産党の育成に移行させた。

KEY WORD

レーテ

レーテはロシアのソヴィエトと同様の組織。ドイツ革命もロシア革命と同じような経過をたどりはじめたが，最後の武装蜂起の成否が結果を分けたと考えられる。

15 反革命の動き

ロシア国内でも，ソヴィエトの指導の下に入らない帝政派の軍人・地主・社会革命党など，ボリシェヴィキ以外の政党が**反革命軍**を形成した。革命の波及を恐れる連合国の支持を受けて，反革命軍は各地に政権を樹立し，ソヴィエト政権に抵抗した。

16 対ソ干渉戦争 (1918〜22)

イギリスなどの連合国は，反革命軍を支持して出兵し，宣戦布告なしに西部ロシアへ侵入してロシア革命に干渉した。また，独立を回復したポーランドは領土拡大のためにロシアへ侵攻し，**ソヴィエト＝ポーランド戦争**(1920 〜 21)に発展した。日本も，チェコ兵捕虜救出の名目でアメリカとともに 1918 年から**シベリア出兵**を行ったが，他国よりも撤兵が遅れたために内外の批判をまねいた。

17 戦時共産主義 (1918〜21)

ソヴィエト政権は，反革命や干渉戦争に対応するために**戦時共産主義**を実施して，農民から強制的に穀物を徴発し，都市民衆・兵士に配給した。しかし，戦時共産主義は農民の労働意欲を低下させ，食糧不足に陥った。

18 反革命への対応

　ソヴィエト政権は，徴兵制を実施して赤軍を組織し，反革命軍や外国干渉軍
に対抗した。また，秘密警察組織のチェカ（非常委員会）を設置して，反革命派の
取り締まりを強化したので，1921 年頃までに内戦は終了し，翌年には外国の干
渉軍も退去した。

19 ネップ（新経済政策，1921～28）

　戦時共産主義によって減退した生産力の回復を目指して，小企業の私的経営や
余剰生産物の自由販売など，一定範囲内で資本主義を復活させるネップ（新経
済政策，NEP）を実施した。その結果，労働意欲の向上によって生産は回復し，
資本主義を復活させる柔軟な対応によって西欧諸国との関係も改善した。

20 ソ連の成立（1922）

　ロシア・ウクライナ・ベラルーシ・ザカフカース（南カフカースの連邦国家）の
4 つのソヴィエト共和国が合同してソヴィエト社会主義共和国連邦（ソ
連）が成立し，1924 年にソヴィエト社会主義共和国連邦憲法が成立した。

 POINT

ロシア革命の経緯
- ☑ 二月革命（三月革命）により**ロマノフ朝**滅亡→**レーニン**による
　「**四月テーゼ**」発表
- ☑ 十月革命（十一月革命）により**ボリシェヴィキ独裁**の成立→
　ソ連の成立。

🔍 **この講のまとめ**

　レーニンは分裂するロシア国内の諸勢力をどのようにまとめようとしたか？
- ☑ 即時講和を約束し，戦争に疲弊する市民と兵士の支持を獲得。
- ☑ 国内の反革命勢力には戦時共産主義で対応し，内戦終了後はネップへ。
- ☑ トロツキーとともに世界革命論を主張して国際的な連帯も目指す。

3 | ヴェルサイユ体制と欧米諸国

🔍 この講の着眼点

パリ講和会議の原則とされたのはウィルソン大統領の十四カ条だったが、実態はドイツと他の敗戦国に対する処罰的な内容で、民族自決の達成も地域差が大きかった。このような「講和」は、戦後のヨーロッパにどのような勢力を生むことになるだろうか？

凡例
▨ 大戦後の新興国
▨ 軍備禁止区域
▢ 大戦前のロシア帝国
▢ 大戦前のドイツ帝国
▢ 大戦前のオーストリア・ハンガリー帝国
緑文字 国際連盟管理地域
❶ルール　❺南チロル
❷ラインラント　❻トリエステ
❸ロレーヌ　❼ポーランド
❹アルザス　回廊

第一次世界大戦後のヨーロッパの地図を見てみよう。何か気づくことはないかな？

東欧や南欧には独立を認められた国が多くありますね。まるでソ連と西欧を分けるように独立が認められた国が並んでいるのが気になります。

1 パリ講和会議と講和条約

Ａ パリ講和会議（1919.1～6）　ドイツとの休戦にともない、連合国は戦後処理を話し合うためにパリ講和会議を開催した。会議はアメリカ大統領の**ウィルソン**が提唱した<u>十四カ条</u>の平和原則にもとづいてすすめられたが、

🔖 KEYWORD

イギリス首相**ロイド゠ジョージ**やフランス首相**クレマンソー**はドイツへの制裁（せいさい）を要求し，ドイツなどには過酷（かこく）な講和条件が示されて，個別の講和条約が結ばれた。さらに植民地を失うことを恐れた英仏両国の利益を確保するために**民族自決**の原則がヨーロッパに限定され，没収（ぼっしゅう）されたドイツ植民地も連合国によって分配（ぶんぱい）されたことに対して，アジア・アフリカの人々は失望した。

B ヴェルサイユ条約（1919.6）　パリ講和会議によって，ドイツと連合国の間では**ヴェルサイユ条約**が結ばれた。ドイツがプロイセン゠フランス戦争で獲得した**アルザス・ロレーヌ**がフランスへ返還されること，ダンツィヒを国際連盟管理下の自由市とし，**ポーランド回廊（かいろう）**をポーランドに割譲（かつじょう）すること，**ザール地方**は15年間国際連盟の管理下におかれ，その後に住民投票で帰属（きぞく）を決定すること，すべての海外植民地を放棄（ほうき）すること，オーストリアとの合併を禁止すること，ブレスト゠リトフスク講和条約は無効とされ，ロシアから獲得した地域にポーランド・**バルト三国**（エストニア・ラトヴィア・リトアニア）が成立することが定められた。また，賠償金の支払いとともに，徴兵制の禁止，空軍と潜水艦保有の禁止，ライン川東岸より50km内の**ラインラント**を**非武装地帯**とし，西岸は連合軍が15年間保障占領するなど軍備の制限を受けた。

C サン゠ジェルマン条約（1919.9）　オーストリアと連合国の間では**サン゠ジェルマン条約**が結ばれた。その結果，オーストリア゠ハンガリー帝国から，**ハンガリーとチェコスロヴァキア**が独立し，オーストリアも共和国となった。ハンガリーは連合国と**トリアノン条約**を結んで独立を承認された。また，オーストリアは**未回収のイタリア**（南チロル・トリエステ）をイタリアに割譲（かつじょう）し，**ボスニア・ヘルツェゴヴィナ**を放棄した。ボスニア・ヘルツェゴヴィナは，スロヴェニア，クロアティア，セルビア，モンテネグロなどとあわせてセルブ゠クロアート゠スロヴェーン王国（1929年にユーゴスラヴィア王国と改称）となった。

D その他の講和条約　ブルガリアは連合国と**ヌイイ条約**を結び，オスマン帝国（トルコ）は**セーヴル条約**を結んだ。セーヴル条約は，軍備の制限・治外法権（ちがい）（カピチュレーション）の復活など，トルコにとって屈辱的内容であった。セーヴル条約の結果，**イラク・トランスヨルダン・パレスチナ**はイギリスの委任統治（いにんとうち）領（りょう）となった。**シリア・レバノン**はフランスの委任統治領となり，トルコの領土はアナトリアに限定された。中東地域の分割は，サイクス・ピコ協定の内容とほぼ

一致しており，民族自決は達成されな
かった。

▲第一次世界大戦後の西アジア地域

2 国際連盟

A 国際連盟の成立（1920.1）
国際連盟は，**ウィルソンの十四カ
条**にもとづいて発足した，集団的安全
保障にもとづく**国際平和機構**で，本部はスイスのジュネーヴに置かれた。総会・
理事会・連盟事務局を中心に運営され，各国の労働問題の調整機関である**国際労
働機関**（ILO）や，オランダのハーグに置かれた強制権のない仲裁機関である常設国
際司法裁判所などの付属機関が設けられた。

B 国際連盟の問題点　侵略行為に対しても，
経済的制裁を行うのみで実効ある制裁手段をもたな
かった。また総会では，各国1票の**全会一致制**のた
め，有効な決定が迅速に行えなかった。さらに，上
院の反対を受けた**アメリカは不参加**で，国際
連盟発足当初は**ドイツ・ソ連**が排除された（ドイツ
は1926年，ソ連は1934年に加盟を認められた）。

> ⊕ PLUS α
>
> **アメリカの孤立主義**
> アメリカ上院は，建国以来の
> 外交方針である孤立主義を
> 貫いた。特にモンロー教書
> （宣言）以降は，ヨーロッパに
> 対して相互不干渉を主張し
> たことから，国際連盟への加
> 盟を批准しなかった。

3 ヴェルサイユ体制とワシントン体制

A ヴェルサイユ体制　第一次世界大戦後のヨーロッパの国際秩序を**ヴェ
ルサイユ体制**という。その結果，ヨーロッパには民族自決が適用され，「一
民族，一国家」の理念にもとづいて新興国が成立した。また**国際協調**が進展し，
先進的資本主義諸国の間では秩序が保たれた。一方，民族自決はヨーロッパに限
定され，植民地や小国の主張を無視するなど，不完全なものであったうえに，国
際協調主義も社会主義国のソ連や敗戦国のドイツを排除するなど，徹底されな
かった。

B ワシントン会議（1921〜22）　ヨーロッパの戦後秩序となったヴェル
サイユ体制とは別に，アジア・太平洋地域での新しい国際秩序の構築を目指して，
アメリカ大統領の**ハーディング**が**ワシントン会議**を開催した。この結果成立
した，アジア・太平洋地域での国際秩序を**ワシントン体制**という。

C　ワシントン体制　ワシントン会議では，次
の３つの条約が締結された。

①**四カ国条約**(1921)；**米・英・仏・日**の４カ国
　が太平洋地域の領土と権益の相互尊重を約束し，
　同時に日英同盟が破棄された。

②**九カ国条約**(1922)；**米・英・日・仏・伊・中**
　など９カ国が参加して，中国に関する主権と独立
　の尊重・**領土保全・機会均等・門戸開放**を定めた。
　その後，日本は山東の旧ドイツ利権を返還させら
　れ，**二十一カ条の要求**はほぼ無効とされた。

③**海軍軍備制限条約**(1922)；主力艦保有比率を**米５：英５：日３**：仏1.67：
　伊1.67の割合に制限した。

⊕ **PLUS α**

ワシントン体制と日本

ヨーロッパ諸国は大戦の痛
手によって衰退しており，ア
メリカは，アジア・太平洋地
域におけるライバルは日本
であるという認識から，日本
にとっては厳しい内容の条
約を主導し，ヨーロッパ諸国
もそれに追随した。

④ 国際協調と軍縮

A　大戦直後のヨーロッパ　1920年代前半ま
でのヨーロッパでは，ギリシア軍がトルコを攻撃し
てイズミルを占領。ピウスツキが率いるポーランド
がソ連へ侵入して（**ソヴィエト゠ポーランド戦争**），
ベラルーシとウクライナの一部を獲得した。さらに，
イタリアがユーゴスラヴィアにフィウメの割譲を要
求するなど混乱が続いた。

⊕ **PLUS α**

ローザンヌ条約

イズミルを占領されたトル
コは，ムスタファ゠ケマルが
ギリシア軍を撃退し，さらに
セーヴル条約をローザンヌ
条約に改定して治外法権を
廃止するなど，トルコの主権
を取り戻した。

B　国際協調の進展　ヨーロッパでは，1920年
代後半から**国際協調**ムードが高まった。西ヨーロッパの安全保障条約として
結ばれた**ロカルノ条約**(1925)には，英・仏・独・伊などが参加して，ドイツ
が国際連盟に加盟することを条件に，**ラインラントの永久非武装**・現状維持・相
互不侵略などが定められた。**不戦条約**（**ブリアン・ケロッグ条約**，1928)は国
際紛争の解決は武力によらず平和的手段によるという内容で，フランス外相のブ
リアンとアメリカ国務長官のケロッグが提唱し，パリで15カ国（のちに63カ国）
が調印した。また，ワシントン会議に続いて**ロンドン軍縮会議**(1930)が開
かれ，補助艦（非戦闘用艦船）の保有比率を**米10：英10：日7**とした。

国際協調の動き
- ☑ アジア・太平洋…**四カ国条約・九カ国条約・海軍軍備制限条約**。
- ☑ ヨーロッパ…ロカルノ条約・**不戦条約・ロンドン軍縮会議**。

5 西欧諸国のゆきづまり

A 第一次世界大戦後のイギリス

ロイド゠ジョージ挙国一致内閣による第4回選挙法改正(1918)で, 21歳以上の男子と30歳以上の女性に参政権が認められた。それを背景に労働党の議席が増え始め, 1924年には労働党の党首**マクドナルド**が自由党との連立で首相となり, 初の**労働党内閣**が成立してソ連を承認した。続く第5回選挙法改正(1928)では, 21歳以上の男女による普通選挙が実現。1929年には**労働党**が第一党となって, 第2次マクドナルド労働党内閣が成立し, イギリスは**保守党**, **労働党**の二大政党時代をむかえた。

⊕ PLUS α

女性参政権の拡大
第一次世界大戦では,女性も工場の労働などで,総力戦に協力した。その結果,戦後は女性の社会進出が急速にすすんだ。

B イギリス連邦の成立

第一次世界大戦後に, 各自治領が自立の傾向を強めた。これに対して本国は, 自治領との関係を見直すことによって自治領を本国につなぎ止めようとした。そこで, **ウェストミンスター憲章**(1931)によって, イギリスの自治領は本国から独立した政府をもつことが認められた。その結果, イギリス本国と自治領は対等の関係となり, 大英帝国は**イギリス連邦**と改称された。

⊕ PLUS α

アングロ゠サクソン系植民地の自治権獲得
カナダ(1867)
オーストラリア(1901)
ニュージーランド・ニューファンドランド(1907)
南アフリカ連邦(1910)

C アイルランド問題

アイルランドでは, 1914年に成立したアイルランド自治法の実施が第一次世界大戦の勃発によって延期され, イングランド人の不在地主の搾取が続いた。しかし, 第一次世界大戦中にアイルランド独立を目指す**シン゠フェイン党**の活動が活発化し, 1916年には**イースター蜂起**とよばれる武装蜂起が起こった。

D アイルランドの独立

第一次世界大戦後, アイルランドは**アイルランド自由国**として独立宣言(1919)し, イギリスから自治を認められた。1937年に

は国名を**エール**と改称し，イギリス連邦からの離脱を宣言した。1949年にイギリス連邦からの離脱が実現し，アイルランド共和国となった。

E **第一次世界大戦後のフランス**　パリ講和会議では，**クレマンソー**がドイツへの制裁を主張して重い賠償を実現した。ドイツの賠償金支払いが遅れると，右派のポワンカレ内閣はベルギーとともに**ルール占領**をしたが，生産の停止といったドイツの消極的抵抗により成果は上がらなかった。

　右派の対独強硬策の失敗によって成立した左派連合内閣が，**ルール撤兵**やソ連の承認を行う(1924)など，フランスは左右両派の間でゆれ動く不安定な状態が続いた。1920年代後半に国際協調ムードの中で，外相ブリアンは国際協調外交をすすめ，**ロカルノ条約**(1925)や**不戦条約**(1928)成立の中心となった。

F **ドイツ革命**　1917年に**社会民主党**が分裂し，最左派の**スパルタクス団**と反戦派が独立社会民主党を形成して，反戦運動が活発になった。ドイツの敗色が濃くなったことを受けてキール軍港で水兵反乱が起こった。レーテがキール市の政治を掌握すると，騒乱は全国へ拡大し，**ヴィルヘルム2世**が退位して**ドイツ帝国**が崩壊。ここにドイツ共和国が誕生し，社会民主党主流派の**エーベルト**を首相とする臨時政府が成立した。

G **ドイツ革命の終焉**　休戦条約に調印して戦争を終わらせたエーベルトは，1919年に**スパルタクス団**が武装蜂起すると，政財界の保守派と結んでこれを鎮圧した。スパルタクス団は指導者のカール=リープクネヒト・ローザ=ルクセンブルクが殺害されたことにより勢力を失い，ドイツ革命は終結した。

H **ヴァイマル共和国(1919〜33)**　社会民主党が主導するヴァイマル国民議会で**ヴァイマル憲法**が制定され，**ヴァイマル共和国**が成立した。大統領のエーベルト(在任1919〜25)は中道路線をとるが，インフレーションに悩まされ，社会主義革命を目指す左派とヴェルサイユ条約破棄を主張する右派の両方から攻撃されて，不安定な状態が続いた。

I ヴェルサイユ体制下のドイツ 1921年，賠償金額が1320億金マルクと決定された。エーベルト大統領がすすめる，賠償支払いを中心とした「履行（りこう）政策」は国民生活を圧迫したので，右翼を中心に政府やヴェルサイユ体制への反発が強まった。1922年にはラパロ条約でソ連との国交を樹立して，たがいの国際的孤立を解消した。

J ルール占領 1923年，賠償金支払いの遅延（ちえん）を理由に，フランスとベルギーが**ルール占領**を行う。ドイツは**不服従運動（ストライキ・サボタージュ）**で抵抗したが，物資不足から極度のインフレーションが発生して経済が破綻した。このような混乱の中で，ヒトラーが率いる右翼政党の**国民社会主義ドイツ労働者党（ナチ党）**は，ヴァイマル政府打倒を目指して**ミュンヘン一揆**を起こした。

K ドイツ経済の復興 シュトレーゼマン首相(在任1923)が新紙幣の**レンテンマルク**を発行し，1兆マルクを1レンテンマルクと交換すると，インフレーションは奇跡（きせき）的に収束した。またアメリカは，賠償金の支払いが円滑（えんかつ）にすすむようにアメリカ資本をドイツへ貸与し，賠償金支払い方法を軽減（たいよ）する**ドーズ案**(1924)を提案した。さらにアメリカは**ヤング案**を発表して，賠償金額を約358億金マルクに軽減する提案を行った(1929)。

L シュトレーゼマン外交(1923～29) 外相となった**シュトレーゼマン**は，**ラインラントの永久非武装**などを定めた**ロカルノ条約**(1925)に調印して，翌年，**国際連盟に加入**するなど協調外交を展開した。しかし国内では，ヒンデンブルク大統領(在任1925～34)が世界恐慌の影響に対処しきれず，国民の不安感が増大する中で中道政党の社会民主党は人気を失い，右派の**ナチ党**と左派の**共産党**が議席を増やし始めた。

POINT

戦後のドイツ

☑ **ヴァイマル共和国**成立→フランス・ベルギーが**ルール占領**→ヒトラーの国民社会主義ドイツ労働者党（ナチ党）がミュンヘン一揆。

☑ **シュトレーゼマン**がレンテンマルク発行→**ドーズ案・ヤング案**。

6 東欧・バルカンの新興国

A 東欧・バルカン諸国の状況　**民族自決の原則**により，多くの新興国が成立したが，それらの国々の国境は戦勝国の利害によって画定されたので，多くの国が少数民族問題を抱えることになった。また民主主義の伝統がないため，国民の統合には過剰な民族主義や独裁的な強権政治が必要であったことに加えて，多くの国々が農業国であるため，1920年代に起こった世界的な食糧供給の過剰によって経済が打撃を受けるなど，政治的にも経済的にも不安定な状態であった。

B 東欧・バルカン諸国の動き　ハンガリーでは，コミンテルンの指導による**ハンガリー革命**(1919)が起こるが，ルーマニア軍の侵入と，ホルティの王政復活により失敗し，ホルティが国王の摂政として独裁(1920～44)を展開した。ポーランドは，**ピウツキ**の独裁のもとで**ソヴィエト゠ポーランド戦争**(1920～21)によって領土を拡大した。チェコスロヴァキアは，初代大統領マサリク，外相ベネシュのもとで西欧的な議会主義と工業の国に発展した。セルビアとモンテネグロが，オーストリア領だったスロヴェニアとボスニア・ヘルツェゴヴィナ，ハンガリー領だったクロアティアなどをあわせて成立したセルブ゠クロアート゠スロヴェーン王国は，1929年に国名を**ユーゴスラヴィア王国**と改称して独裁体制を確立した。

7 ファシズムの台頭

A イタリアのファシズム　ムッソリーニを党首として1919年に成立した**ファシスト党**は，フィウメ領有問題などヴェルサイユ条約に対する不満を背景にして資本家・地主・軍人の支持を受けていた。さらに，社会党中心の北イタリアのストライキが挫折し，左派による社会改革に対する失望感が広まり，労働者の支持も集めるようになった。

> ⊕ PLUS α
>
> **大衆とファシズム**
> ファシズムとは，大衆にもわかりやすい政策を示して支持を集め，大衆の力を利用して，個人の自由よりも国家全体の利益を実現し，大衆の人気を背景に反対派を弾圧する政治姿勢。

B ファシスト政権の成立　国民の支持を集めたムッソリーニは，1922年の**ローマ進軍**で権力を握ると，国王の指示を受けて内閣を組織した。その後，ファシスト党以外の政党を解散して**一党独裁**を樹立し，ファシスト党の議決機関であるファシズム大評議会を国会にかわる最高決定機関とするなど，ファシスト党による独裁体制を作りあげた。

ⓒ ムッソリーニの対外政策 フィウメを併合(1924)し，**アルバニアを保護国**とする(1926)など，バルカン半島へ勢力を拡大した。1929年の**ラテラン(ラテラノ)条約**でローマ教皇と和解して，イタリアが教皇領を併合した1870年以来の対立を解消し，ヴァチカン市国が成立した。また，世界恐慌による行き詰まりの打開を目指して**エチオピア侵略**(1935～36)を行い，国際的な孤立を深めた。

エチオピア侵略

エチオピア侵略に対して，国際連盟は侵略行為と認定して経済制裁を決議するが実行できず，国際連盟の無力さが露呈した。1937年に**イタリア**は国際連盟を脱退。1933年には**日本**と**ドイツ**が既に脱退していた。

8 スターリンの社会主義建設

Ⓐ スターリン独裁の成立 ソ連では，レーニンの死(1924)によって**一国社会主義論**を主張する**スターリン**と**世界革命論**を主張する**トロツキー**が後継者の座をめぐって対立した。1925年の共産党大会で一国社会主義論が選択されると，トロツキーは追放され，亡命先のメキシコで暗殺された。スターリンは反対者を粛清し，事実上の独裁を展開した。

Ⓑ 第1次五カ年計画(1928～32) スターリンは，**ネップ(新経済政策，NEP)**を改めた本格的社会主義計画経済として，**第1次五カ年計画**を実施。重工業を優先した政策と農業の集団化・機械化を基本方針とし，**コルホーズ**(集団農場)・**ソフホーズ**(国営農場)の建設をすすめた。**計画経済**によって資本主義市場から切り離されたので，世界恐慌の影響を受けずに工業生産は増加したが，農業は荒廃して多くの餓死者が出た。

ⓒ 第2次五カ年計画(1933～37) 第1次五カ年計画への反省から国民生活の向上にも配慮されたが，ドイツのナチ党の台頭など国際的緊張の高まりを受けて，軍事関連工業が中心となった。1936年には**スターリン憲法**が制定され，18歳以上の男女による秘密直接選挙という民主的な建前の一方で，候補者推薦制と共産党の一党独裁は維持され，スターリンの独裁と個人崇拝が強制された。

Ⓓ 反ファシズムの動き ソ連は，日本・ドイツのファシズム台頭に対抗してアメリカに接近し，**アメリカ**に承認されて(1933)，国際連盟に加盟した(1934)。さらに，**コミンテルン第7回大会**(1935)で，ファシズム打倒のために，反ファシズム勢力の大同団結を目指す**人民戦線戦術**を採択した。

9 アメリカ合衆国の繁栄と世界への影響

A アメリカ合衆国の繁栄 アメリカは，第一次世界大戦中に連合国に物資・借款（しゃっかん）を提供することで**債務国（さいむこく）**から**債権国（さいけんこく）**へ転換（てんかん）した。さらに，国土が戦場とならなかったために工業が痛手（いたで）を受けず，ヨーロッパ諸国に対して工業生産力で圧倒的な優位にたち，空前（くうぜん）の繁栄期（はんえいき）を迎えた。共和党政権の大統領は，自由放任の名のもとに大企業中

▲ 1920年代のアメリカ

心の経済体制をとり，**大量生産・大量消費**による「永遠の繁栄」を国民に提示（ていじ）した。

B アメリカ大衆消費社会の成立 **男女普通選挙**の成立（1920）によって大衆民主主義が発展し，資本家と労働者の中間に位置する，都市のホワイトカラーなどの新中間層が台頭した。新中間層に多い**WASP**（White Anglo-Saxon Protestant, ワスプ）の間では，非アメリカ的なものを排除する保守的傾向が強まり，プロテスタント的な禁欲主義に沿って禁酒法が定められたり，**KKK**のような過激な反黒人組織がつくられたり，南欧・東欧出身の移民が差別され入国を制限されたり，1924年の**移民法**によってアジア系移民の禁止などが行われたりした。

C アメリカの国際政治への関与 ヨーロッパへの政治的関与を避けながら，国際連盟の枠外で**ワシントン体制**を構築して，国際協調や軍縮の中心となった。1920年代には，**ドーズ案**（1924）でドイツへの資本提供と賠償支払い方法を軽減した。**ヤング案**（1929）では，ドイツの賠償金の支払い総額を減額することで，ドイツによる英・仏など連合国への賠償金支払いを支援（しえん）し，連合国が得た賠償金を債権として回収した。さらに，第一次世界大戦後のヨーロッパ列強の後退で，中国進出を強めた日本に対抗するため中国の民族運動を支援した。

🔍 **この講のまとめ**

過酷な条件の講和は，ヨーロッパ社会にどのような勢力を生みだしたか？

☑ 債務に苦しむドイツでは経済が破綻し，右翼政党が生まれた。

☑ ヴェルサイユ条約への不満を背景に，イタリアでファシスト党が独裁体制を作った。

4 | 戦中・戦後のアジア・アフリカ

🔍 この講の着眼点

伝統的な秩序を揺るがした第一次世界大戦は，アジア・アフリカのナショナリズムを刺激した。これらの地域では，国外からの圧力に対抗するために，国内と民族の一致団結が目指された。アジア・アフリカではどのようにして民族の結束がはかられただろうか？

トルコ共和国建国の父といわれるムスタファ=ケマルは，国民に向けて新しく導入したローマ字の読み書きを教えたよ。

イスラーム教の国だから，アラビア文字を使用しているのだと思っていました。ローマ字を導入したのはなぜなのですか？

1 第一次世界大戦と東アジア

Ａ 第一次世界大戦後の東アジア 総力戦に巻き込まれたヨーロッパ列強が東アジアから後退したので，日本製品や中国製品への需要が増大し，日中では資本主義が発展した。その結果，都市労働者が増加し，労働者の啓蒙がすすむと同時に，学生が新しい知識を吸収して青年知識人に成長した。また，第一次世界大戦での専制的国家の敗北・**民族自決の原則**・ロシア革命によるプロレタリア独裁の実現などが都市労働者や学生を刺激し，民族運動が活発化した。

Ｂ 中国の新文化運動 民族資本家や労働者といった新しい社会階層の成長を背景として，儒教思想や封建思想にもとづく古い家族制度を批判する**新文化運動**が起こり，北京大学教授の**陳独秀**が 1915 年に啓蒙雑誌の『**新青年**』を刊行した。『新青年』に発表された文学作品により，「**文学革命**」とよばれる啓蒙活動がすすんだ。

Ｃ 白話文学の提唱 北京大学教授の**胡適**が，文学作品を文語体ではなくて口語で表現することで，啓蒙運動を一層すすめようとする白話文学を唱えた。

白話運動に共鳴した魯迅は、『狂人日記』(1918)、『阿Q正伝』(1921〜22)を口語で発表した。また、北京大学では李大釗が中心となり、陳独秀も参加してマルクス主義研究が始まった。

D 第一次世界大戦中の日本　日英同盟を理由に対独参戦(1914)し、膠州湾・ドイツ領南洋諸島を占領するとともに、地中海にも海軍を派遣した。また、中華民国大総統の袁世凱に対し二十一カ条の要求をつきつけ(1915)、山東のドイツ権益を継承することを認めさせた。

E 第一次世界大戦後の日本　パリ講和会議で、赤道以北のドイツ領南洋諸島を委任統治領とし、山東でのドイツ権益を継承することを認められた。国際連盟の常任理事国となって、国際社会での地位を確保するが、東アジアでの勢力拡大が列強の警戒心をまねき、ワシントン会議の九カ国条約で、中国の主権尊重と領土保全を約束させられ、その後ドイツから継承した山東での権益を中国へ返還させられた。

F 日本の大正デモクラシー　第一次世界大戦後の日本では、米騒動(1918)をきっかけに日本初の本格的政党内閣の原敬内閣が成立。1925年には普通選挙法が成立するなど、大正デモクラシーとよばれる民主主義の高まりがおこった。しかし、ロシア革命に干渉して莫大な戦費をつぎこんだシベリア出兵(1918〜22)は、多くの犠牲が出たにもかかわらず成果をあげられず、そのほかにも関東大震災(1923)・治安維持法(1925)・金融恐慌(1927)といった不安要素が存在した。

G 朝鮮の三・一独立運動(1919.3.1)　ロシア革命やウィルソンの十四カ条(民族自決)の影響で、ソウルの知識人や宗教家の間で日本からの独立を求める三・一独立運動(万歳事件)が起こり、列強の支持を期待して独立宣言を発表した。これを期に反日独立運動は全国に拡大したが、列強の支持を得られず、日本軍により徹底的に鎮圧された。日本は、朝鮮統治を憲兵や軍隊の力による武断政治から文化政治へ移行させたが、朝鮮文化の抹殺であるとして反発をまねいた。

H 第一次世界大戦中の中国　日本の二十一カ条の要求を受諾した袁世凱の死(1916)後は、各地に軍閥政権が割拠する中で、孫文も広東派・広西派軍閥と結んで広東軍政府を樹立した。経済は第一次世界大戦によりヨーロッパ資本が

後退したため，民族資本が成長した。しかし，日本の経済進出のみが激しくなり，日本に対する中国人の反発が強まった。

Ⅰ 五・四運動(1919.5.4)　パリ講和会議で二十一カ条の要求の取り消しが拒否されると，1919年5月4日に北京大学の学生を中心に**ヴェルサイユ条約の調印反対**・反帝国主義・反封建主義を訴える**五・四運動**が起こった。これが反帝国主義・軍閥打倒を唱える中国民衆による民族運動の出発点となった。孫文はそれまで少数の革命家集団によって，新しい中国を建設しようと考えていたが，民衆の力を利用した中国の統一を目指し，秘密結社の中華革命党を大衆政党の**中国国民党**に改組した。

Ⅰ 帝国主義列強の変化　第一次世界大戦後，中国に対する列強の対応が変化した。ソヴィエト政権は，帝政ロシア時代の中国に対する不平等条約の撤廃を宣言し，ワシントン会議で締結された**九カ国条約**(1922)で中国の**主権尊重**と**領土保全**が約束された。さらに日本軍が得た**山東**のドイツ権益が中国へ返還されるなど，**二十一カ条の要求**はほぼ撤廃された。

Ⅰ 第1次国共合作(1924〜27)　1921年，コミンテルンの指導によって，上海で**陳独秀**と**李大釗**を中心に**中国共産党**が成立した。孫文は中国国民党一全大会(1924)で「連ソ・容共・扶助工農」の新政策を提言して，**第1次国共合作**を実現し，軍閥と帝国主義の打倒と漢民族による中国の統一(国民革命)を目指したが，1925年3月に「革命いまだならず」の遺言を残して死去した。

Ⅰ 広州国民政府の成立(1925.7)　上海でおこった労働者などの民衆による**五・三〇運動**(1925.5.30)が全国的な反帝国主義運動に発展し，中国の労働者の行動力が示されると，中国国民党は**広州国民政府**を樹立した。広州国民政府は，**蔣介石**を総司令官とする**国民政府軍**を組織し，帝国主義勢力と軍閥の打倒による中国統一を目指した。

Ⅰ 北伐(1926〜28)　蔣介石が率いる国民革命軍が，軍閥の打倒と中国の統一を目指す**北伐**を開始すると，共産党と国民党左派(汪兆銘を中心とする容共派)はコミンテルンの指導を受けて武漢政府を樹立した。これに対し，浙江財閥の支援を受けた蔣介石は，**上海クーデタ**で共産党を弾圧，このため第1次国共合作は崩壊した。

N **南京国民政府の成立（1927.4）**　蒋介石を主席とする国民党右派が**南京国民政府**を樹立すると，汪兆銘ら国民党左派も合流し，地主・財閥・帝国主義諸国の蒋介石に対する期待が高まった。一方，都市での基盤を失った共産党は，活動拠点を農村へ移した。

O **北伐の完成（1928.6）**　共産党を追放した蒋介石は中国の統一を目指して北伐を再開した。日本は居留民保護のために山東出兵を行って北伐を妨害したが，日本の支援を受けて北京政府を支配していた奉天派の**張作霖**は，国民政府軍に敗れて奉天へ引き上げる途上で日本の関東軍によって爆殺された（**張作霖爆殺事件**〔奉天事件，1928.6〕）。張作霖の子の張学良は，日本に反発して蒋介石と結び，北伐が完成した。中国の統一に成功した蒋介石は，浙江財閥とアメリカ・イギリスの支援によって政権を維持しようとした。

P **中国共産党の動き**　**紅軍**（中国共産党軍）が農村で共産党の支配地域を拡大し，ソヴィエト政権の樹立を目指した。井崗山を革命の根拠地として，紅軍の主力を集めた**毛沢東**を主席として，江西省瑞金に**中華ソヴィエト共和国臨時政府**が成立した（1931）。1934 年以降，**中国国民党**が攻勢を強めると，**中国共産党**は瑞金を脱出して長征（大西遷）を開始した。

2 インドの民族運動

A **第一次世界大戦とインド**　第一次世界大戦中，植民地もふくめた総力戦を目指すイギリスは，インド人の戦争協力と引きかえに**戦後の自治**を約束した。しかし，その約束は守られず，1919 年には令状なしの逮捕・裁判なしの投獄を認める**ローラット法**を制定して，反英運動に対する露骨な弾圧を行った。また，1919 年**インド統治法**を制定して，形式的には各州の自治を認めたが，インド人が期待した自治にはほど遠いものであった。

B **国民会議派の活動**　ガンディーは**非暴力・不服従**（第 1 次 1919 〜 22）を指導し，第一次世界大戦中に反英化していた**全インド＝ムスリム連盟**も同調したが，ヒンドゥー・イスラーム両教徒の対立によって活動は停滞し，全インド＝ムスリム連盟は国民会議派から離れた。しかし，国民会議派ラホール大会（1929）で**ネルー**ら急進派が主導権を握り，**プール**

▲ガンディー

ナ=スワラージ（完全なる独立）を決議すると，ガンディーは非暴力・不服従（第2次 1930～34）を再開し，植民地政府の専売品であった塩を密造しながら「塩の行進」を行い，反英運動の象徴としてインド人を熱狂させた。

Ｃ **イギリスの対応** イギリスは，本国の経済を支えるために最重要植民地のインドを維持するために，英印円卓会議(1930～32)で，インド人民族運動の指導者をロンドンへまねいて懐柔しようとしたが失敗した。次に，1935年**インド統治法**で，各州ごとの自治を拡大し，州の政治はインド人に任せた。しかし，州知事を任命する中央政府はイギリスの支配下において完全独立は認めなかったので，インド人の不満はおさまらなかった。そして，**全インド=ムスリム連盟**を懐柔して，ヒンドゥー教徒主体の国民会議派との分断をはかった。

３ 東南アジア諸国の民族運動

Ａ **インドネシアの民族運動** 1920年に成立した**インドネシア共産党**は，アジア初の共産党として独立運動を展開するが鎮圧された。それにかわって1927年に成立した**インドネシア国民党**は，のちに独立後の初代大統領となる**スカルノ**を中心に，インドネシアという統一された国家の建設を目指す独立運動を展開した。

Ｂ **インドシナの民族運動** 日露戦争後に**ファン=ボイ=チャウ**の民族運動が活発になったが，フランスや日本の弾圧によって成果はあがらなかった。1930年，ファン=ボイ=チャウの流れをくむ**ベトナム国民党**の武装蜂起が失敗したあとは，**ホー=チ=ミン**率いる**インドシナ共産党**が民族運動の中心となった。

Ｃ **ビルマ（ミャンマー）の民族運動** 1930年に**タキン党**が成立し，アウン=サンを中心に独立運動を展開したが，イギリスに弾圧され，**アウン=サン**は日本へ亡命した。第二次世界大戦中，日本軍とともにビルマに戻ったアウン=サンは当初，日本軍に協力するが，日本の支配に失望し，反ファシスト人民自由連盟を結成して抗日運動の中心となった。

Ｄ **フィリピンの動き** 1934年に**フランクリン=ローズヴェルト大統領**が10年後の独立を約束し，翌年には独立準備政府が樹立された。第二次世界大戦中は，日本軍の侵攻(1942)により日本の占領下におかれたので，独立は延期されたが，日本の敗戦により，1946年にフィリピン共和国として独立を達成した。

4 トルコ共和国の誕生

A **第一次世界大戦後のトルコ**　スルタン政府は，領土縮小・治外法権・内政干渉権など亡国的内容をふくむ**セーヴル条約**を受諾した。

B **トルコ革命（1919 ～ 23）**　**ムスタファ＝ケマル**（ケマル＝パシャ）は，イズミルに侵入したギリシア軍と戦った（1919 ～ 22）。さらに，セーヴル条約に反発し，スルタン政府に対抗して，アンカラでトルコ大国民議会を開催してアンカラ政府を樹立した（1920）。ムスタファ＝ケマルは，1922 年に**スルタン制を廃止**して，**オスマン帝国**を滅亡させた。アンカラ政府は，1923 年セーヴル条約を改定して新たに**ローザンヌ条約**を結んで，イズミルを回復するとともに，治外法権も廃止して独立を取り戻した。同年，アンカラを首都とし，**ムスタファ＝ケマル**を初代大統領とする**トルコ共和国**が成立した。

C **トルコ共和国の近代化**　1924 年にトルコ共和国憲法が成立し，**カリフ制廃止**によって**政教分離**が実現した。ムスタファ＝ケマルは**太陽暦**を採用し，チャドルを廃止するなど女性解放をすすめて女性参政権を実現した。さらに，1928年にはアラビア文字を廃止して**ローマ字**を採用した。議会は，近代化を達成したムスタファ＝ケマルに**アタテュルク**（トルコの父）の尊称を贈った（1934）。

5 イスラーム諸国の動き

A **エジプトの独立**　エジプトでは 1875 年のスエズ運河会社株買収以来，イギリスの支配が強まり，**ウラービー（オラービー）運動**以降はイギリスの実質的な保護国となっていた。第一次世界大戦後は，**ワフド党**を中心に民族運動が活発になり，1922 年に**エジプト王国**が成立してイギリスの保護権を廃止したが，イギリスは**スエズ運河地帯駐屯権**と**スーダン領有権**を留保した。1936 年のエジプト＝イギリス同盟条約で，エジプトに完全な主権が認められたあとも，イギリスのスエズ運河地帯駐屯権は維持された。

B **アフガニスタンの独立**　アフガニスタンは２度のアフガン戦争でイギリスの保護国となっていたが，第３次アフガン戦争（1919）でイギリスから独立し，**アフガニスタン王国**となった。

C **イランの近代化**　イランの**ガージャール朝**は，第一次世界大戦で中立を宣言するが，英露両国に占領された。ロシア軍が革命に伴って撤退したあとも，イギリス軍はイランに居座った。イギリスの支配下におかれたガージャール朝に

対して, **レザー＝ハーン**はテヘランでクーデタを起こし, 自ら**シャー**（国王）となって**パフレヴィー朝**が成立した(1925)。レザー＝ハーンは国号をイランとし, 女性解放をすすめるなど国内の近代化につとめたが, **石油利権**をイギリスにおさえられたことで, 近代化は思うようにすすまなかった。

D 第一次世界大戦中のアラビア半島

アラビアでは, 18世紀半ばに, 原始イスラーム教への回帰を主張する**ワッハーブ派**と中部アラビアの豪族**サウード家**が手を結んで, ワッハーブ王国が建国された。ワッハーブ王国は19世紀末にオスマン帝国に滅ぼされたが, その後もオスマン帝国に対するアラブ人民族運動が活発であった。イギリスは, アラブ人指導者のフセインと**フセイン・マクマホン協定**を結び, 戦争への協力と引きかえに, 戦後はアラブ人国家樹立を約束した。

E サウジアラビア王国の成立　フセインは, イギリスとの約束を信じてアラビア西岸にヒジャーズ王国を建国したが, イギリスの支持を受けたサウード家の**イブン＝サウード**がヒジャーズ王国を滅ぼした。イブン＝サウードはアラビア半島の大部分を統一して, **サウジアラビア王国**を建国した。

F 英・仏の委任統治領の動向　イギリスの委任統治領であったイラクは1932年に**イラク王国**として, ヨルダンは1946年にトランス**ヨルダン王国**として独立した。フランスの委任統治領であった**レバノン**は1943年に, **シリア**は1946年にそれぞれ独立した。

G パレスチナ問題　帝国主義の時代には, 各国で国粋主義的傾向が強まり, 異質なものを排除する動きが強まった。その中で反ユダヤ主義が強まったことから, パレスチナにユダヤ人国家を建設しようとする**シオニズム**の動きが高まった。しかし, パレスチナに移住したユダヤ人と, パレスチナに住んでいたアラブ人の間に対立が起こった。

H イギリスの二重外交　第一次世界大戦中にイギリスが行った二重外交は, パレスチナ問題を複雑にした。イギリスは, **フセイン・マクマホン協定**(1915)でアラブ人の独立を承認した一方, **バルフォア宣言**(1917)ではパレスチナでのユダヤ人国家の建国を支持した。また, **サイクス・ピコ協定**(1916)で英仏露三国に

KEY WORD

石油利権

石油を採掘・取得する権利。第2次産業革命以降, 石炭にかわるエネルギーとして石油が重要な意味をもつようになった。

KEY WORD

フセイン・マクマホン協定

フセインは, シリア・パレスチナからイラク・ヨルダンを含むアラビア半島が, 一つのアラブ国家として独立できることを期待したが, イギリスは協定を守らなかった。

よるオスマン帝国領分割を約束した。

▌ 第一次世界大戦後のパレスチナ　イギリスの委任統治領となるが，アラブ人が反英・反ユダヤ闘争を展開した。1930 年代以降は，「ユダヤ人迫害を行った」ナチ党の台頭により，パレスチナへ移住するユダヤ人が増加してアラブ人との対立がより激化した。

6 アフリカ民族会議の成立

　非暴力主義にもとづいて，人種差別撤廃運動を展開するために，1900 年にはロンドンで植民地主義と人種差別に抗議する**パン゠アフリカ会議**が開催された。また，1912 年に**アフリカ民族会議（ANC）**が創設された。アフリカ民族会議は第二次世界大戦後も活動を継続し，1991 年に**アパルトヘイト廃止**を実現した。

POINT

第一次大戦後のアジア
- ☑ 中国…新文化運動→**五・四運動**→五・三〇運動→**広州国民政府**の成立。
　　　　北伐開始→上海クーデタ→南京国民政府の成立。
- ☑ インド…イギリスによる**ローラット法**制定
　　　　→国民会議派ラホール大会にて**プールナ゠スワラージ**を決議。
- ☑ トルコ…セーヴル条約への不満→**ムスタファ゠ケマル**による改革
　　　　→ローザンヌ条約→トルコ共和国成立→カリフ制の廃止（政教分離）。

この講のまとめ

第一次大戦後，アジア・アフリカではいかに民族の団結がはかられたか？
- ☑ 中国では民衆の力を結集して中国を統一することが目指された。
- ☑ アフリカでは人種差別撤廃を目指し，アフリカ民族会議が創設された。

5 | 世界恐慌とファシズムの台頭

この講の着眼点

戦後の体制はファシズムの台頭を誘発した。資源や植民地を持たざる国であるドイツ・イタリア・日本は，世界恐慌後にどのような展開をむかえただろうか。

ミュンヘンの小政党だったナチ党は1932年の選挙で国民によって第一党に選ばれています。ドイツ国民はなぜナチ党を支持したのでしょうか。

ヴェルサイユ体制に対する国民の不満を巧みに利用して，特定の民族や共産主義への差別などを用いて大衆を扇動したからなんだ。

1 世界恐慌の発生

A 発端 1929 年 10 月 24 日（「暗黒の木曜日」），**ニューヨーク株式市場**（ウォール街）で株価が大暴落し，「永遠の繁栄」を誇ったアメリカは深刻な経済恐慌に陥った。

B 原因 1920 年代の経済繁栄で生産が過剰になっていたことに加えて，農業不況の進行による農民の購買力減退・各国の高関税政策による国際貿易の停滞・株式や土地への過剰投機などがあげられる。

C 推移 恐慌の影響は，ソ連をのぞく全世界に波及した。特にアメリカから戦後復興の融資を受けていたヨーロッパ諸国は深刻な打撃を受けた。工業生産は急落し，銀行や企業の倒産が相次いで失業者が急増した。世界規模で起こった，この経済恐慌を**世界恐慌**とよぶ。

D アメリカの混乱 共和党の**フーヴァー**大統領（在任 1929 ～ 33）は，賠償・戦債の支払いを 1 年間停止する猶予令（**フーヴァー＝モラトリアム**）を出したが，恐慌の原因への対応とはいえず根本解

⊕ PLUS α

世界恐慌の影響
当時アメリカの工業生産は世界の約半分を占め，世界経済を支えていたため，恐慌の影響は世界規模で波及した。

▲1929 年 10 月 24 日のウォール街

決に至らなかった。1920年代の繁栄を支えた共和党政権は，有効な政策もなく自由放任の経済政策を維持して恐慌の拡大をまねき，国民の信頼を失った。

E 影響と結果　列強は自国の権益確保に奔走（ほんそう）し，国際協調と安定の時代は終わりを告げた。一方，経済的基盤や民主主義が弱体だった**ドイツ・イタリア・日本**は，全体主義と軍国主義の体制を確立して，武力による対外進出に活路を見出した。

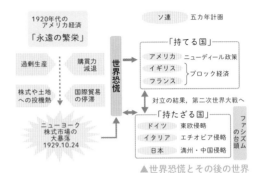

▲世界恐慌とその後の世界

2 アメリカの恐慌対策

A フランクリン＝ローズヴェルト大統領

1932年の大統領選挙に勝利した民主党の**フランクリン＝ローズヴェルト**（在任1933〜45）は，政府がさまざまな経済活動に積極的に介入する**ニューディール**（新規まき直し）とよばれる政策を実行した。この政策は三つのR（救済Relief，復興Recovery，改革Reform）というスローガンで表され，恐慌の打撃を受けて困窮（こんきゅう）する国民に希望を与えた。

政策	内容
農業調整法 （ＡＡＡ，1933）	農産物の生産調整→農産物価格を安定させて，農民の購買力向上をはかる。
全国産業復興法 （ＮＩＲＡ，1933）	企業の生産を政府が調整→物価や賃金の引き上げをはかり，企業経営の回復につとめる。
テネシー川流域開発公社（ＴＶＡ，1933）	テネシー川流域の電力開発や治水，産業振興→政府の大規模な公共事業によって，需要の拡大と失業者問題の解消をはかる。
金本位制停止(1934)	金と通貨の兌換（だかん）を停止し，経済活動にあわせて通貨を供給する管理通貨制度に移行→世界経済からドルを分離してドル経済圏を保護。
ワグナー法(1935)	労働者の団結権・団体交渉権を認める →アメリカ労働総同盟（ＡＦＬ）内に産業別労働者組織委員会（ＣＩＯ，1938年に産業別組合会議として分離・独立）が結成される。
社会保障法(1935)	失業保険や年金を制度化。

▲ローズヴェルトが行った主な政策

👤 KEY PERSON

**フランクリン＝
ローズヴェルト**
[1882〜1945]

1932年にフーヴァーを破って大統領に当選。ラジオを通じて国民に語りかける演説は「炉辺（ろへん）談話」とよばれた。アメリカ史上初めて4選を果たした。

⊕ PLUS α

NIRAのその後
NIRAは経済活動に干渉するものだが，このような権限は大統領や議会になかったため，最高裁は違憲判決を出した。NIRAに対する違憲判決を受け，NIRAのうち労働者の団結権や団体交渉権などの条項だけを単独の法案として提出したものがワグナー法である。

3
第5章 二つの世界大戦

421

B ニューディール政策　多くの政策は就任後最初の約100日間に集中して実施された。従来の自由放任経済を修正し（修正資本主義），政府が市場機構に介入して国民諸階層の利害を調整することを目指した。

C 外交政策　フランクリン＝ローズヴェルト大統領は，棍棒外交（こんぼう）と称された従来の高圧的な外交姿勢を改め，善隣外交（ぜんりん）KEY WORD とよばれる外交政策を打ち出してラテンアメリカ諸国との関係を改善した。また，ソ連を承認し（1933），フィリピンには10年後の独立を約束した（1934）。

3 イギリスの恐慌対策

A マクドナルド内閣の混乱　世界恐慌はイギリス経済に深刻な影響を及ぼした。当時の第2次マクドナルド内閣は，恐慌対策として失業保険の削減（さくげん）を提案したが，与党である労働党の反対にあって内閣総辞職に追い込まれた。

B 挙国一致内閣（きょこくいっち）　そこでマクドナルドは保守党・自由党と結んで**挙国一致内閣**を造り，**金本位制の停止**（きんほんいせい）（1931）・保護関税の導入（1932）を行った。

C ブロック経済　その一方で，オタワ連邦会議を開催し（1932），イギリス本国と自治領の間に特恵関税制度による**スターリング＝ブロック（ポンド＝ブロック）**KEY WORD を形成し，経済のブロック化をすすめた。

4 フランスの恐慌対策

　フランスも世界恐慌に対しては，緊縮財政やブロック経済（**フラン＝ブロック**）の形成などで対応した。列強国が経済のブロック化をすすめたことで，国際貿易の総額は縮小して経済競争が激化する一因となった。

KEY WORD

善隣外交（ぜんりん）

ラテンアメリカ諸国への介入や干渉を行わないという外交方針。1934年にはプラット条項（キューバを事実上保護国化する内容の条項）を廃止して，キューバの完全独立を承認した。

KEY WORD

スターリング＝ブロック

イギリス連邦内の国々と関税協定を結び，ブロック外からの製品に対しては高関税を課し，ブロック内の商品には無税か低関税とする制度。ブロック内の商品流通は活発になるが，異なるブロック圏同士の貿易は行われにくくなる。

＼これを聞きたい！／

Q
ブロック経済は世界にどんな影響を与えましたか。

A
列強によるブロック経済の形成は世界市場の縮小を意味し，資源や植民地を「持たざる国」は植民地の再分割を求めて対外侵略に乗り出すようになったよ。

5 日本経済の動向と満洲事変

A 日本経済の混乱 日本は第一次世界大戦時には大戦景気による好況に沸いたが，終戦後にはヨーロッパ経済の立ち直りとともに深刻な不況に陥った。日本経済はこの戦後恐慌に続いて，関東大震災(1923)による被害や**金融恐慌**(1927)でも打撃を受け，世界恐慌の波にさらされた。これに対し政府は高橋財政で恐慌から脱したが，大陸進出によって経済危機を乗り切ることを主張する軍部を抑えられなかった。

B 満洲事変 1931年，関東軍が奉天郊外の**柳条湖**で南満洲鉄道を爆破するという事件を起こした。この**柳条湖事件**を口実に，日本は中国東北地方に本格的に軍事介入した(**満洲事変**)。また，満洲に対する国際社会の関心をそらすために**上海事変**をおこした(1932)。

C 満洲国の建国 一連の軍事行動に対して，国際連盟は**リットン調査団**を派遣して調査した。日本は清朝最後の皇帝である**宣統帝溥儀**を擁立して満洲国を建国したが，調査の結果，満洲国は認められないとされた。日本はこれを不服として，**国際連盟**を脱退した(1933)。

🔖 **KEY WORD**

金融恐慌

日本で起こった経済恐慌。片岡直温蔵相の失言から銀行への取付け騒ぎが起こり，休業に追い込まれる銀行が続出した。田中義一内閣はモラトリアム(支払猶予令)を発令し，事態の収拾をはかった。

🔖 **KEY WORD**

上海事変

上海で日本人僧侶が襲撃されたことを発端にして，日中両軍が衝突した。

6 民族統一戦線の成立

A 抗日運動と内戦 満洲事変以来，中国では抗日救国の動きが強まった。その一方で，**国民政府**は共産党討伐と国内統一に重点をおき，瑞金の**中華ソヴィエト共和国臨時政府**に対し，たびたび攻撃をしかけた。

B 長征と八・一宣言 国民政府軍の攻勢を受けた共産党軍(紅軍)は，瑞金を捨てて西部の陝西省延安を目指す**長征**を開始した(1934)。長征の途上，遵義会議(1935)で紅軍の全権を握った毛沢東は，コミンテルン第7回大会の人民戦線戦術に沿った内容の**八・一宣言**を発表して，国民党と共産党の内戦停止と**民族統一戦線**の結成を訴えた。しかし，蔣介石はこれを無視して内戦を継続した。

C 西安事件 張学良は八・一宣言に共鳴し，1936年，西安を訪れた蔣介石

を監禁して内戦停止と抗日を説いた(**西安事件**)。共産党の周恩来の仲介もあり, 蒋介石はこれを受け入れて再び国民政府は共産党に接近した。

7 日中戦争の始まり

A 日本の国内情勢 日本が大陸進出を強めていた頃, 国内では**五・一五事件**(1932)や**二・二六事件**(1936)などを契機として, 軍部の政治的発言権が強まった。

B 日中戦争 北京郊外で起きた**盧溝橋事件**(1937)をきっかけに, 日本と中国は全面戦争に突入し**日中戦争**が始まった。第1次近衛文麿内閣は当初, 不拡大方針を出したが, 戦線は拡大し, 日本軍は1937年末までに華北や上海・南京などの主要都市を制圧したが, その支配は都市部とそれらの都市を結ぶ鉄道に限定されていた。

▲日中戦争

C 第2次国共合作 盧溝橋事件をきっかけに**第2次国共合作**が成立(1937)し, **抗日民族統一戦線**が結成された。日本軍の侵攻に伴い, 国民政府は南京から武漢, さらには**重慶**へと移り, 米・英・ソの援助を受けて抗戦した(**重慶政府**, 1938〜46)。

D 東亜新秩序 戦争継続の口実として, 近衛内閣は東亜新秩序建設を打ち出した。これは, 日本と満洲・中国が手を結び, 英・米・仏が優位を占める世界秩序を打倒して, 東アジアに新しい国際秩序を築くことを日中戦争の目的とするものだった。この構想のもとに, 南京に**汪兆銘**(1883〜1944)の親日政権を建てて重慶政府に対抗したが, 大きな統治力はもてなかった。

8 ナチス=ドイツの成立

A ナチ党 **ナチ党**(**国民社会主義ドイツ労働者党**)は, 1920年にドイツ労働者党から改称して成立した。**ヒトラー**(1889〜1945)を指導者として, 力に訴える政治活動を特徴としたが, 当初はあまり支持を得られなかった。

B **ナチ党の主張** ヴェルサイユ体制の打破・反ユダヤ主義などの国粋主義的な側面と，独占の規制などの反資本主義的な側面をもつ。ヴェルサイユ条約の破棄やゲルマン民族の人種的優越を説き，大ドイツの建設や**ユダヤ人排斥**，反共産主義を唱えた。

C **世界恐慌の影響** ドイツは最も深刻に世界恐慌の影響を受けた。フーヴァー＝モラトリアムやローザンヌ会議による賠償金軽減策も効果がなく，ヒンデンブルク大統領（在任 1925 〜 34）の政策も恐慌を収拾できなかった。1920 年代には社会民主党が隆盛だったが，世界恐慌後，ナチ党と共産党が勢力を拡大した。社会民主党と共産党はおたがいを信用せず，ナチ党の危険性を過小評価していたため，両党が協力することはなかった。

D **ナチ党の躍進** ナチ党はたくみな大衆宣伝と大衆行動で人心を掌握した。恐慌による生活苦の原因をヴェルサイユ体制に求める労働者や中間層，さらには共産党の隆盛に危機感を深めた軍部・資本家の支持も獲得し，1932 年の選挙でナチ党は**第一党**となり，翌 33 年にヒトラーが首相に任命された。

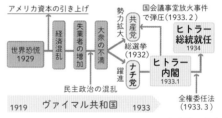

▲ナチ党の進出

E **独裁体制の成立** 政権を獲得したヒトラーは，**国会議事堂放火事件**(1933)を共産党の陰謀であると断定して，同党を弾圧した。また，**全権委任法**(1933)によって国会の立法権を政府に委ねさせ，ナチ党以外の政党を非合法として一党独裁体制を確立した。さらに政治的反対者やユダヤ人を迫害し，**国家秘密警察（ゲシュタポ）・突撃隊（SA）・親衛隊（SS）**が民衆生活やレジスタンスを厳しく監視した。

F **第三帝国の成立** ヒンデンブルク大統領の死後，ヒトラーは大統領制を廃して総統（フューラー）に就任(1934)，全権を握った。ナチス＝ドイツは，アウトバーン（自動車専用道路）建設など大規模な公共事業による失業対策や，四カ年計画(1936)を実施して軍備増強に乗り出した。

ナチ党の躍進

ドイツはヴェルサイユ条約によって過酷な条件を課せられ，思うように経済復興できなかった。加えて，ヴァイマル共和国は政治的に不安定だった。こうした状況下で，国粋主義的側面をもったナチ党は躍進した。

🔑 KEY WORD

第三帝国

ナチ党の支配する国家の別称。第一は神聖ローマ帝国，第二はドイツ帝国。

⑤ ヴェルサイユ体制の崩壊　ナチス゠ドイ
ツは，軍事的な平等権が認められないことを理由に
国際連盟を脱退した(1933)。1935 年には住民投票
により　**ザール地方**を併合し，<ruby>徴兵制<rt>ちょうへいせい</rt></ruby>の復活と
再軍備を宣言した。さらに 1936 年には仏ソ相互援
助条約調印(1935)を理由に，ヴェルサイユ条約・ロ
カルノ条約を破棄して，**ラインラント**の非武装
<ruby>地帯<rt>しんちゅう</rt></ruby>に進駐した。

9 イタリアの動向

Ⓐ 対外進出　世界恐慌の影響を受けた**ムッソリーニ**政権は，対外侵略に
よって危機を乗り切ろうとした。1935 年に**エチオピア**に<ruby>侵攻<rt>しんこう</rt></ruby>したイタリア軍は，
翌 36 年に全土を征服して，これを<ruby>併合<rt>へいごう</rt></ruby>した。

Ⓑ ドイツへの接近　国際連盟はエチオピア侵攻を侵略行動と認めて，イタ
リアに対する経済制裁を発動した。しかし，イギリス・フランスはともに，イタ
リアの侵略行為を押しとどめようという意思に欠け
ており，石油の禁輸が実行されないなど不徹底で，
制裁は成功しなかった。国際的に孤立したイタリア
は，ラインラント進駐で孤立していたナチス゠ドイ
ツに接近して**ベルリン゠ローマ<ruby>枢軸<rt>すうじく</rt></ruby>**を結成
(1936)し，**国際連盟**から脱退した(1937)。

10 ソ連の動向

Ⓐ 独自の経済体制　ソ連は資本主義諸国との交流が少なく，五カ年計画に
よる計画経済を<ruby>遂行<rt>すいこう</rt></ruby>中だった。そのため，世界恐慌の影響を受けずに独自の社会
主義体制を築いていた。

Ⓑ スターリン体制　この間，多くの反対派が<ruby>粛清<rt>しゅくせい</rt></ruby>されて，スターリンの個
人<ruby>崇拝<rt>すうはい</rt></ruby>・個人独裁がすすめられた。**スターリン憲法**(1936)には普通選挙の実
施や民族間の平等・信教の自由など，民主的な内容が盛り込まれていたものの，
実際の選挙は党機関が推薦する名簿に賛成する形式であるなど，**共産党**の一党支
配体制とスターリンの独裁は<ruby>堅持<rt>けんじ</rt></ruby>された。

⊂ 国際社会への参加 1933年にアメリカの承認を受けたあと，ナチス゠ドイツの台頭を恐（おそ）れるフランスの仲介により国際連盟に加盟した（1934）。さらに，フランスとの間に**仏ソ相互援助条約**を締結した（1935）。これを口実にドイツはロカルノ条約を破棄してラインラントへ進駐した。

11 スペイン内戦と三国枢軸の形成

Ⓐ 人民戦線戦術 ソ連およびコミンテルンは，自由主義勢力ばかりでなく，社会民主主義勢力も社会主義革命にとっての障害であると見なしていた。しかし，ドイツにおいてナチ党が台頭するようになると方針を転換した。モスクワで開かれた**コミンテルン第7回大会**（1935）では，共産党と社会党を中心として

反ファシズム勢力が協力し，人民戦線を結成すべきであると提唱した。これにもとづいて，1936年にはフランスやスペインで**人民戦線内閣**が成立した。

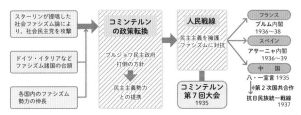

▲人民戦線

Ⓑ スペイン内戦（1936〜39） スペインでは革命によって王政（ブルボン朝）が打倒された（スペイン革命，1931）が，依然（いぜん）として政情不安が続いていた。1936年の選挙によって人民戦線内閣が成立すると，これに反対する旧王党派や教会勢力・地主層（じぬし）が軍人**フランコ**（1892〜1975）を中心に反乱を起こした。イギリスとフランスが戦争不拡大のためと称して**不干渉政策**（ふかんしょう）をとったのに対し，ドイツ・イタリアはフランコの反乱軍を，ソ連は政府側を支援した。また，欧米の知識人を中心に国際義勇軍（ぎゆうぐん）が組織されて，政府軍に加わった。

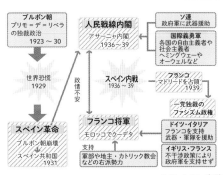

▲スペイン内戦

⊕ PLUS α

国際義勇軍に参加した人々

オーウェルやマルローなど各国の知識人が参加した。特にヘミングウェーはこの内戦をテーマとして『誰がために鐘は鳴る』を書いた。

⊂ **内戦の結果と意味**　長期にわたる内戦は，1939年にマドリードが陥落し，フランコ軍の勝利で終結した。この内戦はファシズム対反ファシズムという性格を帯びており，政府軍の敗北はヨーロッパの反ファシズム勢力の敗北を意味した。

⊃ **三国枢軸の形成**　人民戦線の成立に対抗して，日本とドイツは，**日独防共協定**を結び(1936)，これにイタリアも加わって**三国防共協定**に拡大した(1937)。こうして，ヴェルサイユ・ワシントン両体制の打倒を求める，日本・ドイツ・イタリアの**三国枢軸**が結成された。

POINT

世界恐慌から第二次世界大戦までの経緯
☑ **世界恐慌**の発生→「持てる国」（米→**ニューディール政策**，英・仏→排他的な**ブロック経済**を形成）と「持たざる国」（独・伊・日などは対外侵略を推進）の対立→**第二次世界大戦**にいたる。

🔍 **この講のまとめ**

世界恐慌後，ドイツ・イタリア・日本はどのような展開をむかえたか？
☑ ドイツでは，ナチ党が国民の不満を巧みに利用し，選挙で第一党に。
☑ イタリアのムッソリーニは，侵略によって危機を乗り越えようとした。
☑ 日本では経済混乱が軍部の台頭につながり，中国侵略を本格化させた。

6 | 第二次世界大戦

第一次世界大戦からわずか20年ほどで，世界は再び戦争へむかうこととなった。第二次世界大戦はどのように展開していったのか，第一次世界大戦との違いという視点から整理してみよう。

第一次世界大戦と第二次世界大戦は，どのような点で違っていたのですか？

最も大きな違いは，原子爆弾が開発され実際に使用されたことだろうね。アメリカの原子爆弾の使用は，戦後の世界にも大きく影響するんだ。

1 ドイツの拡大政策と開戦

A ドイツの領土拡張 ドイツはドイツ民族統合を口実として1938年3月に**オーストリアを併合**すると，9月にはチェコスロヴァキアでドイツ人が多く居住する**ズデーテン地方**の併合を要求した。

B 宥和政策 イギリスのネヴィル゠チェンバレン首相（在任1937〜40）は，平和的解決をはかるためドイツの要求を受け入れる**宥和政策**をとった。1938年9月の**ミュンヘン会談**には，ネヴィル゠チェンバレン・ダラディエ（仏）・ヒトラー・ムッソリーニの4首脳が出席し，ズデーテン地方のドイツへ

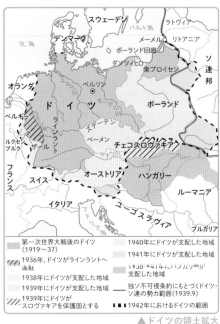

▲ドイツの領土拡大

凡例：
- 第一次世界大戦後のドイツ（1919〜37）
- 1936年，ドイツがラインラントへ進駐
- 1938年にドイツが支配した地域
- 1939年にドイツが支配した地域
- 1939年にドイツがスロヴァキアを保護国とする
- 1940年にドイツが支配した地域
- 1941年にドイツが支配した地域
- 1938〜41年にハンガリーが支配した地域
- 独ソ不可侵条約にもとづくドイツ・ソ連の勢力範囲（1939.9）
- 1942年におけるドイツの範囲

の割譲が決定した。なお，この会談には当事国のチェコスロヴァキアとその同盟国であるソ連はまねかれなかった。

C チェコスロヴァキア解体　1939年3月ドイツは，**チェコスロヴァキア解体**を強行し，西半分のベーメン(ボヘミア)・メーレン(モラヴィア)を保護領として併合し，東部のスロヴァキアを保護国とした。同年，アルバニアはイタリアに合併された。

D ポーランドへの圧迫　さらにドイツはポーランドに対して，ダンツィヒ(現グダニスク)の返還や**ポーランド回廊**を横断して東プロイセンにいたる陸上交通路を要求した。ここにきて英・仏も宥和政策を放棄し，軍備の充実を急ぐとともにポーランドと相互援助条約を締結した。

E 独ソ不可侵条約と開戦　ミュンヘン会談以来，英・仏に対する不信感を強めていた**ソ連**は，ドイツに接近して1939年8月末に**独ソ不可侵条約**を結んだ。これでポーランド併合の約束を得たドイツは，9月1日にポーランドに侵攻し，勝利した。9月3日には英・仏がドイツに宣戦し，**第二次世界大戦**が始まった。

⊕ PLUS α

**ダンツィヒと
ポーランド回廊**

ダンツィヒはヴェルサイユ条約で，国際連盟管理の自由市とされ，港湾の使用権はポーランドに与えられた。ポーランド回廊はこのダンツィヒをポーランドと結ぶためにポーランドに与えられた，南北に細長い旧ドイツ領地帯。ドイツは回廊を横断して，東プロイセンにいたる鉄道・道路の建設を要求した。

2 ドイツの侵略と各国の動向

A ソ連軍の侵攻　ドイツのポーランド侵攻が始まると，ソ連はポーランドの東半分に侵攻して，ドイツとともにポーランドを分割した。その後バルト3国(エストニア・ラトヴィア・リトアニア)を併合し，さらに11月にはフィンランドに宣戦した(**ソ連=フィンランド戦争**)。この結果，ソ連は侵略国として国際連盟から除名された。

B ドイツの電撃戦　資源・兵力に限りのあるドイツは，短期決戦を目指して電撃戦を行った。1940年4月にデンマークとノルウェーを急襲すると，5月には中立国のオランダとベルギーを突破して西部戦線での戦闘が始まった。それ

🖢 KEY WORD

ソ連軍の侵攻

フィンランドはソ連に対して奮闘するが，一部領土を割譲させられた。また，1940年6月には，ソ連はルーマニアからベッサラビアを獲得した。

と同時にドイツとの国境につくられたフランスの要塞線であるマジノ線を突破してフランスに侵入すると，6月にパリを無血占領した。こうしたドイツの優勢を判断して，イタリアもドイツ側に立って参戦した。

C **ヴィシー政府** パリを占領されたフランスは降伏し，第三共和政は崩壊した。国土の北半分はドイツに占領され，南半分は**ペタン**(1856～1951)を首班とする親独政権である**ヴィシー政府**が統治した。ドイツに抵抗する**ド＝ゴール**らは，ロンドンに亡命して自由フランス政府を組織した。これに呼応するように，フランス国内でもレジスタンス(対独抵抗運動)の動きが起こった。

D **チャーチル内閣** イギリスでは1940年5月，ネヴィル＝チェンバレンの対独宥和政策に批判的だった**チャーチル**が首相に就任した(在任1940～45，51～55)。彼を中心に抗戦態勢を整えたイギリスは，激しい空襲に耐えて本土を守りぬいた。1941年3月になると，アメリカは**武器貸与法**を制定し，イギリスに武器や軍需品を援助した。

KEY PERSON

チャーチル
[1874～1965]

ナチ党に対する脅威を感じ，宥和政策を批判した。第二次世界大戦では海相を経て首相に就任し，すぐれた指導力を発揮してイギリスを勝利に導いた。

3 独ソ戦の開始

A **戦線の拡大** 英本土への上陸を断念したドイツは，イタリアを支援してバルカン半島に軍をすすめた。その後，ハンガリーやルーマニア・ブルガリアを陣営に加え，ユーゴスラヴィアやギリシアを占領した。こうしたドイツの侵攻を恐れるソ連は，1941年4月に**日ソ中立条約**を結び，自国の背後といえる極東の安全を確保した。

B **開戦とソ連の方針転換** 1941年6月にドイツはソ連に侵攻し，独ソ戦が始まった。ドイツ軍は首都モスクワにまで迫ったが，ソ連軍は抵抗してドイツ軍の進撃を阻止した。その間，ソ連はイギリスとの関係改善に動いて，7月に英ソ相互援助条約を結んだ。さらに1943年には**英・米との関係強化のために**コミンテルン**を解散した。

C **戦争の長期化** 独ソ戦の開始によって，ドイツは戦争の短期終結に失敗した。そこで戦争の継続をはかるために占領地から資源を収奪し，多くの外国人

PLUS α

ドイツの南下

ドイツは，1941年，ブルガリア進駐を皮切りに，4月にはユーゴスラヴィア，ギリシアを制圧し，6月までに全バルカン半島を制圧した。しかし，占領されたユーゴスラヴィアでは，ティトーらパルチザンがドイツへの抵抗運動を続けた。

を戦時労働力として徴用した。また，占領地でも人種主義政策を採用し，多くの
ユダヤ人やスラヴ系の人々をアウシュヴィッツなどの**強制収容所**に送って殺害し
た。

▲第二次世界大戦中のヨーロッパ

4 太平洋戦争

A 日本の南方進出　日中戦争が泥沼化し，工業資源や兵員の確保に苦しむ
日本は，南方へ活路を求めた。1940 年 6 月にフランスがドイツに降伏すると，
これに乗じてフランス領インドシナ北部へ進駐した。

B 日本の軍事条約　ドイツの快進撃を見た日本は英・米との対決に備え，
三国防共協定を 1940 年 9 月に**日独伊三国同盟**に発展させた。また，北方の
安全確保のために 1941 年 4 月に**日ソ中立条約** KEY WORD
を締結した。こうして態勢を固めた日本は 7 月にフ
ランス領インドシナ南部へも進駐した。

C 日米交渉の決裂　日本の南進政策に対して
アメリカは警戒感を強め，イギリス・中国・オラン
ダとともに「**ＡＢＣＤライン**」とよばれる包囲網で
KEY WORD
日本の封じ込めをはかった。さらにアメリカは，在
米日本人の資産凍結と石油の対日輸出禁止を決定し
た。1941 年 4 月からは，日米交渉が重ねられたも
のの，11 月にアメリカの国務長官ハルが示したハ
ル・ノートは，中国・仏印からの撤退や中国を満洲
事変以前の状態に戻すことを要求するという，日本
にとっては受け入れられない内容で，交渉は完全に決裂した。

> **KEY WORD**
>
> **日ソ中立条約**
> 南方進出を目指す日本と，ドイツのバルカン半島進出に備えたソ連が，相互不可侵と中立維持を約束した条約。

> **KEY WORD**
>
> **ＡＢＣＤライン**
> アメリカ(America)，イギリス(Britain)，中国(China)，オランダ(Dutch)の頭文字をとって命名された対日包囲網。

D **太平洋戦争の開始**　日独伊三国同盟を背景に，日本は 1941 年 12 月 8 日にハワイの**真珠湾**(パールハーバー)にあるアメリカ海軍基地を奇襲して，アメリカ・イギリスに宣戦した。ここに**太平洋戦争**が始まり，日本とともにドイツ・イタリアもアメリカに宣戦した(日・独・伊などを**枢軸国**，英・米・ソ・中などを**連合国**とよぶ)。こうしてヨーロッパの戦争とアジアの戦争が一体化し，世界大戦の様相を呈することとなった。

E **大東亜共栄圏**　真珠湾攻撃と同時にマレー半島へも進軍した日本は，開戦後半年の間にマレー半島やインドネシア・フィリピン・ソロモン諸島などを占領した。そして，「**大東亜共栄圏**」という日本を盟主とするアジアの政治・経済・軍事ブロック構想のもとに，フィリピン・ビルマ(ミャンマー)で親日政権をたてた。この構想はアジア諸民族の解放と共存・共栄をうたっていたが，実際にはヨーロッパにかわる新たな日本の植民地体制であった。

F **占領地の抵抗**　日本の占領地の中には，当初は日本軍を欧米の植民地支配からの解放者として歓迎する人々もいた。しかし，多くの地域で軍政が実施され，強引な資源調達や動員が行われたため，しだいに住民の反発をまねき，各地で**抗日民族運動**が発生した。

[5] 連合国の反攻

戦争が長期化すると，**枢軸国**側は資源不足などから苦戦するようになった。それに対して，アメリカが参戦した連合国側は豊富な物量で圧倒するようになり，1942 年の夏から 1943 年にかけて，戦局は**連合国**側に有利に傾いていった。

▲ミッドウェー海戦

A **太平洋戦線**　1942 年 6 月，日本は**ミッドウェー海戦**でアメリカに大敗し，43 年 2 月には補給線を断たれ多数の餓死者を出したガダルカナル島から撤退した。これ以降，太平洋地域において連合国軍は日本の各拠点を攻略していった。

B **ヨーロッパ戦線**　ドイツは 1943 年初めに**スターリングラード**(現ヴォルゴグラード)**の戦い**で，ソ連軍に大敗して劣勢に陥った。また，1942 年 11 月には連合国軍は北アフリカに上陸し，1943 年 7 月にはイタリアのシチリア島を占領した。

C イタリアの降伏 敗色が濃厚になったイタリアでは，軍部を中心にムッソリーニの責任を追及する声が高まった。1943年7月にムッソリーニは失脚し，同年9月に連合国軍がイタリア本土に上陸すると，イタリア新政府(バドリオ政府)は無条件降伏した。

D 連合国の会談 連合国は，枢軸国側との戦争を行う最中，戦争の遂行や戦後処理の方法をめぐって繰り返し協議を行った。

▲スターリングラードの戦い

ドイツ軍は市街地の大部分を占領したが，ソ連軍の頑強な抵抗にあって逆に包囲され，降伏に追い込まれた。この戦いでドイツが壊滅的な打撃を受けたことは，第二次世界大戦全体を通じて大きな転換点となった。

大西洋上会談 (1941.8)	ローズヴェルト(米) チャーチル(英)	🔖**大西洋憲章**を発表 🔖KEY WORD →ファシズムの打倒と戦後の平和構想を表明。
カイロ会談 (1943.11)	ローズヴェルト(米) チャーチル(英) 蔣介石(中)	🔖**カイロ宣言**を発表 🔖KEY WORD →対日処理方針 日本の無条件降伏や朝鮮の独立などを協議。
テヘラン会談 (1943.11〜12)	ローズヴェルト(米) チャーチル(英) スターリン(ソ)	第二戦線の形成 →連合国軍によるヨーロッパ本土上陸作戦。
ヤルタ会談 (1945.2)	ローズヴェルト(米) チャーチル(英) スターリン(ソ)	ヤルタ協定 →独の無条件降伏と，英・米・仏・ソによる共同管理を決定。秘密協定でソ連の対日参戦を決定。
ポツダム会談 (1945.7〜8)	トルーマン(米) チャーチル→アトリー(英) スターリン(ソ)	ポツダム協定 →対独処理。ポツダム宣言(米・英・中) →日本への無条件降伏勧告。

▲連合国が行った主な会談

KEY WORD

大西洋憲章

8カ条からなり，領土不拡大・民族自決・貿易の自由・軍備縮小・平和機構の再建などの内容が盛り込まれた。

KEY WORD

カイロ宣言

日本の降伏後，中国東北地方と台湾の中国への返還，朝鮮の独立などの方針が決定された。

E 第二戦線の形成 テヘラン会談の合意に従い，1944年6月にアイゼンハワーの指揮する連合国軍はノルマンディーに上陸した(**ノルマンディー上陸作戦**)。これにより第二戦線が展開されて，ドイツは東西から挟撃された。

6 大戦の終結

A ドイツの降伏 連合国軍によって1944年8月にパリは解放され，ド゠ゴールは臨時政府を樹立した。東西から連合国軍に包囲されたドイツは，1945年4月にヒトラーが自殺して5月2日にはベルリンが陥落。5月7日に無条件降伏して，ヨーロッパにおける戦争が終結した。

B 日本の劣勢 1944年にアメリカ軍はサイパン島とレイテ島，1945年2月にはフィリピンを占領。4月には沖縄本島にも上陸した。ポツダム宣言を受け入

れない日本に対してアメリカは，広島（8月6日）と長崎（8月9日）に**原子爆弾**を投下して，壊滅的な打撃を与えた。

C **終戦** **ヤルタ協定**にもとづいて，日ソ中立条約を一方的に破ったソ連が8月8日に日本に宣戦した。ソ連は中国東北地方を制圧し，朝鮮・樺太に進軍した。日本は**アメリカ・イギリス・中国**が発表した**ポツダム宣言**を8月14日に受諾し，ドイツによるポーランド侵入以来，6年におよんだ第二次世界大戦が終結した。

7 大戦の性格

連合国のプロパガンダ（宣伝戦）により，民主主義対ファシズムの様相を呈しているが，実際には最後の帝国主義戦争といえるものであり，同時に抑圧されていた諸民族の解放戦争でもあった。さらに，この大戦によって疲弊したヨーロッパの没落が決定的となり，戦後はアメリカとソ連の対立を軸とする二極構造が生まれた。

⊕ **PLUS α**

民主主義対ファシズム

連合国はファシズムの打破・民主主義の擁護という大義名分を掲げて戦争を遂行した。このため，枢軸国はほとんどの国家や民族を敵に回すことになった。

POINT

第二次世界大戦開戦から終戦までの経緯

☑ 英・仏による**宥和政策**→ナチス＝ドイツによる侵略行為がエスカレート→ドイツのポーランド侵攻が契機となり，ヨーロッパ各国を巻き込んだ大戦に発展。

☑ 同時期にアジアでは日本が中国などに侵略戦争を展開

☑ ドイツの降伏，日本の劣勢に伴い，大戦は終戦に向かう。

🔍 **この講のまとめ**

第一次世界大戦と第二次世界大戦はどのような点で違っていただろうか？

☑ 枢軸国側と連合国側との戦いとして進行。

☑ アジアと太平洋諸島も戦場となり，抗日民族運動を生んだ。

☑ 原子爆弾が開発され，使用された地域に壊滅的な被害を及ぼした。

NOTE

7 | 戦後の国際関係と冷戦の始まり

🔍 この講の着眼点

　第二次世界大戦後，国際連合が発足し世界平和と国際秩序の維持が目指された一方で，世界は大国同士の対立構造に巻き込まれていった。冷戦の対立構造が形成された背景とは何だったのだろうか？

> 戦争の反省を活かして国際連合が発足したにもかかわらず，争いがなくならないのはなぜなのでしょうか。

> 国際連合は加盟国が互いに平和を守り合う集団安全保障方式を採用している。しかし，その理念と両立し得ない軍事同盟が存在し続けているからなんだ。

1 大戦中の国際協力関係の進展

　1941 年 8 月，大西洋上で**フランクリン゠ローズヴェルト・チャーチル**の米英両首脳による**大西洋上会談**が開かれ，領土不拡大，民族自決，平和機構の再建など全 8 カ条からなる**大西洋憲章**が公表された。その後ソ連など 26 カ国が加わり 1942 年 1 月，戦後構想の原則として連合国共同宣言で確認された。1944 年**ダンバートン゠オークス会議**で米・英・ソ・中により国際連合憲章草案が作成され，1945 年 4 〜 6 月の**サンフランシスコ会議**において**国際連合憲章**が採択された。

> ⊕ PLUS α
>
> ### 国際連合の代表権
>
> 中国の国際連合代表権は，発足時は中華民国にあったが，1971 年以降中華人民共和国に移った。

2 国際連合の成立

　1945 年 10 月，世界平和と戦後秩序を国際的な協力によって維持するために**国際連合**（国連）が発足した。国連は全加盟国で構成される総会，五大国（米・英・仏・ソ・中）を**常任理事国**とする**安全保障理事会**を中心とし，常任理事国には**拒否権**が認められている。ほかに専門機関としてユネスコ（国

> 📝 KEY WORD
>
> ### 国際連合
>
> 本部はニューヨーク。原加盟国は 51 カ国。総会には多数決制がとり入れられ，安全保障理事会の権限が強化されている。

際連合教育科学文化機関）, 国際労働機関(ILO)などがある。

3 戦後の国際金融・経済協力体制

　1944 年 7 月，ブレトン＝ウッズ会議が開かれ，世界経済立て直し策を協議した。その結果アメリカドルを基軸通貨とする**国際通貨基金(IMF)**と**国際復興開発銀行(IBRD，世界銀行)**の設立が合意され，1945 年 12 月，両組織が発足，国際金融体制(<u>ブレトン＝ウッズ体制</u>)が確立された。1947 年 10 月には「関税と貿易に関する一般協定(GATT)」が成立し，貿易障壁を取り除き，自由で平等な国際貿易を促す体制が誕生した。

📎 **KEY WORD**

ブレトン＝ウッズ体制

圧倒的なアメリカの経済力を背景にアメリカドルが国際的な基軸通貨となった。アメリカドルを中心とした国際経済体制をブレトン＝ウッズ体制(IMF 体制)という。これにより各国の通貨の交換比率は固定相場となった。

4 敗戦国のあつかい

Ⓐ **ドイツ**　1945 年 8 月のポツダム協定により，米・英・仏・ソ 4 国による分割占領と共同管理，ベルリンの分割管理，民主化の徹底などが決められた。そして，ニュルンベルク裁判でナチスの戦争指導者などが裁かれた。また，オーストリアはドイツと分離され，4 国共同管理下におかれた。

▲ニュルンベルク裁判

▲ドイツの分割

東西境界(ベルリンの壁)

▲ベルリンの分割管理

Ⓑ **旧枢軸国**　1946 年 7 月から，パリ平和会議が開かれ，1947 年 2 月に連合国とイタリア・ハンガリー・ブルガリア・ルーマニア・フィンランド 5 カ国との

間に，領土や賠償などを定めたパリ講和条約が結ばれた。

C 日本 アメリカの主導でさまざまな民主的改革が行われ，**東京裁判**で戦争犯罪が裁かれた。そして1946年，主権在民・基本的人権の尊重・戦争放棄をうたった日本国憲法が公布された。

⊕PLUS α

**GHQ による
民主化政策**

連合国軍総司令部（GHQ）の指令で**財閥解体・労働改革・農地改革・教育改革・女性解放**がなされた。

5 冷戦の開始

　戦争で大きな損害をこうむった仏・伊などで共産主義が力を増し，米・英を中心とした**資本主義陣営**と，ソ連を中心とした**社会主義陣営**の対立は深まっていった。そんな中，東欧諸国においては人民民主主義革命とよばれる変革が次々におこった。1946年チャーチルはフルトン演説で東欧の「ソ連圏化」への西側の警戒心をあらわにした。そして，1947年3月，アメリカはギリシア・トルコへの軍事・経済援助を発表し，共産主義進出を阻止する封じ込め政策（トルーマン＝ドクトリン）を発表した。また，6月にはヨーロッパの経済復興援助をうたったマーシャル＝プラン（ヨーロッパ経済復興援助計画）を発表した。しかし，ソ連の影響下にある東欧諸国は参加を拒否し，マーシャル＝プランに対抗するため，1947年9月に各国共産党の情報交換機関としてコミンフォルム（共産党情報局）を設立した。このような東西「2つの世界」の対立は冷戦とよばれた。

⊕PLUS α

「鉄のカーテン」演説

フルトン演説は「鉄のカーテン」演説ともいわれ，「バルト海のシュチェッチンからアドリア海のトリエステまで鉄のカーテンがおりている」と述べ，米国務長官マーシャルによるマーシャル＝プランやトルーマン＝ドクトリンといった対ヨーロッパ「封じ込め政策」に影響を与えた。

🔍 この講のまとめ

戦後，冷戦の対立構造が形成された背景とは何だっただろうか？

☑ 人民民主主義革命により東欧諸国に社会主義体制が築かれた。

☑ ソ連の影響力拡大をおそれたアメリカが封じ込め政策を行った。

☑ 資本主義陣営と社会主義陣営が互いに牽制する構造が形成された。

深める column

パレスチナ問題

パレスチナ問題は第一次世界大戦中のイギリスの多重外交にその一因があった。のちにユダヤ人はパレスチナの地にイスラエルの建国を強行し，4回にわたる中東戦争を引き起こした。

1 ユダヤ人の形成と迫害の歴史

今から3000年ほど前，パレスチナにヘブライ人の王国を建てた人々は，**バビロン捕囚**などの民族的苦難を経験したのち，やがてユダヤ人とよばれるようになった。その後，ローマ帝国がパレスチナを支配すると，ユダヤ人の多くはパレスチナを追放され，帝国各地に散らばっていった。

やがてヨーロッパ各地に住み着いたユダヤ人は，差別を受けながらも商業活動により頭角を現していったが，特に金融業界で財を成す者が出てくると，彼らに対する差別と反感は強くなっていった。イギリスの文豪**シェークスピア**が書き下ろした戯曲『**ヴェニスの商人**』にユダヤ人の高利貸しが悪役として登場するのは，当時のヨーロッパ社会におけるユダヤ人観を如実に物語っている。

ヨーロッパの各都市で彼らは**ゲットー**とよばれる居住区域に隔離され，**ロスチャイルド家**のようなユダヤ人金融資本家がヨーロッパの金融業界を支配すると，反ユダヤの感情はさらに高まっていった。19世紀末にフランス政界をゆるがした**ドレフュス事件**は，彼らに対する差別問題の一例である。

2 ユダヤ人国家の建設をめぐる動き

そうした中，ユダヤ人は自らの手でパレスチナに祖国を再建しようとする運動を始めた。イェルサレムの別名シオンの名を冠した**シオニズム**がそれである。

1897年，ユダヤ人ジャーナリストの**ヘルツル**らがスイスの**バーゼル**で**第1回シオニスト会議**を開催し，ユダヤ人の国家再建を目指した。第一次世界大戦中の1917年には，イギリス外相**バルフォア**がパレスチナにおけるユダヤ人国家の建設を約束した。これを**バルフォア宣言**という。ところがイギリス政府はすでに1915年の段階で，アラブ人の指導者**フセイン**（フサイン）との間で，将来パレスチナをふくむ中東地域にアラブ人国家の建設を約束していた。これを**フセイン・マクマホン協定**という。

さらに 1916 年にも，イギリスは第一次世界大戦後にオスマン帝国領をイギリス・フランス・ロシアの３国で分割，パレスチナを国際管理とする密約をフランス・ロシアとの間で結んでいた。これを**サイクス・ピコ協定**という。今日のパレスチナ問題は，こうしたイギリスの多重外交に関係している。

③ パレスチナへの移住

第一次世界大戦が終わると，ユダヤ人はパレスチナへの移住を開始した。続いて第二次世界大戦が始まると，移住が許されるユダヤ人は一部に制限されたが，ドイツの**ヒトラー**やソ連の**スターリン**がユダヤ人に対して迫害を行うと，多くのユダヤ人がパレスチナに押し寄せた。このとき，ナチス・ドイツによって殺戮されたユダヤ人は 600 万人を超えるといわれている。

第二次世界大戦後もパレスチナへの移住を続けたユダヤ人の人口は，パレスチナに住むアラブ系民族——**パレスチナ人**の３分の１を超える勢力となった。

④ イスラエルの建国と第１〜４次中東戦争

1947 年に国連は**パレスチナ分割案**を採決したが，ユダヤ人とパレスチナ人の間では依然，衝突が繰り返された。そしてついに 1948 年，ユダヤ人がイスラエルの独立を宣言すると，周辺のアラブ諸国を巻き込んで**第１次中東戦争**(パレスチナ戦争)が勃発した。これにより 100 万人を超えるパレスチナ人が周辺諸国に逃れ，**パレスチナ難民**となった。このときアメリカ合衆国がイスラエルの建国を支持したことから，パレスチナ問題は米ソ対立にも利用され，1973 年の**第４次中東戦争**が終わるまで国際問題の焦点となった。

⑤ パレスチナ暫定自治政府の容認

1979 年にアメリカ合衆国の調停で，エジプトの**サダト**大統領とイスラエルの**ベギン**首相がエジプト・イスラエル平和条約に調印。その後，**インティファーダ**とよばれる反イスラエルの抵抗運動は過激化したが，1993 年にアメリカの調停によりイスラエルの**ラビン**首相と**アラファト** PLO 議長の間で**パレスチナ暫定自治協定**(オスロ合意)が結ばれ，イスラエル国内の**ガザ地区**と**ヨルダン川西岸地区**におけるパレスチナ人の自治が認められた。しかし，当事者であるラビン首相が暗殺され，アラファト議長も死去したため，パレスチナ問題の最終的解決は今なお不透明である。国連は 2012 年に，パレスチナを国家として承認した。

定期テスト対策問題15

解答は p.498

1 次の文の空欄に適切な語句を補充しなさい。

[よく出る] (1) ボスニアの［　　］でオーストリア帝位継承者夫妻が暗殺された事件を機に，オーストリアがセルビアに宣戦布告をし，第一次世界大戦が勃発した。

(2) ロシアではソヴィエトの拡大により，1917年3月に皇帝［　㋐　］が退位してロマノフ朝が滅亡した。このブルジョワ革命を［　㋑　］という。

(3) 第一次世界大戦終結後，連合国とドイツとの間に結ばれた［　　］は，多額の賠償金をはじめとして，ドイツに大きな負担を強いるものであった。

[発展] (4) 賠償金支払いの遅延を理由にフランスとベルギーが［　㋐　］を行うと，ドイツは極度のインフレーションに陥り，［　㋑　］首相は新紙幣を発行した。

2 次の文章の空欄に適切な語句を補充しなさい。

第一次世界大戦後に繁栄期を迎えたアメリカは，1924年の［　㋐　］案で賠償金支払いのために，アメリカ資本をドイツに貸与することを提示した。1929年10月にアメリカが深刻な経済恐慌に陥ると，アメリカ資本に頼る各国に影響が広がり世界恐慌となった。1932年の大統領選挙で勝利した民主党の［　㋑　］は，政府が積極的に経済活動に介入するニューディール(新規まき直し)政策を実行した。イギリスでは，一度総辞職に追い込まれた［　㋒　］首相が挙国一致内閣を組み，恐慌対策のためにブロック経済化を進めた。一方，［　㋓　］政権のイタリアは［　㋔　］党のヒトラー政権に接近して，1936年に［　㋕　］を結成した。満洲事変で国際連盟を脱退した日本とイタリア・ドイツの3国は，国際的な孤立を深めていった。

3 次の文章を読み，後の問いに答えなさい。

1939年8月末に［　㋐　］が結ばれドイツがポーランドに侵攻すると，英・仏がドイツに宣戦し，第二次世界大戦が始まった。1941年にドイツがソ連に侵攻すると，ソ連は英・米との関係修復に転じた。一方，1940年の［　㋑　］同盟を背景に，日本は1941年12月にハワイの［　㋒　］にあるアメリカ海軍基地を奇襲し，太平洋戦争が勃発した。連合国は枢軸国を追いつめ，イタリアとドイツが降伏したあと，1945年8月の原子爆弾攻撃を受けて日本もポツダム宣言を受け入れ降伏した。

(1) 文章中の空欄［　㋐　］～［　㋒　］に当てはまる語句を答えなさい。

[発展] (2) 下線部に関して，ポツダム宣言を発表した国として適切でないものを選びなさい。

㋐アメリカ　㋑イギリス　㋒ソ連　㋓中国

Advanced World History

第4部 地球世界の形成

第1章 米ソ冷戦と第三世界

1 | 冷戦の展開

この講の着眼点

アメリカとソ連の東西対立構造は，戦後のアジアにも波及していった。
アジアにおける冷戦構造の形成についてみていこう。

日本の敗戦によって，日本の
占領下にあった朝鮮半島やベ
トナムなどの諸地域が次々と
独立を宣言したのですね。

朝鮮半島もベトナムも，国が
分断された形での独立となっ
たんだ。この理由はなんだろ
う？

1 冷戦の展開

A 西側諸国の動き 1948 年 2
月，チェコスロヴァキアにおいて**マー
シャル゠プラン**を受け入れるか否かの
対立の中でクーデタが起き，共産党
政権が樹立された。そして，これに
危機感をもった西欧 5 か国(イギリ
ス・フランス・ベルギー・オランダ・
ルクセンブルク)によって**西ヨーロッ**

▲第二次世界大戦後のヨーロッパ(1950 年代)

パ連合(ブリュッセル)条約が締結された。また，1949 年 4 月には**北大西洋条
約機構(NATO)** を結成した。

B ドイツの東西分裂 1948 年 6 月，米・英・仏 3 国がソ連に無通告でド
イツにおける西側管理地区の**通貨改革**を行った。ソ連は，3 国占領地区から自ら
の管理地区(東側管理地区)内にある西ベルリンにいたる交通を全面封鎖した(**ベ
ルリン封鎖**)。西側は空輸で食料・燃料を運び対応し，緊張が高まった。1949
年 5 月，ソ連が封鎖を解除して終結したが，ドイツの東西分断は決定的となった。

C 東側諸国の動き 1949 年 1 月**マーシャル゠プラン**に対抗しソ連と東欧諸
国の経済協力機構**コメコン(経済相互援助会議，COMECON)** が設立され

た。また1955年には西ドイツの再軍備・NATO加盟に対抗し，**ワルシャワ条約機構**を結成した。

POINT

東西陣営の動向①

☑ 西側陣営（資本主義国）…北大西洋条約機構（NATO），**マーシャル゠プラン**。

☑ 東側陣営（社会主義国）…ワルシャワ条約機構，コメコンの結成。

2 アジアにおける東西対立と戦争

Ⓐ **中国・朝鮮半島**　朝鮮半島では第二次世界大戦終結後，米ソ両軍が朝鮮に進駐。朝鮮半島は**北緯38度線**を暫定境界線に分割管理され，5年期限の信託統治が決定された。中国で国共内戦が激化し東西対立がますます強まる中，1948年，南に**大韓民国（韓国，**初代大統領**李承晩**）が，北に**朝鮮民主主義人民共和国（北朝鮮，**初代首相**金日成**）が成立し，分裂は決定的となった。また1949年，中国に**中華人民共和国**が成立し，1950年2月にはソ連と**中ソ友好同盟相互援助条約**を締結して中国は東側陣営に加わった。同年6月，北朝鮮軍の侵入から**朝鮮戦争**が勃発し，半島の南端まで侵攻すると，ソ連欠席の安保理は北朝鮮の行為を侵略と断定し，米軍主体の国連軍が出動し北朝鮮軍を中国国境に追いつめた。中国は抗米援朝を唱え義勇軍が参戦し，1951年には戦線が38度線付近で膠着した。1953年7月休戦協定が成立し，半島では38度線をはさむ停戦ライン（**板門店**）により南北分断が固定化することになった。

——— 中国義勇軍
——→ 朝鮮民主主義人民共和国軍
——→ 国連軍進路

中華人民共和国

1950.11 国連軍最北線

朝鮮民主主義人民共和国

ピョンヤン

板門店

1953.7停戦ライン
1950.6北朝鮮軍侵攻

-38°

仁川 ソウル

1951.1

大韓民国

1950.8
朝鮮民主主義人民共和国軍最南戦線

大田

大邱

光州

釜山

▲朝鮮戦争時の朝鮮半島

⊕ PLUS α

朝鮮戦争休戦の背景

休戦となった背景として，アメリカでは朝鮮戦争解決を公約にしていたアイゼンハワーが大統領に就任したこと，ソ連ではスターリンが死去したことがある。

Ⓑ　**日本**　冷戦の深まりとともにアメリカは日本を反共産主義陣営の一員とするために政策を変更した。例えば**朝鮮戦争**の開始に伴って日本の再軍備化を

要請したことが挙げられる。1951 年には社会主義諸国や一部のアジア諸国不参加の中，日本は**サンフランシスコ平和条約**を締結し，独立を回復した。

▲サンフランシスコ講和会議

2 アメリカの反共体制強化

日本は主権を回復したが，同時に**日米安全保障条約**を締結し，米軍の駐留と軍事基地の存続を認めたので，西側資本主義陣営の一員に組み込まれた。1951 年，アメリカは**米比相互防衛条約**，**太平洋安全保障条約**（**ANZUS**，オーストラリア・ニュージーランド・アメリカで結成）を締結。1953 年には**米韓相互防衛条約**，1954 年には台湾の中華民国政府と**米華相互防衛条約**を結び，反共体制を強化して中国の封じ込めを目指した。また 1954 年 9 月には**東南アジア条約機構**（**SEATO**）を結成，西アジアでは 1955 年に**バグダード条約機構**（**中東条約機構，METO**）を結成し，**反共包囲網**を世界に形成した。

🔍 この講のまとめ

アメリカとソ連の対立構造がアジアにもたらした影響とは？
☑ 朝鮮半島は米ソ対立の争いの舞台となり，分断された。
☑ 中国の封じ込めのため，アメリカがアジアにおける反共体制を強化。
☑ 日本，台湾などがアメリカの反共包囲網の一部を形成するように。

2 | 冷戦体制下の世界

この講の着眼点

地球全体が冷戦構造に巻き込まれていく中，世界各国は戦後間もない時期にどのような状況に置かれていたのだろうか。

 この写真はパレスチナのヨルダン川西岸地区にある壁です。この壁は何のために作られたのですか？

 イスラエル政府によって建設されているもので，自爆テロによる攻撃を防ぐものと主張されているよ。このような問題の背景となった出来事は何だったのかな？

1 欧米諸国の動向

Ａ **アメリカ** 高い工業生産力と，圧倒的な金準備を保有していたアメリカは，資本主義圏内で最大の指導国となった。**トルーマン**大統領（民主党，在任1945～53）は反共政策を推進し，国内ではニューディール政策にならったフェアディール政策を実施するが，労働者の権利を制限するタフト・ハートレー法の撤廃に失敗し不成功に終わった。また，左翼思想や共産主義思想を追及する「**赤狩り**」が起こった。次の**アイゼンハワー**大統領（共和党，在任1953～61）は朝鮮戦争を終結。ダレス国務長官に，より強硬な対ソ外交を展開させた（「**巻き返し政策**」）。国内は安定した成長を続けたが，1950年代後半より黒人の中から**公民権**を求める運動が広がった。

KEY WORD

赤狩り
共和党のマッカーシー上院議員が，リベラル派の知識人や公務員などをすべて共産主義者とし思想追及活動をしたこと。マッカーシズムともよばれた。

Ｂ **イギリス** **アトリー**労働党内閣（1945～51）は，銀行・鉄鋼・石炭などの重要産業を一時国有化し，「**ゆりかごから墓場まで**」を標語に社会保障制度を充実させた。その後の1951～63年は，**チャーチル**（1951～55）・イーデン（1955～

447

57)・マクミラン(1957〜63)と保守党内閣が続いた。この時期には，1947年にはインドが独立し，1949年にエールがイギリス連邦から離脱して，**アイルランド共和国**が成立した。

Ⓒ **フランス**　ヴィシー政権が崩壊し，**ド゠ゴール**による臨時政府が成立。産業の国有化・福祉の拡充をはかった。1946年には新憲法が成立し**第四共和政**が発足したが，小党の分立で政情は不安定であった。さらに，インドシナ戦争・アルジェリア問題などで崩壊し，**第五共和政**にかわった。

Ⓓ **イタリア**　国民投票で王政を廃止し，1946年に**共和政**が成立。マーシャル゠プランを受け入れ，NATO加盟などで保守派に支持された。

Ⓔ **オーストリア**　ドイツと分離され，英・米・仏・ソの4か国の分割管理下におかれた。1955年のオーストリア国家条約により，**永世中立国**として国際復帰した。

Ⓕ **ドイツ**　西側(米・英・仏)管理地区と東側(ソ連)管理地区に分断後の1948年6月に，ソ連は**ベルリン封鎖**を行った。1949年5月，封鎖は解除されたが，東西ドイツの分裂は決定的となり，西側には**ドイツ連邦共和国**(**西ドイツ・首都ボン**)が成立した。西ドイツはキリスト教民

▲構築されるベルリンの壁

主同盟の**アデナウアー**政権(在任1949〜63)の下，1954年のパリ協定で主権を回復，1955年には NATO に加盟，そして1956年再軍備を認められて徴兵制を施行など着実に復興の兆しを見せていった。また，同時に東側には社会主義統一党(SED)が政権をになう**ドイツ民主共和国**(**東ドイツ・首都ベルリン**)が成立した。

Ⓖ **ソ連**　大戦中約2000万人以上の戦傷者を出し，ドイツ軍の侵攻により国土も荒廃したが，スターリンの独裁下の第4次五カ年計画により経済復興をとげていった。1947年9月，**コミンフォルム**(**共産党情報局**)を組織し，1949年には**コメコン**(**経済相互援助会議，COMECON**)を設立。同年**原子爆弾**を保有した。西ドイツの再軍備やNATO加盟に対抗し，1955年にワルシャワ条約機構を結成した。

Ⓗ **東ヨーロッパ諸国・バルカン地域**　大戦末期にソ連によって解放された国が多く，ソ連によって親ソ的な政権が樹立されていった。ポーランド・チェコスロヴァキア・ハンガリー・ルーマニア・ブルガリア・アルバニア・ユー

ゴスラヴィアには**ソ連型**の人民民主主義政権が成立し，社会主義への移行と土地改革や計画経済による工業化をすすめた。一方，ユーゴスラヴィアは，ティトーがパルチザン闘争を展開し自力で国土を解放したことから，ソ連に対抗して自立的な政策を強化したため，1948年コミンフォルムから除名され，非同盟中立運動の中心的存在となっていった。

POINT

東西陣営の動向②

☑ 西側陣営　アメリカの援助で復興
イギリス…「**ゆりかごから墓場まで**」，
フランス…**第五共和政**，オーストリア→永世中立国
西ドイツ…**ドイツ連邦共和国**成立
☑ 東側陣営　ソ連型の人民民主主義政権成立。
東ドイツ→**ドイツ民主共和国**

---

2 東アジア諸国の自立と分断

A 中国　大戦中の1943年，米・英は租借地における治外法権などの不平等条約を撤廃した。1945年の日本の降伏以降，**国民党・共産党**の内戦が開始され，10月の双十協定，翌1946年1月の重慶での政治協商会議で停戦協定が成立したが，7月に国民党が破棄したことで内戦が再開した。国民党軍はアメリカの支援を受け強力であったが，その体質から民衆の批判をあびた。一方，共産党の**毛沢東**は**新民主主義**を提唱し，中国土地法大綱による農村解放により農民の支援を得た。1949年9月，北京にて人民政治協商会議が開催され，10月会議で**毛沢東**を主席，**周恩来**を首相とする**中華人民共和国**の誕生を宣言した。1950年には，モスクワで**中ソ友好同盟相互援助条約**を締結し，社会主義圏に属することを示した。一方，内戦に敗れた国民党の**蔣介石**は台湾へ逃れ，**中華民国政府**を維持した。

B 朝鮮半島　1943年の**カイロ宣言**で，戦後朝鮮の独立を承認していたが，北緯38度線を境界に北をソ連が，南をアメリカが分割統治した。1945年9月，建国準備委員会により朝鮮人民共和国樹立

KEY WORD

カイロ宣言

1943年11月フランクリン゠ローズヴェルト・チャーチル・蔣介石が対日処理方針について定めたもの。

が宣言されたが，アメリカによって否定された。半島の統一方法をめぐる米ソ対立から，1948 年 8 月南側にソウルを首都とし李承晩を大統領に大韓民国が建国され，9 月北側にはピョンヤンを首都とし金日成を首相に朝鮮民主主義人民共和国が成立した。

　1950 年 6 月両国間で朝鮮戦争が起こり，1953 年 7 月休戦協定が成立。朝鮮半島の分断は固定化が決定的となった。

C 　日本　1951 年のサンフランシスコ平和条約により独立を回復した。しかし同時に日米安全保障条約を締結して西側陣営の一員に組み込まれた。

3 　東南アジア諸国の独立と分断

A 　フィリピン　1946 年 7 月，アメリカからフィリピン共和国として独立。1951 年，米比相互防衛条約を締結し，西側陣営へ組み込まれた。

B 　インドネシア　スカルノが 1945 年 8 月，インドネシア共和国の独立を宣言し憲法を制定したが，オランダが承認せず独立戦争が展開された。しかし，オランダの武力弾圧は失敗し，1949 年に国連が介入し，ハーグ協定で独立を達成した。

C 　マレーシア・シンガポール　1957 年，イギリス連邦内の自治領マラヤ連邦として独立した。1963 年，英領ボルネオとシンガポールを併合してマレーシア連邦となった。1965 年，シンガポールが分離独立した。

⊕ PLUS α

シンガポールの独立
シンガポールでは中国系住民が多数を占めていたため，マレーシア連邦のマレー人優先政策に反発し独立した。

D 　ベトナム　大戦中からホー=チ=ミンの指導により反日武装組織として存在したベトナム独立同盟(ベトミン)を基礎に，1945 年ハノイでベトナム民主共和国の独立が宣言された。しかし，フランスはこれを認めずに軍事介入し，1946 年からインドシナ戦争が開始。1949 年，フランスは阮朝最後の皇帝バオダイを主席としてベトナム国を発足させたが，1954 年にディエンビエンフーで大敗した。同年，両国の間でジュネーヴ休戦協定が調印されてフランスは撤退し，北緯 17 度線を暫定的軍事境界線とした。1955 年 10 月，ゴ=ディン=ジエムが協定を無視してベトナム共和国を樹立。ベトナムは南北に分断された。

E 　カンボジア・ラオス　カンボジアは 1953 年に独立し，シハヌークのもとで中立政策がとられた。ラオスもジュネーヴ休戦協定により独立が承認

されたが，不安定な政情が続き内戦が長期にわたって続いた。

F　ビルマ(ミャンマー)　大戦中に抗日民族統一戦線である反ファシスト人民自由連盟が結成された。戦後は，これがイギリスからの独立闘争の中心となり，1948年1月，ビルマ連邦共和国として独立を達成した。中心的指導者**アウン=サン**は独立前の1947年に暗殺されたが，「建国の父」として敬愛されている。

4　インド・パキスタン・スリランカ

　統一インドを主張する**ガンディー**と，イスラーム国家**パキスタン**の分離独立を求める**ジンナー**が対立。1947年7月，インド独立法が成立すると，同年8月ヒンドゥー教徒を主体とするインド連邦とイスラーム教徒を主体とするパキスタンに分かれて，それぞれ独立した。セイロン島も1948年2月に英連邦内の自治領として独立し，1972年にスリランカと改名した。インドでは1948年，ガンディーが暗殺されたが，1950年に**ネルー**首相のもとで憲法を発布し，インド共和国となった。

　インドとパキスタンは**カシミール帰属問題**で対立し，インド=パキスタン戦争を起こしている。

> **KEY WORD**
>
> **カシミール帰属問題**
> カシミールは，藩王がヒンドゥー系で住民がイスラム系のためインド・パキスタン両国の争奪の的となっている。

5　西アジアの国々

A　アラブ諸国と中東(パレスチナ)問題
1945年3月，アラブ7か国はアラブ諸国民の主権擁護と相互協力の促進を目的とした**アラブ連盟**を結成。**パレスチナ**では，イギリスの統治期限が終了する前の1947年11月に国連がパレスチナ分割案を決議し，これをユダヤ側は受け入れ，1948年5月**イスラエル共和国**の建国を宣言した。一方，**アラブ連盟**はこれに反対して戦争となった(**パレスチナ戦争・第1次中東戦争**)。この戦争にはイスラエルが勝利し，分割案を上回る領土を獲得。敗れたアラブ人はパレスチナから追放され難

▲国連による分割案[1947年]

民が発生した(**パレスチナ難民**)。このイスラエルをめぐるアラブ諸国との対

立を**中東（パレスチナ）問題**といい，現在も続いている。

B イラン 1951 年に首相となった**モサッデグ**は，イギリス系企業のアングロ゠イラニアン石油会社の国有化を断行した。これを重く見たアメリカとイギリスは国王に圧力をかけ，最終的には国王派にクーデタを決行させた。その結果，モサッデグは失脚し，親英米路線をとるパフレヴィー 2 世国王の下，"**白色革命**"とよばれる近代化政策が強行された。

C トルコ 戦後急速にアメリカに接近し，1952 年に NATO に加盟。1955 年には反共軍事同盟の**バグダード条約機構**の結成に参加した。

POINT

第二次世界大戦後のさまざまな対立
- ☑ 東西対立…ベトナム（**インドシナ戦争**）・朝鮮（**朝鮮戦争**）。
- ☑ 宗教対立…インド（ヒンドゥー教）　対　パキスタン（イスラーム教）。
- ☑ 民族対立…イスラエル建国→**パレスチナ戦争**。

🔍 **この講のまとめ**

戦後間もない世界各国の国内はどのような状況だったか？
- ☑ 分割管理されたドイツは，東西に分断されそれぞれ独立。
- ☑ ソ連は経済復興を達成し，影響下の諸国ではソ連型の人民民主主義政権が成立。
- ☑ 国共内戦の末に中華人民共和国が成立し，中華民国政府は台湾へ。
- ☑ パレスチナではアラブ人とユダヤ人の対立が中東戦争へと発展。

3 | 第三勢力の台頭と緊張緩和の動き

この講の着眼点

アジアやアフリカ，ラテンアメリカの諸地域には，東西陣営のどちらにもつかない道を模索する国々が現れた。そのような「第三勢力（第三世界）」の国々は，どのように結束し，どんな課題を抱えていただろうか？

「第三勢力」はアジアやアフリカで形成されたのですね。

アフリカでは多くの国が一挙に独立したよ。

1 エジプトにおける民族運動

エジプトでは 1952 年ナギブ・ナセルらの自由将校団がクーデタで政権を掌握した（エジプト革命）。

1954 年，ナセルが政権を掌握すると近代化をはかるため**アスワン゠ハイダム**建設を目指すも，ナセルのソ連寄りとも解釈できる外交姿勢から米英が経済援助を停止。

ナセルは資金獲得のためスエズ運河の国有化を宣言。それに対しイギリス・フランス・イスラエルが侵入しスエズ戦争（**第2次中東戦争**，1956 〜 57）が勃発した。しかし，この攻撃は，国連の即時停戦決議が出されるなどの国際批判をまねき，3国は撤兵して終結した。

KEY WORD

エジプト革命

エジプトは戦後，国王を追放し，1953 年に共和政となった。エジプト革命は，西アジア・アフリカのナショナリズムに影響を与えた。

② 第三勢力の形成

　戦後，独立していったアジア・アフリカ諸国の多くは米ソ両陣営のいずれにも属さない第三勢力の形成を目指した。

　1954年4月に南・東南アジア諸国の首相が会しコロンボ会議が開かれた。そこでは，インドシナ戦争の解決，核兵器使用禁止などが宣言された。

　1954年6月にはネルー・周恩来会談が開かれ，平和五原則がまとめられた。

　そして1955年にはインドネシアのバンドンに，アジア・アフリカの29か国の首脳が集まり，アジア゠アフリカ会議（バンドン会議）が開催された。平和十原則が採択され，相互に協力しあうことを確認した。

　1961年にはインド首相ネルー，ユーゴスラヴィア大統領ティトー，エジプト首相ナセルらの提唱で，「第三勢力」の25か国が参加する第1回非同盟諸国首脳会議がユーゴスラヴィアのベオグラードで開催され，共同歩調をとることを約束した。こうして東西二極化の時代は終わり，世界の多極化が始まった。

POINT

アジア・アフリカ諸国の動向と構造の変化
☑ アジア・アフリカ諸国の多くは，第三勢力の形成を目指した。
☑ 世界情勢は，東西の二極化構造から多極化構造へと変化した。

③ アフリカ諸国の独立

Ａ 北アフリカ　1951年にリビア，1956年にスーダン・モロッコ・チュニジアが独立。アルジェリアでは1954年に民族解放戦線（FLN）が結成され，フランスとの間で独立戦争が続いた。フランスは多額の投資をしていたアルジェリアの保持に努めたが，激しい抵抗の末に，1962年に独立を認めた。

▲アフリカ諸国の独立（国名は現在のもの）

B **サハラ以南** 1957年に**エンクルマ**（ンクルマ）の指導のもとに**ガーナ**が最初の自力独立の黒人共和国となった。1958年にはギニアも独立し，エンクルマの提唱で全アフリカ人民会議が開催された。

C **「アフリカの年」** **1960年**には一挙に17か国が独立したので「アフリカの年」とよばれた。

D **コンゴ** 1960年，ベルギーからの独立直後に反白人暴動が発生。ベルギーが軍事介入して内乱となった（**コンゴ動乱**）。初代首相ルムンバはカタンガ州独立派に殺害された。

E **アフリカ統一機構（OAU）の結成** 諸国の独立がすすむ中，1963年にアフリカの首脳が参加し，アフリカ諸国首脳会議が開催された。そこで**アフリカ統一機構（OAU）**が結成された。多くの国が独立を達成した一方で，いずれの国も自立の基盤が弱く，不安定な政治情勢が続いた。

POINT

アフリカの動向

☑ 1960年…"アフリカの年"（17か国が独立）。

4 ラテンアメリカの動き

A **ラテンアメリカ諸国** ラテンアメリカは，戦後もアメリカの強い政治・経済的支配下におかれた。1947年9月に**リオ協定**が結ばれ，1948年4月に**米州機構（OAS）**が結成された。一方で，社会改革を求める運動も相次いだ。アルゼンチンでは1946年に**ペロン**大統領が反米的な社会改革を行い，ブラジルのヴァルガス政権も民族主義にもとづく政治を行った。グアテマラには左翼政権が成立し，反米的な諸政策を打ち立てた。

B **キューバ革命** 1959年，キューバでは**カストロ**やゲバラが親米**バティスタ**政権を打倒した（**キューバ革命**）。キューバは農地改革・外国資本の国有化などを進め，急速に社会主義化してソ連寄りの姿勢を示したため，1961年1月にアメリカとキューバは断交した。同年4月にはアメリカが支援する反革命軍

がキューバに上陸したが反革命は失敗に終わった。

5 ソ連の平和共存政策

A 1953年のスターリンの死去に伴い，ソ連は政策を変更。東西の平和共存を模索し始め，1955年7月に米英仏ソ4か国の首脳による**ジュネーヴ4巨頭会談**が開催された。ソ連は1955年にはユーゴスラヴィアと和解し，西ドイツと国交を回復，翌1956年には**日本**とも国交を回復した。

B 1956年2月の**ソ連共産党第20回大会**で**フルシチョフ**第一書記は**スターリン批判**を展開し，自由化の方向と**平和共存政策**を発表した。また，同年4月**コミンフォルム**（**共産党情報局**）を解散した。このような4巨頭会談以降の緊張緩和は"**雪どけ**"とよばれた。こうしたムードの中，1959年には**フルシチョフ**がソ連の指導者として初訪米した。

6 東欧諸国の動揺とキューバ危機

A **スターリン批判**は東欧諸国に衝撃を与えた。ポーランドでは，1956年6月にポズナニで自由化を求めて**反政府・反ソ暴動**が勃発（**ポズナニ事件**）。ソ連の介入を恐れた共産党政府は**ゴムウカ**を指導者にすえ，自国による事態収拾に成功した。同年10月には**ハンガリー**でも反社会主義・反ソ連の大衆運動が盛りあがった。

▲ハンガリー反ソ暴動〈ハンガリー事件〉

非スターリン派の政権が誕生するとソ連は軍事介入し，民衆運動を弾圧。首相**ナジ＝イムレ**は処刑され，親ソ連のカダル政権が誕生した（**ハンガリー事件**）。

B 東欧諸国の自由化は抑えられたが，ソ連とアメリカの緊張緩和路線は続いていた。しかし1962年，キューバにソ連のミサイル基地が建設されると，アメリ

カは海上封鎖を断行し，核戦争勃発の危機が生まれた（**キューバ危機**）。米ソ両国の交渉の結果，アメリカがキューバ不可侵を約束し，ソ連はミサイルの撤去を約束したことで危機は去った。また，これを機に 1963 年，米ソ間にホットラインが設置された。さらに同年，米・英・ソ間で**部分的核実験停止禁約**が結ばれ，緊張緩和がすすんだ。

POINT

平和共存を模索するにいたったソ連の動向
☑ スターリン死去→**スターリン批判**（フルシチョフ）でソ連政策転換
　→米ソ両国，平和共存を模索。

7 西欧の復興

A 西ヨーロッパ諸国の統合　第二次世界大戦後，**マーシャル゠プラン**（**ヨーロッパ経済復興援助計画**）の援助を受けた西ヨーロッパの経済回復は順調にすすんだ。冷戦の中，復興をより合理的に行うため，資源などを共同管理・運営する統合に向けた動きが起こった。1950 年にフランスの外相シューマンが**シューマン゠プラン**を発表。これにベネルクス 3 国・西ドイツ・イタリアが参加し，1952 年に**ヨーロッパ石炭鉄鋼共同体（ECSC）**が発足。その後，1957 年のローマ条約にもとづき，1958 年には**ヨーロッパ経済共同体（EEC）**と**ヨーロッパ原子力共同体（EURATOM）**が結成された。

B フランス　アルジェリア問題でゆれていたフランスでは 1959 年，**ド゠ゴール**が政権に復帰した。ド゠ゴールは「フランスの栄光」をスローガンに掲げ，米ソに対抗する独自外交を展開した。彼はアルジェリアの独立を認め，大統領権限を強化した**第五共和国憲法**を制定し，**第五共和政**を発足させ，1959 年には大統領に就任した。フランスは核保有国となり，1964 年には中国を承認，1966 年には**NATO**の軍事部門を脱退した（政治部門には継続加盟）。

C イギリス　1956 〜 57 年，イーデン内閣（保守党，在任 1955 〜 57）がスエ

KEY WORD

シューマン゠プラン
シューマン゠プランは，西独・仏両国の石炭,鉄鋼を共同の機関で管理しようとする構想。これに基づき，ECSCが発足した。

ズ出兵を行ったが, 失敗。EEC には参加せず, 1960 年にこれに対抗する形で**ヨーロッパ自由貿易連合(EFTA)** を結成した。1960 年代のウィルソン内閣(労働党, 在任 1964 ～ 70, 74 ～ 76)ではスエズ以東から撤退。国際収支の悪化からポンドの切り下げを行ったが, 経済再建は失敗し, 世界でのイギリスの影響力は低下した。

D 西ドイツ　アデナウアー首相(在任 1949 ～ 63)のもと西側陣営に属することを明確にし, 再軍備, NATO・EEC へ加盟, "奇跡"とよばれる急速な経済復興を果たした。

🔍 この講のまとめ

「第三勢力」の国々はどのように結束し, どのような課題を抱えていたか?

☑ 第三勢力の国々は, 1961 年の非同盟諸国首脳会議で相互協力を約束。

☑ アフリカでは, 多くの国が独立する一方で, 自立基盤が弱く不安定な政権が続く。

☑ ラテンアメリカはアメリカの影響下におかれつつも, その影響力を排除しようとする動きがみられた。

4 | 米ソ両大国の動揺と1960年代以降の世界

この講の着眼点

　1960年代，ソ連の指導力に陰りが生じ，東側陣営での威信を大きく低下させてしまうことになった。また，西側陣営でもアメリカの威信を大きく揺るがす出来事が起こった。東西の大国の動揺は，世界にどのような影響を及ぼしたのだろうか。

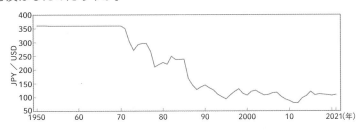

このグラフは1ドルに対する日本円の為替レートの推移を表したものだよ。何か気がつくことはあるかな？

1970年代初頭まではずっと一定ですが，その後は急激にドルが下がって常に変化していますね。1970年の初めに何があったのでしょうか？

1 社会主義国の動揺

A　プラハの春とソ連　1964年，**フルシチョフ**が国内政策に失敗したことで解任されると，**ブレジネフ**，**コスイギン**体制となった。ブレジネフはアメリカとの緊張緩和路線を維持する一方で，自由化の進展は抑圧した。この頃，社会主義国の中では，アルバニアが**中ソ論争（中ソ対立）**で中国を支持してソ連と断交し，ルーマニアもソ連と距離をとる独自外交を打ち出した。1968年，チェコスロヴァキアで民主化を求める運動が起こり政権が倒れると**ドプチェク**政権が誕生し，民主化・自由化を推進

KEY WORD

中ソ対立

革命・社会主義建設の方法をめぐる中ソ間の対立をいう。文化大革命以後，ソ連は中国を教条主義，中国はソ連を修正主義と非難しあった。

した（**プラハの春**）。ソ連は民主化が他国へ波及することを恐れ，ワルシャワ条約機構軍によって軍事介入した（**チェコ事件**）。しかし，ソ連は国際世論の強い批判をあび，国際的威信を大きく低下させた。

Ⓑ **中ソ対立**　中国はソ連の援助のもと，重工業を優先して農業の集団化を行う**第１次五カ年計画**（1953 ～ 57）の実施，中華人民共和国憲法の制定（1954），1958 年からは第２次五カ年計画にのりだすなど，ソ連との関係を強めていた。しかし，**フルシチョフのスターリン批判**をきっかけに，社会主義のあり方に関するソ連と中国の認識の違いが顕在化し始めた。1959 年のソ連による中ソ技術協定の破棄，フルシチョフの対米接近，そして中印国境問題におけるソ連のインド支持などをきっかけに，中国のソ連に対する不信感は一層高まっていった。そして，1962 年のキューバ危機以降は，公然たる論争に発展した（**中ソ対立**〈**中ソ論争**〉）。また，1969 年には，ウスリー川に浮かぶ珍宝島（ダマンスキー島）で大規模な国境をめぐる衝突を引き起こした。

Ⓒ **「大躍進」**　1950 年代の中国では，強引な集団化政策を実施する共産党への批判が現れたが，**毛沢東**は一挙に社会主義建設をなしとげようと「**大躍進**」運動を展開。農村では**人民公社**による農業の集団化をすすめたが，1500万人以上の餓死者を出して失敗に終わり，国内は大混乱に陥った。この時期，1959 年のチベットの反乱は人民解放軍により鎮圧された。チベットの指導者**ダライ＝ラマ 14 世**がインドへ亡命したのはこのときである。

Ⓓ **文化大革命**　1959 年，**劉少奇**を国家主席，**鄧小平**を総書記とした新体制が樹立された。この体制下では，大躍進に端を発する混乱を収拾し，一定程度の成功を収めた。権力奪回をはかる**毛沢東・林彪**らは，劉少奇を資本主義の復活をはかる修正主義者（「実権派」「走資派」ともよばれる）として批判し，1966 年から**プロレタリア文化大革命**を推進した。**紅衛兵**と名づけた青年男女の組織を作り，劉少奇を追放するなど，毛沢東らは権力回復には成功したが，またしても中国国内は大混乱に陥り，

▲プロレタリア文化大革命の様子

経済活動・文化活動は大幅に停滞した。

POINT

中ソ対立以降の中国の動向

☑ 中ソ対立→「**大躍進**」運動失敗→大混乱（毛沢東失脚）

☑ **プロレタリア文化大革命**推進→またも混乱。

2 アメリカとベトナム戦争

🅐 **1960年代のアメリカ** 1961年，第35代大統領に就任した民主党の**ケネディ**（在任1961〜63）は，対外的にはキューバ・インドシナの社会主義勢力の拡大を阻止する外交を推進し，対内的にはニューフロンティア政策を唱えた。あとをついだジョンソン大統領（民主党，在任1963〜69）は，「偉大な社会」の実現を唱え，差別・貧困問題の解決に取り組み，1964年に**公民権法**を成立させた。また，対外的にはベトナムへの軍事介入を強化し始めた。

🅑 **ベトナム戦争とアメリカ** 1955年にアメリカの支援を受けた**ゴ゠ディン゠ジエム**政権が**ベトナム共和国（南ベトナム）**を建国。これに対し，1960年に民族統一戦線**南ベトナム解放民族戦線**が結成され，ゴ政権に対してゲリラ戦を展開した。1963年にゴ政権がクーデタによって崩壊すると戦線は拡大した。1965年からアメリカは**北ベトナムへの爆撃（北爆）**にふみきり，陸上兵力も増強するなど，攻撃を本格化させた。北ベトナムはソ連・中国の援助を受けていたため，戦局は泥沼化・長期化した。アメリカでは反戦の声が高まり，国内外で非難の声があがった。

1968年にジョンソンは北爆を停止，パリで和平交渉に入った。1969年に**ニクソ**ン大統領は段階的撤兵を公約したが交渉は進まず，社会主義勢力が台頭してきた

📙 KEY WORD

公民権法

キング牧師を中心とした，黒人差別に異を唱える公民権運動の高揚を受けて成立した法律。黒人差別撤廃のための大きな足がかりとなった法律であるが，根深い人種差別を完全に断絶できたわけではなかった。

▲ベトナム戦争

⊕ PLUS α

ベトナム戦争とアジア

アメリカは，韓国やフィリピンなども参戦させ，1968年には50万人超の軍を派遣，日本は後方基地となった。

ラオス・カンボジアまで戦線を拡大し，北爆も再開した。しかし，1973年1月ベトナム（パリ）和平協定が調印され，米軍はインドシナ半島から撤退した。1975年4月に北ベトナム軍と解放民族戦線はサイゴンを陥落させ，1976年7月にハノイを首都とするベトナム社会主義共和国が成立した。

C ベトナム戦争とインドシナ半島　ラオスでは右派と，左派のラオス愛国戦線（パテト=ラオ）の間での内戦があったが，アメリカの侵入を防ぎ，左派のラオス人民民主共和国が成立した。カンボジアでは1970年にクーデタにより元首のシハヌークが追放され，親米派のロン=ノル政権が誕生した。しかし，ロン=ノル政府と，親中国のポル=ポトの指導する共産党勢力の間で内戦が続き，1976年には民主カンプチアが成立しポル=ポト

⊕ PLUS α

ポル=ポトと中越戦争
ポル=ポトは親中国で，急進共産主義の実現を目指し，住民の大量虐殺などを行った。一方，ベトナムは親ソ連であったため，カンボジアへ侵攻。これを受けて中国はベトナム北部に侵入し，中越戦争が起こった

政権が誕生。1978～79年ベトナム軍がカンボジアに侵攻し，その支援を受けたヘン=サムリンを首班とするカンボジア人民共和国が成立した。ポル=ポト派らはゲリラ戦を展開し，その後も内戦状態が続いたが，最終的には1993年にシハヌークを国王とするカンボジア王国が成立した。

3 ブレトン=ウッズ体制の崩壊と石油危機

A ブレトン=ウッズ体制の崩壊　ベトナム戦争でアメリカの金保有量は激減し，社会政策費の増大，日本経済の高度成長，EC諸国の経済発展などによりアメリカの国際収支は悪化した。1971年8月にニクソン大統領はドルの金兌換停止などを宣言し，世界経済に衝撃を与えた（ドル=ショック）。これは，アメリカの通貨であるドル

KEY WORD

ブレトン=ウッズ体制の崩壊
ドル=ショックによって，ドルの信用が落ちた。そこで，ドルを基軸通貨とする固定相場制から変動相場制がとられるようになった。

を世界の基軸通貨とするブレトン=ウッズ体制（IMF体制）の崩壊を意味した。これにより，アメリカ一極支配から，アメリカ・西ヨーロッパ・日本の三極構造に向かい始めた。

B 石油危機　1973年の第4次中東戦争によるアラブ側の石油戦略は，第1次石油危機（オイル=ショック）をもたらし，深刻な影響を与えた。

西ヨーロッパ諸国やアメリカでは経済成長が減速し，景気が後退する中でインフレーションが同時に進行するスタグフレーションが世界経済に広まった。

4 1960～70年代のヨーロッパ

A 西ドイツ　1969年に**ブラント**（社会民主党，在任1969～74）が首相となり，**東方外交**を展開した。1972年に**東西ドイツ基本条約**を締結し，これを受けて翌1973年に東西両ドイツは国連同時加盟を果たした。

B フランス　1968年に**五月危機**が起こり，翌1969年に，**ド゠ゴール**は大統領の地位を退いた。

C イギリス　1973年に**ヨーロッパ共同体（EC）**に正式加盟したが，1970年代はスタグフレーションが起こり「イギリス病」とよばれる不景気になやまされた。また北アイルランド紛争が表面化したのもこの時期である。

D 南ヨーロッパ　1970年代の南ヨーロッパでは，ギリシア・スペイン・ポルトガルの独裁体制が倒れ，民主化した。この3国も1980年代にECに加盟するなど大いに経済統合がすすんだ。

E 緊張緩和（デタント）の進展　緊張緩和の動きが進む中，1975年，ヘルシンキに米ソを含む35か国が集い，全欧安全保障協力会議（CSCE）が開催された。そこでは，参加国間で各国の主権尊重・安全保障・領土保全などを掲げた**ヘルシンキ宣言**が採択された。

5 冷戦時代の日本

A 1960年代　年率10％前後の経済成長を続け，1968年にはGNPが資本主義国の中で第2位となったが，農村の過疎化，自然環境の破壊，公害など多くの歪みも現れた。

B 1970年代　1971年，アメリカと**沖縄返還協定**が調印され，翌1972年に沖縄の本土復帰が実現した。また同年9月，**日中国交正常化**が実現し，1978年には**日中平和友好条約**が結ばれた。第1次石油危機では大打撃を受けたが，技術革新による合理化と輸出競争力の強化で安定を取り戻していった。

6 アジア諸国の開発独裁

　経済発展をしていくには強権支配の独裁政治が必要だとする理論を開発独裁といい，1960年代のアジアでその形態が見られた。

A 大韓民国　1960年に李承晩が失脚し，翌1961年のクーデタで朴正熙が権力を掌握。1965年には日韓基本条約を結び，日本から経済援助を引き出した。民主化運動を弾圧する一方で，外国資本を導入して輸出産業の育成に力を入れた。

B インドネシア　スカルノが1965年9月の軍部による九・三〇事件で1967年に失脚した。その後，スハルトが実権を握って反共親米路線のもと西側資本を導入し，経済開発を行った。

> **KEY WORD**
>
> **九・三〇事件**
>
> 九・三〇事件は，共産勢力の軍事クーデタ未遂によって，共産勢力が一掃された事件。

C フィリピン　1965年にマルコスが大統領になり，独裁政権のもとで開発がすすめられた。

D イラン　パフレヴィー2世のもと，1963年から白色革命とよばれる近代化がはかられた。

E 東南アジア諸国連合(ASEAN)の結成　1967年にインドネシア・マレーシア・シンガポール・タイ・フィリピンの間で東南アジア諸国連合(ASEAN)が結成された。

7 中東をめぐる動き

　1964年にパレスチナ解放機構(PLO)が設立され，イスラエルに対してゲリラ闘争を展開した。1967年に第3次中東戦争(6日間戦争)が勃発した。イスラエルはヨルダン川西岸，ガザ地区，シナイ半島，ゴラン高原を占領した。1973年にはエジプト・シリアがイスラエルを攻撃し，第4次中東戦争が起こった。エジプト・シリアへの支援策としてアラブ石油輸出国機構(OAPEC)は，原油価格を大幅に引き上げ，イスラエル側の国々への原油輸出を制限した。これは第1次石油危機のきっかけとなった。その後，産油国の発言力は強まり，石油産業による収入の

▲中東戦争によるイスラエルの占領地

増大から経済的にも繁栄し，国民の生活水準は向上した。1979 年にエジプトの**サダト**大統領はイスラエルとの和解をはかり，カーター米大統領の仲介によって<ruby>エジプト゠イスラエル平和条約<rt>　</rt></ruby>に調印したが，1981 年に暗殺された。次のムバラク大統領政権下の 1982 年に，イスラエルはエジプトにシナイ半島を返還した。

8 南アジアの混迷

A バングラデシュ　1971 年にインドの支援で東パキスタンは**バングラデシュ**として独立。

B インド　ネルーの娘インディラ゠ガンディーが，首相に就任(1966 〜 77, 1980 〜 84)。社会主義的政策を推進して親ソ政策をとったが，シク教徒過激派への弾圧に対する報復として暗殺された。

C スリランカ　1972 年にセイロンは**スリランカ**(シンハラ語で「聖なる島」の意)と改名した。多数派のシンハラ人と少数派のタミル人が分離独立をめぐって対立抗争を始めた。ノルウェーの仲介により，2002 年に停戦合意に達したが，2006 年からテロ事件が多発し，2008 年には停戦合意が破棄された。2009 年に政府(シンハラ人)側の勝利で内戦が終結した。

9 ラテンアメリカ諸国

　チリやアルゼンチンなどでは，アメリカの反共政策による支援から多くの国で軍部独裁政権が成立していた。アルゼンチンは 1982 年英領フォークランド諸島を占領するもイギリスに奪回された(**フォークランド戦争**)。

10 第三世界の分化

　1960 年代には地球の北側と南側の経済格差を指して<ruby>南北問題<rt>　</rt></ruby>といわれるようになったが，南側の発展途上国間にも大きな格差が生まれた(**南南問題**)。

この講のまとめ

アメリカとソ連の動揺は，世界各国にどのような影響を及ぼしただろうか？
- ☑ フルシチョフのスターリン批判などをきっかけに中ソ対立が発生した。また，東欧諸国に自由化・民主化の動きが生まれたが，ソ連に弾圧された。
- ☑ アメリカで起こったドル゠ショックによってブレトン゠ウッズ体制が崩壊し，アメリカ一極体制から米・西欧・日の三極化へ。

定期テスト対策問題⑯

解答はp.498

1 次の文の空欄に適切な語句を補充しなさい。

(1) 1949年に西側諸国が[㋐](NATO)を結成し，西ドイツがこれに加盟すると，東側諸国はそれに対抗して，1955年に[㋑]を結成した。

(2) 1945年に大統領に就任したアメリカの[㋐]大統領は反共政策を推進した。次の[㋑]大統領は，ダレス国務長官による強固な対ソ外交(「巻き返し政策」)を展開させた。

(3) ソ連を中心に，1947年に共産党情報局([㋐])が結成され，1949年には経済相互援助会議([㋑])が設立された。

[よく出る] (4) スターリン死去に伴い，ソ連は東西の平和共存を模索し始め，1955年7月には米英仏ソの4か国首脳による[㋐]が開催された。そして，1956年2月のソ連共産党第20回大会で[㋑]第一書記はスターリン批判を展開し，自由化の方向と平和共存政策を発表した。

(5) 西ヨーロッパの経済復興はアメリカのヨーロッパ経済復興援助計画([ ])によって順調にすすんだ。

2 次の文章を読み，空欄に適切な語句を補充しなさい。

大戦終結後に米ソ両軍が進駐した朝鮮半島では，1948年に南で[㋐]が初代大統領となって大韓民国が成立し，北では[㋑]が初代首相となって朝鮮民主主義人民共和国が成立した。また，ベトナムでは，[㋒]の指導でベトナム民主共和国の建国が宣言された一方で，フランスがバオダイを主席に[㋓]を建国した。ベトナムの独立をめぐるインドシナ戦争では[㋒]側が勝利し，1954年に[㋔]が結ばれた。

3 冷戦期の第三勢力に関して，次の問いに答えなさい。

[よく出る] (1) 1954年の会談で平和五原則を発表した中国とインドの首相の名をそれぞれ答えなさい。

(2) 1961年にユーゴスラヴィアのベオグラードで開催された，第三勢力25か国が参加した会議の名称を答えなさい。

(3) 1952年のエジプト革命の中心的人物で，スエズ運河の国有化を宣言した人物の名を答えなさい。

(4) 1959年に，カストロらが親米バティスタ政権を倒した革命の名称を答えなさい。

[よく出る] (5) アフリカの17か国が独立し，「アフリカの年」とよばれた年を答えなさい。

第 **2** 章 冷戦体制の
終焉と
今日の世界

1 | 新冷戦とアジア・アフリカの動向

🔍 この講の着眼点

1970年代，ソ連は対外戦争などによって財政が悪化していった。また，アメリカも同様に財政赤字と貿易赤字の双子の赤字を抱えることになった。こうして米ソ両国は影響力が低下していったが，その影響力の揺らぎの中で，各国はどのような政策を行っていただろうか？

1970年代に財政赤字に直面したのはアメリカだけではなく，イギリスや日本なども同じだった。この状況は，どんな政策を促すと想像できるかな？

国のお金をなるべく使わないようにしよう，という流れになっていくと思います。この時期のレーガン大統領，サッチャー首相，中曽根首相は，「小さな政府」を主張したと言われていますよね。

1 米ソ軍縮の進展

ベトナム戦争で疲弊したアメリカは，対外面での見直しを余儀なくされた。そうした流れの中，1972年，**ニクソン**（共和党，在任1969～74）大統領は**訪中**して中華人民共和国を事実上承認し，1979年には**米中国交正常化**が実現した。対ソ連では，1972年に**第1次戦略兵器制限交渉（SALT Ⅰ）**に調印し，1979年には**SALT Ⅱ**に調印した（ソ連の**アフガニスタン侵攻**によりアメリカ議会が批准せず**未発効**）。1982年には戦略兵器削減交渉が開始され，1987年**中距離核戦力（INF）全廃条約**，1991年には**第1次戦略兵器削減条約（START Ⅰ）**，そして1993年には**START Ⅱ**が締結された。

⊕ PLUS α

中華人民共和国の承認

1971年10月，国連総会で中華人民共和国の代表権を決議し，台湾国民政府は追放された。この「2つの中国」の問題は残されたままになっている。

2 新冷戦と大国米ソの行き詰まり

1979年12月，ソ連が**アフガニスタンに侵攻**すると**カーター**（民主党，在任1977～81）政権はそれを激しく非難した。1981年に**レーガン**（共和党，

在任 1981 〜 89)は“**強いアメリカ**”の復活を訴えて大統領に就任し，戦略防衛構想(SDI)など軍備を拡大してソ連との対決姿勢を示した。これは**新冷戦**ともよばれ，結果として両国とも経済的問題に直面することとなった。また，ソ連は侵攻したアフガニスタンでのゲリラ戦に悩まされた。侵攻は長期化の様相を呈し，人的損害と戦費が増大した。一方，アメリカも，軍拡路線が財政負担を増大させ，財政と貿易の「双子の赤字」をかかえることとなり，1985 年には世界最大の**債務国**となった。

> **POINT**
>
> **1970 年代以降の米ソの動向**
> ☑ 米ソ軍縮の進展（緊張緩和）
> ☑ ソ連の**アフガニスタン侵攻**→**新冷戦**（レーガン大統領の軍拡路線）
> 　　→米ソ両国に経済的大打撃

3 先進経済地域の動向

A 日本　2 度の**石油危機**を乗り越え，工業製品の輸出をのばし，貿易黒字が拡大した。その結果，双子の赤字で苦しむアメリカとの間に**日米貿易摩擦**が生じ，アメリカは農産物の市場開放，国内の需要拡大を日本に要求してきた。

B イギリス　1979 年，**サッチャー**（保守党，在任 1979 〜 90)が首相に就任すると，**緊縮財政**を断行し，国有企業の民営化で経済を活性化させた。それにより，“イギリス病”とよばれた長期におよぶ景気停滞の克服に一時成功した。また，1982 年には**フォークランド戦争**に勝利するなど外交的にも強硬な姿勢をとった。

C フランス　1981 年社会党の**ミッテラン**(在任 1981 〜 95)が大統領に当選。就任当初は国営企業の拡大を行ったが，景気は低迷し，民営化に方向転換した。

D 西ドイツ　**コール**(在任 1982 〜 98)が首相に就任。ミッテランとコールは，ヨーロッパの統合を目指した。

E ヨーロッパ共同体(EC)　1986年には12か国に増加した。1987年に単一欧州議定書が発効し，1992年までにECの市場統合の方向が決定された。

⊕PLUS α

ECからEUへ

1992年のマーストリヒト条約調印で，1993年にヨーロッパ連合(EU)が成立した。

4 東南アジア諸国の動き

A フィリピン　1965年以来のマルコス政権には汚職と腐敗が蔓延しており，1983年にマルコスの政敵ベニグノ゠アキノが射殺された事件以降，反政府運動が展開された。1986年，クーデタが起こりマルコス政権が崩壊し，夫人のコラソン゠アキノが大統領に就任(在任1986〜92)した。

B ビルマ(ミャンマー)　1962年の軍部クーデタ以降ネ゠ウィンが軍部独裁政治を行った。1988年，学生・民衆の反体制運動でネ゠ウィン体制は崩壊したが，すぐにソウ゠マウンによる軍部クーデタで再び軍政がしかれた。1989年には国名をミャンマーと改称し，「独立の父」アウン゠サンの娘でミャンマー民主化運動家のアウン゠サン゠スー゠チーを自宅軟禁した。軍事政権のこうした行動は，経済の停滞と国際的孤立をまねいた。

C インドネシア　1998年スハルト政権が崩壊。長期にわたる独裁政権が倒れ，文民政権が誕生した。

5 東アジア諸国・諸地域の動き

A 韓国　1979年10月朴正熙大統領が暗殺されたが，12月に全斗煥を中心とした軍部が実権を掌握。これに反対した民主化運動が1980年5月に全国的に拡大したが，戒厳令をしいた韓国軍により弾圧された(光州事件)。その後，軍事政権に対し国民の民主化要求が高まり，1987年12月の大統領直接選挙により盧泰愚が当選した。また，1988年にはソウルオリンピックが開催された。1993年，金泳三が大統領に就任(在任1993〜98)し，32年ぶりに文民政権が誕生した。1998年に大統領に就任した韓国民主化のリーダー金大中(在任1998〜2003)は2000年に朝鮮民主主義人民共和国の金正日との南北首脳会談を実現した。

B 中国　1971年に中華民国にかわって国連の代表権を得て，1972年には日本とも国交を正常化した。しかし，1966年から約10年にわたったプロレタリア文化大革命は国内全般に深刻な混乱をもたらした。内政面では文化大革命推進派(四

人組)と鄧小平らの旧幹部が対立し政局は混乱していた。1976年1月，周恩来が死去。4月の追悼の花輪撤去をきっかけに第1次天安門事件が起こり鄧小平が失脚し，9月には毛沢東も死去した。これを機に，毛沢東の指名で首相になった華国鋒が四人組を逮捕し一挙に新路線へ転換した。その後，再び鄧小平が実権を握り，文革後の混乱を収束。四つの現代化政策に取り組み，鄧小平を中心に胡耀邦，趙紫陽総書記による経済改革を実行した。しかし，急激な改革への不満が学生や青年労働者，知識人の間に広がり，1989年，100万人規模の民衆が天安門広場に集まり民主化を要求した。これに対し李鵬らの保守派は人民解放軍を投入し弾圧した(第2次天安門事件)。この事件で，中国は国際世論のきびしい批判や経済制裁を受けた。

▲第2次天安門事件

四つの現代化と経済改革

四つの現代化とは，中国の新目標である**農業・工業・国防・科学技術**の近代化をいう。経済においては，外資を導入し，各農家の生産責任制を認め，国営企業を民営化し，1985年には人民公社を解体した。

C **台湾**　輸出産業で経済成長を続けていたが，戒厳令のもと国民党の一党支配が続き，民主化運動を弾圧していた。1987年に戒厳令が解除されて民主化運動が活発化した1988年，李登輝が総統に就任(在任1988～2000)し，民主化をすすめた。2000年の総統選挙で民進党の陳水扁が当選，2016年には民進党の蔡英文が女性として初の総統に当選した。

6 アラブ世界の動き

A **イラン**　パフレヴィー2世の政策に対しての抗議運動が1978年頃から広まり，1979年1月に国王が亡命。フランスから宗教指導者ホメイニが帰国してイラン=イスラーム共和国が誕生した(イラン革命)。ホメイニはイスラームの規律の復活など，宗教色，民族色の強いイスラーム原理主義を国家の基本とし，対外的には反米の姿勢をとり，近隣のアラブ諸国とも亀裂を深めていった。

⊕ PLUS α

イラン革命の影響

イランが原油生産を国有化し，中東産油国も減産，価格引き上げを行い**第2次石油危機(オイル=ショック)**がおこり，西側世界の経済を直撃した。

B **イラク**　1979 年からバース党の実権を握った**サダム゠フセイン**が大統領に就任(在任 1979 ～ 2003)。**イラン革命**の混乱に乗じて 1980 年にイランに侵攻して**イラン゠イラク戦争**が起こり，1988 年まで続いた。1990 年には，隣国**クウェート**に侵攻し併合したが，翌 1991 年の国連決議にもとづく**多国籍軍**の攻撃を受け撤退した(**湾岸戦争**)。

C **パレスチナ解放をめぐる動き**　1987 年 12 月以降パレスチナ人が，ヨルダン川西岸やガザ地区のイスラエル占領地で投石などの抗議運動(**インティファーダ**)を展開。1988 年 11 月に**パレスチナ解放機構(PLO)**の**アラファト議長**がパレスチナ国家樹立を宣言し，初めてイスラエルとの共存を目指す独立国家構想を打ち出した。

7 アフリカの動き

　1973 ～ 75 年にポルトガルの植民地であったギニアビサウ，**アンゴラ**，**モザンビーク**が独立したが，1980 年代以降**アンゴラ**，**モザンビーク**では内戦が続いた。また，ローデシアでは白人支配が続いていたが，黒人による解放闘争の結果，1980 年白人政権を倒し，国名を**ジンバブエ**とした。**アパルトヘイト**(**人種隔離政策**)を強行していた**南アフリカ共和国**も，国際社会の圧力を受け，1980 年代に徐々に改革されていき，1991 年デクラーク政権のもとアパルトヘイトは撤廃された。1994 年には反アパルトヘイト闘争の指導者で黒人の**マンデラ**が大統領に就任した。また，南アフリカ共和国の支配を脱したナミビアは，1990 年に独立した。

▲マンデラ大統領

> 🔍 **この講のまとめ**

米ソ両国が疲弊する中，各国はどのような方針を採用したのか？
- ☑ イギリスではサッチャー首相が緊縮財政と強硬姿勢の外交を展開。
- ☑ ヨーロッパ各国は，EC による市場統合を進めた。
- ☑ 中国は四つの現代化政策と経済改革を行った。

2 社会主義の崩壊と転換

この講の着眼点

　経済的・社会的に停滞するソ連は，国内改革をすすめ，ついにアメリカとともに冷戦の終結を宣言した。その後，ソ連と同様の社会主義体制を採用していた諸国は，どのような歩みを進めただろうか？

冷戦が終結し，ベルリンの壁も崩壊して，世界にはようやく平和が訪れたのですね。

軍縮条約が結ばれ，東欧で民主化が進んだことは，平和への一歩といえるだろうね。でも，冷戦が終結して明確な対立構造がなくなった一方，新たに表面化した民族問題もあったんだ。

1 ペレストロイカ（ソ連の改革）

Ａ 停滞するソ連社会　ソ連では，1970年代後半になると，大量の小麦や飼料を輸入しなければならないほどに農業生産の不調をまねいていた。また，同じ頃，工業総生産も不振に陥り，コンピュータなどの最先端技術では欧米や日本より決定的に立ち遅れていた。背景には，労働者の労働意欲の減退，経営管理の硬直化，軍需産業の肥大化，共産党官僚の特権層化などがある。一方，1979年12月の**アフガニスタン侵攻**は，国際世論の批判をまねいて**新冷戦**ともよばれる1980年代の米ソ対立をもたらした。このように1970年代後半から続いた軍拡競争とアフガニスタン侵攻の長期化は，ソ連の経済と社会に大きな打撃を与えることとなった。

Ｂ ゴルバチョフの登場　1982年にブレジネフが死去。その後数年の間にアンドロポフ（在任1982〜84），チェルネンコ（在任1984〜85）と後継の書記長が相次いで病死した。1985年，ソ連共産党書記長にゴルバチョフが就任すると深刻な経済不振になやむソ連の再建に着手した。行き詰まりの状況を打ち破るため，ペレストロイカ（立て直し）・グラスノスチ（情報公開）・新思考外交（冷戦の終結）のス

▲ゴルバチョフ・ソ連共産党書記長

ローガンを出して大胆な改革に臨んだ。1986年4月にウクライナの首都キエフ（キーウ）北方のチェルノブイリ（チョルノービリ）原子力発電所で史上最悪の爆発事故が起こった。この際隠蔽と無責任体制が明らかとなり，グラスノスチの必要性が広く認められた。

◯ 経済・内政におけるペレストロイカ　官僚による統制を改め，知識人を登用。経済では企業の自主権を拡大し，個人営業の自由を認め，**市場経済**への移行も始まった。しかし，改革による国家管理機能の低下は物不足とインフレをまねき，経済混乱が続いた。1988年にソ連型人民民主主義が修正され，翌年，複数候補者制選挙が実施された。1990年には憲法改正にもとづき強い権限をもつ大統領制を導入し，**ゴルバチョフ**が初代大統領に就任（在任1990〜91）した。

◯ 外交におけるペレストロイカ　アメリカのレーガン政権は，ゴルバチョフの改革を歓迎。米ソ間は対立から和解路線へと変化し，1985年以降米ソ首脳会談も開かれた。1987年12月には**中距離核戦力（INF）全廃条約**が調印され，核兵器の削減に両国が初めて合意した。1988年3月の新ベオグラード宣言で，ゴルバチョフは社会主義国に対する指導権を否定し，東欧諸国の自立を容認した。1988年5月から**アフガニスタン撤退**を開始し，1989年2月に完了。1989年12月にアメリカ大統領ブッシュとゴルバチョフの両首脳は，地中海の**マルタ島**での会談で，冷戦の終結を宣言した。1991年には冷戦の終結を背景に，コメコンとワルシャワ条約機構が解体された。また，同年，**第1次戦略兵器削減条約（START Ⅰ）**も米ソ両首脳の間で調印された。

▲マルタ島での会談で冷戦の終結を宣言したブッシュ大統領（左）とゴルバチョフ共産党書記長（右）

2 東ヨーロッパ社会主義国の革命

◯ ポーランドの民主化　食料品価格の値上げから経済が悪化し，国民生活は窮乏し，全国的にストライキが続発していた。1980年に指導者**ワレサ**のもとに，新しい自由な労働組合であるポーランド自主管理労組「**連帯**」が結成された。翌年首相となった**ヤルゼルスキ**は，ソ連の軍事介入を恐れ「連帯」を非合法化して運動を抑え，ワレサを逮捕した。ソ連でペレストロイカが始まると，1989年に政府は「連帯」の合法化にふみきり，6月の総選挙では「連帯」が圧勝した。ワレサは，1990年の選挙で大統領に就任した。

B　ハンガリーの民主化　**カダル**書記長(在任 1956 ～ 88)のもとで経済改革をすすめ，東欧の中では改革がすすんだ国として政情は安定していた。1989年には一党独裁制を放棄し，本格的な市場経済を導入するなど，積極的に民主化に取り組んだ。国名はハンガリー人民共和国からハンガリー共和国に改称され，社会主義労働者党も社会党に改名された。

C　チェコスロヴァキアの改革　**チェコ事件**以来，チェコの民主化は挫折し，1977 年にはプラハの春を支持する一部の知識人階級によって「憲章77」が発表され，民主化運動を支える原則としてその後も継承された。1989 年 11 月に民主化を求める大規模なデモが発生すると，旧体制は崩壊した。12 月には"**プラハの春**"の指導者の**ドプチェク**が連邦議会議長として復権。**ハヴェル**が大統領に就任した。暴力を伴わない平和的な革命だったので**ビロード革命**とよばれた。1993 年にはチェコとスロヴァキアが分離するが，これも平和的に行われた。

D　ルーマニアの自由化　**チャウシェスク大統領**(在任 1974 ～ 89)は，独裁体制のもとで独自外交政策をとり，ソ連に対して距離をおいた。しかし，国内的には長年にわたる独裁政治が，社会の停滞を招き，経済は低迷していた。1989年 12 月には近隣諸国の民主化運動の波及によって全国的で大規模な反政府デモが発生し，反体制勢力は武力で独裁政権を崩壊させた。その際，チャウシェスク大統領夫妻は処刑された。

E　ドイツの統一　1989 年 10 月，東ドイツで 18 年間にわたって独裁を続けていた**ホネカー政権**が崩壊した。翌 11 月には東西分断の象徴である**ベルリンの壁が開放**され，東西ドイツ間の交通制限が解除された。1990 年

▲ベルリンの壁の開放

3 月の東ドイツの自由選挙で，統一を求める連合党派が勝利し，同年 10 月，西ドイツのコール首相の尽力により，**西ドイツ**が東ドイツを吸収合併する形で統合され，国名は**ドイツ連邦共和国**となった。

👆 POINT

ペレストロイカ前後のソ連の動向
☑ ソ連経済停滞→ゴルバチョフ登場 (**ペレストロイカ**・グラスノスチ)
☑ 外交方針転換→米ソ冷戦 (ヤルタ体制) の終結 (**マルタ会談**)
　→東欧に波及→民主化や**ベルリンの壁**の崩壊。

3 ソ連の消滅

A　保守派のクーデタ　ソ連は市場経済の導入を試みるなど**ペレストロイ
カ**をすすめていたが，急激な自由化や民主化の推進はバルト３国をはじめとする
ソ連内の民族独立運動をよび起こす結果となった。1991 年８月，連邦体制の維
持をねらう共産党幹部の保守派がクーデタを決行した。しかし，ロシア共和国大
統領**エリツィン**ら改革派の抵抗と民衆の支持により，保守派は武力弾圧を断
念，クーデタは失敗した。

B　ソ連の解体　クーデタの
失敗をきっかけに，ゴルバチョフ
は**ソ連共産党解党**を宣言し，
自らも書記長を辞任した。1991
年９月エストニア・ラトヴィア・
リトアニアの**バルト３国は独
立を回復**した。12 月にロシア
連邦・ウクライナ・ベラルーシな
どの 11 共和国が，ソヴィエト連
邦の消滅を宣言し，**独立国家共同体（CIS）**を創設した。ゴルバチョフは大統
領を辞任し，ソ連(1922 〜 91)は消滅した。

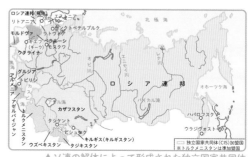

▲ソ連の解体によって形成された独立国家共同体
※グルジア(ジョージア)は 1993 年に加盟後，2009 年に脱退
ウクライナは 2014 年に脱退を表明

4 アジア社会主義国の変容

A　カンボジア　1993 年に**シハヌーク**を国王とするカンボジア王国が成立し，
社会主義から離脱した。

B　ベトナム　**中越戦争**などで疲弊していたベトナムでは，1986 年に**ドイモ
イ**(刷新)政策を採用し，市場経済と外国資本を導入する**改革・開放路線**に移行し
た。また集団農業の緩和も行われ経済の自由化がすすんだ。

C　中国　1989 年５月の**ゴルバチョフ**の訪中を受
け，30 年ぶりの**中ソ首脳会談**で関係改善が約束さ
れ，中ソ関係は正常化した。1989 年６月の第２次
天安門事件では民主化を要求した人々を弾圧し
たが，経済における**改革・開放政策**に変化はなかっ
た。1990 年以降は ASEAN 諸国と国交を正常化して
　　　　　　　　アセアン

いる。また，1997年に**香港**，1999年に**マカオ**が返還され，一国二制度という方式で資本主義を併存させた。2012年から**習近平**（しゅうきんぺい）が総書記となり，国内で権力を集中させるとともに国際社会での存在感を強めている。

D　モンゴル　ソ連の解体を受けて社会主義体制から離脱し，1992年に国名をモンゴル人民共和国からモンゴル国とした。

E　朝鮮民主主義人民共和国（北朝鮮）　**金日成**（キムイルソン）が独裁政治を行い，「主体思想」（チュチェ）を基礎に置く独自の閉鎖的な社会主義体制を維持していたが，あらゆる産業が衰退した。特に，ソ連崩壊後に石油輸入が激減し，より一層の生産の低迷と深刻な食糧危機に陥った。金日成の死後，最高指導者の地位は世襲され，1997年息子の**金正日**（キムジョンイル）が朝鮮労働党総書記に就任。98年に国家最高位についた。2011年，金正日の死後は息子の**金正恩**（キムジョンウン）が就任した。

POINT

ソ連消滅までの経緯
☑ ペレストロイカの推進→バルト3国などの民族独立運動
☑ ゴルバチョフの**ソ連共産党解党宣言**→**バルト3国の独立**
　→ロシア連邦など11の共和国の独立→ソ連消滅
　→**独立国家共同体（CIS）**の創設。

この講のまとめ

冷戦の終結後，社会主義体制の国々はどのような歩みを進めただろうか？
☑ ソ連の消滅が宣言されると，独立国家共同体（CIS）が創設された。
☑ 東欧諸国では民主化が進み，東ドイツは西ドイツに統合された。
☑ ベトナム・中国では，改革・開放路線がとられた。

3 | 世界史の新局面

この講の着眼点

　不安定な情勢が続いていたり，戦争状態にあったりする地域は現在も存在する。戦争や紛争だけではなく，飢餓や環境破壊も人間の安全保障を脅かしている。世界が現在抱えている問題とはどのようなものだろうか？

 紛争が続いている地域をみると，その原因は民族同士の争いや，宗教間の争いといったものが大部分を占めていますね。

 確かにそうだね。でも，そのような対立構造の起源は，何だと思う？その地域がかつて大国の支配下にあったり，大国同士の争いに巻き込まれていたことが関係しているのかもしれないね。

1 南北問題・南南問題

A 南北問題　先進国と発展途上国の間の経済格差に関する問題は**南北問題**と呼ばれるようになった。1964 年，発展途上国 77 か国は**国連貿易開発会議**（UNCTAD）を設立し，南北の経済問題の解決をはかったが，大きな成果は今のところ見られていない。

B 発展途上国の分化　1970 年代以降，**韓国・香港・台湾・シンガポール**など，アジアの**新興工業経済地域**（NIES）が急速に経済を発展させた。一方，石油などの資源を保有する国は，その豊富な資源を背景に経済を発展させていく。特に，**ペルシア湾岸**の産油国（サウジアラビア，アラブ首長国連邦，クウェートなど）は，オイルマネーを利用して国内の基盤整備や海外への投資などを行っていった。こうして発展途上国の間でも，NIES や産油国などの富裕な国と，非産油国などの最貧国との間での経済的な格差が広がっていった（**南南問題**）。21世紀に入ると，広大な国土や多くの人口，豊かな資源を背景として，**ブラジル・ロシア連邦・インド・中国・南アフリカ共和国**の発展がめざましくなった。これらの国々はまとめて BRICS とよばれる。

C 第三世界の地域連合　**東南アジア諸国連合**（ASEAN）は，1967

年に東南アジア5か国(**インドネシア・マレーシア・タイ・フィリピン・シンガポール**)で結成された組織で,当初の反共産主義軍事同盟的な性格から,ベトナム戦争後は政治・経済における協力組織へと変化していった。加盟国も**ブルネイ・ベトナム・ラオス・ミャンマー・カンボジア**が加わり,現在では10か国で構成されている。ASEANに日・中・韓が加わった首脳会談は1997年から開催されている。**アジア太平洋経済協力会議(APEC)**は,**アジア・太平洋地域**における経済発展を目的とし,1989年に設立された。

2 20世紀末の国際紛争・地域紛争

Ⓐ **湾岸戦争** イラン=イラク戦争が終結したのちの1990年,**イラク**がクウェートに侵攻し,併合を一方的に宣言した。それに対して1991年,**アメリカ合衆国**中心の**多国籍軍**が,イラクに対する武力行使を認める国連決議にもとづいて,イラクをクウェートから撤退させるために戦争を起こし,イラクはクウェートから撤退した。

Ⓑ **チェチェン紛争** **チェチェン共和国**が**ロシア連邦**からの独立を求めたことに対して,1994年からロシア軍が攻撃を行い,紛争化した(第1次チェチェン紛争)。1996年にロシアとチェチェン独立派の間で停戦が合意されたが,1999年にロシア軍が再度侵攻した(第2次チェチェン紛争)。独立急進派によるテロ事件が相次いで紛争は長期化。2009年に紛争終結宣言がなされたあとも,テロ事件が起きている。

Ⓒ **世界各地の内戦・紛争** 20世紀末から21世紀初頭にかけて,世界各地で内戦・紛争などが起こり,**ジェノサイド**(大量虐殺)が疑われる事例も見られる。代表的な内戦に,アフリカの**ソマリア内戦**や**スーダン内戦**,**ルワンダ内戦**などがある。また,1970年代から続いていた**東ティモール内戦**は,東ティモールの独立と国連加盟によって一応の決着を見た。ほかにも,**北アイルランド問題**やカナダのケベック州独

KEY WORD

チェチェン共和国
ロシア連邦を構成する共和国の一つで,ロシア連邦からの独立派とロシア残留派の対立が続いている。

KEY WORD

東ティモール
東ティモールは,かつてポルトガルの植民地であったが,1976年からインドネシアに占領されていた。その後の独立運動や,独立派と反独立派の間での東ティモール内戦を経て,2002年に独立を達成した。

立運動，スペインからの独立を求めてバスク人が展開する**バスク民族運動**などがある。

D 旧ユーゴスラヴィアの解体

旧ユーゴスラヴィア（南スラヴ人の国の意）は，6つの共和国の連合体であった。**ティトー**のカリスマ性によって結束が保たれていたが，彼の死後は民族や宗教の対立が激化。1991年，国内でスロヴェニア，クロアティアが連邦からの独立を宣言したことから紛争が始まった。同年に**マケドニア**（現：北マケドニア），翌年には**ボスニア゠ヘルツェゴヴィナ**も

独立を宣言し，旧ユーゴスラビアは解体。1992年からは国内にある3つの勢力（セルビア人・クロアティア人・ムスリム）による抗争であるボスニア゠ヘルツェゴヴィナ紛争（1992〜1995）が始まった。また1992年，連邦に留まっていたセルビアとモンテネグロが**ユーゴスラヴィア連邦共和国**を設立し，新ユーゴスラヴィアとよばれた。

　1996年には，セルビア共和国内の**コソヴォ自治州**において，アルバニア系住民がコソヴォの分離独立を求める動きが活発化し，**コソヴォ紛争**（1998〜99）が起きた。この紛争では，アルバニア系の独立派に対してセルビア共和国側が殺害・迫害などの掃討作戦を展開した。コソヴォ紛争によって，アルバニア系の難民が大量に発生すると，事態を重く見た**NATO**軍が1999年に空爆を行い，同年6月に和平案を新ユーゴスラヴィアが受け入れたことで終結した。モンテネグロでは紛争に対する批判が高まり，2003年，連邦よりもゆるやかな国家共同体として，国名を**セルビア゠モンテネグロ**に変更したが，結局2006年に**モンテネグロ**が独立を宣言した。これで旧ユーゴスラビアを形成していた6共和国すべてが独立国となった。2008年，**コソヴォ**が独立を宣言したが，2023年現在も国連による暫定行政のもとにおかれている。

▲旧ユーゴスラヴィアとコソヴォ

3 21世紀の国際紛争・地域紛争

A 同時多発テロ以降の紛争とテロリズム

2001年9月11日午前に，アメリカ合衆国各地でテロ事件が発生した（9.11事件，同時多発テロ事件）。4機の旅客機がハイジャックされ，うち2機が前後してニューヨークの**世界貿易センタービル**に突入し，2つの超高層ビルが崩壊した。また，1機はワシントンのアメリカ国防総省に突入し，もう1機はピッツバーグ郊外に墜落している。テロ事件としては史上最多の約3000人の犠牲者が発生した。テロの実行犯はイスラーム原理主義組織 **アル゠カーイダ** であると断定され，この事件を契機にアメリカ合衆国はアフガニスタンの **ターリバーン政権** やイラクのフセイン政権への攻撃など，「テロとの戦い」を開始する。

ターリバーン政権は，同時多発テロの首謀者とされる **ウサマ゠ビン゠ラーディン** の引渡しをアメリカ合衆国から求められたが，この要求に応じなかった。そのため，アフガニスタンはアメリカ軍などから攻撃を受け，ターリバーン政権は崩壊した。しかし，2021年にアメリカ軍がアフガニスタンからの撤退を決定すると，ターリバーン政権が復活するなど，政情は不安定である。

アメリカは，イラクの **フセイン政権** が大量破壊兵器を保有しているとして，イラクを非難した。イラクは，アメリカ軍を中心とする連合軍により攻撃され，その結果，フセイン政権が崩壊した。

B 中東の民主化運動

2010年以降，中東の諸地域で民主化を求めるデモや反政府活動が活発に行われ，長期化した独裁政権が倒される地域も現れた。民主化の波は2010年末のチュニジアからはじまり，エジプトやリビアにも広がった。この一連の動きは「**アラブの春**」とよばれる。同様に反政府デモが活発化したシリアでは，イスラーム過激派の「**イスラム国（IS）**」や，国内外の少数民族，大国

KEY WORD

アル゠カーイダ

ウサマ゠ビン゠ラーディンを指導者とするイスラーム教徒による国際テロネットワーク。ウサマ゠ビン゠ラーディンは，サウジアラビア出身のテロリストで，アル゠カーイダの指導者と目されていた人物。2011年アメリカの軍事作戦によって死亡した。アル゠カーイダは2001年のアメリカ同時多発テロ事件を実行した組織とされている。

KEY WORD

ターリバーン政権

ターリバーンは，アフガニスタンのイスラーム原理主義勢力。1990年代後半にはアフガニスタンを実効支配していたが，アメリカによるアフガニスタン侵攻によって政権の座を失った。2021年にアメリカ軍の撤退が決定すると，首都を占拠し，再び政権を奪還した。

の介入などにより内戦が深刻化し，大量の難民が発生している。

C **ロシアとウクライナ問題**　2013 年，ウクライナで親ロシア派の大統領に対する反政府デモが発生すると，大統領はロシアへ亡命し，親欧米派の新政権が成立した。ロシア側はこれをクーデタとみなして，親ロシア派住民と新政権を支持する住民との間で起きた衝突に軍事介入し，ウクライナに属していた「**クリミア自治共和国**」をロシアに編入することを決定した（形式的には住民投票による）。ウクライナ東部ではその後不安定な政情が続いていたが，2022 年 2 月にロシアがウクライナに侵攻，攻撃を開始した。ウクライナの**ゼレンスキー大統領**はこれに応戦し，各国へ支援を要請した。ロシアとウクライナの間では戦争状態が継続しており，多数の難民が発生している（2023 年 1 月現在）。

4 核兵器の拡散と原子力発電所の事故

A **イランの核開発**　イランは<u>核拡散防止条約（NPT）</u>に 1970 年の発足当初から加盟していたが，従来から核開発疑惑がもたれていた。21 世紀に入って，イランは平和目的としながら核開発関連の実験を行ったことを認め，問題が表面化した。2006 年には国連安保理でイランの核開発中止を求める議長声明が採択されているが，現在も問題は継続して審議されている。

B **インドとパキスタンの核開発競争**
インドはパキスタンと<u>カシミール地方</u>の領有をめぐって対立している。また，中国とも国境の問題などで対立していたことから，中国の核保有に対抗するため 1974 年に地下核実験を行い，核保有を宣言した。それに対抗して**パキスタン**も核開発に着手し，1998 年に核実験を行い，核保有国となった。

C **北朝鮮の NPT からの脱退**　**北朝鮮**は，
1993 年に NPT 脱退を宣言したが，一度は凍結し，朝鮮半島の非核化へ向けた取り組みがなされた。しかし，2003 年には再び NPT からの脱退を，2005 年には核兵器保有を宣言し，2006 年には地下核実験を行うなど，核保有へ向けた動きを

見せている。

D　原子力発電所の事故　アメリカ合衆国のスリーマイル島原子力発電所で 1979 年に**スリーマイル島事故**が起こった。

また 1986 年，旧ソ連（現在のウクライナ）では**チェルノブイリ（チョルノービリ）原子力発電所**が爆発事故を起こし，放射能汚染が広がった。

日本では 1999 年，茨城県東海村にある JCO 事業所で臨界事故が発生し，放射能が漏れて作業員が被爆・死亡した。

また 2011 年，東日本大震災とその津波により，東京電力福島第一原子力発電所で水素爆発が発生し，**福島第一原発事故**が起こった。大量の放射性物質が排出され，放射能汚染が広がった。

5 環境問題

A　現代の主な地球環境問題　地球環境問題は，国境を越えた地域全体，あるいは地球全体の規模で発生する自然環境破壊や環境汚染などのことであり，主なものには**地球温暖化・酸性雨・砂漠化・オゾン層の破壊**などがある。地球温暖化は，石油・石炭などの**化石燃料**の大量消費によって発生する温室効果ガス（二酸化炭素やメタンなどのガス）の増加から，気温が上昇する現象のことである。**酸性雨**は，窒素酸化物などの発生によっ

> **KEY WORD**
>
> **化石燃料**
>
> 石油・石炭・天然ガスなど，動植物が地中で炭化して燃料となるものを化石燃料という。燃焼させると二酸化炭素を排出するほか，窒素酸化物や硫黄酸化物なども排出するため，化石燃料の使用は地球温暖化や酸性雨などの原因にもなっている。

て起こりやすく，森林を枯らすなどの問題を引き起こしている。砂漠化は，家畜の過放牧などによって世界各地で進行している問題である。オゾン層は紫外線を防ぐ働きを有しているが，**フロンガス**によって破壊されることにより，紫外線の増加が問題となっている。

B　環境問題に関する国際会議・条約　1972 年にスウェーデンのストックホルムで**国連人間環境会議**が開かれ，1992 年にはブラジルの**リオデジャネイロ**で「持続可能な開発」の基本理念にもとづいて，**国連環境開発会議（地球サミット）**が開催された。また，1997 年，地球温暖化の防止を目的とした**地球温暖化防止京都会議（COP 3）**が開かれ，**温室効果ガス**の排出量削減などを定めた京都議定書が採択された。京都議定書を発展させる形で 2015 年に採択された

パリ協定では，途上国を含むすべての国に対して削減目標が課された。気温の上昇を産業革命前に比べて２度以内に抑えることを目標に，1.5度以内に抑える努力をし，今世紀末には温室効果ガスの排出を実質ゼロにするという枠組みが設定された。

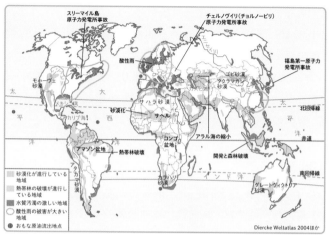

▲世界の主な環境問題

この講のまとめ

世界は現在，どのような問題を抱えているだろうか？

☑ 南北問題に加え，途上国間の経済格差（南南問題）が拡大している。

☑ 冷戦の終結後，各地の民族紛争が表面化。多くの難民が発生している。

☑ 自然環境破壊や環境汚染が，世界各地で進行している。

4 | 経済のグローバル化

この講の着眼点

今日，私たちは「グローバル化」が叫ばれる社会に生きているが，「グローバル化」とはいったいどのような概念で，社会にどのような変化をもたらしているのだろうか。

> 普段食べているものや身につけている衣服などには，日本国外で生産されているものがとても多いですよね。

> 海外で生産されたものを輸入したほうが，国内で生産するよりも安く効率よく分配できることもあるから，このような国際分業をもっと促進しようとする動きもみられているよ。

1 経済のグローバル化

A 経済のグローバル化 グローバル化とは，人・モノ・資本・情報などが国境・地域を越えて活発に交流し，一体化していくことをいう。グローバル化（またはグローバリゼーション）という言葉は，1970年代に登場し，特に1990年代社会主義圏の崩壊後，頻繁に使用され，定着した。グローバル化が顕著に見られる例としては，**貿易量の増加，国際金融システムの発展，物流ネットワークの発展，多国籍企業**の活発化などがある。

グローバルスタンダードとは，経済取引における慣行や，著作権や会計基準などの法制度に関するものを含め，世界的な基準となるものをいう。1995年1月には，**GATT（関税と貿易に関する一般協定）** のウルグアイ=ラウンドを受けて，国際貿易に関する諸問題を処理するための国際機関，**WTO（世界貿易機関）** が設立された。WTOは自由貿易の促進をすすめており，経済のグローバル

KEY WORD

多国籍企業

世界各地に支社・支店や現地法人などを設置して，世界規模で業務を展開している企業。

KEY WORD

GATT

GATTは，1947年に結ばれた協定で，加盟国間での輸入制限の撤廃や関税の軽減などを目的とするものである。1986年からはウルグアイ=ラウンドが始まり，農産物の例外なき関税化などで合意した。1995年にはWTO（世界貿易機関）に発展した。

化を推進する主要な国際機関の一つといえる。

B **IT 革命** 1980年代以降，コンピュータを中心とした情報通信技術が急速に発展し，社会や生活のあり方に大きな変化をもたらすことになった。これにより産業構造も大幅に変化したことから，産業革命と並ぶ社会の変化という意味で「IT（情報技術）革命」という言葉が用いられるようになった。IT革命は企業の生産・流通などにも影響を及ぼし，企業活動のグローバル化を促進しているといえる。

2 地域連合の形成

A **地域連合の形成** グローバル化の進展と前後して，世界各地で地域主義的な動きも見られるようになった。特に経済交流をきっかけとした地域連合結成の動き（リージョナリズム）が強まっており，地域内での **FTA（自由貿易協定）** 締結などもすすんでいる。

B **主な地域連合** ヨーロッパでは1993年，**マーストリヒト条約**によって **EU（ヨーロッパ連合）** が発足し，政治的・経済的統合を目指した。本部はベルギーの**ブリュッセル**にある。域内での関税の廃止や移動の自由化，共通通貨**ユーロ**の導入などによって一体化がすすめられている。イギリスでは，2016年に離脱（ブレグジット＝British＋exitの意）支持派が国民投票で勝利し，2020年に脱退した。2022年10月現在の加盟国は27か国だが，トルコ・北マケドニアなどの加盟候補国もあり，今後も拡大していくものと見られる。

また，アメリカ合衆国・カナダ・メキシコの3か国は **NAFTA（北米自由貿易協定）** を抜本的に見直した自由貿易協定である **USMCA（米国・メキシコ・カナダ協定）** に署名し，2020年に発効した。

東南アジアでは1967年に **ASEAN（東南アジア諸国連合）** が発足した。2022年10月現在の加盟国は10か国である。

1989年には，アジアと環太平洋地域における開かれた地域経済協力を目指す政府間会議として，**APEC（アジア太平洋経済協力会議）** が始まった。

EU（ヨーロッパ連合）　ASEAN（東南アジア諸国連合）
APEC　USMCA（アメリカ・メキシコ・カナダ協定）
（アジア太平洋経済協力会議）
〔2022年12月現在〕

▲世界の主な地域連合

3 グローバル化とアメリカ

A グローバル化の影響　グローバル化にともなってアメリカの産業は賃金水準の低い中国などに移転した。アメリカ国内では雇用が減少し，低所得者層の賃金水準が低下した。その結果，所得格差は拡大する一方となった。

B オバマ政権　2008年の大統領選挙で，初の非白人系大統領として民主党の**オバマ**が当選した。オバマ大統領(任2009〜17)は，積極的な財政支出による経済の立て直しをはかり，社会保障の整備にも力を注いだが，社会格差は深刻なままで改善できなかった。

C トランプ政権　2016年の大統領選挙で，景気回復から取り残された白人労働者の支持を受けて，共和党の**トランプ**が当選した。トランプ大統領(任2017〜21)は，「アメリカ第一主義」をスローガンに反グローバル化の政策を推進し，国内産業の保護・育成や移民の受け入れ規制などを行った。このような移民排斥などの排外主義的な主張で大衆の支持を集める政治手法を**ポピュリズム**という。

POINT

グローバル化と地域連合
- ☑ 経済のグローバル化…**GATT**から**WTO**(世界貿易機関)へ。
- ☑ 地域連合の形成…**EU**・**USMCA**・**ASEAN**・**APEC**など。

この講のまとめ

グローバル化は社会にどのような変化をもたらしているのだろうか？
- ☑ 貿易量の増加，国際金融システムの発展，物流ネットワークの発展，多国籍企業の活発化など。

5 | 科学技術の進展と生活の変化

この講の着眼点

20 世紀から 21 世紀にかけて，科学技術は過去に例をみないほど目まぐるしい発展を遂げた。科学技術の発展は現代の生活にどのような影響を及ぼしただろうか？

科学技術は日々進歩していますね。いつか人間が病気を克服することができる日が来るのでしょうか？

病気を克服したり予防したりする技術は常に発展しているから，そのような日が来てもおかしくないかもしれないね。

1 科学技術の進展

物理学では，**アインシュタイン**の**相対性理論**やハイゼンベルクの**量子力学**などにより，宇宙や物質の構造に関する知識が根本的に革新された。これらの理論研究の成果はさまざまな技術面に生かされた。

空を飛ぶという人類の夢は，**ライト兄弟**のプロペラ飛行機で実現され，やがてジェット機からロケット・人工衛星の打ち上げへと発展する。この**宇宙技術の進歩**はさらに，気象や通信などにも利用されるようになったが，その一方で核ミサイルなどの軍事技術にも利用されることになった。

また，**トランジスター**の発明は，計算機やラジオ・テレビの性能を高めた。さらにエレクトロニクス（電子工学）の進歩によって**集積回路（ＩＣ）**が開発され，家庭用電化製品の性能が向上するとともに，コンピュータの小型化と普及がすすんだ。

そして，インターネットや携帯電話をはじめとして，情報伝達や通信の技術が

▲アポロ 11 号の月面着陸

KEY WORD

宇宙技術の進歩

1957 年，ソ連が世界初の人工衛星スプートニク１号の打ち上げに成功，1961 年に同じくソ連のガガーリンが初の宇宙飛行を行った。1969 年には，アメリカのアポロ 11 号が人類初の月面着陸に成功した。

飛躍的に発達した。これを**ＩＴ（情報技術）革命**という。

　生物学・医学の分野では，**ＤＮＡ**の発見と解析（かいせき）が，生化学・生命工学（バイオテクノロジー）・医学の分野に大きな変革をもたらした。例えば，遺伝子操作などによる食料用動植物の増産が可能となった。医療技術では，**ペニシリン**などの抗生物質（こうせいぶっしつ）の使用が普及して流行病を激減させることに成功，さらに予防医学や臓器移植の技術も進歩した。20世紀末に開発された**クローン技術**は，難病の治療に貢献することが期待されているが，生命倫理の問題が課題になっている。

② 現代文明による生活の変化

　科学技術の発展は産業構造や人々の生活に大きな変化を引き起こした。生産技術においては，フォード社のＴ型自動車の生産に始まる**コンベア方式**が大量生産・大量消費社会を生み出した。その後，工場では**産業用ロボット**が導入されるようになり，工場労働者を取り巻く状況が大きく変化した。先進国では産業の中心が，鉄鋼などの重厚長大型（じゅうこうちょうだい）素材産業から，付加（ふか）価値の高い製品の製造業や金融・流通・情報サービス産業へと移行し，**ホワイトカラー層**を中心とする社会となった。また，平均寿命の延長と出生率の低下は，**少子高齢化社会**を生み出した。

　国際的には，発展途上国の人口爆発に伴う貧困が深刻な状況となって先進国との格差が広がり，**南北問題**を生み出した。南北の格差は人の移動を促進し，移民労働者が増加しつつある先進国では「**多文化共生**」を目指す動きも生まれている。

🔍 この講のまとめ

科学技術の目まぐるしい発展は，現代社会と生活をどう変化させたか？

☑ 宇宙開発の進歩は気象予報などに応用される一方で，軍事利用もされた。

☑ 電子工学の発展により，情報通信技術が飛躍的に発達した。

☑ 産業構造の変化によって，新たな社会問題が生じた。

6 | 20世紀の文化

目覚ましい科学技術の発展を遂げた 20 世紀には，どのような特徴をもった文化が生まれたのだろうか？

 ピカソの絵は見たことがありますが，対象を忠実に描き取ろうとしていたこれまでの時代の絵とは，何か違う感じがしますね。

 ピカソは「キュビズム」とよばれる新しい絵画様式の第一人者だったんだ。スペイン内戦中に介入したドイツ軍の無差別空爆を受けた街が題材になった作品などを発表したんだよ。

1 哲学・思想

現代思想は，ヘーゲル哲学を批判的に発展させた**マルクス**(1818 ～ 83)の**共産主義**や**キェルケゴール**(1813 ～ 55)の**実存主義**から始まるといわれ，20 世紀の思想家たちはその影響を受けつつ新たな地平を切り開いていった。また，現代思想はヨーロッパ近代への批判や懐疑（かいぎ）を特徴とするものが多い。中でも**ニーチェ**（1844 ～ 1900)による徹底した西洋思想批判は 20 世紀後半の**ポストモダニズム**の思想に大きな影響を及ぼした。

戦後，アジア・アフリカ諸国が独立すると，サイードらによってポストコロニアル研究がすすめられた。また先進国の財政赤字やソ連邦の解体は「大きな政府」に対する批判を生み，市場での自由競争を重視する新自由主義が台頭した。

👤 **KEY PERSON**

ニーチェ
[1844～1900]

ドイツの哲学者。ヨーロッパ文化の退廃の原因がキリスト教思想にあるとした。著作『ツァラトゥストラはかく語りき』で「神は死んだ」と書き，新しい価値の樹立を主張した。

生の哲学	ベルグソン
マルクス主義	レーニン，毛沢東
現象学	フッサール
実存主義哲学	ハイデッガー ヤスパース，サルトル
構造主義	レヴィ＝ストロース
プラグマティズム KEY WORD	デューイ
心理学	フロイト，ユング KEY PERSON
社会学	マックス＝ヴェーバー

▲ 20 世紀の哲学と思想

KEY WORD

プラグマティズム

20世紀のアメリカ哲学の主流。真理の判断基準を実用的価値におく。

KEY PERSON

フロイト
[1856〜1939]

オーストリアの精神医学者。その精神分析学で「無意識」を発見した。

② 文学

　2度の世界大戦が戦われる中で，**ロマン＝ロラン，トーマス＝マン**，カミュらの文学者は**反戦・反ファシズム**の立場をつらぬいた。また，中国の**魯迅**やインドの**タゴール**らは，帝国主義的な侵略にさらされる中国やインドにおいて，そのなやみを文学的に表現した。

野獣派（フォーヴィスム）	マティス
立体派（キュビスム）	ピカソ
超現実主義（シュルレアリスム）	ダリ

▲ 20 世紀の芸術

🔍 **この講のまとめ**

20 世紀にはどのような特徴をもつ文化が生まれたか？

☑ ヨーロッパ近代への懐疑を特徴とする思想が多く生まれた。

☑ 文学や絵画などの分野では反戦・反ファシズム思想が作品に表現された。

定期テスト対策問題17

解答は p.498

1 次の文章を読み，後の問いに答えなさい。

1972 年，アメリカの[㋐]大統領が訪中し，中華人民共和国を事実上承認した。そして 1979 年には米中国交正常化が実現した。一方，中国国内はプロレタリア文化大革命による深刻な混乱状態にあり，内政面でも四人組と[㋑]らの旧幹部が対立し，政局は混乱していた。しかし，周恩来(しゅうおんらい)や毛沢東(もうたくとう)の死後に華国鋒が四人組を逮捕し，その後再び[㋑]が実権を握ると，文化大革命の混乱を収束し，四つの現代化政策など経済改革を実施した。

1989 年にはソ連首脳の訪中を受けて中ソ関係は正常化するが，同年，国内では民主化を要求した人々を弾圧した第二次[㋒]事件が起きた。

(1) 文章中の空欄[㋐]～[㋒]に当てはまる語句を答えなさい。

[発展] (2) 下線部に関して，このとき訪中したソ連首脳は誰か。

2 軍縮に関して，次の問いに答えなさい。

[よく出る] (1) アメリカとソ連の間で 1972 年に調印された軍縮に関する交渉の名称を答えなさい。

(2) 1987 年にアメリカとソ連の間で結ばれた軍縮に関する条約の名称を答えなさい。

[発展] (3) SALT Ⅱ未発効の背景となった，1979 年 12 月に開始された出来事を答えなさい。

(4) 1991 年にアメリカとソ連の首脳の間で調印された軍縮に関する条約の名称を答えなさい。

3 次の文の空欄に適切な語句を補充しなさい。

(1) 1979 年，国王が亡命したイランでは，フランスから帰国した宗教指導者[　　　]を中心とするイラン=イスラーム共和国が誕生した。

(2) イラン革命の混乱に乗じて，イラクのサダム=フセイン大統領が 1980 年にイランに侵攻し，[㋐]戦争が勃発した。1990 年には[㋑]を併合したが，国連決議に基づく多国籍軍が派遣され[㋒]戦争に発展した。

[よく出る] (3) 1988 年，[　　　]のアラファト議長はイェルサレムを首都とするパレスチナ国家樹立を宣言し，イスラエルとの共存を認める独立国家構想を打ち出した。

(4) 2001 年 9 月に発生したアメリカ同時多発テロ事件の実行犯はイスラーム原理主義組織の[㋐]と断定され，この組織の指導者[㋑]の引き渡しに応じなかったアフガニスタンのターリバーン政権がアメリカ軍から攻撃を受けた。

[4] 東南アジア・東アジア諸国の動きに関して，次の問いに答えなさい。

[発展] (1) 1986年のマルコス政権崩壊後に，フィリピンの大統領に就任した人物の名を答えなさい。

(2) 1967年に反共産主義軍事同盟として成立した東南アジア諸国連合(ASEAN)の原加盟国5か国をすべて答えなさい。

(3) ミャンマーの軍事政権が自宅軟禁した，「独立の父」アウン＝サンの娘で民主化運動家の名を答えなさい。

[発展] (4) 1979年に朴正熙(パクチョンヒ)大統領が暗殺された後，実権を掌握した軍部の中心的人物の名を答えなさい。

[よく出る] (5) 2000年に開催された南北首脳会談における韓国と北朝鮮の首脳の名を答えなさい。

[5] 次の文章を読み，後の問いに答えなさい。

ソ連でペレストロイカが開始されると，東欧諸国で民主化の動きが活発になった。ポーランドでは，1989年6月の総選挙で自主管理労組「[㋐]」が圧勝し，ワレサが大統領に就任した。[㋑]では，“プラハの春”の指導者ドプチェクが連邦議会議長として復権した。[㋒]では，大規模なデモが独裁政権を崩壊させ，チャウシェスク大統領夫妻が処刑された。ユーゴスラヴィアでは強力な指導力を持った[㋓]が死去すると，民族や宗教の対立が激化した。1991年以降の紛争によって旧ユーゴスラヴィアは解体したが，セルビア共和国内では未だ<u>国連の暫定(ざんてい)統治下にある地域</u>も存在する。

(1) 文章中の空欄[㋐]～[㋓]に当てはまる語句を答えなさい。

[よく出る] (2) 下線部に関して，セルビアと独立を目指すアルバニア系住民との間で紛争が発生したこの地域の名称を答えなさい。

[6] 次の問いの答えとして適切なものを選択肢から答えなさい。

(1) 南北の経済問題の解決をはかる目的のもと，1964年に設立された国際連合の機関の略称として適切なものを選びなさい。

㋐CIS　㋑APEC　㋒UNCTAD　㋓GATT

[よく出る] (2) 21世紀以降の経済発展がめざましいBRICSに含まれる国として適切なものを選びなさい。

㋐韓国　㋑南アフリカ共和国　㋒シンガポール　㋓ベトナム

(3) 1992年に国連環境開発会議(地球サミット)が開催された都市として適切なものを選びなさい。

㋐リオデジャネイロ　㋑ストックフォルム　㋒パリ　㋓京都

定期テスト対策問題　解答

(注)記述問題は解答例を示しています。

第1部 **諸地域世界の形成**

第1章 **世界各地の古代文明**

定期テスト対策問題 1 　p.57

1 解答 ㋐アウストラロピテクス
㋑北京　㋒ネアンデルタール

2 解答 (1) ㋑　(2) ㋒　(3) ㋓　(4) ㋐

3 解答 (1) ㋐ミタンニ
㋑アッシュルバニパル
㋒ニネヴェ ㋓ネブカドネザル2世
㋔ユダ ㋕キュロス2世
(2) 苛酷な統治が民衆の反抗をまね
いたため。
(3) バビロン捕囚　(4) ㋑

4 解答 (1) ㋐モエンジョ＝ダーロ
㋑ハラッパー
(2) ㋐アーリヤ　㋑ヴェーダ
(3) ㋐ヴァルナ　㋑カースト
(4) ㋐ガウタマ＝シッダールタ(ブッ
ダ)
㋑ヴァルダマーナ(マハーヴィー
ラ)
(5) ウパニシャッド哲学

5 解答 ㋐甲骨　㋑青銅器　㋒封建制度
㋓鎬京　㋔洛邑　㋕尊王攘夷
㋖法

6 解答 (1) ㋓　(2) ㋐　(3) ㋑

第2章 中央ユーラシアと東アジアの諸王朝

定期テスト対策問題 2 　p.97

1 解答 (1) ㋐李斯　㋑焚書・坑儒
(2) ㋐スキタイ　㋑単于
(3) ㋐陳勝・呉広の乱　㋑劉邦
(4) ㋐郡県　㋑郡国

(5) ㋐景帝　㋑呉楚七国の乱

2 解答 (1) ㋐冒頓単于　㋑武帝　㋒張騫
㋓大宛(フェルガナ)　㋔南越
㋕衛氏朝鮮　㋖董仲舒
(2) 五経博士　(3) ㋓

3 解答 (1) 王莽　(2) 甘英
(3) 大秦王安敦(マルクス＝アウレ
リウス＝アントニヌス)
(4) 党錮の禁　(5) 紀伝体

4 解答 (1) ㋐曹丕　㋑洛陽
(2) ㋐成都　㋑呉
(3) ㋐司馬炎　㋑八王
(4) ㋐司馬睿　㋑建康
(5) ㋐鮮卑　㋑太武

5 解答 (1) ㋓　(2) ㋒　(3) ㋑　(4) ㋐
(5) ㋑

6 解答 (1) ㋐大運河　㋑高句麗　㋒李世民
㋓百済　㋔募兵　㋕黄巣
(2) 夏と秋の年に2回，資産に応じ
て課税する制度。

第3章 南アジアの統一国家と東南アジア世界の成立

定期テスト対策問題 3 　p.110

1 解答 (1) ㋐チャンドラグプタ
㋑アショーカ　㋒カニシカ
㋓法顕　㋔ハルシャ　㋕玄奘
(2) ㋐・㋒

2 解答 (1) ナーガールジュナ(竜樹)
(2) ガンダーラ美術
(3) 『マハーバーラタ』，『ラーマー
ヤナ』

3 解答 (1) ㋐　(2) ㋐　(3) ㋑　(4) ㋐

第4章 西アジアと古代地中海世界の展開

定期テスト対策問題 4 ────── p.144

1 解答 (1) ㋐ダレイオス1世(ダリウス1世)
　　　㋑サトラップ
(2) ㋐楔形　㋑ゾロアスター教
(3) シャープール1世
(4) ホスロー1世

2 解答 (1) ㋐ペルシア　㋑ペリクレス
　　　㋒ペロポネソス
　　　㋓アレクサンドロス(アレクサンダー)
(2) ㋒→㋐→㋓→㋑
(3) プトレマイオス朝

3 解答 ㋐オクタウィアヌス　㋑元首政
　　㋒トラヤヌス
　　㋓四帝分治制(四分統治)
　　㋔ミラノ勅令
　　㋕コンスタンティノープル
　　㋖テオドシウス　㋗オドアケル

第5章 イスラーム教の誕生とヨーロッパ世界

定期テスト対策問題 5 ────── p.169

1 解答 (1) ㋐メディナ　㋑ヒジュラ
(2) ニハーヴァンドの戦い
(3) ジズヤ
(4) ㋐イスラーム法　㋑バグダード
(5) ㋐ブワイフ　㋑大アミール

2 解答 (1) ㋑　(2) ㋐　(3) ㋐　(4) ㋒

3 解答 (1) ユスティニアヌス大帝
(2) ウラディミル1世
(3) イヴァン3世
(4) ギリシア正教
(5) マジャール人

4 解答 (1) ㋐クローヴィス
　　　㋑トゥール・ポワティエ間
　　　㋒ピピン　㋓アヴァール人
　　　㋔レオ3世　㋕ヴェルダン

㋖メルセン　㋗オットー1世
㋘カペー
(2) ローマ教会やローマ系住民と融和することで支配を安定させる目的。

5 解答 (1) ノルマンディー公国
(2) ノルマンディー公ウィリアム
(3) ノヴゴロド国

6 解答 (1) ㋐恩貸地制度　㋑従士制
(2) ㋐クリュニー
　　　㋑グレゴリウス7世
(3) ㋐ハインリヒ4世
　　　㋑カノッサの屈辱
(4) ヴォルムス協約
(5) インノケンティウス3世

第2部 諸地域世界の交流と再編

第1章 イスラーム世界の広がりとイスラーム文化

定期テスト対策問題 6 ────── p.185

1 解答 (1) マムルーク　(2) スルタン
(3) ガザン=ハン　(4) アイユーブ
(5) ㋐マラケシュ
　　　㋑国土回復運動

2 解答 (1) イクター　(2) ブワイフ朝

3 解答 ㋐ガズナ　㋑ゴール　㋒奴隷
　　㋓ハルジー

4 解答 ㋐マラッカ王国　㋑明
　　㋒マタラム王国

5 解答 (1) アクスム王国
(2) ガーナ王国　(3) マリ王国
(4) トンブクトゥ
(5) スワヒリ語

6 解答 (1) ㋑　(2) ㋓　(3) ㋑　(4) ㋐
(5) ㋓

第2章 中世ヨーロッパ世界の発展

定期テスト対策問題[7] p.207

1 [解答] (1) ㋐ウルバヌス２世
㋑ヴェネツィア　㋒アッコン
(2) クレルモン宗教会議(クレルモン公会議，クレルモン教会会議)
(3) ラテン帝国

2 [解答] ㋐コムーネ　㋑自由都市(帝国都市)
㋒ツンフト闘争

3 [解答] (1) ハンザ　(2) ロンバルディア
(3) 黒死病(ペスト)
(4) ㋐フィリップ４世
㋑アナーニ
(5) ㋐コンスタンツ公会議
㋑フス

4 [解答] (1) ヴァロワ朝
(2) エドワード３世
(3) ギエンヌ
(4) ジャンヌ=ダルク
(5) テューダー朝

5 [解答] (1) ㋒　(2) ㋒　(3) ㋓

6 [解答] (1) スコラ
(2) ㋐実在論　㋑唯名論(名目論)
(3) 神学大全　(4) ロマネスク

第3章 中国の再統一からモンゴルの時代へ

定期テスト対策問題[8] p.229

1 [解答] (1) ㋐朱全忠　㋑後梁
(2) ㋐燕雲十六州　㋑澶淵の盟
(3) ㋐完顔阿骨打　㋑靖康の変
(4) 西夏　(5) ㋐秦檜　㋑岳飛

2 [解答] (1) ㋐趙匡胤　㋑禁軍　㋒殿試
㋓神宗
(2) 武断政治を排除し，文人官僚により国政を運営する方針。
(3) ㋓

3 [解答] ㋐千(1000)　㋑金
㋒ワールシュタット(リーグニッツ)
㋓アッバース朝

4 [解答] (1) キプチャク=ハン国(ジョチ=ウルス)
(2) 色目人　(3) ジャムチ(站赤)
(4) モンテ=コルヴィノ
(5) 紅巾の乱(白蓮教徒の乱)

5 [解答] (1) ㋐　(2) ㋒　(3) ㋑　(4) ㋓
(5) ㋒

6 [解答] (1) 草原の道(ステップ=ルート)
(2) ソグド人
(3) エリュトゥラー海案内記
(4) サマルカンド
(5) バヤジット１世

第4章 アジアとヨーロッパの大交易・大交流の時代

定期テスト対策問題[9] p.264

1 [解答] (1) ㋐朱元璋　㋑南京
(2) ㋐女真　㋑八旗(満州八旗)
(3) ㋐李成桂　㋑漢城
(4) ㋐乾隆　㋑新疆
(5) 軍機処

2 [解答] (1) バルトロメウ=ディアス
(2) ヴァスコ=ダ=ガマ
(3) イサベル
(4) アステカ王国
(5) アカプルコ貿易

3 [解答] ㋐バヤジット１世
㋑アンカラの戦い
㋒メフメト２世　㋓イスタンブル
㋔(第一次)ウィーン包囲
㋕プレヴェザ

第5章 ヨーロッパにおける近世と主権国家の成立

定期テスト対策問題10 p.295

1 [解答] (1) ㋑ (2) ㋒ (3) ㋓ (4) ㋓

2 [解答] (1) ㋐ルター（マルティン=ルター）
㋑カルヴァン ㋒予定
(2) サン=ピエトロ大聖堂の新築資金調達のために贖宥状を乱発したこと。
(3) 諸侯にカトリックまたはルター派の選択を認めたが，個人の信仰の自由やカルヴァン派の信仰は認めなかった。
(4) ゴイセン

3 [解答] (1) ㋐フェリペ2世
㋑レパントの海戦
(2) ㋐ユトレヒト
㋑ネーデルラント連邦共和国
(3) ㋐アンリ4世
㋑ナントの王令（勅令）
(4) ㋐三十年
㋑ウェストファリア条約
(5) ㋐マリア=テレジア
㋑フランス
(6) ㋐ピョートル1世
㋑ペテルブルク
(7) ポーランド

4 [解答] (1) エリザベス1世
(2) ステュアート朝 (3) 審査法
(4) プラッシーの戦い
(5) 議院内閣制（責任内閣制）

5 [解答] (1) ㋑ (2) ㋒ (3) ㋒ (4) ㋓

第3部 諸地域の結合と変容

第1章 産業革命と市民革命の時代

定期テスト対策問題11 p.318

1 [解答] (1) ジョン=ケイ
(2) クロンプトン (3) ワット
(4) フルトン
(5) スティーヴンソン

2 [解答] (1) ㋐茶法 ㋑ボストン茶会事件
㋒パリ
(2) 代表なくして課税なし

3 [解答] (1) ㋐国民議会 ㋑立法議会
㋒国民公会 ㋓統領政府
(2) シモン=ボリバル

第2章 国民国家の成立と欧米各国の発展

定期テスト対策問題12 p.346

1 [解答] (1) 正統主義 (2) 七月革命
(3) ㋐ルイ=ナポレオン
㋑ナポレオン3世
(4) ㋐プロイセン
㋑パリ=コミューン
(5) ㋐ビスマルク ㋑フランス

2 [解答] (1) ㋐ヴィクトリア女王
㋑自由 ㋒ディズレーリ
(2) 産業資本家
(3) チャーティスト運動

3 [解答] (1) マッツィーニ
(2) 社会主義者鎮圧法
(3) クリミア戦争
(4) 農奴解放令 (5) モンロー
(6) リンカン

第3章 世界市場の形成とアジア・ヨーロッパ

定期テスト対策問題13 p.364

1 [解答] (1) ㋐ムハンマド=アリー
㋑エジプト=トルコ戦争
(2) ㋐タンジマート（恩恵改革）
㋑オスマン帝国憲法（ミドハト憲法）
(3) ㋐プラッシーの戦い
㋑東インド会社
(4) ㋐アンボイナ事件
㋑強制栽培制度（政府栽培制度）

(5) ㋐海峡植民地
㋑マレー連合州(マライ連邦)

2 [解答] (1) ㋐三角貿易　㋑林則徐
㋒アロー戦争　㋓天津条約
(2) ㋒　(3) 円明園

3 [解答] (1) 洪秀全　(2) 洋務運動
(3) 日朝修好条規(江華島条約)
(4) 甲午農民戦争(東学の乱)
(5) 下関条約

第4章 帝国主義の時代と世界分割

定期テスト対策問題14 p.390

1 [解答] (1) 南アフリカ(南ア，ブール)
(2) ㋐アルジェリア
㋑モロッコ
(3) ㋐ファショダ事件
㋑英仏協商
(4) スペイン

2 [解答] (1) ㋐扶清滅洋　㋑1905年革命
㋒韓国併合
(2) イギリス　(3) ㋓

3 [解答] (1) 孫文
(2) 全インド=ムスリム連盟
(3) ドンズー運動(東遊運動)
(4) イスラーム同盟(サレカット=イスラム)
(5) 青年トルコ革命

第5章 二つの世界大戦

定期テスト対策問題15 p.442

1 [解答] (1) サライェヴォ
(2) ㋐ニコライ2世
㋑二月革命(三月革命)
(3) ヴェルサイユ条約
(4) ㋐ルール占領
㋑シュトレーゼマン

2 [解答] ㋐ドーズ
㋑フランクリン=ローズヴェルト
㋒マクドナルド
㋓ムッソリーニ
㋔ナチ(国民社会主義ドイツ労働者)
㋕ベルリン=ローマ枢軸

3 [解答] (1) ㋐独ソ不可侵条約
㋑日独伊三国
㋒真珠湾(パールハーバー)
(2) ㋒

第4部 地球世界の形成

第1章 米ソ冷戦と第三世界

定期テスト対策問題16 p.466

1 [解答] (1) ㋐北大西洋条約機構
㋑ワルシャワ条約機構
(2) ㋐トルーマン
㋑アイゼンハワー
(3) ㋐コミンフォルム
㋑コメコン(COMECON)
(4) ㋐ジュネーヴ4巨頭会談
㋑フルシチョフ
(5) マーシャルプラン

2 [解答] (1) ㋐李承晩　㋑金日成
㋒ホー=チ=ミン
㋓ベトナム国
㋔ジュネーヴ休戦協定

3 [解答] (1) 中国：周恩来(しゅうおんらい)
インド：ネルー
(2) (第1回)非同盟諸国首脳会議
(3) ナセル　(4) キューバ革命
(5) 1960年

第2章 冷戦体制の終焉と今日の世界

定期テスト対策問題17 p.492

1 [解答] (1) ㋐ニクソン　㋑鄧小平(とうしょうへい)
㋒天安門(てんあんもん)
(2) ゴルバチョフ

2 [解答] (1) 第1次戦略兵器制限交渉(SALT Ⅰ)
(2) 中距離核戦力(INF)全廃条約

(3)　ソ連のアフガニスタン侵攻

(4)　第1次戦略兵器削減条約
　　（START Ⅰ）

3 解答 (1)　ホメイニ

(2)　㋐イラン＝イラク

　　㋑クウェート　㋒湾岸

(3)　パレスチナ解放機構(PLO)

(4)　㋐アル＝カーイダ

　　㋑ウサマ＝ビン＝ラーディン

4 解答 (1)　コラソン＝アキノ

(2)　インドネシア・マレーシア・タ
イ・フィリピン・シンガポール

(3)　アウン＝サン＝スー＝チー

(4)　全斗煥

(5)　韓国：金大中

　　北朝鮮：金正日

5 解答 (1)　㋐連帯

　　㋑チェコスロヴァキア

　　㋒ルーマニア　㋓ティトー

(2)　コソヴォ

6 解答 (1)　㋒　(2)　㋑　(3)　㋐

さくいん

NOTE

NOTE

NOTE

NOTE

MY BEST
よくわかる高校世界史探究

監修者	鶴間和幸
イラストレーション	FUJIKO
編集協力	水田博之 / 林良育 / 吉沢良子 / 高木直子 / 佐野秀好 / 竹本陽 / エデュ・プランニング合同会社
企画編集	木村叡
写真提供	アフロ / 磯谷正行 / 鶴間和幸
データ作成	株式会社 四国写研
印刷所	共同印刷株式会社 / 株式会社 リーブルテック